Neuroenhancement

Schriften zum Strafrecht und Strafprozeßrecht

Herausgegeben von Manfred Maiwald
und Carsten Momsen

Band 134

PETER LANG

Esther Krämer

Neuroenhancement

Strafrechtliche Bedeutung im Vergleich zum
Doping im Sport

PETER LANG

Bibliografische Information der Deutschen Nationalbibliothek
Die Deutsche Nationalbibliothek verzeichnet diese Publikation in der Deutschen Nationalbibliografie; detaillierte bibliografische Daten sind im Internet über http://dnb.d-nb.de abrufbar.

Zugl.: Berlin, Freie Univ., Diss., 2019

Gedruckt auf alterungsbeständigem, säurefreiem Papier.
Druck und Bindung: CPI books GmbH, Leck

D 188
ISSN 0938-6181
ISBN 978-3-631-81842-8 (Print)
E-ISBN 978-3-631-82942-4 (E-PDF)
E-ISBN 978-3-631-82943-1 (EPUB)
E-ISBN 978-3-631-82944-8 (MOBI)
DOI 10.3726/b17280

Peter Lang – Berlin · Bern · Bruxelles · New York · Oxford · Warszawa · Wien

Diese Publikation wurde begutachtet.

www.peterlang.com

Inhaltsverzeichnis

Einleitung

Das Thema Neuroenhancement ist auf dem Vormarsch. Der in den USA herrschende Boom, was die Einnahme leistungsverstärkender Substanzen angeht, ist zwar noch nicht ganz so stark in Deutschland angekommen, aber die Zahlen derer, die sich mit solchen Mitteln konzentrations- und leistungsfähiger machen wollen, seigt auch hierzulande.[1] Immer mehr Menschen aus allen Bereichen unserer Leistungsgesellschaft stoßen auf der Suche nach Mitteln, die ihnen helfen, den wachsenden Anforderungen zu bestehen, auf die Möglichkeiten und Versprechungen des Neuroenhancements. Ganz allgemein fasst man hierunter alle Maßnahmen zur gezielten Verbesserung geistiger Fähigkeiten bei Gesunden zusammen. Diese Definition ist sehr weit, sie kann den täglichen Morgenkaffee genauso einschließen wie Koffeintabletten, verschreibungspflichtige Medikamente oder Amphetamine. Diese bewusste Steigerung vom harmlosen alltäglichen Genussmittel zu illegalen Drogen zeigt schon eine erste Schwierigkeit der Problematik auf, die Festlegung einer gewissen Erheblichkeitsgrenze, die gewährleistet, dass gerade bei einer Diskussion im strafrechtlichen Kontext nur Maßnahmen ab einem bestimmten „Schweregrad" einbezogen werden. Dieser dürfte jedenfalls dann erreicht sein, wenn wie häufig Medikamente eingenommen werden, die eigentlich zur Behandlung von Demenz, der Aufmerksamkeitsdefizit-Hyperaktivitätsstörung (ADHS) oder des pathologischen Schlafdrangs entwickelt wurden. Diese Mittel, die bekanntesten sind wohl Ritalin und Modafinil, unterfallen dem BtMG und sind eigentlich rezeptpflichtig. Sie werden jedoch in immer größerem Umfang außerhalb ihres Indikationsbereiches verschrieben, z.T. auch illegal im Internet bestellt oder sogar auf dem Schulhof verkauft. Die Abnehmer erhoffen sich eine Steigerung ihrer kognitiven Fähigkeiten, um bestimmte Situationen besser meistern zu können. Unter ihnen sind Schüler,[2] die sich Vorteile beim Abitur versprechen und Studenten, die mit

1 Laut DAK-Gesundheitsreport 2015 ist der Anteil der Erwerbstätigen zwischen 20 und 50 Jahren, der jemals Medikamente ohne medizinische Notwendigkeit zur Leistungssteigerung oder zur Verbesserung der Stimmung oder zum Abbau von Ängsten und Nervosität eingenommen hat, von 4,7 bei der Befragung im Jahr 2008 auf 6,7 Prozent bei der Befragung im Jahr 2014 gestiegen; DAK-Gesundheitsreport 2015, S. 93, https://www.dak.de/dak/download/vollstaendiger-bundesweiter-gesundheitsreport-2015-1585948.pdf (zuletzt abgerufen am 01.10.2017).

2 Bei Verwendung des generischen Maskulinums ist auch zugleich die weibliche Form mit gemeint.

Hilfe dieser Mittel dem Druck bei Klausuren und Examen standhalten wollen. Die Einnahme der Mittel soll vorab beim Lernen helfen und in der Prüfungssituation selbst die geistigen Fähigkeiten voll auszuschöpfen, um so das Gelernte optimal abrufen zu können. Aber nicht nur Schüler und Studenten, auch Manager, Hausfrauen und etliche andere greifen zu Neuroenhancern, um Stress-Zeiten oder auch „nur" Job und Alltag besser meistern zu können.

Kann ein solches, in gewissem Umfang verständliches und unterhalb einer bestimmten Schwelle sogar alltägliches Verhalten – man erinnere sich an den Morgenkaffee – eine strafrechtlich relevante Dimension erreichen? Auf den ersten Blick spricht nicht viel dagegen, seine Leistung zu steigern und sich auf diese Weise zu verbessern. Allerdings kann man durch den Blick auf einen anderen Lebensbereich ins Grübeln geraten: Wie stellt sich eine Einnahme leistungssteigernder Mittel im Profisport dar? Es scheint allgemeiner Konsens zu sein, Doping im Sport als unerwünschte Möglichkeit zur Verbesserung der eigenen Fähigkeiten abzulehnen. Wieso wird ein Verhalten, das im Sport nicht nur verpönt, sondern auch strafrechtlich relevant ist, in den eben geschilderten Fällen ganz anders gewertet? Wo liegt der Unterschied zwischen Doping im Sport und „Gehirndoping" im außersportlichen Bereich? Gibt Gemeinsamkeiten und wenn ja, wo verläuft die Schwelle, an der sich beide Verhaltensweisen so sehr ähneln, dass auch ein Gleichlauf der Maßnahmen und Reaktionen notwendig erscheint?

Um diese Frage zu beantworten und zu dem Schluss zu kommen, dass gegen die Einnahme von Neuroenhancern Maßnahmen, vielleicht sogar strafrechtliche, erforderlich sind, muss man sich zunächst Gedanken darüber machen, was diese überhaupt bewirken und welche schützenswerten Rechtsgüter durch die Einnahme betroffen sein könnten.

Als erstes Rechtsgut kommt die Gesundheit in den Sinn. Da einige der eingesetzten Mittel rezeptpflichtige Medikamente sind, kann davon ausgegangen werden, dass nicht nur unerhebliche körperliche Nebenwirkungen auftreten können. Andere, die vor allem in den USA auch verschieben werden, enthalten Amphetamine; in der Drogenszene in unterschiedlicher Zusammensetzung auch bekannt als Crystal, Speed oder Pepp. Amphetamine können eine physische und psychische Abhängigkeit hervorrufen, weshalb sie auch dem BtMG unterfallen. Bei diesen Mitteln könnte neben der Gefahr für die Gesundheit der einzelnen Anwender auch das Rechtsgut der Volksgesundheit betroffen sein.

Weiterhin kommt der Beeinträchtigung eines Wettbewerbs durch die Einnahme leistungssteigernder Mittel in Wettbewerbssituationen eine besondere Bedeutung zu. Zwar ist die Gewährleistung eines fairen und unverfälschten Wettbewerbs bisher vor allem im Sport ein Thema, allerdings lassen sich auch außerhalb des Sports – z.B. bei Prüfungen – Situationen finden, in denen der Wettbewerb als schützenswertes Rechtsgut diskutiert werden kann.

Dazu bedarf es aber zunächst einer ausreichenden Analyse verschiedener sportlicher und außersportlicher Wettbewerbssituationen, um mögliche Gemeinsamkeiten festzustellen, die dann als Anknüpfungspunkt für eine weitere Bewertung im Hinblick auf eine mögliche (strafrechtliche) Regelung der Einnahme von leistungssteigernden Substanzen dienen. Es werden sich im außersportlichen Bereich damit wohl nur einzelne spezielle Konstellationen finden, die ausreichende Parallelen zum Sport aufweisen und daher eine ähnliche oder gleiche Behandlung der Enhancement-Problematik rechtfertigen.

Wichtige Kriterien dürften dabei vor allem die Formalisierung des Wettbewerbs und das staatliche Interesse, genauer die staatliche Förderung desselben sein. Ebenso wird die Differenzierung zwischen offenen und geschlossenen Wettbewerben Auswirkungen auf die Vergleichbarkeit haben.

Schließlich könnten auch Überlegungen hinsichtlich des Zweckes, also bezogen auf den eigentlichen Sinn des Wettbewerbs, eine Rolle spielen. Im Sport geht es gerade darum, sich körperlich zu messen und denjenigen zum Sieger zu küren, der für die Ausführung einer bestimmten Sportart die besten körperlichen Voraussetzungen hat. Die Gewinnchance kann zwar durch gezieltes Training und eine geschickte Taktik optimiert werden, jedoch sind die genetischen Veranlagungen die Grundvoraussetzungen für den Erfolg. Und diese „Talente" sind von Natur aus unterschiedlich verteilt. Spitzensportler kann nur derjenige werden, der von den Genen mit gewissen Vorteilen in Bezug auf die körperliche Ausstattung gesegnet wurde. Noch dazu kann nicht jeder Sportler alles gleich gut, aus der Veranlagung erwachsen oft nur Vorteile in Bezug auf eine Sportart. Mit Blick auf die Gesamtbevölkerung gesehen führt dies zu einer großen Chancenungleichheit, denn allein die körperlichen Voraussetzungen werden nur bei einem Bruchteil der Menschen vorliegen; das Gros der Bevölkerung ist einfach nicht zum Spitzensportler geeignet. Allerdings wird dies als Wesen des Sports hingenommen und ist gewissermaßen immanenter Bestandteil des Wettbewerbs. Es erscheint im Gegenteil undenkbar, nun diese unterschiedlichen Voraussetzungen durch Neuro-oder Physical-Enhancement-Maßnahmen ausgleichen zu wollen. Damit würde der Sinn des Wettbewerbs ad absurdum geführt, hier sollen sich von vornherein nur die Besten ihres Gebiets messen. Wie steht es aber im außersportlichen Wettbewerb? Sollen da die etwas von der Natur Benachteiligten dieses einfach als selbstverständlich und unabänderbar hinnehmen müssen? Kann es wirklich schädlich sein, die körperlichen Voraussetzungen in Bezug auf die geistige Leistungsfähigkeit zu verbessern, um so eine gewisse Chancengleichheit herzustellen? Würde eine solche Entwicklung nicht sogar der gesamten Gesellschaft nutzen? Zumal ungleiche Voraussetzungen im außersportlichen Bereich bezüglich der sozialen Ausgangsposition grade nicht hingenommen werden und als systemimmanent notwendiges Abgrenzungsmittel sind, sondern durch vielfältige Maßnahmen wie spezielle Förderung abgemildert werden sollen. Warum dann nicht auch durch Neuroenhancement, wenn sich dadurch neue Chancen eröffnen? Diese aufgeworfenen Fragen müssen im Zusammenhang mit der zu erwartenden Entwicklung des Neuroenhancements beantwortet werden, sie sind allerdings nicht strafrechtlicher, sondern vor allem ethischer, philosophischer, gesellschafts- und sozialpolitischer Natur. Zunächst klingt es reaktionär und rückwärtsgewandt, durch ein Verbot von Neuroenhancement die natürliche Leistungsverteilung aufrechterhalten zu wollen. Wäre es nicht ein wirklicher Fortschritt, wenn man alle „schlauer" machen könnte? Meiner Ansicht nach nur auf den ersten Blick, denn hieraus ergeben sich viele Folgeprobleme. Ist es überhaupt möglich – und wünschenswert – alle auf ein gleiches Level zu verbessern, oder werden am Ende die Unterschiede verbleiben, nur auf einem höheren Gesamtniveau? Was ist mit den Menschen, die sich nicht künstlich verbessern wollen? Könnten sie solche Maßnahmen in einer Gesellschaft mit überwiegend „enhanceten" Mitgliedern überhaupt noch frei ablehnen, ohne Nachteile, zumindest wirtschaftlicher Art befürchten zu müssen? Und wer kommt überhaupt für die mit dem Neuroenhancement verbunden Kosten auf? Sollen die Krankenkassen bzw. der Staat und damit die Allgemeinheit die Behandlungen bezahlen, um zu verhindern, dass nur diejenigen ihre geistigen Fähigkeiten verbessern, die es sich leisten können und dadurch neue Ungerechtigkeiten entstehen? Viele solcher Probleme werden aktuell im Zusammenhang mit Neuroenhancement erörtert. Jedoch handelt es sich dabei nicht mehr um eine Diskussion auf strafrechtlicher Ebene, diese Schwierigkeiten betreffen andere Wissenschaftsbereiche.

Dabei handelt es sich zum größten Teil noch um in der Zukunft liegende Fragen bzw. hypothetische Annahmen, denn aktuell gibt es noch kein Neuroenhancement-Mittel, das zuverlässig, nebenwirkungsarm und vor allem dauerhaft zu einer Verbesserung der geistigen Leistungsfähigkeit führt. Nichtsdestotrotz ist die aktuelle wissenschaftliche und gesellschaftliche Debatte weiter zu führen, denn es ist sinnvoll, über solche Themen schon im Vorfeld nachzudenken und Lösungsansätze zu entwickeln und nicht erst die normative Kraft des Faktischen abzuwarten.

Die vorliegende Betrachtung wird sich allerdings darauf beschränken, die aktuelle Situation im Hinblick auf strafrechtliche Handlungsmöglichkeiten zu bewerten.

Dazu wird es wichtig sein zu wissen, wie momentan tatsächlich verfügbare Neuroenhancer biologisch wirken, welche Abläufe im Gehirn in welcher Form beeinflusst werden. In diesem Zusammenhang wird auch eine Grenze zu ziehen sein, ab wann die Einnahme eines Mittels strafrechtlich relevantes Neuroenhancement sein kann. Es wird unbestritten sein, dass die Einnahme von Koffein, etwa in Kaffee, keine strafrechtliche Reaktion hervorrufen kann.

Nachdem die Wirkungsweise geklärt worden ist, werden auch die Auswirkungen auf die schützenswerten Rechtsgüter wie die Gesundheit und den Wettbewerb besser beurteilt werden können, wobei hier noch einmal zwischen sportlichem und außersportlichem Wettbewerb unterschieden werden wird.

Der Schutz dieser Rechtsgüter im Hinblick auf die aktuelle Gesetzeslage stellt sich uneinheitlich dar. Nachdem die Zuführung gesundheitsschädlicher Neuroenhancer leicht unter die Körperverletzungsdelikte im StGB zu subsumieren ist, wobei die Selbsteinnahme straflos bleibt, sind Normen zum Schutz des Wettbewerbs schwieriger zu finden, wobei auch hier wieder zwischen sportlichem und außersportlichem Wettbewerb differenziert werden sollte. Die Feststellung einer Strafbarkeit wegen Betrugs durch Einnahme solcher Substanzen im sportlichen Wettbewerb steht mehreren Hürden gegenüber, wie sich in der Problematik der strafrechtlichen Aufarbeitung der Sportdopingfälle der vergangenen Jahre gezeigt hat. Eine Strafnorm, die direkt die durch die Einnahme eines Doping- oder Neuroenhancement-Mittels veränderte Wettbewerbssituation im Blick hat, findet sich im Bereich des Sports nur bedingt in Form der Strafbarkeit des Selbstdopings neuen im Anti-Doping-Gesetz. Noch gar nicht findet sich allerdings außerhalb des sportlichen Wettkampfs etwas dazu. Das mögliche Problem der Beeinflussung eines gesellschaftlichen Wettbewerbs durch Neuroenhancer, die ja auch „Gehirndoping" genannt werden, scheint bisher im Bereich des Strafrechts nicht näher betrachtet worden zu sein. Strafnormen außerhalb des StGB betreffen allenfalls den Besitz und die Weitergabe solcher Substanzen, die auch unter das BtMG fallen, sie schützen allerdings das Rechtsgut „Volksgesundheit". Ebenso wie die im Rahmen des Gesetzes zur Bekämpfung des Dopings im Sport erweiterten Normen des AMG, die wiederrum mehr auf die Hintermänner der Dopingszene im Sportbereich zugeschnitten sind.

Somit stellt sich die Frage, ob eine neue Regelung, die speziell die Einnahme von leistungssteigernden Mitteln, zunächst im sportlichen Bereich, unter Strafe stellt, überhaupt notwendig ist. Dafür sind die Nachteile der bestehenden Normen, insbesondere das neue Anti-Doping-Gesetz zu untersuchen, auch was möglicherweise ausfüllungsbedürftige Strafbarkeitslücken und beweisrechtliche Probleme betrifft. Es lohnt sich auch, einen kurzen Blick auf die Aufarbeitung des prominenten Dopingfalls von Lance Armstrong zu werfen und vom

Vorgehen in den USA zu lernen. Im Anschluss ist wieder ein Vergleich zum Bereich außerhalb des Sports zu ziehen. Hier liegt das Augenmerk auf der Frage, ob insbesondere die Normen, die den Besitz und Verkauf verbotener Substanzen unter Strafe stellen, überhaupt in der Lage sind, die Problematik des Neuroenhancements in adäquater Weise zu erfassen.

Nachdem die aktuelle Gesetzeslage und neuere Vorschläge begutachtet und bewertet wurden, soll es schließlich das Ziel sein, eigene Ideen und Ansätze zur Lösung der Frage nach der Beurteilung und Behandlung des Neuroenhancements zu entwickeln. Diese werden stark vom Ergebnis der vorhergegangenen Analysen abhängen. So ist es möglich, gerade im Bereich des Sports zu dem Ergebnis zu kommen, dass eine weitergehende (straf)gesetzliche Grundlage zur Eindämmung des Problems notwendig erscheint. Vielleicht wären aber auch die Sportverbände mehr gefordert, die bei der Bekämpfung des Dopings bisher zwar noch eine zufriedenstellende Effektivität vermissen lassen, allerdings als Schnittstelle zu den Substanzen einnehmenden Athleten eine wichtige Rolle spielen. Eine andere Möglichkeit könnte sein, die Bekämpfung der Einnahme verbotener Substanzen in die Hand des Staates zu legen. In diesem Fall ist allerdings die konkrete Ausgestaltung wichtig. Ansonsten bestünde die Gefahr, dass ein System geschaffen wird, in dem für die Betroffenen ähnlich harte Konsequenzen wie durch eine strafrechtliche Verfolgung drohen, das aber ohne die im Strafprozessrecht zwingend zu beachtenden Verfahrensgrundsätze auskommt.

Im außersportlichen Bereich wird die Lösungsfindung eine noch größere Herausforderung darstellen. Die bisher bestehenden strafrechtlichen Regeln tangieren die Problematik der Einnahme leistungssteigernder Substanzen in Wettbewerbssituationen bisher höchstens ganz am Rande. Falls man hier zu dem Ergebnis einer Notwendigkeit kommt, wäre eine völlig neue Regelung zu schaffen. Hierbei würde sich auch die Frage nach der gesellschaftlichen Zustimmung zu einer solchen Norm stellen. Der gesellschaftliche Konsens könnte – anders als beim Doping im Sport – auch dahin gehen, dass die Einnahme von Neuroenhancern akzeptiert wird. Dies würde für eine mögliche Strafnorm eine besondere Legitimation erfordern.

1. Kapitel: Neuroenhancement

Zu Beginn muss die Frage beantwortet werden, was Neuroenhancement überhaupt ist und besonders welche Definition dieses Begriffes für die weitere Arbeit zugrunde gelegt werden soll.

Das Wort selbst stammt vom englischen „enhancement“, was so viel wie Verbesserung, Verstärkung, Steigerung oder Erhöhung heißt, und dem griechischen neuron – „Nerv“ ab. Grundsätzlich fasst man unter Neuroenhancement Maßnahmen zur gezielten Verbesserung geistiger Fähigkeiten oder psychischer Befindlichkeiten bei Gesunden zusammen[3]. Hierunter kann man – wie in der Einleitung angedeutet – unzählige Dinge subsumieren, den wachmachenden Morgenkaffee[4], das „Glückshormone“ ausschüttende Stück Schokolade[5] oder den aufputschenden Energy-Drink.[6] All das dient der Steigerung unserer Wachheit oder unseres Wohlbefindens und gehört zum täglichen Leben. Allerdings mündet der Versuch, die geistige Leistungsfähigkeit zu steigern, zunehmend häufiger in der Einnahme von Mitteln, die zumindest noch nicht zu alltäglichen und allgemein akzeptierten „kleinen Helfern“, wie den oben genannten, zu zählen sind. Sei es, weil sie als verschreibungspflichtige Medikamente eigentlich zur Behandlung von Krankheiten entwickelt wurden, oder weil sie als unter das BtMG fallende Drogen dem Zugriff der breiten Bevölkerung aus Gründen der Suchtgefahr und der sogenannten Volksgesundheit[7] entzogen sein sollten, wobei die Übergänge zwischen diesen Gruppen fließend sein können.

Um festzustellen, was eigentlich den Unterschied zwischen den genannten momentan verfügbaren Methoden des Neuroenhancements ausmacht, soll im ersten Kapitel kurz die biologische Wirkungsweise einiger ausgewählter Mittel veranschaulicht werden.

Hinsichtlich der genauen Bestimmung des für diese Arbeit zu Grunde gelegten Begriffs Neuroenhancement ist weiterhin klarzustellen, dass die Wörter

---

3 *Schöne-Seifert/Talbot*, Neuroenhancement, S. 9.

4 Zum Hauptwirkstoff Koffein Näheres weiter unten 1. Kapitel I. 1. (ab S. 21).

5 Zwar enthält Schokolade neurologisch wirksame Verbindungen nur in sehr geringen Mengen, allerdings gibt es eine Studie, die eine positive Wirkung von Schokolade auf das aktuelle Befinden nahelegt; vgl. *Beckett*, The Science of Chocolate, S. 206 ff.

6 Energy Drinks enthalten als wachhaltende Wirkstoffe hauptsächlich Koffein, Taurin und Ginseng; vgl. *Tamamoto/Schmidt/Lee* Journal of Food Science 2010, 75 (6), S271- S278.

7 Ausführlicher dazu unten 2. Kapitel II. 2. (ab S. 82).

„Neuroenhancement“ und „Gehirndoping“ austauschbar, also mit der gleichen Bedeutung verwendet werden. Dies findet sich auch in anderen Beiträgen wieder, *Föstel* gebraucht die Begriffe schon in der Überschrift synonym,[8] und auch von den Autoren des Memorandums zum Thema Neuroenhancement[9] und im DAK-Gesundheitsreport 2015[10] wird keine Unterscheidung vorgenommen.

Bei *Lieb* findet sich demgegenüber folgende Differenzierung: Mit dem Begriff Neuroenhancement „wird relativ umfassend die Verbesserung (entsprechend dem englischen Begriff „enhancement“) von Hirnfunktionen durch Neurotechnologien welcher Art auch immer beschrieben, während man unter Hirndoping in Analogie zum Doping im Sport das spezifische „Enhancement“ durch Substanzen versteht.“[11] Diese Abgrenzung findet sich auch in einem Positionspapier der DHS, wonach die Termini „Neuro-Enhancement“ und „Cognitive Enhancement“ in umfassender Weise die Verbesserung kognitiver, motorischer und sensorischer Hirnfunktionen durch Neurotechnologien unterschiedlicher Art (z.B. tiefe Hirnstimulation, transkranielle Magnetstimulation, Gehirnchips oder Gehirnimplantate) beschreiben, während sich das Hirndoping auf die chemisch induzierte Veränderung von Hirnfunktionen bezieht.[12]

Allerdings ist der von *Lieb* verwendetet Begriff des Hirndopings in seiner abschließenden Definition für die hier vorzunehmende Betrachtung zu eng. Als Grundlage seiner weiteren Ausführungen definiert er wie folgt: „Unter Hirndoping versteht man den Versuch gesunder Menschen, die Leistungsfähigkeit des Gehirns durch die Einnahme von verschreibungspflichtigen Medikamenten zu verbessern. Dabei ist die Einnahme nicht medizinisch indiziert, die Substanzen wurden nicht ärztlich verordnet und der Konsum erfolgt nicht aus Genussgründen. Als Hirndoping bezeichnet man daher auch nicht den Konsum von Koffein oder pflanzlichen Produkten wie Extrakten des Baumes Ginko biloba, die auch zur geistigen Leistungssteigerung eingenommen werden, aber frei verkäuflich

---

8 *Förstl* Nervenarzt 2009, 840 (840).

9 *Galert/Bublitz/Heuser/Merkel/Repantis/Schöne-Seifert/Talbot*, Memorandum, S. 1 ff.

10 DAK-Gesundheitsreport 2015, S. 29, 34, https://www.dak.de/dak/download/vollstaendiger-bundesweiter-gesundheitsreport-2015-1585948.pdf (zuletzt abgerufen am 01.10.2017). Es wird nur eine Eingrenzung auf „pharmakologisches Neuroenhancement“ mittels der Einnahme verschreibungspflichtiger Medikamente vorgenommen.

11 *Lieb*, Hirndoping, S. 16 f.

12 *Glaeske/Merchlewicz/Schepker/Soellner/Böning/Gaßmann*, Hirndoping, S. 3, http://www.dhs.de/fileadmin/user_upload/pdf/news/2011-06-20_Positionspapier_Hirndoping.pdf (zuletzt abgerufen am 01.10.2017).

sind."[13] Hierbei ist vor allem die Einschränkung auf verschreibungspflichtige Medikamente für die vorliegende Arbeit nicht zielführend, da das Phänomen umfassend betrachtet werden soll und auch illegale Drogen zur Leistungssteigerung benutzt werden, die bei einer strafrechtlichen Bewertung nicht außen vor bleiben sollen. Demnach ist der hier verwendete Begriff Hirndoping weiter zu verstehen, hierunter wird allgemein „die Einnahme chemischer Substanzen zur Steigerung der geistigen Leistungsfähigkeit" gefasst. Dabei ist bewusst die Parallele zum Doping im Sport zu ziehen, die im Folgenden noch ausführlich erörtert wird.[14] Dieses beschränkt sich ebenfalls nicht auf den Medikamentenmissbrauch, sondern umfasst über die Einnahme verbotener Mittel hinaus auch sog. verbotene Methoden.

Unter dem Wort Neuroenhancement kann man demgegenüber auch viele weitere Formen der Steigerung der geistigen Leistungsfähigkeit zusammenfassen, die über die in dieser Arbeit betrachtete Verbesserung geistiger Fähigkeiten durch die Einnahme bestimmter Substanzen hinausgehen. Die vorliegende Betrachtung beschränkt sich auf das Enhancement kognitiver Fähigkeiten, also vor allem die Steigerung der Konzentrationsfähigkeit, Aufmerksamkeit usw. Demgegenüber bleibt die neuronale Beeinflussung emotionaler und motivationaler Zustände, die auch unter dem Begriff Neuroenhancement erörtert werden, außen vor.[15] Eine weitere Eingrenzung lässt sich in Bezug auf die technische Form des jeweiligen Eingriffs treffen. Die vorliegende Arbeit beschränkt sich auf Neuroenhancement durch die Einnahme chemischer Substanzen, was im Vergleich zur Anwendung anderer Neurotechnologien wie genetischer oder chirurgischer Eingriffe[16] einfacher anwendbar und schneller bzw. für eine breitere Masse allgemein verfügbar ist.

Damit ergibt sich für das Folgende, dass unter dem Wort „Neuroenhancement" die Steigerung der geistigen Leistungsfähigkeit durch die Einnahme chemischer Substanzen zu verstehen ist. Diese eingeschränkte Definition von Neuroenhancement im Sinne eines pharmakologischen, kognitiven Enhancements kann mit dem oben erörterten weiteren Begriff des Hirndopings gleichgesetzt werden.

---

13 *Lieb*, Hirndoping, S. 25.

14 Unter 2. Kapitel II. 3. e) (ab S. 100).

15 Vgl. zur Unterscheidung der mentalen Ziele bzw. Zustände *Merkel* ZStW 2009, 919 (932).

16 Vgl. zur Unterscheidung der technischen Formen des Eingriffs in genetisch, pharmakologisch, elektro-magnetisch, chirurgisch und optogenetisch *Merkel* ZStW 2009, 919 (932 f.).

Die verschiedenen Substanzen, die zu Zwecken des Neuroenhancements eingesetzt werden können, werden im Folgenden allgemein als „Neuroenhancer" bezeichnet.

I. Ausgewählte Neuroenhancement-Mittel

Zunächst muss die Auswahl der näher zu betrachtenden Mittel begründet werden. Aus der Gruppe der „alltäglichen" Neuroenhancer bot sich das Koffein an, das durch den Konsum von Kaffee und Energy-Drinks wohl die größte Verbreitung findet. Zudem ist es aufschlussreich, dessen Wirkung den in Medikamenten enthaltenen Stoffen gegenüber zu stellen, um herauszufinden, inwieweit die in der anhaltenden Neuroenhancement-Diskussion[17] sehr kontrovers behandelten Mittel sich überhaupt von einem völlig legal erhältlichen und als selbstverständlich erachteten Neuroenhancer unterscheiden. Bei den Substanzen aus der pharmazeutischen Forschung, die heute (noch) entgegen ihrem ursprünglichen Zweck als Mittel zur Steigerung der Leistungsfähigkeit Gesunder „missbraucht" werden, liegt der Fokus auf den aktuell wohl am verbreitetsten, bekanntesten und in der Diskussion am meisten im Vordergrund stehenden[18] Medikamenten: Modafinil und Ritalin. Den Abschluss macht mit Amphetamin ein Mittel,

---

17 Vgl. *Galert/Bublitz/Heuser/Merkel/Repantis/Schöne-Seifert/Talbot*, Memorandum, S. 1 ff.; *Müller-Jung, Joachim* Die Pille fürs Glück, in: FAZ.net, 13.10.2009, http://www.faz.net/aktuell/feuilleton/forschung-und-lehre/hirndoping-die-pille-fuers-glueck-1870236.html (zuletzt abgerufen am 01.10.2017); *Schnabel, Ulrich* Im Rausch der Petersilie, in: Zeit.online, 14.10.2009, http://www.zeit.de/2009/43/M-Neuro-Enhancement (zuletzt abgerufen am 01.10.2017); *Campbell, Philip / Metzinger, Thomas* Ist Hirndoping gut für uns?, in: Zeit.online, 8.4.2009, http://www.zeit.de/zeit-wissen/2009/03/Forum-Pro-Contra/komplettansicht (zuletzt abgerufen am 01.10.2017); *Sagner, Nicole* Pillen schlucken für den Lernrausch, in: Zeit.online, 18.06.2013, http://www.zeit.de/studium/uni-leben/2013-07/studie-gehirndoping-studenten (zuletzt abgerufen am 01.10.2017), *Lieb*, Hirndoping, S. 7 ff.; weitere Artikel zu dem Thema auch unten 4. Kapitel III. 1. b) (S. 277 f. Fn. 1237 – 1240).

18 Vgl. *Loll, Anna / Balzter, Sebastian* Mit Ritalin durch die Prüfung, in: FAZ.net, 01.11.2008; http://www.faz.net/aktuell/beruf-chance/campus/leistungsdruck-mit-ritalin-durch-die-pruefung-1713775.html (zuletzt abgerufen am 01.10.2017); *Sagner, Nicole* Pillen schlucken für den Lernrausch, in: Zeit.online, 18.06.2013, http://www.zeit.de/studium/uni-leben/2013-07/studie-gehirndoping-studenten (zuletzt abgerufen am 01.10.2017); *Baron van Lijnden, Constantin / Leffers, Jochen* Immer her mit den bunten Psychopillen, in: Spiegel.online, 05.11.2012, http://www.spiegel.de/karriere/berufsleben/hirndoping-kopfarbeiter-greifen-verstaerkt-zu-modafinil-und-ritalin-a-864956.html (zuletzt abgerufen am 01.10.2017).

das schon kurz nach seiner Entdeckung als Wachmacher im Zweiten Weltkrieg angewendet wurde. Später erfolgte eine Einstufung als Droge, deren Wirkstoff unter das BtMG fällt. Seither ist seine Verwendung in Deutschland nur sehr restriktiv und unter großen Auflagen möglich,[19] während es sich in Amerika allerdings noch häufig in Medikamenten wiederfindet.[20]

Zusätzlich zu den hier detailliert betrachteten, werden auch viele weitere Substanzen zur Steigerung der geistigen Leistungsfähigkeit eingesetzt. Neben an sich harmlosen pflanzlichen Mitteln wie Ginko-Präparaten kommen dabei auch diverse andere als die zwei genannten Medikamente, etwa Antidementiva wie Donepezil, Galantamin und Rivastigmin, die eigentlich zur Behandlung von leichter Alzheimer-Demenz zugelassen sind, oder auch Betablocker zum Einsatz.[21] An unter das BtMG fallenden Drogen findet sich außer den aufgeführten Amphetaminen auch das ähnlich wirkende Kokain.[22]

1. Koffein

Koffein ist wohl mit einer der weltweit am meisten genutzten Stoffe, derer sich die Menschen bedienen, um ihre Aufmerksamkeit zu steigern oder wacher zu bleiben.[23] Es findet sich im Kaffee, Tee, aber auch Soft Drinks wie Cola und Energy-Drinks wieder[24] und ist dort in unterschiedlichen Dosen enthalten.[25]

---

19 *Sauer/Weilemann*, Drogen, S. 27.

20 Vgl. Controlled Substances Schedules, Controlled Substances – by CSA Schedule – S. 7, im Internet abrufbar unter https://www.deadiversion.usdoj.gov/schedules/orangebook/e_cs_sched.pdf (zuletzt abgerufen am 01.10.2017).

21 Näher dazu bei *Franke/Lieb* Bundesgesundheitsblatt 2010, S. 853 (856, 858); *Förstl* Nervenarzt 2009, 840 ff.; *Glaeske/Merchlewicz/Schepker/Soellner/Böning/Gaßmann*, Hirndoping, S. 9, http://www.dhs.de/fileadmin/user_upload/pdf/news/2011-06-20_Positionspapier_Hirndoping.pdf (zuletzt abgerufen am 01.10.2017); *Galert/Bublitz/Heuser/Merkel/Repantis/Schöne-Seifert/Talbot*, Memorandum, S. 2; DAK-Gesundheitsreport 2015, S. 50 ff., https://www.dak.de/dak/download/vollstaendiger-bundesweiter-gesundheitsreport-2015-1585948.pdf (zuletzt abgerufen am 01.10.2017).

22 *Förstl* Nervenarzt 2009, 840 (841); *Dietz/Striegel/Franke/Lieb/Ulrich* Pharmacotherapy 2013, 33 (1), 44 (48).

23 *Fredholm*, Methylxanthines, S. 1 (3 f.); *Magkos/Kavouras* Critical Reviews in Food Science and Nutrition 2005, 45 (7-8), 535 (536).

24 *Baltes*, Lebensmittelchemie, S. 398; *Magkos/Kavouras* Critical Reviews in Food Science and Nutrition 2005, 45 (7-8), 535 (536).

25 Eine Übersicht über die in verschiedenen Getränken enthaltene Koffeinmenge findet sich bei *Franke / Lieb* Bundesgesundheitsblatt 2010, S. 853 (857 Tab. 2).

Koffein gehört zur Gruppe der Methylxanthine[26] und stimuliert über verschiedene Wirkmechanismen das zentrale Nervensystem.[27] Die im Zusammenhang mit Neuroenhancement interessanteste Wirkung von Koffein im menschlichen Körper liegt in seiner Fähigkeit, die Adenosin-Transmission im Gehirn zu blockieren.[28] Dieser Primäreffekt führt in seiner Folge zu Auswirkungen auf viele andere Arten von Neurotransmittern, darunter Noradrenalin, Dopamin, Serotonin, Acethylcholin, Glutamat und γ-Aminobuttersäure (GABA).[29] Die genannten Stoffe wiederrum üben Einfluss auf eine große Anzahl verschiedener physiologischer Funktionen aus. So kann Koffein in geringer Dosis eine positive Wirkung auf die Informationsverarbeitung haben.[30] Weiterhin steigert es die Erregbarkeit des Cortex, erhöht sowohl die Geschwindigkeit, mit der Reize im Gehirn miteinander verknüpft werden, als auch die Selektivität hinsichtlich eines primären Reizes, womit dessen Verarbeitung beschleunigt wird, und beschleunigt schließlich auch motorische Prozesse über zentrale und periphere Mechanismen.[31] Die hemmende Wirkung, die Adenosin über die A_1 Rezeptoren ausübt, wird als Erklärung für den positiven Effekt angesehen, den Koffein auf die Erregung, die Wachsamkeit und die Aufmerksamkeit hat. Man nimmt an, dass die Fähigkeit von Koffein und Methylxantin, die Aktivität des Cortex und des Hippocampus zu erhöhen, die Ursache für ihre vorteilhafte Auswirkung auf Aufmerksamkeit und Informationsverarbeitung darstellt.[32] Neuere Studien zeigen eine Wechselwirkung zwischen Koffein und Extrovertiertheit, was gewisse Arbeiten angeht, die die phonologische Schleife[33] und die zentrale

---

26 *Ashihara/Kato/Crozier*, Methylxanthines, S. 11 (12 f.).

27 *Franke/Lieb* Bundesgesundheitsblatt 2010, S. 853 (857).

28 Adenosin ist ein Purin, das als allgemeiner Hemmstoff für neuronale Aktivitäten dient. Erste Studien zeigen, dass Adenosin zwei verschiedene Typen von Rezeptoren aktiviert, die gegensätzliche biochemische Effekte auslösen: die A_1 Rezeptoren reduzieren, die A_2 Rezeptoren erhöhen das Level von zyklischem AMP; vgl. *Fisone/Borgkvist/Usiello* Cellular and Molecular Life Sciences 2004, 61 (7-8), 857 (858).

29 *Fredholm/Bättig/Holmen/Nehlig/Zvartau* Pharmacological Reviews 1999, 51 (1), 83 (96).

30 *Fredholm/Bättig/Holmen/Nehlig/Zvartau* Pharmacological Reviews 1999, 51 (1), 83 (101).

31 *Fredholm/Bättig/Holmen/Nehlig/Zvartau* Pharmacological Reviews 1999, 51 (1), 83 (101).

32 *Fisone/Borgkvist/Usiello* Cellular and Molecular Life Sciences 2004, 61 (7-8), 857 (859).

33 Dabei handelt es sich um einen Begriff aus Baddeleys Arbeitsgedächtnismodell, die phonologische Schleife bezeichnet das Kurzzeitgedächtnissystem, welches einer Person ermöglicht, sich kurze Wortketten dadurch zu merken, dass sie sich diese

Exekutive[34] betreffen.[35] Eine frühere Untersuchung mit größeren Mengen an Koffein (mehr als 65mg pro Tasse Kaffee) zeigt, dass Extrovertierte einen größeren Nutzen bzw. Vorteil von Koffein ziehen als Introvertierte, die nach dem Genuss von entkoffeiniertem Kaffee bessere Resultate erzielten.[36] Die Ergebnisse bestätigen auch, dass diese Koffeindosis die einfache Reaktionszeit reduziert und die Kodierung neuer Informationen erhöht.[37] Koffein wirkt sich dabei auf die Reaktionszeit und Genauigkeit bei einer Vielzahl von einfachen Aufgaben aus; hat aber auch das Potential, komplexere Prozesse zu verbessern, die an der aktiven Überwachung und Koordination von Verhaltensweisen beteiligt sind, wie etwa beim Wechsel von Aufgaben, der Einschränkung von Antwortmöglichkeiten und bei Störungen.[38]

Die Einnahme von Koffein kann auch Auswirkungen auf den Schlaf haben, wobei diese zum Teil sehr unterschiedlich und von der jeweiligen Person abhängig sind, generell kann Koffein die Latenzzeit für den Schlaf und dessen Qualität beeinflussen.[39] Weiterhin gilt als gesichert, dass Koffein die Arbeitsleistung bei nächtlicher Schichtarbeit verbessert, ohne dem Tagesschlaf stark zu schaden[40]. Grundsätzlich werden koffeinhaltige Getränke oder Mittel neben der geschmacklichen Komponente vor allem wegen der „wachmachenden“ Eigenschaften des Koffeins konsumiert.

Aufgrund der weiten Verbreitung von Koffein als alltägliches, problemlos zu erwerben und einzunehmendes Mittel, gibt es auch Studien zum Einsatz von Koffein speziell durch Athleten und zu seiner leistungssteigernden Wirkung im sportlichen Bereich. Gerade im Sport ist Koffein ein beliebtes Nahrungsergänzungsmittelmittel, das im Training und beim Wettkampf konsumiert

---

immer wieder innerlich vorspricht (http://de.wikipedia.org/wiki/Baddeleys_Arbeitsged%C3%A4chtnismodell und http://www.thefreedictionary.com/articulatory+loop (zuletzt abgerufen am 01.10.2017)).

34 Dabei handelt es sich ebenfalls um einen Begriff aus Baddeleys Arbeitsgedächtnismodell, als zentrale Executive wird dabei ein flexibles System bezeichnet, das für die Kontrolle und Regulation kognitiver Prozesse verantwortlich ist (http://en.wikipedia.org/wiki/Baddeley%27s_model_of_working_memory, zuletzt abgerufen am 01.10.2017).

35 *Smith* Journal of Psychopharmacology 2013, 27 (1), 71 (75).

36 *Smith* Journal of Psychopharmacology 2013, 27 (1), 71 (75).

37 *Smith* Journal of Psychopharmacology 2013, 27 (1), 71 (75).

38 *Einöther/Giesbrecht* Psychopharmacology 2013, 225 (2), 251 (270 ff.).

39 *Fredholm/Bättig/Holmen/Nehlig/Zvartau* Pharmacological Reviews 1999, 51 (1), 83 (101 f.).

40 *Fredholm/Bättig/Holmen/Nehlig/Zvartau* Pharmacological Reviews 1999, 51 (1), 83 (102).

wird.[41] Studien mit Radfahren haben gezeigt, dass eine moderate Dosis Koffein (~ 3 mg kg^{-1}), in diesem Fall über ein koffeinhaltiges Kaugummi aufgenommen, die Ermüdung bei wiederholten, hochintensiven periodischen Sprint-Übungen verzögern kann.[42] Weiterhin hat die Koffeinaufnahme einen positiven Effekt auf das Testosteron-Cortisol-Verhältnis und könnte für zusätzliche Vorteile durch Verbesserung der anabolischen Muskelprozesse sorgen. Die Verabreichung von Koffein während späterer Phasen kann helfen die Ermüdung abzuschwächen, die mit der verringerten neuronalen Aktivität im Zusammenhang steht.[43] Es besteht ein steigendes Interesse an der Fähigkeit des Koffeins, die Leistung bei Aktivitäten von kürzerer Dauer und hoher Wiederholungsintensität zu verbessern.[44]

Allerdings kann die Einnahme von Koffein auch zu unerwünschten Nebenwirkungen führen. Infolge eines starken Koffeingenusses können Unruhe, Schlaflosigkeit, Herzrasen, Rhythmusstörungen und Zittern auftreten, diese Symptome bilden sich aber nach Abstinenz rasch zurück.[45] Regelmäßiger Konsum kann zu einer mäßigen Toleranzausbildung führen, ebenso können bei gewohnheitsmäßigen Konsumenten Entzugserscheinungen auftreten, die sich jedoch in Grenzen halten. Neben Kopfschmerzen sind vor allem Rebound-Effekte wie Müdigkeit, Dysphorie, Nachlassen der Konzentrations- und Leistungsfähigkeit zu beobachten.[46]

2. Modafinil

Modafinil ist ein wachheitsförderndes Medikament, das zur Behandlung von exzessiver Tagschläfrigkeit in Verbindung mit Narkolepsie, dem Schlafapnoesyndrom und dem chronischen Schichtarbeitersyndrom zugelassen war.[47] Allerdings hat die EU eine Indikationseinschränkung vorgenommen, so dass Modafinil seit 2011 nur noch zur Behandlung von Narkolepsie-bedingter Schläfrigkeit zugelassen ist; bei Kindern und Jugendlichen sowie psychiatrisch

---

41 *Paton/Lowe/Irvine* European Journal of Applied Physiology 2010, 110 (6), 1243 (1243).
42 *Paton/Lowe/Irvine* European Journal of Applied Physiology 2010, 110 (6), 1243 (1249).
43 *Paton/Lowe/Irvine* European Journal of Applied Physiology 2010, 110 (6), 1243 (1249).
44 *Paton/Lowe/Irvine* European Journal of Applied Physiology 2010, 110 (6), 1243 (1243).
45 *Köhler*, Rauschdrogen, S. 60; *Franke/Lieb* Bundesgesundheitsblatt 2010, S. 853 (857).
46 *Köhler*, Rauschdrogen, S. 60 f; *Franke/Lieb* Bundesgesundheitsblatt 2010, S. 853 (857).
47 *Grady/Aeschbach/Wright/Czeisler* Neuropsychopharmacology 2010, 35(9), 1910 ff.

Erkrankten sollte Modafinil überhaupt nicht mehr angewendet werden.[48] Modafinil gehört zu den verschreibungspflichtigen Arzneimitteln.[49]

Die Wirkungsweise von Modafinil ist noch nicht ganz geklärt, man glaubt aber, dass sie sich von der des Methylphenidat (Ritalin) und der Amphetamine unterscheidet.[50] Modafinil stimuliert das zentrale Nervensystem, vor allem den Hypothalamus und andere Hirnregionen, die den Schlaf regulieren. Damit scheint die Wirkung selektiver als die von Amphetaminen, welche die Gehirnaktivität umfassender beeinflussen.[51] Das gegenwärtig vorgeschlagene Wirkungsmodell von Modafinil weist darauf hin, dass Modafinil Wachheit hervorruft, indem es einen Rezeptor beeinflusst, der mit Adrenalin zu tun hat.[52] Dies kann aber noch nicht ganz erklären, warum die Rezeptoren nur in einem bestimmten Gehirnbereich aktiviert werden, in welchem die Wachsamkeit gesteigert oder erhalten wird.[53]

Messbare positive, wenn auch moderate Enhancing-Effekte von Modafinil bei Gesunden ließen sich bei einer Kontrollgruppe ohne Schlafentzug vor allem in Bezug auf die Aufmerksamkeit feststellen.[54] Eine neuere Studie mit gesunden Freiwilligen zeigt als Ergebnis eine klare Leistungsverbesserung in den schwierigsten Phasen einer Prüfung bei rechengesteuerten Tests des Arbeitsgedächtnisses, des visuellen Gedächtnisses und der Problemlösung.[55] Dagegen konnten keine Auswirkungen von Modafinil hinsichtlich des Erinnerungsvermögens, der Stimmung oder der Motivation festgestellt werden.[56] Bei Müdigkeit sind die

---

48 Mitteilung der Arzneimittelkommission der deutschen Ärzteschaft, im Internet abrufbar unter https://www.akdae.de/Arzneimittelsicherheit/DSM/Archiv/2011-143.html (zuletzt abgerufen am 01.10.2017).

49 Anlage 1 zu § 1 AMVV i.V.m. § 48 I S. 1 Nr. 1 AMG.

50 *Lynch/Palmer/Gall* Pharmacology Biochemistry and Behavior 2011, 99 (2), 116 ff. Obwohl es wachsende(steigende) Beweise dafür gibt, dass die Wirkung hauptsächlich Dopamine und Norepinephrine beeinflusst, werden auch Effekte auf γ-aminobutyric acid, glutamate, histamine und orexin/hypocretin diskutiert; *Repantis/Schlattmann/Laisney/Heuser* Pharmacological Research 2010, 62 (3), 187 (187 f).

51 *McBeth/McNamara/Ankel/Mason/Ling/Flottemesch/Asplin* Academic Emergency Medicine 2009, 16 (9), 1311 (1315).

52 *Kim* Environmental Health and Toxicology 2012, 27, Article ID: e2012007.

53 *Kim* Environmental Health and Toxicology 2012, 27, Article ID: e2012007.

54 *Repantis/Schlattmann/Laisney/Heuser* Pharmacological Research 2010, 62 (3), 187 (204).

55 *Müller/Rowe/Rittman/Lewis/Robbins/Sahakian* Neuropharmacology 2013, 64 (5), 490 (495).

56 *Repantis/Schlattmann/Laisney/Heuser* Pharmacological Research 2010, 62 (3), 187 (204).

Wirkungen des Mittels umfassender. Schon eine einzelne Dosis hat einen deutlichen positiven Einfluss auf die Wachheit, die Reaktionsgeschwindigkeit und das Erinnerungsvermögen. Bei wiederholter Einnahme und längerem Schlafentzug beschränkt sich die Wirkung auf eine Steigerung der Wachheit, in Bezug auf die eigene geistige Leistungsfähigkeit kann es zu Selbstüberschätzung kommen.[57]

Obwohl direkte Vergleiche schwierig sind, ist die Wirksamkeit von Modafinil am Ende mit der von wiederholter niedrig dosierter Koffein-Verabreichung in einem ähnlichen Testaufbau vergleichbar.[58] Während Koffein effektiv der wachheitsabhängigen Leistungsverschlechterung entgegenwirkt, ist sein Einfluss auf Beeinträchtigungen im Zusammenhang mit Leistungen in einer ungünstigen Phase des 24 Stunden-Rhythmus beschränkt.[59] Dies hängt mit seiner Wirkungsweise als Antagonist zu Adenosin zusammen, welches mutmaßlich ein Beschleuniger des physiologischen Schlafdrucks ist.[60] Demgegenüber zeigt Modafinil robustere Effekte hinsichtlich beider Einflüsse auf die Leistung, sowohl auf die wachheitsbedingten als auch auf die, die mit dem 24-Stunden-Rhythmus im Zusammenhang stehen.[61] Dies erklärt sich ebenfalls aus dem von Modafinil bekannten stimulierenden Effekt auf die die Wachheit regulierenden Regionen des Hypothalamus, Strukturen die unter dem Einfluss von beiden Komponenten, dem 24-Stunden-Rhythmus und dem Schlaf fördernden System stehen.[62] Hieraus lässt sich der interessante Schluss ziehen, dass für normale Neuroenhancement-Zwecke Koffein vergleichbare Wirkungen erzielt wie Modafinil. Erst wenn man entgegen dem 24-Stunden-Rhythmus arbeitet bzw. mehrere Tage und Nächte durchlernen möchte, verspricht Modafinil die besseren Resultate. Was unerwünschte Effekte außerhalb von „Nebenwirkungen" im eigentlichen Sinne angeht, wirkt sich Modafinil nicht negativ auf die subjektive Wachsamkeit aus, wie das chronischer Koffeinkonsum tut.[63] Auf der anderen Seite sind Modafinil einnehmende Personen subjektiv gesehen weniger aufmerksam, also verträumter.[64]

57 *Repantis/Schlattmann/Laisney/Heuser* Pharmacological Research 2010, 62 (3), 187 (204); *Franke/Lieb* Bundesgesundheitsblatt 2010, S. 853 (856).
58 *Grady/Aeschbach/Wright/Czeisler* Neuropsychopharmacology 2010, 35(9), 1910 ff.
59 *Grady/Aeschbach/Wright/Czeisler* Neuropsychopharmacology 2010, 35(9), 1910 ff.
60 *Grady/Aeschbach/Wright/Czeisler* Neuropsychopharmacology 2010, 35(9), 1910 ff.
61 *Grady/Aeschbach/Wright/Czeisler* Neuropsychopharmacology 2010, 35(9), 1910 ff.
62 *Grady/Aeschbach/Wright/Czeisler* Neuropsychopharmacology 2010, 35(9), 1910 ff.
63 *Grady/Aeschbach/Wright/Czeisler* Neuropsychopharmacology 2010, 35(9), 1910 ff.
64 *Grady/Aeschbach/Wright/Czeisler* Neuropsychopharmacology 2010, 35(9), 1910 ff.

Als Nebenwirkungen von Modafinil werden unter anderem Kopfschmerzen, Schwindel, Magen-Darm-Beschwerden, Schlafstörungen, Nervosität, Unruhe und Schlaflosigkeit aufgeführt.[65] Weiterhin kann es in einzelnen Fällen zu Herzrhythmusstörungen und Hypertonie, überempfindlichen Reaktionen und schweren psychischen Reaktionen (wie Psychosen, Manien und Selbstmordgedanken) kommen.[66] Gesicherte Prognosen zum Wirkungsverlust, Abhängigkeitsgefahr und Entwicklung von Toleranzen bei Gesunden können aufgrund fehlender spezifischer Studien noch nicht getroffen werden. Allerdings gibt es Studien, deren Ergebnisse auf die Möglichkeit einer Abhängigkeit hindeuten, welche den Grund dafür geliefert haben, die Langzeitmedikation von Modafinil zu verbieten.[67]

3. Ritalin

Ritalin ist der gebräuchliche Handelsname für das zu den Amphetaminderivaten gehörende Methylphenidat, das zur Behandlung von Aufmerksamkeitsdefizit-Hyperaktivitäts-Störungen (ADHS/ADS) bei Kindern und Erwachsenen eingesetzt wird; aber auch zur Behandlung von Teilnahmslosigkeit und der Schlafkrankheit.[68] Methylphenidat fällt unter das BtMG und unterliegt der Betäubungsmittel-Verschreibungsverordnung.[69] Die Wirkungsweise von Methylphenidat ist bekannt: Es erhöht die außerzelluläre Menge von Dopamin und Norepinephrin durch eine Blockade der jeweiligen Transporter.[70] Diese Wirkungsweise hat zur Konsequenz, dass Methylphenidat die Freisetzung der Stoffe nur steigert, wenn die Nervenzellen schon aktiv sind.[71] Die Wirkung in Form der Blockade des Rückkopplungsrezeptors tritt nur ein, wenn die Stoffe bereits ausgeschüttet wurden. Dopamin und Norepinephrin reduzieren die unspezifische Aktivität von neuronalen Zellen, auf diese Weise wird die nicht

---

65 *Repantis/Schlattmann/Laisney/Heuser* Pharmacological Research 2010, 62 (3), 187 (203); *Franke/Lieb* Bundesgesundheitsblatt 2010, S. 853 (856).

66 *McBeth/McNamara/Ankel/Mason/Ling/Flottemesch/Asplin* Academic Emergency Medicine 2009, 16 (9), 1311 (1315).

67 *Kim* Environmental Health and Toxicology 2012, 27, Article ID: e2012007.

68 *Agay/Yechiam/Carmel/Levkovitz* Psychopharmacology 2010, 210 (4), 511 (511).

69 Anlage III zu § 1 Abs. 1 BtMG (verkehrsfähige und verschreibungsfähige Betäubungsmittel); § 2 Abs. 1 lit. a) Ziff. 13 BtMVV; *Körner/Patzak/Volkmer* Stoffe Teil 1 Kap. 6 Rn. 376; *Geschwinde*, Rauschdrogen, Rn. 2881 f.

70 *Agay/Yechiam/Carmel/Levkovitz* Psychopharmacology 2010, 210 (4), 511 (511); *Lynch/Palmer/Gall* Pharmacology Biochemistry and Behavior 2011, 29 (2), 116 ff.

71 *Lieb*, Hirndoping, S. 72.

aufgabenbezogene Aktivität reduziert und das Signal-Rausch-Verhältnis (signal to noise ratio) verbessert.[72]

In bisherigen Studien konnte kein beständiger Nachweis für einen Neuroenhancement-Effekt von Methylphenidat gefunden werden, obwohl Anzeichen für eine positive Wirkung auf die Gedächtnisleistung bei Gesunden festgestellt wurden.[73]

Betrachtet man einzelne Fähigkeitsbereiche konnte nachgewiesen werden, dass Ritalin zu einer Verbesserung des räumlichen Denkens führen kann.[74] Es gibt allerdings Studien, die nahe legen, dass Probanden, die bereits über ein gutes räumliches Gedächtnis verfügen, von diesem Effekt weniger stark profitieren konnten.[75] Die verbreitete Ansicht, dass Methylphenidat die Aufmerksamkeit erhöht, konnte durch Studien nicht sicher belegt werden; vereinzelt wurde auch eine Störung der Aufmerksamkeitsleistung festgestellt.[76] Andere sehen es als wahrscheinlich an, dass Ritalin nur bei relativ einfachen Aufgaben, die eine anhaltende Beschäftigung erfordern, einen positiven Effekt auf die Aufmerksamkeit entfaltet.[77] Die Lösung komplexerer Probleme hingegen, für die eine selektivere Aufmerksamkeit notwendig ist, scheint durch die Einnahme von Ritalin nicht gefördert zu werden.[78]

Der Grund, warum Methylphenidat bei manchen Menschen wirkt und bei anderen nicht, könnte in seiner Wirkung liegen, die Reizweitergabe im präfrontalen Cortex und den Glukosestoffwechsel im Gehirn zu reduzieren.[79] Dadurch kann bei Menschen, bei denen während der Lösung einer Aufgabe Hirnregionen aktiv sind, die für die momentane Fragestellung nicht relevant sind, diese „unerwünschte" Aktivität reduziert werden, was zu einer fokussierteren Informationsverarbeitung führt. Bei anderen, die schon sehr fokussiert arbeiten, kann Ritalin somit zu keiner weiteren Verbesserung beitragen.[80]

---

72 *Agay/Yechiam/Carmel/Levkovitz* Psychopharmacology 2010, 210 (4), 511 (511); *Lynch/Palmer/Gall* Pharmacology Biochemistry and Behavior 2011, 29 (2), 116 ff.

73 *Repantis/Schlattmann/Laisney/Heuser* Pharmacological Research 2010, 62 (3), 187 (203 f).

74 *Lynch/Palmer/Gall* Pharmacology Biochemistry and Behavior 2011, 99 (2), 116 ff.

75 *Lynch/Palmer/Gall* Pharmacology Biochemistry and Behavior 2011, 99 (2), 116 ff.

76 *Repantis/Schlattmann/Laisney/Heuser* Pharmacological Research 2010, 62 (3), 187 (204).

77 *Lynch/Palmer/Gall* Pharmacology Biochemistry and Behavior 2011, 99 (2), 116 ff.

78 *Lynch/Palmer/Gall* Pharmacology Biochemistry and Behavior 2011, 99 (2), 116 ff.

79 *Agay/Yechiam/Carmel/Levkovitz* Psychopharmacology 2010, 210 (4), 511 (512).

80 *Agay/Yechiam/Carmel/Levkovitz* Psychopharmacology 2010, 210 (4), 511 (512).

Auffallend ist gerade bei Ritalin, dass Personen, die das Mittel eingenommen haben, von weitaus höheren Wirkungen auf die geistige Leistungsfähigkeit berichten, als dies die wissenschaftlichen Studien belegen.[81] Dies lässt sich aus der subjektiven Wahrnehmung der Selbstprobanden und dem nicht zu unterschätzenden Placebo-Effekt erklären.[82] Die Wirkung von Placebos ist hinlänglich bekannt und wird u.a. im Rahmen der Zulassung neuer Medikamente beurteilt. Dabei werden einer Kontrollgruppe Placebos verabreicht, um die Wirksamkeit des neuen Medikamentes zu testen.[83] In solchen Studien konnte festgestellt werden, dass gerade bei Leiden mit einer starken psychologischen Komponente (wie Schmerzen, Ängsten und Depressionen) die Probanden relativ gut auch auf die Placebos ansprachen.[84] Dies macht es zwar schwieriger, die Wirksamkeit des neuen Medikaments zu beweisen, lässt aber für den hier bedeutsamen Zusammenhang den Schluss zu, dass genau dieser Placebo-Effekt auch die „Wirksamkeit" von Ritalin in einigen Fällen ausmacht. Gerade bei der gewollten Steigerung der geistigen Leistungsfähigkeit ist die psychische Komponente einer der wichtigsten Bestandteile; so hat die psychische Verfassung große Auswirkungen auf die Aufmerksamkeit und die Fähigkeit sich zu konzentrieren und geistige Aufgaben effizient zu lösen. Damit besteht bei der Einnahme von Ritalin eine nicht unerhebliche Wahrscheinlichkeit dafür, dass der subjektiv festgestellte Verbesserungseffekt nicht auf das Mittel selbst, sondern auf den Placebo-Effekt zurückzuführen ist.

Häufige Nebenwirkung von Ritalin ist ein erhöhter Puls, jedoch nicht zwingend verbunden mit Bluthochdruck. Weiterhin kann es zu Kopfschmerzen, Angstzuständen, Nervosität, Unruhe, Schläfrigkeit und Schlaflosigkeit kommen.[85] Ebenso wie bei Modafinil können mangels Studien noch keine Angaben

---

81 Vgl. *Lieb*, Hirndoping, S. 62 f.

82 *Repantis/Schlattmann/Laisney/Heuser* Pharmacological Research 2010, 62 (3), 187 (204).

83 Bei anerkannten wissenschaftlichen Studien handelt es sich um randomisierte und Placebo kontrollierte Studien (double-blind-studies): Patienten werden im Rahmen eines Zufallsprinzips in zwei Gruppen aufgeteilt, eine Gruppe erhält ein Medikament mit dem Wirkstoff, die andere Gruppe nur ein Placebo. Dabei wissen weder die Teilnehmer noch die betreuenden Ärzte, welche Gruppe das Medikament und welche das Placebo erhalten hat. Dies wird erst am Ende der Studie bei der Auswertung der Ergebnisse aufgelöst.

84 *Enserink* Science 1999, 284 (5412), 238 ff.

85 Zu den Nebenwirkungen *Repantis/Schlattmann/Laisney/Heuser* Pharmacological Research 2010, 62 (3), 187 (203); *Franke/Lieb* Bundesgesundheitsblatt 2010, S. 853 (856).

zur Gefahr einer Abhängigkeit, der Toleranzausbildung und einem Wirkungsverlust gemacht werden[86]. Trotz seiner ähnlichen Wirkung scheint das Suchtpotential von Methylphenidat geringer zu sein als bei Kokain.[87]

4. Amphetamin

Das Ende des 19. Jahrhunderts (1887) erstmals synthetisierte Amphetamin[88] gehört zu den weltweit wohl am bekanntesten und meist konsumierten illegalen Drogen. Allerdings wurden dieser Stoff und seine Derivate zunächst Anfang des zwanzigsten Jahrhundert in großem Maße zu medizinischen Zwecken genutzt,[89] bis dieser Gebrauch aufgrund der erheblichen Nebenwirkungen ab 1950 stark eingeschränkt wurde.[90] Außerhalb des medizinischen Bereichs wurde und wird Amphetamin vor allem wegen seiner „wachmachenden" Wirkung als Aufputschmittel eingenommen, im Bereich des Sports dienen Amphetaminderivate als Dopingmittel zur Steigerung der körperlichen Leistungsfähigkeit.[91] Viele der Amphetamine sind in Deutschland nicht mehr legal zu erwerben, andere Amphetaminderivate zumindest dem BtMG unterworfen. Je nach genauer chemischer Verbindung finden sie sich in allen drei Anlagen zum BtMG wieder.[92]

Die meisten Amphetamine wirken vor allem durch die Freisetzung von Dopamin und Noradrenalin aus den Speichergranula der synaptischen

---

86 *Repantis/Schlattmann/Laisney/Heuser* Pharmacological Research 2010, 62 (3), 187 (203).

87 *Livio/Rauber-Lüthy/Biollaz/Holzer/Winterfeld/Buclin* Paediatrica 2009, 45 f.; *Körner/Patzak/Volkmer* Stoffe Teil 1 Kap. 6 Rn. 377.

88 „Das Amphetamin (Methyl-Phenyl-Ethylamin, Phenyl-Propan-Azan) ist chemisch das (RS)-1-Phenylpropan-2-yazan, das chemisch verwandte Methamphetamin ist das (2S)-N-Methyl-1-phenylpropan-2-amin. […] Amphetamin […] liegt zumeist als Amphetaminsulfat, als wasserlösliches Salz der Schwefelsäure vor.
Es ähnelt seinem Aufbau nach dem körpereigenen Wirkstoff aus der Nebennierenrinde Adrenalin."
Körner/Patzak/Volkmer Stoffe Teil 1 Kap. 6 Rn. 267.

89 *Sauer/Weilemann*, Drogen, S. 27.

90 *Geschwinde*, Rauschdrogen, Rn. 2775.

91 *Geschwinde*, Rauschdrogen, Rn. 2779 ff., 2786 ff. Vgl. zur Geschichte des Amphetamins auch *Körner/Patzak/Volkmer* Stoffe Teil 1 Kap. 6 Rn. 277.

92 *Körner/Patzak/Volkmer* Stoffe Teil 1 Kap. 6 Rn. 268, 282, 298 ff.; *Köhler*, Rauschdrogen, S. 53; *Geschwinde*, Rauschdrogen, Rn. 2838 ff.

Nervenendungen.[93] Dies stellt einen Unterschied zu den bisher untersuchten Stoffen dar, die zwar z.T. auch die Rezeptoren für bestimmte Stoffe blockieren, aber nicht aktiv zu einer vermehrten Ausschüttung und damit Leerung der körpereigenen „Lager" führen.

Die Einnahme von Amphetamin in einer Dosierung von etwa 5 – 15 mg oral führt zu einer Unterdrückung des Schlafbedürfnisses und einer Steigerung der Leistungsbereitschaft und der körperlichen Leistungsfähigkeit, was sich insbesondere auf die Durchführung monotoner und schnell ermüdender Arbeiten positiv auswirkt.[94] Psychische Wirkungen, die auch bei nicht ermüdeten Personen auftreten, sind insbesondere ein erhöhtes Konzentrationsvermögen und Selbstvertrauen, ebenso eine verstärkte Aktivität und beschleunigte Denkabläufe.[95] Allerdings führt der Konsum zu keiner objektivierbaren Verbesserung der geistigen Leistungsfähigkeit und Kreativität, auch wenn subjektiv, unter anderem aufgrund abnehmender Kritikfähigkeit und verbesserter körperlicher Leistungsfähigkeit, dieser Eindruck entstehen kann.[96] Bei Prüfungskandidaten, die Amphetamin in der Vorbereitungsphase eingenommen hatten, zeigte sich zudem als negative Wirkung, dass bei zusätzlicher Einnahme von Tranquilizern vor der eigentlichen Prüfung das zuvor Gelernte völlig vergessen war.[97] Schon zu Beginn der Wirkung kann es neben den als positiv empfundenen, stimulierenden Effekten auch zu innerer Unruhe, Gereiztheit und Bewusstseinseintrübungen kommen.[98] Weitere anfängliche Begleiterscheinungen sind Herzklopfen, Hypertonie, Kopfschmerzen, Übelkeit und quälende Schlaflosigkeit. Bei einer höher dosierten Einnahme sind weitere Nebenwirkungen und insbesondere bei dauerhaftem Missbrauch auch eine physische Abhängigkeit zu erwarten.[99] Diese Wirkungen sind allerdings erst bei der Einnahme einer höheren Rauschdosis über einen längeren Zeitraum zu erwarten. Eine solche würde aber nicht mehr

---

93 Weiterhin können Amphetamine aufgrund ihrer strukturellen Verwandtschaft mit Dopamin und Noradrenalin die postsynaptischen Rezeptoren besetzen oder aktivieren, die für diese Stoffe empfänglich sind. Auch in den synaptischen Vesikeln selbst kann Amphetamin in umgewandelter Form als „falscher Transmitter" wirken und so zu einer Erregung im synaptischen Nervensystem und zu einer Weiterleitung des Impulses führen. *Geschwinde,* Rauschdrogen, Rn. 2948, 2955 f.

94 *Geschwinde*, Rauschdrogen, Rn. 2912.

95 *Geschwinde*, Rauschdrogen, Rn. 2914.

96 *Geschwinde*, Rauschdrogen, Rn. 2921.

97 *Geschwinde*, Rauschdrogen, Rn. 2922.

98 *Geschwinde*, Rauschdrogen, Rn. 2915.

99 *Geschwinde*, Rauschdrogen, Rn. 2930 f., 2933 ff.; *Köhler*, Rauschdrogen, S. 58.

zu Enhancement-Zwecken erfolgen, da schon eine mittlere Rauschdosis von 15 – 20 mg oral neben einer überwältigenden Euphorie und insgesamt gesteigertem Antrieb auch mit einem zunehmenden Unvermögen, sich zu konzentrieren und einen Gedanken festzuhalten, einhergeht (sog. Gedankenflucht).[100] Diese Rausch-Effekte überwiegen die Verbesserungseffekte, womit die Einnahme einer solchen Dosis zur Steigerung der geistigen Leistungsfähigkeit keinen Sinn mehr ergibt.

II. Wirkungsweise und Verbreitung

Nach der Betrachtung der wissenschaftlichen Fakten zu den ausgewählten Neuroenhancement-Mitteln, sind diese nun für die vorliegende Fragestellung aufzuarbeiten und nutzbar zu machen. Dabei sind zunächst die Wirkungsweisen der Substanzen miteinander zu vergleichen, um das „Verbesserungspotential" beurteilen zu können. Anschließend soll festgestellt werden, inwieweit Neuroenhancement als Phänomen schon in Deutschland angekommen ist, also wie verbreitet die Einnahme von Neuroenhancement-Mitteln ist.

1. Wirkungsweisen im Vergleich

Welches Ergebnis zeigt sich nun, wenn man die Wirkungen der verschiedenen zu Neuroenhancement-Zwecken genutzten Mittel miteinander vergleicht? Koffein ist als das schon am längsten bekannte und angewendete Mittel auch am besten erforscht. Seine positiven Auswirkungen auf die Aufmerksamkeit und die Informationsverarbeitung sind gut belegt und werden täglich von unzähligen Menschen zum besseren Start in den Tag und bei der Arbeit im Büro genutzt. Darüber hinaus sind die Nebenwirkungen von Koffein am geringsten und im Vergleich zu den anderen auch am schwächsten bzw. am wenigstens gefährlich. Demgegenüber ist die Wirkungsweise von Modafinil noch nicht genau bekannt, man weiß nur, wo es wirkt, aber nicht genau wie. Dafür gibt es eine gesicherte Datenlage zu seinem positiven Einfluss auf die Aufmerksamkeit und vor allem auch auf die Wachheit. Bei längerem Schlafentzug übertrifft es dabei die Wirkung von Koffein deutlich. Im Gegenzug bringt Modafinil aber auch die erheblichsten bzw. schwersten Nebenwirkungen mit sich, nicht ohne Grund wurde die Indikation von der EU deutlich eingeschränkt und die Anwendung gerade auch für Kinder und Jugendliche ganz verboten. Die überlegene Wirkung des

---

100 *Geschwinde*, Rauschdrogen, Rn. 2917 f.

Modafinil tritt hauptsächlich in Situationen auf, die nicht dem normalen Lernalltag entsprechen, da ansonsten keine wesentlichen Wirkunterschiede zu Koffein festzustellen sind. Seine Einnahme verspricht daher insbesondere beim „Durchlernen" vor Prüfungen und nach nicht ausreichend Schlaf in der Prüfung selbst Vorteile gegenüber Koffein.

Die Datenlage zur Wirkungsweise von Ritalin ist wiederum gut, dafür fehlt es bisher an eindeutigen Forschungsnachweisen hinsichtlich einer Verbesserungswirkung bei Gesunden. Die bisher durchgeführten Studien widersprechen sich zum Teil bzw. kommen zu gegensätzlichen Ergebnissen. Als gesichert kann angesehen werden, dass Ritalin bei Menschen, die sich nicht gut konzentrieren können, einen positiven Effekt auf die Aufmerksamkeit haben kann. Bei anderen hingegen, die schon sehr fokussiert arbeiten, kann keine Verbesserung festgestellt werden. Es bleibt bei der unsicheren Prognose, ob Ritalin wirklich den gewünschten Erfolg erzielt oder ob man zu der Gruppe von Menschen gehört, bei denen keine Steigerung der Konzentrationsfähigkeit eintritt. Dem stehen die durchaus vorhandenen Nebenwirkungen gegenüber. Dies ist als Nachteil im Vergleich zur Einnahme von Koffein anzusehen, welches die Aufmerksamkeit nachweislich steigert. Bei Ritalin ist ein solcher positiver Effekt nicht eindeutig nachgewiesen, es kann sogar zu Konzentrationsstörungen führen. Auffällig ist bei Ritalin die sich abzeichnende Tendenz, dass Gesunde mit einer schlechteren Ausgangsleistung von der Einnahme eher profitieren, während die Leistung derjenigen, die eine gute Ausgangsleistung hatten, keine Steigerung aufwies bzw. sich sogar verschlechtern konnte. Dies passt allerdings dazu, dass Ritalin als Medikament zur Behandlung einer Krankheit entwickelt wurde. Es ist daher geeignet, Defizite bei der Konzentrationsfähigkeit auszugleichen, es kann aber eine schon gute Leistung in diesem Bereich nicht weiter verbessern.

Auch die Wirkungsweise von Amphetaminen als ältestes synthetisch hergestelltes Mittel zur Leistungssteigerung ist gut erforscht. Die Einnahme einer geringen Dosis Amphetamin führt zwar nachweislich zu einer gesteigerten Aufmerksamkeit, allerdings können schon zu Beginn der Wirkung kontraproduktive Begleiterscheinungen wie innere Unruhe und Bewusstseinseintrübungen auftreten. Damit ist dieses Mittel zum Zweck der Steigerung der geistigen Leistungsfähigkeit gerade für Lern- und Prüfungsphasen von den betrachteten am wenigsten geeignet. Hinzu kommen weitere anfängliche Nebenwirkungen wie Kopfschmerzen und Schlaflosigkeit und bei Toleranzausbildung und Dosiserhöhung dann auch die große Gefahr einer physischen Abhängigkeit.

2. Verbreitung in Deutschland

Nachdem nun die Wirkungen der hier ausgewählten Neuroenhancer verglichen wurden, soll abschließend noch der Frage nachgegangen werden, inwieweit diese Mittel überhaupt verbreitet sind. Um über das „Phänomen" Neuroenhancement zu sprechen, ist es interessant zu wissen, ob in Deutschland überhaupt eine signifikante Anzahl an Personen, vor allem auch im Hinblick auf bestimmte Personengruppen, die vorgestellten Medikamente zur Leistungssteigerung nutzt.

Die Studienlage zum Einsatz von Neuroenhancement-Mitteln in Deutschland ist bisher mager und zum Teil widersprüchlich. Die erste deutschlandweite Erhebung zu diesem Thema fand sich im DAK Gesundheitsreport 2009, im Rahmen des Schwerpunkts „Doping am Arbeitsplatz Leistungssteigerung durch Psycho- und Neuro-Pharmaka?". Als Ergebnis einer Befragung unter Erwerbstätigen gaben dabei 5 Prozent der befragten Personen an, schon einmal Medikamente zum Hirndoping eingenommen zu haben.[101] Hierunter fielen allerdings auch Mittel zur Stimmungsaufhellung und zur Bekämpfung von Angstsymptomen; die hier im Fokus stehenden und auch derzeit schon vielbeachteten Präparate gegen Aufmerksamkeits- und Konzentrationsstörungen bzw. ADHS wurden nur von 12 Prozent der „Doper" genannt.[102] Damit lag die Anzahl der Personen, welche die Neuroenhancement-Mittel zum hier betrachteten Zweck einer Steigerung der geistigen Leistungsfähigkeit einnehmen, deutlich unter dem zunächst genannten Wert von 5 Prozent. Laut *Lieb* kam der Report zu einer Häufigkeit von Hirndoping unter Arbeitnehmern von 1 bis maximal 2 Prozent.[103] In einer Befragung unter Studierenden aus dem Jahr 2010/2011 konnte ein Anteil von 12 Prozent ermittelt werden, die nach eigener Auskunft seit Beginn des Studiums eine oder mehrere Substanzen eingenommen haben, um die Studienanforderungen besser bewältigen zu können.[104] Dabei betrieben etwa 5 Prozent pharmakologisches Hirndoping, das heißt sie nahmen verschreibungspflichtige Medikamente, Schmerzmittel, Beruhigungsmittel, Psychostimulanzien oder Aufputschmittel ein.[105] Weitere 5 Prozent versuchten die Leistungssteigerung mit „weicheren" Mitteln zu erreichen, etwa durch die Anwendung von Vitaminpräparaten, homöopathischen und pflanzlichen Substanzen oder auch Koffein.[106]

101 DAK-Gesundheitsreport 2009, S. 105.
102 DAK-Gesundheitsreport 2009, S. 106.
103 *Lieb*, Hirndoping, S. 54.
104 *Middendorff/Poskowsky/Isserstedt* HIS 01/2012, S. 1.
105 *Middendorff/Poskowsky/Isserstedt* HIS 01/2012, S. 1.
106 *Middendorff/Poskowsky/Isserstedt* HIS 01/2012, S. 1.

Eine andere Studie aus dem Jahr 2010/2011 kam zu dem Ergebnis, dass bis zu 2 Prozent der befragten Studenten verschreibungspflichtige Medikamente zur Verbesserung der kognitiven Fähigkeiten nutzten.[107]

Im Gegensatz zu diesen Studien kam eine Befragung von Studenten der Johannes Gutenberg Universität in Mainz im Jahr 2012 zu dem Ergebnis, dass 20 Prozent der befragten Studenten Mittel wie Koffein-Tabletten, Methylphenidat (Ritalin) oder Amphetamine zur Steigerung der geistigen Leistungsfähigkeit einnehmen.[108] Im Unterschied zu den vorherigen Studien wurde eine besondere Frage- und Anonymisierungstechnik verwendet,[109] die zu einer höheren Antwortquote unter den Teilnehmern führte, als dies bei anderen Befragungen der Fall war.[110] Dies könnte die doch auffallende Differenz zwischen den Resultaten anderer Studien, nach denen ein z.T. deutlich einstelliger Prozentsatz der Befragten Neuroenhancement – mittels in dieser Arbeit betrachteten Substanzen – betrieb, und den Ergebnissen aus Mainz mit 20 Prozent an Studierenden, die Neuroenhancement-Mittel einnahmen, erklären. Die Randomisierte-Antwort-Technik führt zu einer größeren Ehrlichkeit bei den Antworten, da zwei Fragen gestellt werden und nur der Teilnehmer selbst weiß, auf welche er antwortet.[111] Zudem wurde zu Beginn der Befragung eine Definition von Hirndoping vorgegeben, sodass die unter „cognitive-enhancing" fallenden Substanzen und der Zweck der Einnahme klar eingegrenzt waren.[112] Im DAK-Gesundheitsreport 2015 wurde erneut das Thema „Doping am Arbeitsplatz" als Schwerpunkt gewählt und eine aktuelle Studie hierzu durchgeführt. Diese beschränkte sich allerdings auf die Frage nach einem „pharmakologischen Neuroenhancement", also der Einnahme verschreibungspflichtiger Medikamente ohne medizinische Notwendigkeit.[113] Damit blieben frei verkäufliche Mittel wie Koffein-Präparate und Drogen wie Amphetamine außen vor. Die Studie kommt zu dem Ergebnis, dass 6,7 (Ergebnis Befragung) bis 12 (mögliche Dunkelziffer) Prozent der Erwerbstätigen wenigstens einmal pharmakologisches Neuroenhancement

---

107 *Mache/Eickenhorst/Vitzthum/Klapp/Groneberg* Wiener Medizinische Wochenschrift 2012, 126 (11-12), 262 (267).

108 *Dietz/Striegel/Franke/Lieb/Ulrich* Pharmacotherapy 2013, 33 (1), 44 (47, 49).

109 *Dietz/Striegel/Franke/Lieb/Ulrich* Pharmacotherapy 2013, 33 (1), 44 (46).

110 *Dietz/Striegel/Franke/Lieb/Ulrich* Pharmacotherapy 2013, 33 (1), 44 (47).

111 *Dietz/Striegel/Franke/Lieb/Ulrich* Pharmacotherapy 2013, 33 (1), 44 (46).

112 *Dietz/Striegel/Franke/Lieb/Ulrich* Pharmacotherapy 2013, 33 (1), 44 (46).

113 DAK-Gesundheitsreport 2015, S. 34 f., https://www.dak.de/dak/download/vollstaendiger-bundesweiter-gesundheitsreport-2015-1585948.pdf (zuletzt abgerufen am 01.10.2017).

betrieben haben.[114] Etwa 2 bis 6 Prozent hatten solche Mittel innerhalb des letzten Jahres eingenommen und 1,9 bis 3,5 der Erwerbstätigen nehmen aktuell regelmäßig pharmakologische Neuroenhancer ein.[115] Die Verwendung verschreibungspflichtiger Medikamente zum Neuroenhancement hat damit gegenüber der letzten DAK-Studie zugenommen. Und auch das Wissen um die Möglichkeiten zum Neuroenhancement in der Bevölkerung ist gewachsen.[116]

Somit ist festzustellen, dass zwar Folgestudien erforderlich sind, um weiter zu beobachten, in welchem Umfang sich die Einnahme von Neuroenhancement-Mitteln in Deutschland entwickelt. Allerdings zeigen die schon erfolgten Befragungen, dass der Einsatz von Neuroenhancern steigt und verbreitet genug ist, um sich intensiv mit der Problematik und den daraus möglicherweise zu folgernden Konsequenzen auch in rechtlicher Hinsicht zu befassen.

III. Ergebnis

Als Fazit aus diesem ersten Kapitel lässt sich folgende Erkenntnis ziehen: Es gibt noch kein Mittel für ein umfassendes Neuroenhancement, das die geistige Leistungsfähigkeit dauerhaft erhöht oder direkt das Gedächtnis verbessert und klüger macht. Aber es gibt zumindest solche, die zeitweise und punktuell eine verbessernde Wirkung haben. Besonders die Aufmerksamkeit und die Wachheit können erwiesenermaßen gesteigert werden. Die Substanzen sind zum Großteil nicht „neu", aber deren Gebrauch zu Neuroenhancement-Zwecken, vor allem was Medikamente wie Ritalin und Modafinil betrifft, ist in den letzten Jahren angestiegen. Damit ist das Thema ins öffentliche Interesse gerückt und es stellt sich die Frage, wie mit diesem Phänomen umzugehen ist. Insbesondere im Hinblick auf die steigende Verbreitung der Substanzen wird früher oder später auch die Frage nach einer Regelung der Materie aufkommen.

Die Aufgabe der vorliegenden Arbeit wird es sein, den strafrechtlichen Bezug der Problematik zu analysieren, also der Frage nachzugehen, wie das Strafrecht

---

114 DAK-Gesundheitsreport 2015, S. 58 ff., 95, https://www.dak.de/dak/download/vollstaendiger-bundesweiter-gesundheitsreport-2015-1585948.pdf (zuletzt abgerufen am 01.10.2017).

115 DAK-Gesundheitsreport 2015, S. 66 ff., 95, 96 https://www.dak.de/dak/download/vollstaendiger-bundesweiter-gesundheitsreport-2015-1585948.pdf (zuletzt abgerufen am 01.10.2017).

116 DAK-Gesundheitsreport 2015, S. 98, https://www.dak.de/dak/download/vollstaendiger-bundesweiter-gesundheitsreport-2015-1585948.pdf (zuletzt abgerufen am 01.10.2017).

betroffen sein könnte bzw. wie man strafrechtlich mit der Einnahme von Neuroenhancement-Mitteln umgehen kann. Gerade vor dem Hintergrund der in Deutschland neu eingeführten Strafbarkeit des Dopings im Sport ist auch die Forderung nach einer weiteren neuen Norm im Strafrecht eine mögliche Reaktion auf die aktuelle Entwicklung des „Gehirn-Dopings“.

2. Kapitel: Legitimität strafrechtlicher Maßnahmen

Es ist zunächst zu klären, warum überhaupt Maßnahmen gegen „Neuroenhancement" erforderlich sein sollten. Gerade im Bereich des Strafrechts ist ein Vorgehen mit Bedacht notwendig, nicht jedes vermeintliche Problem erfordert eine Reaktion mit der ganzen Härte der staatlichen Strafmacht. Zumal in diesem Fall erst festgestellt werden muss, ob es sich bei der Einnahme von Neuroenhancern überhaupt um ein „Problem" handelt. Dieses müsste darüber hinaus auch so gravierend sein, dass es die strafrechtliche Sanktion als „ultima ratio" erforderlich macht. Um die Frage nach dem „Warum" bezüglich solcher Maßnahmen zu beantworten, ist zunächst die Relevanz des Themas festzustellen, in gesellschaftlicher und besonders in strafrechtlicher Hinsicht. Letztere hängt entscheidend davon ab, ob die Einnahme solcher Substanzen überhaupt eine strafrechtlich zu ahndende Handlung sein kann.

I. Strafrechtlicher Interessen- und Rechtsgüterschutz

Die sachlichen Kriterien für ein strafbares Verhalten bestimmen sich anhand des materiellen Verbrechensbegriffs. Dieser liefert dem Gesetzgeber einen kriminalpolitischen Maßstab dafür, was strafenswert ist und was straflos bleiben soll.[117] Durch die weitgehend anerkannte Festlegung auf eine Straftheorie, welche die staatliche Strafe allein über ihre sozialen Leistungen rechtfertigt, ist das Strafrecht auf die Sanktionierung sozialschädlichen, nicht bloß sozial-lästigen Verhaltens begrenzt.[118] Damit wird den absoluten Straftheorien, die Strafe nur als sozial zweckfreie, rückwärtsgewandte Reaktion auf die Normverletzung ansehen (Idee der Sühne, Vergeltung)[119] eine Absage erteilt. Sinn und Zweck der Strafe kann nur im gesellschaftlichen Bereich gesucht werden, die „soziale Notwendigkeit" der Strafe ist zu rechtfertigen, was allein die „relativen" Straftheorien leisten.[120]

Worin der die strafrechtliche Intervention rechtfertigende Sozialschaden allerdings besteht, ist stark umstritten.[121] Die überwiegende, aber in sich sehr

---

117 *Roxin*, Strafrecht AT I, § 2 Rn. 1.

118 NK-StGB-*Hassemer/Neumann* Vor § 1 Rn. 108.

119 Ausführlich dazu *Roxin*, Strafrecht AT I, § 3 Rn. 2 ff.

120 NK-StGB-*Hassemer/Neumann* Vor § 1 Rn. 105.

121 NK-StGB-*Hassemer/Neumann* Vor § 1 Rn. 108.

uneinheitliche Richtung sieht die Gefährdung bzw. Verletzung von Rechtsgütern als Strafgrund an.[122] Allerdings fehlt es schon an einer allgemein anerkannten Definition für den Begriff „Rechtsgut". Ganz oberflächlich kann man als Rechtsgüter die Lebensgüter, Sozialwerte und rechtlich anerkannte Interessen des Einzelnen oder der Allgemeinheit bezeichnen, die wegen ihrer besonderen Bedeutung für die Gesellschaft Rechtsschutz genießen.[123] Eine solche Definition ist allerdings wenig aussagekräftig und wird von den einzelnen Rechtsgutstheorien präzisiert, eingeschränkt oder abgewandelt, die jeweils eigene Definitionen entwickelt haben. Auf diese wird im Zusammenhang mit den einzelnen Ansichten eingegangen.[124] Andere lehnen ein Rechtsgüterkonzept ab und stellen verschiedene weitere Lösungsansätze in den Vordergrund.[125] Im Rahmen dieser Untersuchung kann und soll keine umfassende Nachzeichnung der Entwicklung der Rechtsgutslehre erfolgen. Vielmehr werden diejenigen Ansätze in den Vordergrund gerückt, welche geeignet erscheinen, die Legitimität strafrechtlicher Reaktionen auf ein neu in Erscheinung tretendes gesellschaftliches Phänomen, hier das Neuroenhancement, zu beurteilen. Demgegenüber geht es nachfolgend nicht um die Legitimität des Strafrechts an sich. Aus diesem Grund werden zunächst einige kritische Alternativkonzepte zum Rechtsgüterschutz aufgezeigt, bevor dann diejenigen moderneren Ansätze zum Rechtsgüterschutz erörtert werden, welche ihrerseits diese kritischen Erwägungen antizipieren bzw. aufnehmen.

1. Alternativen zum Rechtsgüterkonzept

Verschiedene Autoren haben sich grundsätzlich gegen das Konzept eines „Rechtsguts" als Voraussetzung einer strafrechtlichen Norm ausgesprochen. Anstelle eines Rechtsgüterschutzes treten für sie verschiedene andere Funktionen, die das Strafrecht im gesellschaftlichen Zusammenleben erfüllen soll.

---

122 *Roxin*, Strafrecht AT I, § 2 Rn. 1 ff; NK-StGB-*Hassemer/Neumann* Vor § 1 Rn. 108 ff; MK-StGB-*Joecks* Bd. 1 Einleitung Rn. 35 ff.; *Baumann/Weber/Mitsch*, Strafrecht AT, § 3 Rn. 10 ff.; *Jescheck/Weigend*, Strafrecht AT, § 1 III, S. 7 f.; *Kindhäuser*, Strafrecht AT, § 2 Rn. 6; *Wessels/Beulke/Satzger*, Strafrecht AT, Rn. 9 ff.

123 *Wessels/Beulke/Satzger*, Strafrecht AT, Rn. 11.

124 Näheres unter 2. Kapitel I. 3. (ab S. 47).

125 Näheres unter 2. Kapitel I. 1. (ab S. 40).

a) Befolgung von Aktwerten (Welzel)[126]

Die primäre Aufgabe des Strafrechts liegt für *Welzel* nicht im Rechtsgüterschutz, sondern darin, „die reale Geltung (Befolgung) der Aktwerte rechtlicher Gesinnung sicher zu stellen".[127] Diese positiven sozialethischen Aktwerte, zu denen die Achtung vor fremdem Leben, Gesundheit, Freiheit, Eigentum usw. zählen sollen,[128] seien relativ unabhängig vom Sachverhaltswert (Rechtsgut).[129] Demnach sei „nur über die Sicherung der elementaren sozialethischen Handlungswerte [...] ein wirklich dauerhafter und durchgreifender Schutz der Rechtsgüter zu erreichen."[130] In den vorrangigen Schutz der elementaren sozialethischen Gesinnungs- (Handlungs-)werte soll nach *Welzel* der Schutz der einzelnen Rechtsgüter eingeschlossen sein, wobei er Rechtsgut als „jeden sozial erwünschten Zustand, den das Recht vor Verletzungen sichern will" definiert.[131] Damit vertauscht Welzel Mittel und Zweck des Schutzes: Ein Gesinnungswert wie die Achtung von fremdem Leben und Eigentum ist nicht um seiner selbst willen geschützt, sondern zur Verhinderung von Rechtsgutsbeeinträchtigungen.[132] Ein Schutz des Aktwertes unabhängig vom konkreten Rechtsgut würde zudem zu Schwierigkeiten bei der notwendigen Einschränkung der Strafbarkeit, insbesondere im Zusammenhang mit der Einwilligung bzw. einer Rechtfertigung in der Situation einer Kollision von unterschiedlichen Rechtsgütern (Notwehr, Notstand) führen. Die Konzeption *Welzels* erschöpft sich in dem Nachweis, dass Rechtsgüter durch den Einsatz strafrechtlichen Zwanges allenfalls mittelbar geschützt werden, ihr fehlen Maßstäbe bzw. Kriterien zur Bestimmung der als schutzwürdig anzuerkennenden Rechtsgüter.[133]

---

126 Die schlagwortartige Kategorisierung der alternativen Meinungen in dieser und den folgenden Überschriften stammt nicht von den – jeweils in Klammer gesetzten – Vertretern der Konzepte selbst, sondern ist vom Verfasser der Arbeit vorgenommen worden, um eine bessere Einordung vornehmen zu können.

127 *Welzel*, Das Deutsche Strafrecht, S. 3.

128 *Welzel*, Das Deutsche Strafrecht, S. 2.

129 *Welzel*, Das Deutsche Strafrecht, S. 4.

130 *Welzel*, Das Deutsche Strafrecht, S. 4.

131 *Welzel*, Das Deutsche Strafrecht, S. 4.

132 *Roxin*, Strafrecht AT I, § 2 Rn. 106.

133 *Wohlers*, Deliktstypen des Präventionsstrafrechts, S. 217; vgl. auch *Hassemer*, Theorie und Soziologie des Verbrechens, S. 97, nach dem Welzels Theorie zwar eine Begründung des Rechtsgüterschutzes leistet, aber nicht zugleich die Begrenzung des Schutzprinzips enthält. Hassemer bemängelt, dass die Frage nach der gesellschaftlichen Bedingung eines wirksamen Rechtsgüterschutzes zwar aufgeworfen, aber nicht ausreichend gewürdigt wurde.

b) Normgeltung (Jakobs)

Nach *Jakobs* soll der Beitrag, den das Strafrecht zur Erhaltung der staatlichen und gesellschaftlichen Gestalt leistet, in der Garantie von Normen bestehen.[134] Diese Sichtweise basiert auf der Theorie der positiven Generalprävention als hauptsächlichem Strafzweck.[135] Strafe sei der auf Kosten des Täters vollzogene Widerspruch gegen den Normbruch.[136] Aufgabe der Strafe soll demnach die Normbekräftigung, oder „die Erhaltung der Norm als Orientierungsmuster für sozialen Kontakt"[137] sein. Daraus würde sich als Strafrechtsgut nicht das einzelne rechtliche Schutzgut wie „Eigentum" oder „ körperliche Integrität" ergeben, sondern die Geltung des Norminhalts „Eigentumsschutz solle sein" bzw. „fremde Körperintegrität sei zu achten".[138] Diese Ansicht, die als Aufgabe des Strafrechts nicht den Rechtsgüterschutz, sondern die Verhinderung eines Normgeltungsschadens ansieht, ist in mehrfacher Hinsicht kritisiert worden.[139] *Roxin* merkt an, dass ein soziales System nicht um seiner selbst willen erhalten werden soll, sondern um der Menschen willen, die in der jeweiligen Gesellschaft leben.[140] Zweck der Strafe könne demnach nicht die Aufrechterhaltung der Normgeltung um ihrer selbst willen sein, diese müsse vielmehr der Bewahrung der durch die Norm geschützten Rechtsgüter dienen.[141] *Jakobs* verkenne, dass die normative Kategorie, als welche er das strafrechtliche Schutzgut ansieht, auch einen Inhalt hat. Und nach *Roxin* sei „der von der Norm geschützte Inhalt [...] gerade nichts anderes als ein schutzbedürftiges und -würdiges Rechtsgut".[142] Die Stabilisierung von Verhaltensnormen kann nur insoweit als Aufgabe des Strafrechts angesehen werden, als man auf die Funktion des Strafrechts als Institution abstellt. Fragt man demgegenüber nach der Funktion bestimmter, evtl. noch zu schaffender, strafrechtlicher Normen, braucht es eine weitere Legitimation. Bei einem Verständnis von Normen als Erwartungen, an denen man auch im Falle der Enttäuschung festhalten will, und der Bestrafung als Verarbeitung von Enttäuschung auf Kosten des Bestraften, komme es entscheidend darauf an, wann

---

134 *Jakobs*, Strafrecht AT, 2. Abschnitt Rn. 2.
135 *Jakobs*, Strafrecht AT, 1. Abschnitt Rn. 4 ff.
136 *Jakobs*, Strafrecht AT, 1. Abschnitt Rn. 10.
137 *Jakobs*, Strafrecht AT, 1. Abschnitt Rn. 11.
138 *Jakobs*, Strafrecht AT, 2. Abschnitt Rn. 5.
139 *Roxin*, Strafrecht AT I, § 2 Rn. 110 ff; *Navarrete*, FS Roxin, S. 169 (175 ff).
140 *Roxin*, Strafrecht AT I, § 2 Rn. 110.
141 *Roxin*, FS Hassemer, S. 573 (594).
142 *Navarrete*, FS Roxin, S. 169 (180 f).

gerade die Strafe als das legitime Mittel zur Reaktion auf den Normbruch angesehen werden kann.[143] Da nicht jede Verhaltensnorm wahllos durch Sanktionsnormen abgesichert werden soll, muss die Beurteilung der Rechtmäßigkeit einer strafrechtlichen Norm daher in Bezug auf das jeweils geschützte „Etwas" bzw. Interesse vorgenommen werden.[144] Folglich fehlt in *Jakobs* Theorie das Regulativ, welches durch seine begrenzende Funktion eine „gesetzgeberische Beliebigkeit und Willkür"[145] verhindert.

c) Sozialschädlichkeit (Amelung)

Im Mittelpunk seiner Theorie der Sozialschädlichkeit steht für *Amelung* die aus der Verfassung abgeleitete Prämisse, dass der Gesetzgeber nur sozialschädliche Handlungen durch Strafandrohung ahnden dürfe.[146] Zur inhaltlichen Bestimmung greift er auf ein vornehmlich durch *Parson* entwickeltes Modell der Gesellschaft als soziales Interaktionssystem zurück.[147] Die Einordnung eines Verhaltens als sozialschädlich soll damit im Hinblick auf fundamentale Strukturentscheidungen erfolgen, also unter Berücksichtigung der Frage, wie fundamentale Systemprobleme in einer konkreten Gesellschaft gelöst werden.[148] Dies führt allerdings, wie auch *Amelung* selbst erkennt,[149] dazu, „dass die Person nicht um ihrer selbst, sondern nur um der Gesellschaft willen geschützt wird, ihr also auch aufgeopfert werden dürfte, wenn nur das soziale Gesamtsystem unbeeinträchtigt bleibt".[150] *Amelung* will sein System daher über den aus Art. 1 und 2 GG folgenden Grundsatz, dass Probleme nicht unter Missachtung der Person bewältigt werden dürfen, die Reichweite des Sozialschadensgedankens im Strafrecht begrenzen.[151] Durch die sachlich notwendige Einschränkung setzt er sich jedoch in Widerspruch zu seinem Ausgangspunkt, da über die Wertentscheidungen des Grundgesetzes doch wieder Grundwerte und damit Rechtsgüter des Einzelnen geschützt werden. Weiterhin wird hierdurch die Einsicht, „dass der Staat für den Einzelnen da ist, der um seiner selbst willen und nicht nur als Teil des sozialen

---

143 *Wohlers*, Deliktstypen des Präventionsstrafrechts, S. 217.
144 *Wohlers*, Deliktstypen des Präventionsstrafrechts, S. 217.
145 *Roxin*, Strafrecht AT I, § 2 Rn. 112.
146 *Amelung*, Rechtsgüterschutz und Schutz der Gesellschaft, S. 330 ff.
147 *Amelung*, Rechtsgüterschutz und Schutz der Gesellschaft, S. 350 ff.
148 *Amelung*, Rechtsgüterschutz und Schutz der Gesellschaft, S. 368.
149 *Amelung*, Rechtsgüterschutz und Schutz der Gesellschaft, S. 389.
150 *Roxin*, Strafrecht AT I, § 2 Rn. 116.
151 *Amelung*, Rechtsgüterschutz und Schutz der Gesellschaft, S. 390.

Gesamtsystems geschützt werden muss", verdeckt.[152] Zudem geht *Amelung* selbst auf die Notwendigkeit einer Verknüpfung seiner Systemtheorie mit dem Dogma vom Verbrechen als „Rechtsguts"-Verletzung ein.[153] Demnach schafft auch er es nicht, sich vollständig vom Erfordernis zumindest eines Konsenses mit einem „Rechtsguts"-Konzept zu lösen.

d) Verfassungsrechtliche Kriterien / differenzierter Ansatz (Stratenwerth)

Nach Auffassung von *Stratenwerth* sollen sowohl die Rechtsgutslehren als auch die gesellschaftstheoretischen Ansätze zur Rechtfertigung einer Strafe ungeeignet sein.[154] Erstere verwirft er, da es trotz vielfältiger Bemühungen nicht gelungen sei, „schon über den Begriff des Rechtsguts auch nur annähernd Klarheit zu schaffen".[155] Aufgrund der strukturellen Verschiedenheit strafrechtlicher Verbotsmaterien soll es seiner Ansicht nach gar nicht möglich sein, einen Begriff des Rechtsguts zu finden, der auf alle Deliktstatbestände passen und trotzdem noch etwas aussagen soll.[156] Aus der Feststellung, „dass jede menschliche Gruppe vielfältige kulturell geprägte Verhaltensnormen kennt (und braucht!), bei denen es nicht um mehr oder weniger handfeste „Güter" geht", schließt *Stratenwerth*, dass das Dogma, Strafgesetze, die kein bestimmtes Rechtsgut schützen, seien illegitim, nicht aufrechtzuerhalten sein könne.[157] Die gesellschaftstheoretischen Ansätze seien demgegenüber nicht in der Lage, mehr als hochabstrakte Hypothesen zu liefern.[158] Mit Hilfe dieser ließen sich keine „scharfkantigen Kriterien" abbilden, „kritische Maßstäbe für eine Definition des Verbrechens ergeben sich" nach seiner Ansicht „von hier aus nicht."[159] Zusammenfassend kritisiert er, „dass sich rechtsguts- wie systemorientierte Definitionen kriminellen Verhaltens letztlich auf faktisch vorfindliche soziale Verhaltensregeln zurückbeziehen müssen, die ihrerseits rational nicht umfassend zu begründen sind."[160] Damit beruht das Strafrecht für *Stratenwerth* letztlich auf nicht weiter erklärbaren Verhaltensregeln,[161] was ihn wiederum selbst der Kritik aussetzt, die freiheitlich-liberale

---

152 *Roxin*, Strafrecht AT I, § 2 Rn. 116.
153 *Amelung*, Rechtsgüterschutz und Schutz der Gesellschaft, S. 394 f.
154 *Stratenwerth/Kuhlen*, Strafrecht AT, § 2 Rn. 5 ff.
155 *Stratenwerth/Kuhlen*, Strafrecht AT, § 2 Rn. 7; *Stratenwerth*, FS Lenckner, S. 377 (378).
156 *Stratenwerth*, FS Lenckner, S. 377 (388).
157 *Stratenwerth/Kuhlen*, Strafrecht AT, § 2 Rn. 8.
158 *Stratenwerth/Kuhlen*, Strafrecht AT, § 2 Rn. 14.
159 *Stratenwerth/Kuhlen*, Strafrecht AT, § 2 Rn. 14.
160 *Stratenwerth/Kuhlen*, Strafrecht AT, § 2 Rn. 15.
161 *Roxin*, Strafrecht AT I § 2 Rn. 118.

Grundlage des Strafrechts aufzugeben.[162] Dennoch sieht auch er Möglichkeiten, sich mit der Legitimität von Strafgesetzen kritisch auseinander zu setzen.[163] Entscheidende Ausgangspunkte seien hierfür differenzierte Ansätze, die auch die jeweilige Deliktsstruktur einbeziehen, und wenige generelle Gesichtspunkte als übergreifende Maßstäbe, vor allem die aus der Verfassung abzuleitenden Anforderungen an die Strafgesetzgebung.[164] Dies setzt aber wieder ein schon bestehendes Delikt voraus, dessen Struktur Aufschluss über seine Legitimität geben soll. Dieser Ansatz ist nicht geeignet, die Frage nach den Voraussetzungen für eine erst noch zu schaffende Strafnorm zu beantworten. Darüber hinaus wird durch die Aufnahme von aus der Verfassung abzuleitenden Anforderungen über diesen Umweg doch wieder auf verfassungsrechtlich schützenswerte Rechtsgüter zurückgegriffen. Auch dieses Konzept ist nicht geeignet, um unabhängig von einem Rechtsgut als zumindest mittelbares Kriterium die Strafbarkeit eines Verhaltens zu begründen.

e) Ergebnis

Aus den schon im Zusammenhang mit den jeweiligen Konzepten genannten Kritikpunkten lässt sich erschließen, dass die Alternativen zum Rechtsgüterschutz nicht überzeugen können. Damit bleibt der Schutz eines Rechtsguts grundlegende Voraussetzung für die Rechtfertigung einer strafrechtlichen Norm.

2. Historische Grundlagen der Rechtsgüterschutzkonzepte

Um zu verstehen, warum sich so verschiedene Rechtsgutskonzepte entwickelt haben, ist es hilfreich, die historischen Wurzeln des Rechtsgutsbegriffs zu betrachten. Als Initiator einer solchen Konzeption des „Rechtsguts" gilt *Birnbaum*,[165] der im 19. Jahrhundert den Begriff selbst zwar noch nicht gebraucht, aber das Verbrechen erstmals auf die Verletzung eines Gutes und nicht, wie zuvor üblich, auf die eines Rechtes bezieht:[166] „Die Beziehung des in dem Verbrechensbegriff

---

162 So *Roxin*, Strafrecht AT I, § 2 Rn. 118: „Wenn man es aber für eine Strafandrohung ausreichen lässt, dass der Gesetzgeber oder eine Bevölkerungsmehrheit etwas „nicht will", gibt man die freiheitlich-liberale Grundlage unseres Strafrechts auf, die ja gerade darin besteht, dass der Einzelne auch durch parlamentarische Mehrheiten nicht beliebig in seinen Freiheiten beschränkt werden darf (sondern nur im Rahmen dessen, was für eine friedliche und freie Koexistenz unerlässlich ist).

163 *Stratenwerth/Kuhlen*, Strafrecht AT, § 2 Rn. 16.

164 *Stratenwerth/Kuhlen*, Strafrecht AT, § 2 Rn. 16, 17.

165 *Birnbaum*, Archiv des Criminalrechts, N.F. Band 1 (1834), S. 149 ff.

166 *Birnbaum*, Archiv des Criminalrechts, N.F. Band 1 (1834), S. 175 f.

enthaltenen Merkmals der Verletzung auf den Begriff eines durch die Gesetzte zu schützenden Guts habe ich […] ungemein ergiebig und zur Vermeidung mannichfaltiger Irrtümer besonders geeignet gefunden."[167] Birnbaum sieht als Verbrechen damit „jede dem menschlichen Willen zuzurechnende Verletzung oder Gefährdung eines durch die Staatsmacht Allen gleichmäßig zu garantierenden Gutes" an.[168] Ob *Birnbaum* diesem Begriff des „ Rechtsguts" aber auch einen strafbarkeitsbegrenzenden, liberalen Gehalt geben wollte, ist schon umstritten.[169]

Auch *Binding* beschäftigt sich ausführlich mit den Rechtsgütern.[170] Dabei stellt er auf den Sozial-Wert dieser Güter ab, weshalb „auf ihre Unverletztheit […] nicht lediglich dieser oder jener, sondern das ganze lebendige Gemeinwesen Gewicht legen" muss.[171] Er lehnt daher eine individualistische Betrachtungsart, welche Güter des Einzelnen von denen der Gesellschaft und des Staates scharf zu trennen versucht, entschieden ab.[172] Dennoch kann auch nach diesem Rechtsgutsverständnis nicht alles Mögliche geschützt werden, *Binding* warnt davor, dass gerade Strafgesetze nicht selten zur Anerkennung von Scheingütern verleiten, die sich bei näherer Betrachtung als unbrauchbare Kollektivbegriffe darstellen.[173] Seiner Definition nach ist Rechtsgut „Alles, was selbst kein Recht und doch in den Augen des Gesetzgebers als Bedingung gesunden Lebens der Rechtsgemeinschaft für diese von Wert ist, an dessen unveränderter und ungestörter Entfaltung sie nach seiner Ansicht ein Interesse hat, und das er deshalb durch seine Normen vor unerwünschter Verletzung oder Gefährdung zu sichern bestrebt ist."[174] Damit unterstellt *Binding* den Rechtsgutsbegriff den Zweckmäßigkeitserwägungen des Gesetzgebers.[175]

Mit der Theorie *Birnbaums* hat sich *von Liszt* intensiv auseinandergesetzt. Während dieser vor allem *Birnbaums* Verständnis der „Norm" kritisiert,[176] übernimmt er die Konzeption eines Rechtsguts auch in seine Überlegungen.[177] Zwar hält er *Birnbaum* vor, einen inhaltsleeren Rechtsgutsbegriff geschaffen

---

167 *Birnbaum*, Archiv des Criminalrechts, N.F. Band 1 (1834), S. 176 f.
168 *Birnbaum*, Archiv des Criminalrechts, N.F. Band 1 (1834), S. 179.
169 Vgl. *Roxin*, Strafrecht AT I, § 2 Rn. 6.
170 *Binding*, Die Normen und ihre Übertretung I, S. 338 ff.
171 *Binding*, Die Normen und ihre Übertretung I, S. 340.
172 *Binding*, Die Normen und ihre Übertretung I, S. 341.
173 *Binding*, Die Normen und ihre Übertretung I, S. 351.
174 *Binding*, Die Normen und ihre Übertretung I, S. 353 ff.
175 *Swoboda* ZStW 122 (2010), 24 (29).
176 *v. Liszt* ZStW 6 (1886), 663 (670 f.).
177 *v. Liszt* ZStW 6 (1886), 663 (672 f.).

zu haben, den Begriff „Rechtsgut“ selbst behält er unter dem neuen Gesichtspunkt des Zweckgedankens des Rechts bei.[178] Ziel der Strafe ist es nach *Liszt*, „die Lebensbedingungen nicht bloß des Einzelnen, sondern der vorhanden Gruppen von Einzelindividuen“ gegen äußere Störungen zu schützen.[179] Die durch den Übergang der Funktion des Strafens auf den Staat erfolgte Objektivierung der Strafe ermöglichte auch eine Erfassung der Lebensbedingungen der staatlichen Gemeinschaft als „rechtlich geschützte Interessen“, die zu Rechtsgütern erklärt wurden.[180] Die Bezeichnung „Rechtsgut“ ist für *Liszt* mithin ein „Grenzbegriff“, „der aus einem Gebiete der Wissenschaft in das Gebiet einer anderen hinüberleitet“ und die Rechtswissenschaft auch für die Sozialwissenschaften öffnen soll.[181] Damit eröffnet *Liszt* die Möglichkeit, strafwürdige Rechtsgüter aus dem in einer historisch konkreten Situation gegebenen gesellschaftlichen Umfeld abzuleiten.[182]

Diese historischen Konzepte werden in ihrer Urform mittlerweile nicht mehr vertreten, sie wurden weiterentwickelt, um den Anforderungen einer gewandelten Gesellschaft und auch eines gewandelten Staatsverständnisses zu genügen. Aus ihnen gingen die modernen Rechtsgutstheorien hervor, die das Strafrecht und auch die Idee des Rechtsgüterschutzes an die gesellschaftlichen Entwicklungen angepasst haben.

3. Einzelne Rechtsgüterschutztheorien

Auf der historischen Grundlage haben sich unterschiedliche moderne Rechtsgutstheorien entwickelt, die sich zwar alle auf den Begriff des Rechtsguts berufen, diesen aber inhaltlich sehr verschieden ausgestalten.

Eine erste Abgrenzung der Ansichten ergibt sich aus der Einteilung der Schutzobjekte in Individual- und Universalrechtsgüter. Viele Rechtsgüter lassen sich nach der Dispositionsbefugnis einer einzelnen Person zuordnen (Leben, Gesundheit, Freiheit, Eigentum), die dann als Individualrechtsgüter bezeichnet werden, wohingegen andere Rechtsgüter als solche der „Gesamtheit“ erscheinen (Staatssicherheit, Rechtspflege), die sog. Universalrechtsgüter.[183] Die

---

178 *v. Liszt* ZStW 6 (1886), 663 (674).

179 *v. Liszt* ZStW 3 (1883), 17 (18).

180 *v. Liszt* ZStW 3 (1883), 17 (18 f.); vgl. auch *v. Liszt*, Lehrbuch des Deutschen Strafrechts, S. 3 ff.

181 *v. Liszt* ZStW 8 (1888), 133 (139 f.).

182 *Wohlers*, Deliktstypen des Präventionsstrafrechts, S. 230.

183 NK-StGB-*Hassemer/Neumann* Vorbemerkungen zu § 1 Rn. 126 f.

Auswirkungen und die Reichweite dieser Unterscheidung in Individual- und Universalrechtsgüter sind zwischen der dualistischen und der monistischen Lehre umstritten.

Die Anhänger der dualistischen Lehre bleiben bei der Differenzierung zwischen den zwei Typen von Rechtsgütern und belassen es dabei.[184] Die Anerkennung zweier selbständig nebeneinander stehender Rechtsgüterkategorien befreit sie von dem Erfordernis, „gewaltsam und um bestimmter Ideologien Willen“[185] nach einem gemeinsamen Oberbegriff zu suchen.[186] Insbesondere *Tiedemann* geht unmissverständlich von einer „Entgegensetzung von Rechtsgütern der Individual- und Sozialsphäre“[187] aus. Sowohl das Individuum als auch die Allgemeinheit sind seiner Ansicht nach Selbstzweck, Individualrechtsgüter stehen gleichberechtigt neben „überindividuellen Rechtsgütern“[188], wie sie etwa im Staatsschutzrecht oder im Wirtschaftsstrafrecht geschützt sind.[189] Individual- und Kollektivschutz werden von ihm zum Teil als konträr angesehen.[190] Den Schwachpunkt der dualistischen Theorie sehen Kritiker in der Tatsache, dass diese Rechtsgüter verschiedener Qualität unverbunden nebeneinander stehen.[191] Es könne nicht erklärt werden, warum diese zunächst unterschiedenen Objektarten dennoch beide als „Rechtsgüter“ bezeichnet werden. „Ohne einen Metabegriff vom Rechtsgut kann das innere Verhältnis der beiden unterschiedlichen Rechtsgutsbegriffe zueinander nicht bestimmt, kann ihnen“ – nach *Hassemer* – „kein systematischer Ort in einer Theorie des Verbrechens zugewiesen werden.“[192]

Die Anhänger der monistischen Theorie ordnen alle Rechtsgüter demselben Träger – entweder nur der Gemeinschaft oder nur dem Individuum – zu, unterscheiden sich untereinander aber in der Herleitung der Rechtsgüter. Eine Ansicht konzipiert die Rechtsgüter vom Staat her und hält sie für „Güter der Gesamtheit oder des Staates“[193], womit auch Individualrechtsgüter wie Leben

---

184 NK-StGB-*Hassemer/Neumann* Vorbemerkungen zu § 1 Rn. 128.
185 *Tiedemann*, Tatbestandsfunktionen im Nebenstrafrecht, S. 119.
186 NK-StGB-*Hassemer/Neumann* Vorbemerkungen zu § 1 Rn. 128.
187 *Tiedemann*, Tatbestandsfunktionen im Nebenstrafrecht, S. 6.
188 *Tiedemann*, Tatbestandsfunktionen im Nebenstrafrecht, S. 125.
189 Siehe *Hassemer*, Theorie und Soziologie des Verbrechens, S. 76.
190 *Tiedemann*, Tatbestandsfunktionen im Nebenstrafrecht, S. 125.
191 *Hassemer*, Theorie und Soziologie des Verbrechens, S. 77.
192 *Hassemer*, Theorie und Soziologie des Verbrechens, S. 78.
193 *Honig*, Die Einwilligung des Verletzten, S. 115; *Oetker* ZStW 17 (1897), 493 (508); *Hegler* ZStW 36 (1915), 19 (28 ff.); *Schmidhäuser*, Strafrecht AT, S. 38 (2/33); vgl. auch

und Gesundheit als rechtlich zugeteilt gelten oder aus der Staatsfunktion abgeleitet werden sollen.[194] Andere verstehen die Rechtsgüter von der Person her und halten die Universalrechtsgüter nur insoweit für legitim, als sie der personalen Entfaltung des Individuums dienen können.[195] Wie *Hefendehl* feststellt, birgt eine solche personale Rechtsgutskonzeption den Vorzug, den Kanon der zu schützenden (kollektiven) Rechtsgüter eng halten zu können, bleibt aber statisch.[196] Dadurch kann, wie *Roxin* selbst zugesteht, dieser weitgehend über die Person konstituierte Rechtsgutsbegriff den Anforderungen an ein modernes Strafrecht nicht mehr ganz gerecht werden.[197] „Die realen Probleme einer sich wandelnden Gesellschaft lassen sich hierüber nicht adäquat, zumindest aber nicht systemkonform, lösen", wie *Hefendehl* bemerkt.[198] Schließlich hält *Wohlers* die Unterscheidung von Individual- und Universalrechtsgütern grundsätzlich nicht für überzeugend, „weil die vorgeblich klare Abgrenzung beider Subkategorien bei näherer Betrachtung gar nicht überzeugend durchgeführt werden kann."[199] Die Frage, welche Konzeption der dualistischen bzw. monistischen Ansätze überzeugend ist, ist eng mit der zugrunde liegenden konkreten Rechtsgutstheorie verknüpft und wird im Rahmen der Rechtsgutsanalyse wieder aufgenommen.[200]

Eine weitere Abgrenzung zwischen den verschiedenen Rechtsgutstheorien ergibt sich aus der differierenden Funktion, welche die verschiedenen Ansichten dem Rechtsgutsbegriff zuordnen. Bei einem systemimmanenten Verständnis bestimmt sich der Begriff des Rechtsguts als die schlichte Summe der im StGB formulierten Schutzobjekte. Diese vom gesetzlichen „System" des Strafrechts ausgewählten Schutzobjekte können selbst nicht in Frage gestellt werden.[201] Für

---

Jescheck/Weigend, Strafrecht AT, § 26 I, S. 256 ff.; *Maurach/Zipf*, Strafrecht AT I, § 19 Rn. 8; *Weigend* ZStW 98 (1986), 44 (54 ff.).

194 NK-StGB-*Hassemer/Neumann* Vorbemerkungen zu § 1 Rn. 128.

195 So *Marx*, Zur Definition des Begriffs „Rechtsgut", S. 79 ff; *Otto*, Grundkurs Strafrecht AT, § 1 Rn. 31 ff.; *Otto*, Strafrechtsdogmatik und Kriminalpolitik, S. 1 (5 ff., 8); vgl. auch *Roxin*, Strafrecht AT I, § 2 Rn. 11; NK-StGB-*Hassemer* Vorbemerkungen zu § 1 Rn. 131 ff.

196 *Hefendehl*, Kollektive Rechtsgüter im Strafrecht, S. 79.

197 *Roxin*, Strafrecht AT I, § 2 Rn. 51.

198 *Hefendehl*, Kollektive Rechtsgüter im Strafrecht, S. 79.

199 *Wohlers*, Deliktstypen des Präventionsstrafrechts, S. 222.

200 Siehe unten bei den einzelnen Rechtsgutskonzepten 2. Kapitel I. 3. b) (ab S. 51).

201 *Hassemer*, Theorie und Soziologie des Verbrechens, S. 19.

die systemtranszendenten[202] Konzepte dient das Rechtsgut als Instrument der Überprüfung der Schutzobjekte, ihre Wahl durch das materielle Strafrecht wird selbst einer kritischen Analyse unterzogen.[203]

a) Systemimmanenter Rechtsgutsbegriff

Der systemimmanente Rechtsgutsbegriff knüpft an den Inhalt des positiven Rechts an. Bei einem derartigen Rechtsgutsverständnis geht es nach *Hirsch* strafrechtlich darum, „daß man bei der Auslegung der Strafbestimmungen des positiven Rechts danach fragt, welcher Individual- oder Gemeinschaftswert von der jeweiligen Vorschrift gegen Beeinträchtigungen geschützt werden soll, und daraus Folgerungen für die systematische Einordnung und die positivrechtlichen Grenzen der Vorschrift zieht."[204] Schon *Honig* stellt in seiner Betrachtung zur Rechtsschutzaufgabe des Staates fest, dass nicht mehr die Rechte der einzelnen Individuen im Mittelpunkt des Interesses stehen sollten, sondern das durch das Recht geregelte Gemeinschaftsleben bzw. der Bestand des Staates selbst.[205] Für ihn sind „Rechtsgüter" der vom Gesetzgeber in den einzelnen Strafrechtssätzen anerkannte Zweck in seiner kürzesten Formel.[206] „Die Schutzobjekte existieren" nach *Honig* „nicht als solche, sie gewinnen erst Leben, indem wir die Gemeinschaftswerte als Zweckobjekte der Strafrechtssätze ins Auge fassen."[207] *Hassemer* bemängelt an einem solchen Verständnis, dass damit das Rechtsgut zu einer Hülle geworden sei, die die Wertentscheidungen der jeweiligen Strafgesetzgeber austauschbar in sich aufnimmt.[208] Für die hier zu betrachtende Frage, der nach einem möglicherweise zu entwickelnden „neuen" Rechtsgut, welches durch Neuroenhancement betroffen sein kann, bietet der systemimmanente Rechtsgutsbegriff keine Lösungen an. Seine Stärke liegt in der Ordnung und Systematisierung bereits existierender Rechtsgüter, vor allem aber geht er von einer bereits festgeschriebenen Norm aus. Zur Bearbeitung der Problematik, ob eine neue strafrechtliche Norm notwendig sein könnte, ist er schlicht untauglich. Somit ist dem systemimmanenten Rechtsgutsbegriff eine Absage zu erteilen.

---

202 *Hassemer*, Theorie und Soziologie des Verbrechens, S. 19. Man könnte in diesem Zusammenhang auch von systemkritischen Konzepten sprechen, allerdings gehen einige Ansätze über die Kritik am systemimmanenten Rechtsgutsbegriff hinaus.

203 *Hassemer*, Theorie und Soziologie des Verbrechens, S. 19.

204 *Hirsch*, Strafrechtliche Probleme II, S. 121 (131).

205 *Honig*, Die Einwilligung des Verletzten, S. 30.

206 *Honig*, Die Einwilligung des Verletzten, S. 94.

207 *Honig*, Die Einwilligung des Verletzten, S. 94.

208 *Hassemer*, Theorie und Soziologie des Verbrechens, S. 49.

b) Systemtranszendenter Rechtsgutsbegriff

Die systemtranszendenten bzw. systemkritischen Konzeptionen beinhalten als zentrale Frage die nach der Begründung von Rechtsgütern.[209] „Welche Bedingungen die Objekte erfüllen müssen, die als Rechtsgüter in Frage kommen, mit welchen Kriterien sich eine Theorie dieser Rechtsgüter verifizieren und falsifizieren lässt, ist selber Forschungsgegenstand der Theorie."[210] Diese Aussage stammt von *Hassemer*, der eine personale Rechtsgutslehre entwickelt hat, welche mit als erste einen systemkritischen Gehalt aufweist. Daneben hat insbesondere *Roxin* ein gesetzgebungskritisches Rechtsgutskonzept entwickelt, ebenso wie *Wohlers*, *von Hirsch* und schließlich *Hefendehl*. Deren Rechtsgutskonzepte werden im Folgenden einer kurzen Betrachtung unterzogen.

aa) Hassemer

In den vielfältigen Beiträgen *Hassemers* zur Rechtsgutsdebatte fällt zunächst auf, dass keine (griffige) Definition des Begriffes „Rechtsgut" auftaucht. Bei seiner Beschäftigung mit der Rechtsgutslehre erkennt *Hassemer*, dass die Versuche, einen allgemein gültigen Rechtsgutsbegriff zu definieren, in abstrakten Verallgemeinerungen mit mehr plakativem als informativem Charakter enden.[211] Für ihn sind „die kriminalpolitischen und/oder dogmatischen Konsequenzen, die sich aus den verbal jeweils unterschiedlichen Definitionen ergeben müßten, ununterscheidbar".[212] Das Bemühen, eine Konzeption des Rechtsgutsbegriffs zu entwickeln, die kein Schutzobjekt ausschließen soll, führt seiner Ansicht nach zu einem „Allgemeinbegriff vom Rechtsgut, der so weit abstrahiert ist, daß er über die einzelnen Schutzobjekte kaum informiert."[213] Aufgrund der gesellschaftlichen und rechtspolitischen Relativität des Phänomens „Rechtsgut" stehe man damit vor der unerfreulichen Wahl zwischen Vagheit und Selektivität: entweder sage der Begriff wenig aus, sei er merkmalarm, oder er bezeichne nur einen Teil der Rechtsgüter.[214] Wohl aus diesem Grund verzichtet *Hassemer* auf den Versuch einer eigenen aussagekräftigen Definition des Rechtsguts und plädiert dafür, „den Begriff offen zu halten um nicht von vorneherein den Blick auf die relevanten Phänomene zu verengen; eine Präzisierung des Gegenstands nicht

---

209 *Hassemer*, Theorie und Soziologie des Verbrechens, S. 23.
210 *Hassemer*, Theorie und Soziologie des Verbrechens, S. 23.
211 *Hassemer*, Theorie und Soziologie des Verbrechens, S. 63.
212 *Hassemer*, Theorie und Soziologie des Verbrechens, S. 63.
213 *Hassemer*, Theorie und Soziologie des Verbrechens, S. 64.
214 NK-StGB-*Hassemer/Neumann* Vorbemerkungen zu § 1 Rn. 144.

vom Begriff, sondern von den gesellschaftlichen („Gut") und rechtspolitischen („Rechtsgut") Verfahren zur Konstitution des Rechtsguts zu erwarten und deshalb das Rechtsgut allgemein zu definieren als „strafrechtlich schutzbedürftiges menschliches Interesse"."[215] Diese Entscheidung führt zu einer starken Konzentration auf die Funktion des Rechtsgutsbegriffs. In einem Strafrechtssystem ist diese von der Frage der Trägerschaft unmittelbar abhängig,[216] weshalb die Festlegung *Hassemers* auf eine monistische individualistische Ausrichtung[217] von wichtiger Bedeutung ist. In seiner personalen Rechtsgutslehre funktionalisiert *Hassemer* die Interessen der Allgemeinheit von den Interessen der Person her, er sieht Güter der Gesellschaft und des Staates zu Gütern des Individuums in einer Ableitungsbeziehung und erkennt Interessen der Allgemeinheit nur als berechtigt an, insoweit sie personalen Interessen dienen.[218] Diese Theorie ist eng mit einer liberalen Staatskonzeption verwoben, die den Staat von der Person her versteht und aus dieser Perspektive die Legitimität staatlichen Handelns beurteilt.[219] Der Staat sei danach nicht Selbstzweck, sondern habe nur die Entfaltung und Sicherung der Lebensmöglichkeiten von Menschen zu befördern.[220] Entscheidend wird diese Sichtweise für die Anerkennung von Universalrechtgütern: Sie sollen nur insoweit eine Grundlage haben, als sie sich als vermittelte Interessen des Individuums nachweisen lassen können.[221] Damit sollen sich Rechtsgüter der Allgemeinheit in besonderer Weise legitimieren müssen, ihr strafrechtlicher Schutz unterliege besonderen Geboten der Zurückhaltung.[222] Was die Herleitung solcher Rechtsgüter betrifft, geht *Hassemer* davon aus, dass sie Gegenstand und Ergebnis gesellschaftlicher Verarbeitungs- und Herstellungsprozesse sein sollen.[223] Sie sollen sich in der gesellschaftlichen Werteerfahrung konstituieren, also nach den Momenten der Häufigkeit einer Interessenverletzung, der Bedarfsintensität hinsichtlich des verletzten Guts und der gesellschaftlich wahrgenommenen Bedrohungsintensität der Verletzung.[224]

215 NK-StGB-*Hassemer/Neumann* Vorbemerkungen zu § 1 Rn. 144.
216 *Hassemer*, Theorie und Soziologie des Verbrechens, S. 68.
217 *Hassemer*, Theorie und Soziologie des Verbrechens, S. 70 f.
218 NK-StGB-*Hassemer/Neumann* Vorbemerkungen zu § 1 Rn. 132.
219 NK-StGB-*Hassemer/Neumann* Vorbemerkungen zu § 1 Rn. 133.
220 *Hassemer*, Strafen im Rechtsstaat, S. 166.
221 *Hassemer*, Strafen im Rechtsstaat, S. 166.
222 *Hassemer*, Strafen im Rechtsstaat, S. 168.
223 NK-StGB-*Hassemer/Neumann* Vorbemerkungen zu § 1 Rn. 139; *Hassemer*, Theorie und Soziologie des Verbrechens, S. 100 ff., 126 ff.
224 *Hassemer*, Strafen im Rechtsstaat, S. 168; *ders.* Theorie und Soziologie des Verbrechens, S. 147 ff., 221 ff.

bb) Roxin

Roxin bezeichnet den von ihm entwickelten Rechtsgutsbegriff insofern als „systemkritisch", „als er nicht nur, wie der „methodische" Rechtsgutsbegriff, ein Hilfsmittel bei der „systemimmanenten" Auslegung der Tatbestände sein, sondern dem Gesetzgeber bei der Ausübung seines Bestrafungsrechtes Grenzen setzten will".[225] Er leitet diesen Rechtsgutsbegriff aus der Aufgabe des Strafrechts ab, die für ihn in der Sicherung eines freien und friedlichen Zusammenlebens der Bürger unter Gewährleistung aller verfassungsrechtlich garantierten Grundrechte besteht.[226] Damit versteht er unter „Rechtsgütern" „alle Gegebenheiten oder Zwecksetzungen [...], die für die freie Entfaltung des Einzelnen, die Verwirklichung seiner Grundrechte und das Funktionieren eines auf dieser Zielvorstellung aufbauenden staatlichen Systems notwendig sind".[227] Dieser liberale Rechtsgutsbegriff lässt sich auf ein Modell des Gesellschaftsvertrages zurückführen, indem die Bürger dem Staat die Aufgabe der Sicherung eines geordneten Zusammenlebens übertragen.[228] Die kritische, *Roxin* selbst spricht von „gesetzgebungskritische"[229], Potenz dieses Rechtsgutsbegriffs zeige sich vor allem bei der Diskussion um die „Universalrechtsgüter". Dabei lehnt er die Rechtsgüter der Allgemeinheit nicht schlechthin ab, sondern warnt vor der Konstruktion immer neuer „Scheinrechtsgüter", die seiner Meinung nach einen Missbrauch des Begriffs darstellen.[230] Solche Scheinrechtsgüter sind für ihn Allgemeinbegriffe (wie „Volksgesundheit" oder „Leistungsfähigkeit des Versicherungswesens"), „die nur aus der Addition einzelner konkreter Rechtsgüterverletzungen hergeleitet werden und eine Strafbarkeit begründen sollen, die sich aus konkreten Verletzungshandlungen nicht herleiten lässt."[231] Nach Ansicht *Roxins* liegt bei echten Universalrechtgütern eine Rechtsgutsverletzung auch dann schon vor, wenn eine einzelne „punktuelle" Verletzung festzustellen sei, ohne dass das Gesamtsystem beeinträchtigt werden müsse.[232] Aufgabe des Rechtsgutsbegriffs solle weiterhin sein, reinen Moralismus, einen harten Paternalismus, reinen Gefühlsschutz, die Verletzung von Tabus, Schutzobjekte von ungreifbarer Abstraktheit

---

225 *Roxin*, Strafrecht AT I, § 2 Rn. 12.
226 *Roxin*, Strafrecht AT I, § 2 Rn. 7.
227 *Roxin*, Strafrecht AT I, § 2 Rn. 7.
228 *Roxin*, Strafrecht AT I, § 2 Rn. 8; *Roxin*, FS Hassemer, S. 573 (578).
229 *Roxin*, Strafrecht AT I, § 2 Rn. 12 Fn. 27.
230 Vgl. *Roxin*, Strafrecht AT I, § 2 Rn. 10.
231 *Roxin*, FS Hassemer S. 573 (580).
232 *Roxin*, Strafrecht AT I, § 2 Rn. 83.

und symbolische Strafgesetze auszuschließen.[233] *Roxin* erkennt jedoch an, dass ein solches personales Rechtsgutsprinzip im modernen Strafrecht auf Probleme stößt, die in Ausnahmefällen zu einer Überschreitung der Grenzen dieser Konzeption führen müssen.[234] Solche Grenzüberschreitungen seien zum Schutz der Lebensgrundlagen künftiger Generationen und zum Schutz der Schöpfung (der Natur) nötig und durch das Grundgesetz legitimiert.[235]

cc) Wohlers

Wohlers ist ebenfalls Anhänger eines systemkritischen Rechtsgutskonzepts, bemängelt aber, dass auch innerhalb der systemkritischen Rechtsgutslehren keine konsensfähigen Kriterien und Maßstäbe zur begrifflichen Konturierung des Rechtsgutsbegriffs ersichtlich seien.[236] Bei der wichtigen Frage nach der Behandlung von Universalrechtsgütern geht er eigene Wege. Seiner Ansicht nach „kann die Unterscheidung von Individual- und Universalrechtsgütern schon deshalb nicht überzeugen, weil die vorgeblich klare Abgrenzung beider Subkategorien bei näherer Betrachtung gar nicht überzeugend durchgeführt werden kann."[237] *Wohlers* gesteht dem einzelnen Individuum innerhalb der personalen Freiheitssphäre neben der Gewährleistung eines bestimmten Güterstandes (status negativus) auch die Gewährleistung der Grundvoraussetzungen für die Ausübung personaler Freiheit (status positivus) zu.[238] Hieraus folgert er ein kollektives bzw. gesamthänderisches Interesse der einzelnen Mitglieder der Gesellschaft an der Gewährleistung der für die Entfaltung ihrer individuellen Freiheit notwendigen Grundvoraussetzungen. „Wenn aber Lebensgüter des einzelnen stets auch mittelbar Lebensgüter der Gemeinschaft sind und gleichzeitig die auf die Funktionsfähigkeit der Gesellschaft abzielenden Belange zugleich dem einzelnen zugute kommen, muß konsequenterweise nicht nur die Konzeption eines Dualismus von Individual- und Universalrechtsgütern als qualitativ verschiedene Rechtsgutskategorien, sondern auch der von den Vertretern der monistisch-personalen Rechtsgutslehre unternommene Versuch einer Hierarchisierung von Individual- und Universalrechtsgütern als nicht weiterführend aufgegeben werden."[239] Damit scheidet für *Wohlers* die Unterscheidung zwischen

233 *Roxin*, FS Hassemer S. 573 (579 f.).
234 *Roxin*, FS Hassemer S. 573 (594).
235 *Roxin*, FS Hassemer S. 573 (594 ff).
236 *Wohlers*, Deliktstypen des Präventionsstrafrechts, S. 219.
237 *Wohlers*, Deliktstypen des Präventionsstrafrechts, S. 222.
238 *Wohlers*, Deliktstypen des Präventionsstrafrechts, S. 222, 94 ff.
239 *Wohlers*, Deliktstypen des Präventionsstrafrechts, S. 222.

beiden Rechtsgütertypen als Maßstab für eine sachgerecht ausgestaltete Rechtsgutstheorie aus. Auch was die z.T. geforderte „Substanzhaltigkeit" der zu schützenden Rechtsgüter angeht,[240] steht *Wohlers* diesem Kriterium eher skeptisch gegenüber.[241] Da er das Individuum nicht nur als bio-physikalische Einheit, sondern als eine in sozialen Bezügen stehende Person ansieht, wäre es seiner Ansicht nach verfehlt, „die das Beziehungsgeflecht stützenden Faktoren allein deshalb aus dem Kreis potentiell strafschutzwürdiger Rechtsgüter auszuschließen, weil es sich um substanzlose Phänomene handelt."[242] Er selbst spricht von einem „Erfordernis der realen Beeinträchtigungsfähigkeit", welches Begriffe höchster Allgemeinheit als Rechtsgüter ausschließen soll.[243] Für ihn verbleibt damit als Ergebnis der Bemühungen um den Rechtsgutsbegriff allein die Erkenntnis, „daß Rechtsgüter soweit konkretisiert sein müssen, daß ihre Beeinträchtigung bzw. Nichtbeeinträchtigung durch ein bestimmtes Verhalten nachvollziehbar geprüft werden kann, wobei sich dann allerdings der Prüfungsmaßstab wiederum an der Rationalitätsstruktur der jeweiligen Gesellschaft zu orientieren hat."[244] Nach *Wohlers* wird das systemkritische Potential der Rechtsgutstheorie nicht durch den Rechtsgutsbegriff vorgegeben, sondern hängt von Maßstäben ab, die von außen an die Rechtsgutslehre herangetragen werden.[245]

dd) Von Hirsch

Auch *von Hirsch* kommt ähnlich wie *Wohlers* zu dem Ergebnis, dass der Rechtsgutsbegriff allein eine adäquate Kriminalisierungstheorie nicht zu tragen vermag.[246] Seine Überlegungen hinsichtlich einer Erweiterung des Rechtsgutskonzepts sind stark durch das anglo-amerikanische „Harm Principle"

---

240 Vgl. m.w.N. *Wohlers*, Deliktstypen des Präventionsstrafrechts, S. 223 ff.

241 *Wohlers*, Deliktstypen des Präventionsstrafrechts, S. 228.

242 *Wohlers*, Deliktstypen des Präventionsstrafrechts, S. 228; konkret bezieht sich *Wohlers* auf die Straftatbestände der Ehrdelikte, die von einer Beseitigung substanzloser Rechtsgüter notwendigerweise auch erfasst werden müssten, obwohl ihre Legitimität - soweit ersichtlich - unbestritten ist.

243 *Wohlers*, Deliktstypen des Präventionsstrafrechts, S. 225.

244 *Wohlers*, Deliktstypen des Präventionsstrafrechts, S. 229.

245 *Wohlers* GA 2001, 15 (17); zur Problematik der Ableitung normativer Maßstäbe zur Bestimmung eines legitimen Anwendungsbereichs strafrechtlicher Normen vgl. *Wohlers*, Deliktstypen des Präventionsstrafrechts, S. 241 ff. (*Wohlers* GA 2001, 15 (17, Fn. 11).

246 *von Hirsch*, Fairness, Verbrechen und Strafe: Strafrechtstheoretische Abhandlungen, S. 84.

beeinflusst.[247] Zentraler Begriff des Harm Principle ist der Schaden, welcher dann gegeben sein soll, wenn ein „Interesse“ durch ein Verhalten beeinträchtigt wird.[248] Nach *von Hirschs* Auffassung „ist das Interesse als eine „Ressource“ zu verstehen, auf deren Integrität die betroffene Person einen Anspruch hat. Oder anders ausgedrückt: Schädigendes Verhalten ist die Beeinträchtigung einer Ressource, auf deren unbeeinträchtigte Existenz ein anderer einen Anspruch hat.“[249] Diese hinter dem Interesse stehende Ressource wird als ein Mittel oder eine Fähigkeit definiert, dem oder der ein gewisser Wert für die menschliche Lebensqualität zukommt.[250] Zur Beantwortung der Frage, wann ein Anspruch auf eine solche Ressource besteht und unter welcher Voraussetzung eine Beeinträchtigung vorliegt, soll auf die Primärrechtsordnung, auf ethische Gründe oder auf beides zurückgegriffen werden.[251] *Von Hirsch* erkennt nun verschiedene positive Impulse für die Debatte nach der Begründung und Begrenzung des Rechtsgutsbegriffs, wenn man diesen aus dem so beschriebenen „Harm Principle“ ableitet.[252] Im vorliegend maßgeblichen Zusammenhang scheint dabei bedeutsam, dass es das „Harm Principle“ trotz des unverkennbaren Vorrangs der individuellen Interessen erlaubt, Verhaltensweisen zu verbieten, die kollektivschädlich sind.[253] Insbesondere brauche man dabei nicht so weit zu gehen wie die der „Frankfurter Schule“ nahestehenden Ansätze, die kollektive Rechtsgüter nur als die Summe der Rechtsgüter Einzelner ansehen.[254] Nach *von Hirsch* kann „das Harm Principle [...] kollektivschädliche Verhaltensweisen erfassen, hält aber andererseits daran fest, dass die Ratio kollektiver Rechtsgüter zumindest im Normalfall irgendwie direkt oder indirekt der Schutz der Lebensqualität von Menschen sein muss, dass eben individuelle Interessen primär sind.“[255] Beachtenswert sind auch die durch *von Hirsch* und *Wohlers* gemeinsam entwickelten Kriterien einer

---

247 *von Hirsch*, Fairness, Verbrechen und Strafe: Strafrechtstheoretische Abhandlungen, S. 69 ff.

248 *von Hirsch* GA 2002, 2 (6).

249 *von Hirsch*, Fairness, Verbrechen und Strafe: Strafrechtstheoretische Abhandlungen, S. 73.

250 *von Hirsch* GA 2002, 2 (6).

251 *von Hirsch* GA 2002, 2 (7).

252 *von Hirsch* GA 2002, 2 (8).

253 *von Hirsch*, Fairness, Verbrechen und Strafe: Strafrechtstheoretische Abhandlungen, S. 76.

254 *von Hirsch*, Fairness, Verbrechen und Strafe: Strafrechtstheoretische Abhandlungen, S. 76.

255 *von Hirsch* GA 2002, 2 (8).

fairen Zurechnung.[256] Zentrale Frage ist dabei, ob auf Verhaltensweisen, die nur mittelbar mit einem für sich gesehen legitimen Schutzinteresse verbunden sind, mit dem Mittel des strafrechtlichen Zwangs reagiert werden darf.[257] Bedeutsam auch für die hier vertretene Auffassung[258] ist die Aussage, dass „die Legitimität eines Straftatbestandes [...] nicht allein durch den Verweis auf ein für sich gesehen strafschutzwürdiges Schutzgut begründet werden [kann]. Entscheidend ist das Verhältnis, in dem die vom Straftatbestand erfassten Verhaltensweisen zu diesem – für sich gesehen schutzwürdigen – Schutzgut stehen."[259] *Von Hirsch* und *Wohlers* verbinden die Beantwortung dieser Frage mit einer Neukategorisierung der Deliktstypen des Gefährdungsstrafrechts und ermitteln für jede neue Deliktsgruppe – Vorbereitungsdelikte, Kumulationsdelikte und konkrete Gefährlichkeitsdelikte – unterschiedliche Kriterien zur Legitimation eines Straftatbestandes.[260]

ee) Hefendehl

Hefendehl sieht das Potential des Rechtsgutsbegriffs selbst als noch nicht ausgeschöpft an. „Dieser soll aber nicht von vornherein definiert, sondern – so eine Formulierung *Hassemers*[261] – „von unten materialisiert" werden."[262] Die notwendigen Materialisierungskomponenten möchte *Hefendehl* aus einem dem Strafrecht übergeordneten Recht, also der Verfassung, entnehmen.[263] Entscheidendes Kriterium seiner Überlegungen ist die durch ihn vorgenommene Strukturierung und Systematisierung kollektiver Rechtsgüter.

Hefendehl spricht sich für einen realen Rechtsgutsbegriff aus, wobei „real" als Gegensatz zu „ideell" neben körperlichen Gegenständen auch seelisch-geistige

256 *von Hirsch,* Fairness, Verbrechen und Strafe: Strafrechtstheoretische Abhandlungen, S. 85 ff.

257 *von Hirsch,* Fairness, Verbrechen und Strafe: Strafrechtstheoretische Abhandlungen, S. 86.

258 Vgl. unten 2. Kapitel I. 3. b) ee) (ab S. 57) und dann auch bei 4. Kapitel II. 1. (ab S. 190).

259 *von Hirsch*, Fairness, Verbrechen und Strafe: Strafrechtstheoretische Abhandlungen, S. 87.

260 *von Hirsch*, Fairness, Verbrechen und Strafe: Strafrechtstheoretische Abhandlungen, S. 87 ff. Diese Kategorisierung würde im Rahmen der Betrachtung des Neuroenhancements jedoch dann eine Rolle spielen, wenn am Ende die Schaffung einer neuen Strafnorm bejaht werden würde, die wiederum in die Deliktskategorien eingeordnet werden könnte.

261 NK-StGB-*Hassemer/Neumann* Vorbemerkungen zu § 1 Rn. 145.

262 *Hefendehl* GA 2001, 21 (22).

263 *Hefendehl* GA 2001, 21 (22).

Phänomene beinhalte, die als Sachverhalte verletzt werden können.[264] „Indem Rechtsgüter als Gegenstände der realen Welt den Kausalgesetzen unterworfen sind, erlangen das Dogma vom Strafrecht als Schutzrecht sowie die Überprüfung der Verhältnismäßigkeit eines Straftatbestandes überhaupt erst ihre maßgebliche Bedeutung. So wird überprüfbar, ob das Strafrecht seine Schutzfunktion tatsächlich erfüllt."[265] Eine Rechtsgutsverletzung ist für ihn „die Beeinträchtigung oder Aufhebung der im Rechtsgut benannten werthaften Eigenschaft."[266] Diese begriffliche Präzisierung soll auch dazu dienen, nur scheinbare Rechtsgüter aufzudecken.[267] Wichtig erscheint für *Hefendehl* auch die Differenzierung zwischen unmittelbarem Rechtsguts- und Vorfeldschutz, da „insbesondere für das Verhältnismäßigkeitsprinzip und den Abwägungsparameter möglicher berechtigter Freiheitsinteressen des Betroffenen zu klären sein [wird], warum es einer derartigen Ausdehnung des Strafrechtsschutzes bedarf und wie die Legitimationsbedingungen im Einzelnen beschaffen sind."[268] So soll verhindert werden, dass durch ein Scheinrechtsgut wie bspw. „die staatliche Ordnung" der wahre Gegenstand des Strafrechtsschutzes verschleiert werde.[269] *Hefendehl* favorisiert eine dualistische Rechtsgutskonzeption, die er *negativ* als Konsequenz nicht existierender unmittelbarer Ableitungszusammenhänge und *positiv* als Konsequenz eines gewandelten Staatsverständnisses definiert.[270] „Zwar lässt sich ein starkes individuelles Interesse einer Vielzahl von Personen am „Funktionieren" von Individuellen Rechtsgütern festhalten, ohne daß es aber möglich wäre, diese Rechtsgüter auf konkrete Individualrechtsgüter zurückzuführen."[271] Weiterhin sei auch keine Prognose dahingehend möglich, welche gesellschaftlichen und auch personellen Auswirkungen die Eliminierung eines kollektiven Rechtsguts hätte, da man nicht auf entsprechende gesellschaftliche Erfahrungen zurückgreifen könne und Störvariablen existierten.[272] Das gewandelte Staatsverständnis ergebe sich nach *Hefendehl* aus der demokratischen Legitimation der staatlichen Gewalt im gegenwärtigen Lenkungs-, Leistungs-, und Vorsorgestaat.[273] Dessen

264 *Hefendehl*, Kollektive Rechtsgüter im Strafrecht, S. 28.
265 *Hefendehl*, Kollektive Rechtsgüter im Strafrecht, S. 30.
266 *Hefendehl*, Kollektive Rechtsgüter im Strafrecht, S. 32.
267 *Hefendehl*, Kollektive Rechtsgüter im Strafrecht, S. 33.
268 *Hefendehl*, Kollektive Rechtsgüter im Strafrecht, S. 37.
269 *Hefendehl*, Kollektive Rechtsgüter im Strafrecht, S. 37.
270 *Hefendehl*, Kollektive Rechtsgüter im Strafrecht, S. 73.
271 *Hefendehl*, Kollektive Rechtsgüter im Strafrecht, S. 74.
272 *Hefendehl*, Kollektive Rechtsgüter im Strafrecht, S. 74.
273 *Hefendehl*, Kollektive Rechtsgüter im Strafrecht, S. 77.

Aufgaben „gehen infolgedessen auch in erster Linie dahin, die Ordnung des politischen Prozesses funktions- und leistungsfähig zu erhalten sowie unter modernen Bedingungen Freiheit und Leben in menschlicher Würde wirksam zu gewährleisten.[274] Das Leben des Bürgers werde in der heutigen Staats- und Gesellschaftsverfassung zunehmend durch das Funktionieren der gesellschaftlichen und staatlichen Versorgungssysteme definiert und nicht mehr allein durch seine individuelle Freiheitssphäre.[275] Durch diese zunehmende Vergesellschaftung sei der Einzelne regelmäßig zwingend vom Funktionieren der Systeme Staat und Wirtschaft abhängig, womit dem Staat auch die Aufgabe zukommen soll, dafür Sorge zu tragen, dass die von ihm geschaffenen und unterstützten Institutionen funktionsfähig bleiben.[276] Dabei gehe es immer „noch um die Interessen des Einzelnen, die aber regelmäßig nicht mehr direkt, sondern über Institutionen mediatisiert zur Entfaltung gelangen können".[277] Deren Schutz sei demnach Rechtsgüterschutz im vermittelten Interesse der mit diesen Institutionen lebenden und handelnden Menschen.[278]. *Hefendehl* sieht Rechtsgüter damit nicht als statische Zustände an, sondern als dynamische, auf Entfaltung angelegte Verwirklichungspotentiale.[279]

Problematisch in Bezug auf die vorliegende Fragestellung ist, dass *Hefendehl* diese Theorie eigentlich nur für die Kontrolle bereits bestehender Straftatbestände und die Beurteilung der in diesen vorgeblich oder tatsächlich geschützten Rechtsgütern entwickelt hat.[280] Die hier hauptsächlich zu erörternde Frage zur Bewertung der Strafbarkeit des Neuroenhancements macht sich allerdings überwiegend gerade nicht an schon existierenden Normen fest, sondern beschäftigt sich im Ergebnis damit, ob neue Normen notwendig sind. Allerdings besteht nach *Hefendehl* „die Möglichkeit, aus vergleichbaren Strukturen bereits pönalisierten Verhaltens Schlüsse zu ziehen."[281] Damit macht dieser Ansatz auch eine Bewertung eines noch zu entwickelnden neuen Rechtsguts möglich.

---

274 *Hefendehl*, Kollektive Rechtsgüter im Strafrecht, S. 77.
275 *Hefendehl*, Kollektive Rechtsgüter im Strafrecht, S. 77.
276 *Hefendehl*, Kollektive Rechtsgüter im Strafrecht, S. 77 f. m.w.N.
277 *Hefendehl*, Kollektive Rechtsgüter im Strafrecht, S. 78 f.
278 AK-*Hassemer* vor § 1 Rn. 281; *Hefendehl*, Kollektive Rechtsgüter im Strafrecht, S. 79.
279 *Hefendehl*, Kollektive Rechtsgüter im Strafrecht, S. 80.
280 *Hefendehl*, Kollektive Rechtsgüter im Strafrecht, S. 24.
281 *Hefendehl*, Kollektive Rechtsgüter im Strafrecht, S. 24.

4. Rechtsgüterschutz und Vertrauensschutz

Die aufgeführten Theorien versuchen in unterschiedlicher Weise den Begriff des Rechtsguts fassbar zu machen und somit eine Konzeption zu liefern, mit der Strafgesetze auf ihre Legitimität hin überprüft werden können. Besondere Schwierigkeiten bereiten dabei die kollektiven Rechtsgüter, deren Einbeziehung in ein dogmatisch schlüssiges Gesamtkonzept eine Herausforderung darstellt. Insbesondere die Legitimation von Normen des modernen Strafrechts wie bspw. des Wirtschafts- oder Umweltstrafrechts stellen die Autoren, die einen eher engen Rechtsgutsbegriff verfolgen, vor Probleme.

Hassemer bleibt mit seiner weiten Definition vom Rechtsgut als „strafrechtlich schutzbedürftiges menschliches Interesse“[282] zunächst sehr allgemein, was auch von *Roxin* bemängelt wird. Dessen Kritik, das Abstellen auf ein „schutzwürdiges“ Interesse lasse nicht erkennen, welche Interessen aus welchen Gründen schutzwürdig sind,[283] greift meiner Ansicht nach aber zu kurz. Gerade mit Blick auf die kollektiven Rechtsgüter, die sich von den klassischen Individualrechtsgütern z.T. fundamental unterscheiden und selbst schwer fassbar sind, erscheint es sinnvoller, den Begriff des Rechtsguts nicht schon durch eine begrenzte Definition zu sehr einzuengen. *Roxin* selbst, der unter Rechtsgütern alle Gegebenheiten oder Zwecksetzungen versteht, die für die freie Entfaltung des Einzelnen, die Verwirklichung seiner Grundrechte und das Funktionieren eines auf dieser Zielvorstellung aufbauenden staatlichen Systems notwendig sind,[284] stößt mit dieser Definition im Bereich des modernen Strafrechts an eine Grenze.[285] Wie er selbst anmerkt, liefert sein Rechtsgutskonzept keine Anhaltspunkte für die Lösung der Fragen nach dem Umfang eines strafrechtlichen Embryonenschutzes, Tierschutzes oder des Schutzes der Ressourcen künftiger Generationen.[286] *Roxin* begründet damit eine Theorie, die den Bereich eines strafrechtlichen Rechtsguts zur Überprüfung der bestehenden Delikte zunächst einengt, dann aber im Bereich wichtiger Zukunftsfragen, die wohl hauptsächlich kollektive Rechtsgüter oder zumindest etwas Ähnliches betreffen, nicht nur so etwas wie „Ausnahmen“ zulassen, sondern ihre eigenen Grenzen deutlich überschreiten muss.[287] Für die mögliche Kriminalisierung des Neuroenhancements kann es allerdings gerade

---

282 NK-StGB-*Hassemer/Neumann* Vorbemerkungen zu § 1 Rn. 144.
283 *Roxin*, FS Hassemer, S. 573 (591).
284 *Roxin*, Strafrecht AT I, § 2 Rn. 7.
285 *Roxin*, Strafrecht AT I, § 2 Rn. 51.
286 *Roxin*, Strafrecht AT I, § 2 Rn. 52 ff.
287 Vgl. *Roxin*, Strafrecht AT I, § 2 Rn. 55.

darauf ankommen, die Frage nach einem noch in der Zukunft liegenden Problem zu einem neuen Rechtsgut zu beantworten. Deswegen ist ein Rechtsgutskonzept zu bevorzugen, das durch eine größere Offenheit von Beginn an mehr Möglichkeiten zur Einbeziehung neuer (kollektiver) Rechtsgüter schafft, ohne dadurch inhaltliche Brüche zu riskieren. Eine solche Theorie, die den Begriff des Rechtsguts zunächst noch offen lässt und andere, von außen herangetragene Kriterien zu Einengung benutzt, vertreten die übrigen Autoren. *Hassemer* stellt zur Eingrenzung seiner weiten Definition insbesondere auf die Funktion des Rechtsguts ab.[288] Bei den Universalrechtsgütern bedeutet dies für ihn, dass sie nur insoweit eine Grundlage haben, „als sie sich als – vermittelte – Interessen des Individuums nachweisen lassen."[289] „Daraus leitet sich zusammenfassend Folgendes ab: Universalrechtsgüter ohne Funktion zu einzelmenschlichen Interessen sind nach dieser Variante einer personalen Rechtsgutskonzeption mit dem Grundgesetz nicht vereinbar", wie *Hefendehl* diese Position resümiert.[290] Dies führt gleichsam zu einem Hierarchieverhältnis, in dem personale Interessen über den Universalrechtsgütern stehen: „Rechtsgüter der Allgemeinheit müssen sich in einer besonderen Weise legitimieren, und ihr strafrechtlicher Schutz unterliegt besonderen Geboten der Zurückhaltung."[291] Aus einer derart konkretisierten personalen Rechtsgutskonzeption lässt sich kein Obersatz entwickeln, der Ableitungen *more geometrico* ermöglicht, allerdings darf dies nach *Hassemer* von einem Begriff des Rechtsguts auch nicht erwartet werden.[292] Sein Wert liege zum einen darin, in rechtlichen Auseinandersetzungen eine bestimmte Argumentationsrichtung zu unterstützen, in diesem Fall die personale Konzeption bei der Auswahl strafrechtlicher Schutzgegenstände. Zum anderen müsse der Rechtsgutsbegriff offen genug sein, um eine Ermessensentscheidung des Strafgesetzgebers zuzulassen.[293] Der nur noch abgeschwächte kritische Gehalt eines derartigen personalen Rechtsgutsbegriffs bei der Überprüfung der Legitimität strafrechtlicher Normen äußert sich in folgenden, von *Hefendehl* zusammengefassten,[294] Zugeständnissen: Die nur formal bestimmbaren Interessen unbestimmt vieler Personen, wie man sie typischerweise bei Gefährdungsdelikten

288 Oben 2. Kapitel I. 3. b) aa) (ab. S. 51).
289 *Hassemer*, Strafen im Rechtsstaat, S. 166.
290 *Hefendehl*, Kollektive Rechtsgüter im Strafrecht, S. 65.
291 *Hassemer*, Strafen im Rechtsstaat, S. 168.
292 *Hassemer*, Strafen im Rechtsstaat, S. 167.
293 *Hassemer*, Strafen im Rechtsstaat, S. 167; *Hefendehl*, Kollektive Rechtsgüter im Strafrecht, S. 65.
294 *Hefendehl*, Kollektive Rechtsgüter im Strafrecht, S. 65 f.

findet, seien ebenfalls legitime Rechtsgüter, da die entsprechende Strafnorm auf den Schutz des jeweiligen Einzelnen abziele, nicht auf ein abstrahiertes Interesse an staatlicher Gefahrenabwehr.[295] „Da sich ferner komplexe Gesellschaften über Institutionen organisieren, deren Bestand wiederum für alle Menschen wichtig sei, könnten auch bestimmte Universalrechtsgüter anerkannt werden."[296] Das Strafrecht müsse sich, wenn auch nur „distanziert", auf die Bedrohungsphänomene wie Umweltzerstörung, Drogenmissbrauch und organisierte Kriminalität einstellen, welche die normative gesellschaftliche Verständigung heute erfährt.[297]

Wie schon angedeutet wird es bei der möglichen Kriminalisierung des Neuroenhancements gerade darauf ankommen der Frage nachzugehen, ob Neuroenhancement als jedenfalls sehr neue gesellschaftliche Entwicklung ein Bedrohungsphänomen darstellt, auf das mit den Mitteln des Strafrechts reagiert werden sollte. *Hassemer* folgert aus seiner theoretischen Konzeption kriminalpolitische Handlungsanleitungen für den Umgang mit Universalrechtsgütern:[298] Neben der schon erwähnten Beachtung der Hierarchie von Rechtsgütern spiele auch die gesellschaftliche Werteerfahrung eine Rolle, die sozial und kommunikativ konstituiert und vor allem geschichtlich wandelbar ist.[299] Der Strafgesetzgeber dürfe die veränderte gesellschaftliche Werteerfahrung zwar nicht schlicht abbilden, sie aber auch nicht ignorieren. „Auch eine personale Rechtsgutslehre wird deshalb nicht bestreiten wollen und können, daß der Strafgesetzgeber diese Felder bestellt, selbst wenn die dort geschützten Universalrechtsgüter nur einen vermittelten Bezug zu menschlichen Interessen haben."[300] Weiterhin soll der Beitrag der personalen Rechtsgutslehre darin bestehen, mit besonderem Nachdruck auf dem Nachweis zu bestehen, dass die jeweiligen Strafdrohungen zum Rechtsgüterschutz erforderlich und tauglich sind und das traditionelle Prinzip der Subsidiarität des Strafrechts gerade auf diesen Feldern tiefer begründen.[301]

---

295 *Hassemer*, Theorie und Soziologie des Verbrechens, S. 232. Wie *Hefendehl* jedoch anmerkt wird hierbei allerdings nicht ganz deutlich, ob es *Hassemer* lediglich um solche „kollektiven" Rechtsgüter geht, die als Summe von unbestimmt vielen Individualrechtsgüter angesehen werden können, z.B. das Rechtsgut der Volksgesundheit im Betäubungsmittel- und Lebensmittelstrafrecht; *Hefendehl*, Kollektive Rechtsgüter im Strafrecht, S. 66 Fn. 139.

296 *Hefendehl*, Kollektive Rechtsgüter im Strafrecht, S. 66; *Hassemer*, Produktverantwortung im modernen Strafrecht, S. 21.

297 *Hassemer*, Recht und Moral, S. 329 (332).

298 *Hassemer*, Strafen im Rechtsstaat, S. 167.

299 *Hassemer*, Strafen im Rechtsstaat, S. 168.

300 *Hassemer*, Strafen im Rechtsstaat, S. 168.

301 *Hassemer*, Strafen im Rechtsstaat, S. 168 f.

Aussagen zur Erforderlichkeit und Tauglichkeit einer bestimmten Strafnorm zum Rechtsgüterschutz können aber nur getroffen werden, wenn zuvor schon ein schützenswertes Rechtsgut festgestellt wurde. In dem von *Hassemer* formulierten Beitrag seiner personalen Rechtsgutslehre scheint es, als würden Fragen vermischt, die sich auf verschiedene Bezugspunkte beziehen. Die Frage, ob ein schützenswertes Rechtsgut existiert ist aber von den Fragen, ob eine konkrete Norm überhaupt ein Rechtsgut schützt bzw. zum Schutz eines solchen tauglich und erforderlich ist, zu trennen. Darüber hinaus ist es insbesondere aufgrund der in der vorliegenden Arbeit vorgenommenen Betrachtung eines Phänomens, für das möglicherweise eine neue Strafrechtsnorm geschaffen werden muss, unabdingbar, die Frage nach dem Rechtsgut unabhängig von der Tauglichkeit und Erforderlichkeit einer schon bestehenden Regelung zu beantworten.

Hassemer führt nun auch an Beispielen näher aus, welche materiellen Vorgaben bzw. Auswirkungen eine solchermaßen abgeschwächte personale Konzeption noch haben kann.[302] Als Rechtsgut der Urkundsdelikte solle nicht die Sicherheit des Rechtsverkehres, sondern die Gesamtheit der am Rechtsverkehr Teilnehmenden und deshalb an der Integrität der Beweismittel Interessierten gelten, im Umweltstrafrecht solle nicht die Umwelt um ihrer selbst willen Rechtsgut sein, sondern nur als Medium menschlicher Gesundheits- und Lebensbedürfnisse. *Hefendehl* kritisiert an dieser Sichtweise, dass bei den Urkundsdelikten Rechtsgutsträger und Rechtsgutsgegenstand verwechselt werden. „Die Gesamtheit der am Rechtsverkehr Teilnehmenden und deshalb an der Integrität der Beweismittel Interessierten ist nichts anderes, als der Träger des Rechtsguts."[303] Ebenso bedürfe der Umstand, dass die Umweltmedien nicht als Selbstzweck das Strafrecht fordern, keiner vertieften Erörterung. *Hefendehl* verweist darauf, dass das herkömmlicherweise im Umweltstrafrecht vertretene ökologisch-anthropozentrische Rechtsgutskonzept ein derart verkürztes Rechtsgut nie behauptet habe und in besonderer Weise Grund und Grenzen des kollektiven Rechtsguts auch im Hinblick auf seine personale Komponente verdeutliche: „Die Funktionalisierung vom Individuum her bleibt bestehen, ist aber insofern gelockert, als dem Umweltschutz durch Strafrecht allein die Funktion zukommt, „dem Menschen der Gegenwart humane Lebensbedingungen im weitesten Sinne zu erhalten und sie auch für künftige Generationen zu gewährleisten"[304]. Dieser

302 *Hefendehl*, Kollektive Rechtsgüter im Strafrecht, S. 66 m.w.N.

303 *Hefendehl*, Kollektive Rechtsgüter im Strafrecht, S. 66; *Maurach/Schroeder/Maiwald*, Strafrecht BT 2, § 65 Rn. 7.

304 Lackner/Kühl-*Heger* Vorbemerkung zu §§ 324 ff. Rn. 7.

gelockerte Bezug ermöglicht zugleich die Anerkennung von Umweltgütern als selbständige Rechtsgüter der Allgemeinheit, die gerade keine unmittelbare Verletzung oder Gefährdung individueller Rechtsgüter zum Schutzgegenstand haben. In der Allgemeinheit sind freilich – in den Worten von *Kühl* – „die Einzelnen als legitimierende Bestandteile des Rechtsgut der Allgemeinheit enthalten, so daß das klassische strafrechtliche Konzept nicht „gesprengt" wird"[305]."[306] Diese Ausführungen *Hefendehls* machen am Beispiel der Umweltdelikte einen weiteren Nachteil der Konzeption Hassemers deutlich. Gerade im Bereich des modernen Strafrechts, in dem die möglichen Rechtsgüter nur noch sehr mittelbar auf die individuelle Person zurückführbar sind, gerät diese Form der personalen Rechtsgutslehre an Grenzen. Es ist meiner Ansicht nach fast nicht bestimmbar, wann die Umwelt oder ein Teil von ihr noch einen Bestandteil der menschlichen Lebensbedingungen darstellt, oder nur einen Eigenwert hat. Dazu sind die Auswirkungen der durch Menschen verursachten Umweltveränderungen viel zu wenig vorhersehbar. Diese am Beispiel der Umweltdelikte nachvollzogene Begrenzung der personalen Rechtsgutslehre ist auf weitere Bereiche des modernen Strafrechts, in denen zunehmend Universalrechtsgüter eine Rolle spielen, übertragbar.

Auch für den Bereich des Neuroenhancements als sehr neues Phänomen ist zu erwarten, dass eine strafrechtliche Reaktion hierauf im Zusammenhang mit Universalrechtsgütern stehen würde. Insofern ist ein Konzept vorzuziehen, das, wie von *Hefendehl* beschrieben, auch selbständige Rechtsgüter der Allgemeinheit zulässt, wenn eine unmittelbare Verletzung oder Gefährdung von individuellen Rechtsgütern nicht klar erkennbar ist. Schließt man die Möglichkeit solcher kollektiven Rechtsgüter von vornherein aus, kann man den gewachsenen Anforderungen an das Strafrecht nicht mehr ausreichend gerecht werden. Die sich aus einer zunehmend komplizierteren und unüberschaubaren Vernetzung von Ereignissen, deren Gesamtauswirkungen oft erst im Nachhinein erkennbar sind, und der immer weiterschreitenden Aufteilung von Verantwortlichkeiten ergebenden Probleme lassen sich in strafrechtlicher Hinsicht oft nur über den Schutz eines Universalrechtsguts erfassen.

In der Konzeption von *Wohlers* dient das Erfordernis der realen Beeinträchtigungsfähigkeit als Kriterium dazu, Begriffe höchster Allgemeinheit als Rechtsgüter auszuscheiden.[307] Er präzisiert dies insoweit, als dass „die Wirtschaftsordnung

---

305 *Kühl*, Ökologische Ethik und Rechtstheorie, S. 245 (262).
306 *Hefendehl*, Kollektive Rechtsgüter im Strafrecht, S. 67.
307 *Wohlers*, Deliktstypen des Präventionsstrafrechts, S. 225.

als solche [...] hiernach ebenso wenig ein strafrechtlich relevantes Rechtsgut sein [kann] wie der freie bzw. faire Wettbewerb [...] oder auch die Umwelt als solche.[308] Demgegenüber soll diesem Erfordernis entsprochen werden, wenn der zu schützende Belang in einem physisch-kausal verletzbaren konkreten Handlungsobjekt verkörpert ist, wie etwa bei dem Rechtsgut der körperlichen Unversehrtheit.[309] *Wohlers* erkennt jedoch an, dass die für das Leben in einer modernen Gesellschaft relevanten Belange nicht nur als eine Anhäufung bzw. ein Bestand gegenständlich verfestigter Güter angesehen werden können, womit eine Beschränkung auf konkret-gegenständliche („handfeste") Güter verfehlt wäre.[310] Daher solle die reale Beeinträchtigungsfähigkeit von Schutzgütern wie dem „Kreditwesen", dem „Kapitalanlagemarkt" oder dem „Subventionswesen" nicht von vornherein in Abrede gestellt werden. Allerdings bleibt meiner Ansicht nach unklar, woran sich in den gewählten Beispielen diese Beeinträchtigungsfähigkeit festmacht, warum der Wettbewerb als Begriff höchster Allgemeinheit ausscheidet, aber beim Kapitalanlagemarkt eine reale Beeinträchtigungsfähigkeit als möglich angesehen wird. Eine Erklärung ergibt sich möglicherweise daraus, dass der Kapitalanlagemarkt nur einen bestimmten abgrenzbaren Teil der Wirtschaft darstellt. Diesem solle dann eine grundsätzliche Schutzfähigkeit nicht abgesprochen werden, während das große Ganze – die Wirtschaftsordnung als solche – nicht geschützt werden könne. Damit könnte auch nach dieser Ansicht für einen Teilbereich des Wettbewerbs die Möglichkeit verbleiben, ihn als beeinträchtigungsfähig anzusehen und ihm damit legitimer Weise strafrechtlichen Schutz zu gewähren.

Momsen-Pflanz weist weiterhin kritisch darauf hin, dass *Wohlers* in seiner Argumentation zwei fundamentale Fragen vermische: „Die Erkenntnis, dass es in einer modernen Gesellschaft diverse relevante – gemeint sind wohl strafschutzwürdige – Belange gibt, die nicht als gegenständlich verfestigte Güter darstellbar sind, dient hier als Argument dafür, dass bestimmten nicht vergegenständlichten Belangen der Rang von Rechtsgütern des Strafrechts nicht abzusprechen sein kann."[311] Problematisch sei dabei der hergestellte argumentative Bezug, der für die Gültigkeit der Argumentation etwa lauten müsste: „Alle in einer Gesellschaftsordnung relevanten Belange sind zu Rechtsgütern zu erheben."[312] In

308 *Wohlers*, Deliktstypen des Präventionsstrafrechts, S. 225 f.
309 *Wohlers*, Deliktstypen des Präventionsstrafrechts, S. 226.
310 *Wohlers*, Deliktstypen des Präventionsstrafrechts, S. 226.
311 *Momsen-Pflanz*, Die sportethische und strafrechtliche Bedeutung des Dopings, S. 134.
312 *Momsen-Pflanz*, Die sportethische und strafrechtliche Bedeutung des Dopings, S. 134.

einem durch seinen fragmentarischen Charakter gekennzeichneten Strafrecht sei eine solche Behauptung allerdings nicht als allgemeiner Grundsatz aufrecht zu erhalten. Zudem fehle es dem Schutzausschlusskriterium „Begriff höchster Allgemeinheit" an einem greifbaren Gegenstück; ebenso wenig erfolge eine nähere Erläuterung dessen, was unter einer „realen Beeinträchtigung" eines Universalrechtsguts zu verstehen sei.[313] Damit liefert diese Konzeption zwar interessante Ansätze, was die Einbeziehung des Deliktstypus als Maßstab der Legitimität von Straftatbeständen angeht,[314] beantwortet die zunächst im Raum stehende Frage, wann ein Rechtsgut strafrechtlichen Schutz genießen soll, nur unzureichend.

Die Kriterien zur Einbeziehung der Deliktsstruktur in ein Rechtsgutskonzept hat *Wohlers* zusammen mit *von Hirsch* entwickelt. Ausgangspunkt ist dabei die Überlegung, dass die Legitimität eines Straftatbestandes nicht allein durch den Verweis auf ein für sich gesehen strafschutzwürdiges Schutzgut begründet werden könne.[315] Das Bemerkenswerte an diesem Ansatz ist die Beschäftigung mit der Frage, unter welchen Voraussetzungen eine Zurechnung auch dann gerechtfertigt sein kann, wenn die Beeinträchtigung eines für sich gesehen legitimen Rechtsguts entweder gänzlich ausbleibt oder nur mittelbar verursacht wird.[316] Zur Beantwortung werden die Delikte des Gefährdungsstrafrechts in folgende Kategorien unterteilt: Vorbereitungsdelikte, Kumulationsdelikte und konkrete Gefährlichkeitsdelikte. Dann werden für jeden der neu benannten Deliktstypen des Gefährdungsstrafrechts eigene Kriterien einer fairen Zurechnung („fair imputation") entwickelt.[317] Die Einordnung konkreter Straftatbestände in diese Systematik ist allerdings von der Auswahl der zur Legitimation des Straftatbestandes herangezogenen Rechtsgüter abhängig,[318] womit sich wieder die zuerst zu beantwortende Frage nach dem strafschutzwürdigen Rechtsgut stellt. *Von Hirsch* geht dabei von dem Begriff des „Interesses" aus, das er wie oben ausgeführt[319] als

---

313 *Momsen-Pflanz*, Die sportethische und strafrechtliche Bedeutung des Dopings, S. 135.

314 *Wohlers* GA 2002, 15 (17 ff.).

315 *von Hirsch*, Fairness, Verbrechen und Strafe: Strafrechtstheoretische Abhandlungen, S. 87.

316 *von Hirsch*, Fairness, Verbrechen und Strafe: Strafrechtstheoretische Abhandlungen, S. 87.

317 *von Hirsch*, Fairness, Verbrechen und Strafe: Strafrechtstheoretische Abhandlungen, S. 90.

318 *von Hirsch*, Fairness, Verbrechen und Strafe: Strafrechtstheoretische Abhandlungen, S. 90.

319 Oben 2. Kapitel I. 3. b) dd) (S. 55).

Ressource und Anspruch versteht.[320] Diese Ressource sei nun wiederum etwas Eigenständiges, nicht der Schutzzweck, sondern das hinter dem Schutzzweck stehende „Etwas".[321] Dabei soll der Begriff nicht naturalistisch zu verstehen sein; „eine Ressource braucht kein Ding zu sein. Sie ist als „Mittel oder Fähigkeit" zu definieren und Fähigkeiten sind Kapazitäten, nicht Objekte."[322] Wesentlich sei, dass die Ressource unter typischen Umständen die Lebensqualität einer Standartperson fördert, wobei ein zeitlicher Aspekt zu beachten ist: Die Beeinträchtigung eines Interesses müsse die Lebensqualität über eine gewisse zeitliche Dauer beeinflussen.[323] Diese Umschreibung kann zur näheren Bestimmung eines Rechtsguts herangezogen werden und dient zumindest als Stütze, um konkrete Gegebenheiten auf ihre erste Tauglichkeit als „Rechtsgut" zu prüfen. *Von Hirsch* selbst macht allerdings auch deutlich, „dass der Rechtsgutsbegriff allein eine adäquate Kriminalisierungstheorie nicht zu tragen vermag".[324] Er sieht auch Diskussionsbedarf über Möglichkeiten einer Kriminalisierung von Sachverhalten, die nicht durch den Rechtsgutsbegriff gedeckt sind.[325] Damit bleibt das System offen, was jedoch nicht von Nachteil sein muss. Die Überlegungen können als Ergänzung zur Überprüfung eines konkreten möglichen Rechtsguts bzw. zu Überlegungen hinsichtlich der Legitimität einer möglicherweise neu zu schaffenden Norm herangezogen werden. Als selbständiges bzw. alleiniges Kriterium zur Bestimmung eines Rechtsguts scheint mir dieses Konzept jedoch ungeeignet, die zu große Offenheit des Systems würde in dieser Frage zur Beliebigkeit führen.

Die von *Hefendehl* entwickelte Konzeption erweitert das Rechtsgutskonzept durch eine Neustrukturierung und Systematisierung der kollektiven Rechtsgüter, die zum Teil auf den Überlegungen von *Wohlers* und *von Hirsch* aufbauen.[326]

320 *von Hirsch*, Fairness, Verbrechen und Strafe: Strafrechtstheoretische Abhandlungen, S. 73.

321 *von Hirsch*, Fairness, Verbrechen und Strafe: Strafrechtstheoretische Abhandlungen, S. 73.

322 *von Hirsch*, Fairness, Verbrechen und Strafe: Strafrechtstheoretische Abhandlungen, S. 74.

323 *von Hirsch*, Fairness, Verbrechen und Strafe: Strafrechtstheoretische Abhandlungen, S. 74.

324 *von Hirsch*, Fairness, Verbrechen und Strafe: Strafrechtstheoretische Abhandlungen, S. 84.

325 *von Hirsch*, Fairness, Verbrechen und Strafe: Strafrechtstheoretische Abhandlungen, S. 84.

326 Vgl. *Hefendehl* GA 2002, 21 ff.

Er knüpft zwar grundsätzlich an die Bedeutung des Rechtsguts für den Verbrechensbegriff an, „verzichtet aber auf einen originär systemtranszendenten (materialen) Rechtsgutsbegriff und greift in einem ersten Schritt auf die de lege lata geschützten Rechtsgüter zurück."[327] Dieser Schritt dient dazu, die Legitimität eines Strafrechtsgutes von unten zu materialisieren, wobei die Kriterien nicht von vornherein feststehen, sondern aus dieser Vorgehensweise entwickelt werden.[328] Die Materialisierungskomponenten müssten dabei aus einem dem Strafrecht übergeordneten Recht, also der Verfassung, stammen. *Hefendehl* möchte dabei allerdings nicht von einem verfassungsrechtlichen Rechtsbegriff sprechen, da es nur auf die aus der Verfassung abzuleitenden konkreten Prinzipien ankomme.[329] In dieser Grundidee, des Rückbezugs auf die Verfassung zur Bestimmung der Legitimität strafrechtlicher Rechtsgüter, finden sich Gemeinsamkeiten mit *Hassemer* und *Roxin*. *Hassemer* hebt die Bedeutung des verfassungsrechtlichen Übermaß- und Untermaßverbotes für den strafrechtlichen Begriff und die Konzeption eines Rechtsguts heraus.[330] Bzgl. des Übermaßverbots stellt er auf den anerkannten Zweck ab: „Das Rechtsgut trägt den Kern einer Rechtfertigung eines Handlungsverbots. Ein strafrechtliches Handlungsverbot – in Form einer Strafdrohung gegenüber einem bestimmten Verhalten – lässt sich nicht rechtfertigen, wenn es sich nicht darauf berufen kann, einen anerkannten Zweck angemessen zu verfolgen."[331] In der strafrechtlichen Tradition sei dieser Zweck der durch das Strafrecht bewirkte Schutz eines Rechtsguts vor Verletzung oder Gefährdung. Das verfassungsrechtliche Untermaßverbot deutet *Hassemer* im Strafrecht in ein Gebot von Kriminalisierung und Strafdrohung um.[332] Wie auch das Konzept des Rechtsguts enge es den Gestaltungsspielraum des Strafgesetzgebers ein, indem es ihn zum Handeln auffordere und sich dabei auf Interessen und deren Schutzwürdigkeit berufe. Seine Überlegungen münden in der Antwort auf die Frage nach dem Verhältnis von Strafrecht, Rechtsgutskonzept und Verfassungsrecht: „Das Verbot eines Verhaltens unter Strafdrohung, das sich auf ein Rechtsgut nicht berufen kann, wäre Staatsterror."[333] Tendenziell stimmt auch *Roxin* dieser Ansicht einer verfassungsrechtlichen Rezeption des

327 *Hefendehl*, Kollektive Rechtsgüter im Strafrecht, S. 78, 18 ff.

328 Vgl. *Hefendehl* GA 2002, 21 (22), der sich dabei an einer Formulierung *Hassemers* orientiert (NK-StGB-*Hassemer/Neumann* Vorbemerkungen zu § 1 Rn. 145).

329 Vgl. *Hefendehl* GA 2002, 21 (22, Fn. 7).

330 *Hassemer*, Strafrecht, S. 81 ff.

331 *Hassemer*, Strafrecht, S. 87.

332 *Hassemer*, Strafrecht, S. 90.

333 *Hassemer*, Strafrecht, S. 91.

Rechtsgutsbegriffs zu: „Denn wenn der Rechtsgutsbegriff [...] aus den Aufgaben des Strafrechts abgeleitet wird, die ihrerseits aus dem Fundament der gesellschaftsvertraglichen und grundrechtlichen Elemente unserer Verfassung entwickelt werden, muss sich aus diesem Grund des Strafens auch die Grenze der staatlichen Strafgewalt ergeben. Eine Strafvorschrift, die kein Rechtsgut schützt, ist unangemessen und ein übermäßiger Eingriff in die Freiheit der Bürger."[334] Bei der Heranziehung der Verfassung sei allerdings zu berücksichtigen, dass nur ein kleiner Teil der Rechts- und Gesellschaftsordnung weitgehend mit den verfassungsrechtlichen Grundwerten identisch ist.[335] Was den konkreten Schutzumfang bzw. die Frage nach den Folgen eines Verhaltes für das friedliche und freiheitliche Zusammenleben angeht, bleibe damit ein weiter Ermessensspielraum für den Gesetzgeber.[336] „Die Verfassung vermag folglich nicht etwa den Rechtsgutsbegriff endgültig positiv zu bestimmen, gibt aber positive wie negative Essentialia an."[337] *Hefendehl* bestimmt verschieden Prinzipen, die sich zur Materialisierung eines Rechtsguts aus der Verfassung ableiten. Die Charakterisierung des Strafrechts als ein Schutzrecht schreibe zwar nicht fest, dass das Strafrecht dem Rechtsgüterschutz zu dienen habe, wohl aber den Umstand, dass der bloße Pflichtverletzungsgedanke verfassungswidrig wäre.[338] Nach seiner Auffassung soll die Pönalisierung des Verstoßes gegen in der Gesellschaft verwurzelte Wert- oder Verhaltensvorstellungen ohne einen hierdurch bewirkten Schaden nicht der Verfassung widersprechen.[339] Dies weist Ähnlichkeiten mit den Ideen *von Hirschs* auf,[340] wobei *Hefendehl* klarstellt, dass derartige Verhaltensdelikte wegen des Fehlens einer Erfolgskomponente die absolute Ausnahme bleiben müssten.[341] Wichtig erscheint auch, „dass es [ihm] bei den Verhaltensdelikten nicht um eine Oktroyierung staatlicher Verhaltensvorstellungen, sondern um die Reflektierung von in der Gesellschaft vorhandenen homogenen Überzeugungen geht."[342]

Diese Überlegung führt zu zwei Problemen: Wie soll man solche „homogenen Überzeugungen" bestimmen, und wie verhindern, dass an sich private und

334 *Roxin*, Strafrecht AT I, § 2 Rn. 92.
335 *Hefendehl*, Kollektive Rechtsgüter im Strafrecht, S. 379.
336 *Roxin*, Strafrecht AT I, § 2 Rn. 93.
337 *Hefendehl*, Kollektive Rechtsgüter im Strafrecht, S. 379.
338 *Hefendehl*, Kollektive Rechtsgüter im Strafrecht, S. 379 f, 48 ff.
339 *Hefendehl* GA 2002, 21 (23); *Hefendehl*, Kollektive Rechtsgüter im Strafrecht, § 3 II.
340 Vgl. *von Hirsch* GA 2002, 2 (9 ff).
341 *Hefendehl* GA 2002, 21 (23).
342 *Hefendehl* GA 2002, 21 (23).

unschädliche, aber sozial unerwünschte Verhaltensweisen unter Strafe gestellt werden, wie es früher bspw. bei Homosexualität der Fall war. Ersteres ist mehr eine praktische Frage der Vorgehensweise, dazu müssten kriminologische und soziologische Ansätze und Methoden gefunden werden, die sich zur Ermittlung von gesellschaftlichen Überzeugungen eignen. Allerdings ist dabei schon abzusehen, dass aufgrund der zu erwartenden Schwierigkeiten bei der Ermittlung einer homogenen Überzeugung ein auf ihr gründendes Verhaltensdelikt eine sehr seltene Ausnahme sein würde. „Der gegenwärtige Zustand der Gesellschaft, in der ursprünglich weitgehend einheitliche Grundwerte aufgebrochen und durch eine Vielzahl unterschiedlicher Orientierungsoptionen ersetzt worden sind, läßt zudem rein praktisch ein Überhandnehmen dieser Verhaltensdelikte nicht befürchten."[343] Was den zweiten Punkt angeht, verweist *Hefendehl* selbst auf die strengen Legitimierungsvoraussetzungen, für die er wiederum auf die von *von Hirsch* im Zusammenhang mit dem Harm Principle entwickelten Prinzipien Bezug nehmen will.[344] *Von Hirsch* hat sich dabei auch mit der Frage beschäftigt, ob es ein strafrechtliches Belästigungsprinzip gibt und sich mit der Pönalisierung von belästigendem Verhalten auseinander gesetzt.[345] Aus dem dabei entwickelten Offence Principle lassen sich Kriterien übernehmen, die bei einer spezifischen Legitimitätsprüfung von Verhaltensdelikten ebenfalls hilfreich sein können.

Als wichtigen Punkt hebt *Hefendehl* den Grundsatz der Verhältnismäßigkeit hervor, der in seiner Bedeutung als Negativschranke für den Strafgesetzgeber bisher von Rechtsprechung wie Literatur unterschätzt worden sei.[346] Über die Komponente der Eignung eines Straftatbestandes zum Rechtsgüterschutz werde die Deliktsstruktur mit dem Begriff des kollektiven Rechtsgutes verknüpft.[347] Dabei sei zu klären, wie und unter welchen Umständen die jeweils umschriebene tatbestandsmäßige Handlung das geschützte Rechtsgut überhaupt bedrohen könne.[348] Bei der Erforderlichkeit des Einsatzes von Strafrecht stelle sich zunächst die Frage, ob die Strafdrohung schlechthin subsidiärer Natur sei. Weiterhin sei zu entscheiden, „wann eine zum Strafrecht eindeutig gleichwertige

343 *Hefendehl,* Kollektive Rechtsgüter im Strafrecht, S. 380.

344 *Hefendehl* GA 2002, 21 (23).

345 *von Hirsch*, Fairness, Verbrechen und Strafe: Strafrechtstheoretische Abhandlungen, S. 109 ff.

346 *Hefendehl* GA 2002, 21 (24); Kollektive Rechtsgüter im Strafrecht, S. 59 ff.

347 *Hefendehl,* Kollektive Rechtsgüter im Strafrecht, S. 380.

348 *Hefendehl,* Kollektive Rechtsgüter im Strafrecht, S. 381, 147 ff.

Alternative existiert."[349] Schließlich bleibe die Verhältnismäßigkeit im engeren Sinne als ein dem Schutzgedanken grundsätzlich widerstreitendes Prinzip, das die Vorverlagerung des Strafrechtsschutzes begrenzen soll. In Anlehnung an den Strafprozess entwickelt *Hefendehl* zwei konkrete Ausprägungen: Zum einen könne ein sozial indifferentes Verhalten nicht als Umschreibung eines tatbestandsmäßigen Verhaltens dienen. Zum anderen müsse „mit einer Vorverlagerung des Rechtsgüterschutzes dieser effizienter ausgestaltet werden, als er ohne eine derartige Vorverlagerung wäre"[350].[351]

Ein weiteres verfassungsrechtliches Materialisierungskriterium soll die personale Ausgestaltung von Staatsverfassung und -tätigkeit darstellen. Dies folgere sich aus dem Umstand, „daß der Mensch den obersten aller Werte darstellt, auf den der Staat zu gründen ist. Scheidet damit ein Primat der Gemeinschaftsinteressen [...] von vornherein als verfassungswidrig aus, ist aber auch das umgekehrte Extrem nicht zu legitimieren, nach dem jedes kollektive Rechtsgut unmittelbar auf Individualinteressen rückführbar sein muß."[352] Als Konsequenz hieraus entscheidet sich *Hefendehl* für eine dualistische Rechtskonzeption. Diese sieht sich allerdings, wie oben schon angedeutet, einiger Kritik ausgesetzt.[353] Ihr wird vorgeworfen, sie sei nur pragmatisch akzeptabel, „weil sie, der Generalisierung ihrer Befunde enthoben, zu vergleichsweise präzisen Beschreibungen der Rechtsgüter gelangt. Theoretisch jedoch resigniere diese Betrachtungsweise zu früh vor der Anstrengung des Begriffs: Zum einen muss man, wenn man vom „Rechtsgüterschutz" spricht (in welchem man beispielsweise die Aufgabe des Strafrechts erblickt), von diesem Gegenstand einen konsistenten Begriff

---

349 *Hefendehl*, Kollektive Rechtsgüter im Strafrecht, S. 381.

350 *Hefendehl*, Kollektive Rechtsgüter im Strafrecht, S. 381, 208 ff.

351 Mit verfassungsrechtlichen Erwägungen als Schranke strafrechtlichen Handelns hat sich auch *Lagodny* ausführlich beschäftigt. In seiner Arbeit „Strafrecht vor den Schranken der Grundrechte" befasst er sich insbesondere mit der verfassungsrechtlichen Legitimation von Verhaltensvorschriften und der Frage nach einem grundrechtlich verbindlichen strafrechtlichen Rechtsgutsbegriff. Seiner Ansicht nach können Grundrechte die Rechtsgüter von Verhaltensvorschriften ausschließlich negativ bestimmen, zur Fassung eines positiv bestimmten Rechtsgutsbegriffes seien sie jedoch nicht geeignet (*Lagodny*, Strafrecht vor den Schranken der Grundrechte, S. 147). Diese durchaus interessante Konzeption ist jedoch für die vorliegenden Überlegungen unpassend, da es nicht um die verfassungsrechtliche Überprüfung einer schon bestehenden Norm geht, sondern um Voraussetzungen für die Schaffung einer neuen Norm, für die jedenfalls positive Kriterien gefunden werden müssen.

352 *Hefendehl*, Kollektive Rechtsgüter im Strafrecht, S. 380.

353 Oben 2. Kapitel I. 3. (ab S. 48).

haben, weil sonst die Aufgabe des Strafrechts nicht einheitlich bestimmt werden kann."[354] Zum anderen seien nach *Hassemer* die beiden Typen von Rechtsgütern so unterschiedlich in Herkunft und Folgen, dass die Strafrechtstheorie einer Entscheidung nicht ausweichen dürfe. Um das Strafrecht und seine Aufgabe politisch und philosophisch zu fundieren sei staatstheoretisch Farbe zu bekennen.[355] *Hefendehl* hält dieser Kritik nun ein gewandeltes Staatsverständnis entgegen,[356] aus welchem sich als Konsequenz ein dualistisches Rechtsgutskonzept ergibt.[357] Auch bei der dualistischen Rechtsgutskonstruktion sei Ausgangspunkt die durch das Grundgesetz vorgegebene zentrale Rolle des Individuums.[358] Dies erfordere dennoch keinen unmittelbaren Bezug der kollektiven Rechtsgüter auf den Einzelnen, ein solches unmittelbares Ableitungsverhältnis lehnt er als „Extremmodell einer monistisch-personalen Rechtsgutskonzeption" ab.[359] Die gewachsene Bedeutung kollektiver Institute für den Bürger führt dazu, dass *Hefendehl* diese als (originäre) Rechtsgüter anerkennt. „Während die personale Wurzel dieser kollektiven Rechtsgüter als Verwirklichungspotentiale noch offensichtlich ist, tritt sie bei den staatlichen Funktionsrechtsgütern hingegen deutlich zurück. Hier hat das Grundgesetz die maßgeblichen strukturellen Grundentscheidungen des Sozialsystems getroffen. Die Grenze zwischen den beiden Komponenten der dualistischen Rechtsgutskonzeption verläuft mithin an dieser Stelle und nicht etwa zwischen dem individuellen und dem kollektiven Rechtsgut."[360] Diese Argumentation vermag meiner Ansicht nach zu überzeugen. Sie liefert zumindest bessere Handlungsmöglichkeiten als die z.T. schwierige Unterscheidung zwischen kollektiven Rechtsgütern, die auf Individualinteressen zurückführbar sind und anderen, bei denen der Bezug zur Person nicht unmittelbar genug ist. Es bleibt zwar immer noch wichtig zu wissen, wie „nah" ein kollektives Rechtsgut dem Interessenkreis eines Individuums zugeordnet werden kann. Aber die Möglichkeit, auch ohne unmittelbaren Bezug die Schutzwürdigkeit anzunehmen, verhindert den Zwang einer „alles oder nichts" Entscheidung, die dann gerade für die Probleme, die eine veränderte Wirklichkeit an ein modernes

---

354 NK-StGB-*Hassemer/Neumann* Vorbemerkungen zu § 1 Rn. 130.
355 NK-StGB-*Hassemer/Neumann* Vorbemerkungen zu § 1 Rn. 130.
356 Oben 2. Kapitel I. 3. b) ee) (ab S. 57).
357 *Hefendehl*, Kollektive Rechtsgüter im Strafrecht, S. 76 ff.
358 *Hefendehl*, Kollektive Rechtsgüter im Strafrecht, S. 75.
359 *Hefendehl*, Kollektive Rechtsgüter im Strafrecht, S. 62 ff.
360 *Hefendehl*, Kollektive Rechtsgüter im Strafrecht, S. 380.

Strafrecht stellt, zu systematischen Friktionen und einem Bedürfnis nach Ausnahmen führt.[361]

Neben diesen Materialisierungskriterien hat *Hefendehl* auch Systematisierungskriterien entwickelt, mit denen er die kollektiven Rechtsgüter in weitere Untergruppen einteilt. Kollektive Rechtsgüter sollen sich im Kern- wie im Nebenstrafrecht finden, sie sollen von der Sicherheit des Staates und des Geldverkehrs bis zu den Umweltmedien die unterschiedlichsten Sachverhalte erfassen.[362] Aufgrund ihrer Verschiedenartigkeit reiche die Anforderung, dass sie der Allgemeinheit dienen sollen, als alleiniges Struktur- und Systematisierungskriterium nicht aus.[363] Eine erste Präzisierung solle durch die Unterscheidung nach der *Nicht-Abnutzbarkeit* bzw. der *Nicht-Rivalität* des Konsums erfolgen. Während sich die kollektiven Rechtsgüter einheitlich dadurch auszeichnen sollen, von potentiell jedem Gesellschaftsmitglied genutzt werden zu können, macht diese Begriffsbildung die Sonderstellung beispielsweise der Umweltdelikte explizit. Denn die Nutzung der Umweltressourcen erfolge nicht in jedem Falle „verschleißfrei".[364] Auch die *Nicht-Distributivität* zeichne kollektive Güter aus, da es begrifflich, tatsächlich oder rechtlich unmöglich sei, diese Güter in Teile zu zerlegen und diese dem Individuum als Anteile zuzuordnen.[365] Eine weitere Einteilung ergebe sich aus der in ihrer Bedeutung gewandelten Differenzierung zwischen Staat und Gesellschaft und der damit verbundenen Trennung derjenigen Rechtsgüter, die Freiheitsräume für Individuen schaffen, von denen zum Schutz staatlicher Rahmenbedingungen.[366] Die erste Gruppe sollen diejenigen Rechtsgüter bilden, welche wie Individualrechtsgüter ständig präsent das Leben der Gesellschaftsmitglieder flankieren.[367] Aus der personalen Struktur folge das Erfordernis einer Abgrenzung zu den Rechtsgütern, die direkt dem Schutz des Individuums dienen. In der zweiten Gruppe, den Rechtsgütern zum Schutz staatlicher Rahmenbedingungen, sollen sich drei verschiedene Hierarchieebenen unterscheiden lassen: „Diejenigen zum Schutz des Staates an sich,

361 Gerade bei den engeren Rechtsgutskonzeptionen wie der von *Roxin* können moderne Strafnormen wie Umweltdelikte nicht in Einklang mit dem System gebracht werden; oben 2. Kapitel I. 4. (S. 60).

362 *Hefendehl* GA 2002, 21 (25).

363 *Hefendehl*, Kollektive Rechtsgüter im Strafrecht, S. 381, 111 ff.

364 *Hefendehl* GA 2002, 21 (25).

365 *Hefendehl*, Die Rechtsgutstheorie, 119 (126) m.w.N.; *Koriath* GA 1999, 561 (564).

366 *Hefendehl*, Kollektive Rechtsgüter im Strafrecht, S. 382.

367 *Hefendehl*, Kollektive Rechtsgüter im Strafrecht, S. 382, der dies am Beispiel der Urkundsdelikte näher erläutert, S. 244 ff.

der Funktionsbedingungen bestimmter Verfassungsorgane sowie der unmittelbaren staatlichen Tätigkeit im Kontakt zum Bürger".[368] Diese Systematisierung kombiniert *Hefendehl* mit der Einteilung der kollektiven Rechtsgüter in unterschiedliche Strukturtypen.[369]

Hierbei benennt er zunächst das gesellschaftsrelevante Vertrauensrechtsgut, für welches beispielhaft das Vertrauen in die Unbestechlichkeit des Beamtenapparats stehe.[370] Dieses sei „streng vom rechtsgutsirrelevanten Vertrauen in die Geltung der Rechtsordnung zu unterscheiden. Denn für bestimmte Institutionen erweist sich das Vertrauen als konstituierend, das spezifischen Voraussetzungen des Herausbildens wie des Zerstörens unterliegt."[371]

Einen weiteren Strukturtyp stellen die Rechtsgüter als aufzehrbare gesellschaftliche Kontingente dar, wie sie sich im Umweltstrafrecht finden lassen. Die geschützten Umweltressourcen seien im Kern deskriptive Güter, die aufgrund ihrer Beschränktheit und nicht beliebigen Reproduzierbarkeit anders als die Vertrauensrechtsgüter aufzehrbar seien.[372] Schließlich führt *Hefendehl* die Rechtsgüter zum Schutz staatlicher Rahmenbedingungen an, welche eine ähnliche Zweiteilung wie die zuvor beschriebenen gesellschaftsrelevanten kollektiven Rechtsgüter aufwiesen: „Beim Bestand des Staates wie seiner Institutionen als den ersten beiden Hierarchiestufen geht es um deren Funktionsbedingungen, während unmittelbar leistende wie eingreifende staatliche Tätigkeit die Existenz von Ressourcen in den Händen des Staates voraussetzen, die ein endliches Gut wie das Geld oder ein bestimmtes Arbeitspotential betreffen (so z.B. bei den Steuerdelikten)."[373]

Schließlich führt *Hefendehl* an, dass neben diesen so systematisierten kollektiven Rechtsgütern noch Sonderkonstellationen existieren, die zwischen individuellen und kollektiven Rechtsgütern anzusiedeln sind, etwa in Gestalt der sog. Volksgesundheit,[374] beim Betäubungsmittelstrafrecht oder der öffentlichen Sicherheit bzw. dem staatlichen Gewaltmonopol im Waffenrecht.[375] Hierbei müsse es Ziel sein, die scheinbaren kollektiven Rechtsgutskonstruktionen zu

---

368 *Hefendehl* GA 2002, 21 (25).

369 *Hefendehl*, Kollektive Rechtsgüter im Strafrecht, S. 382, 123 f.

370 *Hefendehl*, Kollektive Rechtsgüter im Strafrecht, S. 382, 124 ff.

371 *Hefendehl* GA 2002, 21 (25 f.).

372 *Hefendehl*, Kollektive Rechtsgüter im Strafrecht, S. 382.

373 *Hefendehl* GA 2002, 21 (26).

374 Zu diesem konkreten Rechtsgut näher unten 2. Kapitel II. 2. (ab S. 82).

375 *Hefendehl*, Kollektive Rechtsgüter im Strafrecht, S. 383.

eliminieren, um die tatsächlichen Legitimationsbedingungen offen zu legen, die den Schutz von individuellen Rechtsgütern betreffen.[376]

Für die vorliegende Fragestellung nach einem Rechtsgut, das durch die Einnahme von Neuroenhancern beeinträchtigt sein könnte, werden vor allem die Überlegungen zum gesellschaftsrelevanten Vertrauensrechtsgut näher zu betrachten sein. Dieses zeichne sich nach *Hefendehl* durch die Nicht-Rivalität des Konsums aus: „Das über Vertrauen konstituierte Rechtsgut wird umso widerstandsfähiger, je mehr Menschen tatsächlich Vertrauen in dieses legen."[377] Um das Vertrauen als Rechtsgutsbestandteil vom allgemeinen Vertrauen in die Geltung der Rechtsordnung zu unterscheiden, verwendet er das Kriterium der Einbuße an Vertrauen als Primärschaden.[378] Jeder Normbruch führe neben der Verletzung eines Rechtsgutes grundsätzlich auch zu einer Enttäuschung der Erwartung, dass die Norm erfüllt würde. Dieser Angriff auf das Vertrauen in die Normgeltung soll also keine Rückschlüsse auf die Legitimität des geschützten Rechtsgutes zulassen.[379] Darüber hinaus soll es aber kollektive Rechtsgüter geben, die sich über das Vertrauen konstituieren und die es im Falle fehlenden Vertrauens überhaupt nicht gäbe.[380] Bei solchen Rechtsgütern könne die Einbuße an Vertrauen einen rechtsgutsrelevanten Primärschaden begründen. „Um eine real existierende Gesellschaft mit den von ihr ausgebildeten Systemen funktionsfähig zu halten, bedarf es jedenfalls dann positiv des Vertrauens in diese Systeme, wenn sie auf Interaktion mit der Allgemeinheit angelegt sind."[381] Institutionen, für die das Vertrauen konstituierend ist, sollen demnach als sog. „Vertrauensrechtsgüter" in Betracht kommen. Dafür seien in einem ersten (soziologischen) Schritt die Bedingungen für das Entstehen von Vertrauen zu rekonstruieren um dann der Frage nachzugehen, auf welche Art und Weise das Vertrauen erschüttert werden kann.[382]

Interessanter Punkt bei der Beschreibung des Vertrauens ist dabei, was das „Systemvertrauen" im Unterschied zum ursprünglichen personalen Vertrauen ausmacht: Während bei letzterem im Falle des Entstehens von Misstrauen einfache Alternativen zu Verfügung stehen sollen, blieben derartige Möglichkeiten

---

376 *Hefendehl*, Kollektive Rechtsgüter im Strafrecht, S. 383.
377 *Hefendehl*, Kollektive Rechtsgüter im Strafrecht, S. 124.
378 *Hefendehl*, Kollektive Rechtsgüter im Strafrecht, S. 124.
379 *Hefendehl*, Kollektive Rechtsgüter im Strafrecht, S. 124.
380 *Hefendehl*, Kollektive Rechtsgüter im Strafrecht, S. 125.
381 *Hefendehl*, Kollektive Rechtsgüter im Strafrecht, S. 125.
382 *Hefendehl*, Kollektive Rechtsgüter im Strafrecht, S. 127 ff.

bei Institutionen oder Systemen beschränkt.[383] Hieran schließe sich die Frage an, welche Bedingungen zur Zerstörung von Vertrauen führen. Für das Umschlagen von Vertrauen in Misstrauen bedient sich *Hefendehl* des aus der Wahrnehmungspsychologie entlehnten Begriffes der „Schwelle". Dieser bezeichnet „eine künstliche Diskontinuität, die den Erlebnisbereich vor und nach der Schwelle egalisiere und dadurch vereinfache. Eine Fülle möglicher Verschiedenheiten werde zu einem einzigen krassen Unterschied zusammen gezogen und im Übrigen in eine unterschwellige Latenz weggedrückt."[384] Das bedeutet, dass nicht jede Enttäuschung das Vertrauen zerstört, es allerdings auch schwierig zu sagen ist, wo die Grenze verläuft, an der die Schwelle überschritten ist und das Gefühl in Misstrauen umschlägt. Diese definiere sich sowohl durch den Umfang bzw. die Massierung misstrauensbegründender Umstände als auch durch die Zahl der involvierten Vertrauensträger.[385] Da das Vertrauen in die Institutionen aufgrund der beschriebenen Gefahren für die Gesellschaft notwendig sei, müssten Vorkehrungen getroffen werden, damit die potentiell misstrauensbegründenden Umstände nicht zu einem Überschreiten der beschriebenen Schwelle führen.[386] Ob diese allerdings strafrechtlicher Natur sein müssen, ist eine nachgelagerte Frage, die nur in Bezug auf ein ganz konkretes Vertrauensrechtsgut und die ihm spezifisch drohenden Gefahren beantwortet werden kann.

Die Idee des Vertrauens als Rechtsgut sieht sich verschiedenster Kritik ausgesetzt. Einen Teil davon fasst *Hefendehl* als Missverständnis auf. Darunter soll der Einwand *Hassemers* fallen, das Vertrauen verkörpere eine zu hohe, abstrakte Ebene, die nicht Gegenstand strafrechtlichen Schutzes sein dürfe.[387] Ebenso die Anmerkung *Amelungs*, das Vertrauen könne nicht Rechtsgut einer Verhaltensnorm sein, da die Unterstellung, andere Menschen würden sich nicht erwartungswidrig verhalten, an Normen anknüpfen würde, die das Verhalten der anderen regeln. Damit sei das Vertrauen nur die Kehrseite faktischer Normengeltung.[388]

---

383 *Hefendehl*, Kollektive Rechtsgüter im Strafrecht, S. 128 f; der dies an folgendem Beispiel erläutert: Beginnt man der ursprünglichen Autowerkstatt „seines Vertrauens" zu misstrauen, dann ist es sehr einfach möglich, die Werkstatt zu wechseln. Beim Misstrauen in das Wirtschafts- oder Justizsystem würde die Suche nach Alternativen die Gesellschaft stark verändern, wenn es zu einer „Schattenwirtschaft" oder zu vermehrter Ausübung von Selbstjustiz kommt.

384 *Hefendehl*, Kollektive Rechtsgüter im Strafrecht, S. 130.

385 *Hefendehl*, Kollektive Rechtsgüter im Strafrecht, S. 131.

386 *Hefendehl*, Kollektive Rechtsgüter im Strafrecht, S. 132.

387 *Hassemer* (Diskussionsberichte), Die Rechtsgutstheorie, S. 291 (300).

388 *Amelung*, Die Rechtsgutstheorie, S. 155 (171 f.).

Beide Kritiken verkennen nach *Hefendehl* die *Doppelfunktion des Vertrauens.* „Das Vertrauen in die Geltung der Rechtsordnung als Ausprägung der positiven Generalprävention und damit eines Strafzwecks ist streng vom Vertrauen als einer Rechtsgutskomponente zu unterscheiden".[389] Weiterhin sei das Vertrauen nur ein Rechtsgutsbestandteil, so dass es des existenten Vertrauens in einen hinreichend bestimmten Vertrauensgegenstand bedürfe.[390] Zwar könne man grds. jedes Rechtsgut mit dem Begriff des Vertrauens kombinieren, aber klassische Vertrauensrechtsgüter im Sinne *Hefendehls* seien nur solche, bei denen der Gegensatzbegriff Misstrauen zu einer Verletzung des Rechtsgutes führt.[391]

Auch *Hörnle* äußert sich in anderem Zusammenhang dem Begriff des „Vertrauens" gegenüber kritisch: „Das „Vertrauen der Bevölkerung" sei nicht mehr als die Summe der emotionalen Einstellungen der einzelnen Bürger in Anbetracht entweder der von ihnen bewerteten Sicherheitslage im Allgemeinen oder in Anbetracht des konkreten Vorfalls, der bestraft werden soll."[392] Aber auch diese Betrachtung geht von einer eindimensionalen Funktion des Vertrauens aus und ist tendenziell in dem allgemeinen Begriff des Vertrauens in die Geltung der Rechtsordnung verhaftet, womit der obige Verweis auf die Doppelfunktion des Vertrauens auch hier zum Tragen kommen kann.

Die Konstruktion eines Vertrauensrechtsguts als Grundlage von Rechtsgütern der Allgemeinheit ist auch von *Roxin* stark kritisiert worden. Seiner Ansicht nach seien solche sozialpsychologischen Befunde zu vage, „als dass ihnen Rechtsqualität zugesprochen werden könnte. Auch entziehen sie sich forensischer Feststellungen, die ja nicht gut auf Bevölkerungsumfragen zurückgreifen

389 *Hefendehl* GA 2007, 1 (10); *Hefendehl*, Kollektive Rechtsgüter im Strafrecht, S. 124 f.

390 *Hefendehl* ZIS 2006, 299 (234 f.); *Hefendehl*, Kollektive Rechtsgüter im Strafrecht, S. 255 ff.

391 *Hefendehl* GA 2007, 1 (10): Stellt man bspw. das Rechtsgut „Leben" in Verbindung mit Vertrauen, etwa wenn man vom Vertrauen in das eigene Leben spricht, existiert das Rechtsgut Leben weiter, wenn man an die Stelle des Vertrauens den Gegensatzbegriff „Misstrauen" setzt. Bei einem klassischen Vertrauensrechtsgut wie dem „Vertrauen in die Sicherheit des Geldes" würde ein Misstrauen dazu führen, dass das Rechtsgut, hier der Geldfälschungsdelikte, in sich zusammenfallen würde. Ohne Vertrauen in die Sicherheit des Geldes existiert das Rechtsgut nicht mehr.

392 *Hörnle*, Die Rechtsgutstheorie, S. 268 (271). In diesem Beitrag zum Schutz von Gefühlen im Strafrecht geht sie auf verschiedene schon bestehende Tatbestände ein. Im Zusammenhang mit der Definition des Rechtsguts öffentlicher Friede als „Zustand der allgemeinen Rechtssicherheit sowie das durch das *Vertrauen* in die allgemeine Rechtssicherheit begründete Gefühl der Sicherheit in der Bevölkerung" äußert sie sich zum Begriff des Vertrauens.

können."[393] Eine notwendige Vertrauenserschütterung lasse sich im Einzelfall kaum feststellen.[394] Schließlich stellt *Roxin* die Rechtsgutsverletzung für den Fall in Frage, dass die Taten unentdeckt bleiben oder die Bevölkerung das Vertrauen in die Unbestechlichkeit des Beamtenapparates schon verloren hat.[395] Es bleibt für ihn „eine seltsame Vorstellung, dass die Rechtsgutsverletzung unter Absehung vom tatsächlichen Schädigungsvorgang weitgehend in die Psyche der Bürger verlagert werden soll (als Vertrauensverlust)."[396] Eine ähnliche Kritik bringt *Anastasopoulou* an, die ebenfalls konstatiert, „daß Vertrauen nur erschüttert werden kann, sofern die vertrauenserschütternden Umstände bekannt werden."[397] Ihr erscheint allgemein sehr fragwürdig, ob das „Vertrauen in etwas" der strafrechtsbegrenzenden Funktion eines Strafrechtsgutes gerecht werden könne.[398] Das Strafrecht schütze die Funktionsfähigkeit selbst, nicht das Vertrauen in bestimmte Funktionszusammenhänge als psychische Befindlichkeit der Rechtssubjekte.[399]

Hefendehl ist dieser Kritik entgegen getreten. Dem Einwand, ohne Kenntnis der Tat könne es auch nicht zu einem Vertrauensverlust kommen, begegnet er schon in seiner Habilitationsschrift. Mit Beispielen belegt er zunächst, dass die Kenntnis auch im Individualrechtsgutsbereich Relevanz entfaltet.[400] Hieraus schließt er, dass „das Rechtsgut nicht in erster Linie einen Status, sondern einen – wenn auch u. U. bloß potentiellen – Entfaltungsspielraum beschreibt."[401] Diese Erkenntnis aus dem Individualrechtsgutsbereich möchte *Hefendehl* für den Kollektivrechtsgutsbereich fruchtbar machen. Parallel zu dem zuvor Gesagten sieht er das Rechtsgut nicht als „irgendeinen Zustand oder irgendein Interesse", sondern betont, dass es seine Wirksamkeit *im Rahmen der Gesellschaft* entfalte.[402]

---

393 *Roxin*, Strafrecht AT I, § 2 Rn. 84.

394 *Roxin*, FS Hassemer, S. 573 (588).

395 *Roxin*, Strafrecht AT I, § 2 Rn. 84.

396 *Roxin*, FS Hassemer, S. 573 (588).

397 *Anastasopoulou*, Deliktstypen zum Schutz kollektiver Rechtsgüter, S. 177.

398 *Anastasopoulou*, Deliktstypen zum Schutz kollektiver Rechtsgüter, S. 178.

399 *Anastasopoulou*, Deliktstypen zum Schutz kollektiver Rechtsgüter, S. 178.

400 *Hefendehl*, Kollektive Rechtsgüter im Strafrecht, S. 137: In der Diskussion um die Freiheitsberaubung gegenüber Schlafenden und Bewusstlosen oder bei der Frage, ob die heimliche Entziehung von Vermögenswerten einen Vermögensschaden begründet, wenn gleichzeitig werthafte Ausgleichsansprüche bestehen, deren Notwendigkeit der Geltendmachung erkannt werden muss, spiele die Kenntnis der Rechtsgutsverletzung auch bei Individualrechtsgütern eine Rolle.

401 *Hefendehl*, Kollektive Rechtsgüter im Strafrecht, S. 137, 80 f.

402 *Hefendehl*, Kollektive Rechtsgüter im Strafrecht, S. 138.

Auf Vertrauensrechtsgüter übertragen müsse bei diesen „die nicht mehr abzuschirmende Möglichkeit bestehen, daß durch Kenntnisnahme der Allgemeinheit Vertrauen in Mißtrauen umschlägt. Die Kritik, eine heimliche Tatbegehung lasse das Vertrauensrechtsgut unberührt, verkennt, daß die heimlichen Delikte gerade von der Existenz von Vertrauen abhängen."[403] Die Schwelle, deren Überschreitung bei kollektiven Rechtsgütern zu Misstrauen führt, sei zwar im Einzelnen ebenso schwer zu bestimmen wie die quantitativen Anforderungen an die „Allgemeinheit", die von der tatbestandsmäßigen Handlung Kenntnis erlangen müsse. Allerdings führe das nicht dazu, dass der Täter zu seinen Gunsten geltend machen kann, dass der Allgemeinheit seine Taten verborgen blieben. Ein von ihm nicht beherrschbarer Zustand stelle keinen sachlich gerechtfertigten Grund für eine Privilegierung dar.[404]

Auch das Argument, das Rechtsgut könne gar nicht mehr verletzte werden, wenn das Vertrauen erst einmal zerstört ist, überzeugt nach *Hefendehl* nicht. Er verdeutlicht dies am Beispiel eines Individualrechtguts: Zwar kann eine einmal getötete Person nicht noch einmal getötet werden, aber eine bereits verletzte Person kann noch einmal verletzt werden.[405] Kollektive Vertrauensrechtsgüter seien gerade so ausgestaltet, „dass sie aufgrund ihrer Bedeutung für die Gesellschaft eben nicht durch einzelne Tathandlungen eliminiert werden".[406] Auch der Kritik am Begriff des Vertrauens selbst, der nur den psychischen Zustand eines Menschen beschreibe und somit ein faktischer Begriff sei, stellt sich *Hefendehl* entgegen. Mit dem Hinweis, dass die Realität sich nicht auf eine bloße Ansammlung beziehungslos nebeneinander stehender körperlicher Gegenstände beschränke, stimmt er der Feststellung zum Vertrauen als einem psychischen Zustand zunächst zu.[407] Allerdings spreche das nicht gegen die Möglichkeit, das Vertrauen in einen bestimmten Vertrauensgegenstand als kausal verletzbares Objekt anzusehen. „Denn das Vertrauen ist kein ideeller Sachverhalt sondern ein Zustand, der auf bestimmten vertrauensbegründenden und -erfordernden Umständen aufbaut, die sich aber wiederum ändern oder abbauen können."[408] Damit verweist *Hefendehl* auf die von ihm vorgenommene Unterscheidung

---

403 *Hefendehl*, Kollektive Rechtsgüter im Strafrecht, S. 138.
404 *Hefendehl*, Kollektive Rechtsgüter im Strafrecht, S. 138.
405 *Hefendehl* GA 2007, 1 (12).
406 *Hefendehl* GA 2007, 1 (12).
407 *Hefendehl* GA 2007, 1 (12).
408 *Hefendehl* GA 2007, 1 (13).

zwischen einem „ideellen“, „vergeistigten“ oder „realen“ Rechtsgutsbegriff.[409] Er nimmt eine terminologische Klarstellung vor, wonach er als Alternative zu „ideell“ nicht „materiell“, sondern „real“ ansieht.[410] Es komme danach nicht drauf an, ob das geschützte Objekt ein körperlicher Gegenstand ist, auch geistig-soziale Phänomene seien Sachverhalte, die verletzt werden können.[411] Beide Gegenstände, sowohl die körperlichen als auch die vergeistigten, seien Teilmengen der Realität.[412] „Die Kritik hat sich also gegen die Idealisierung des Rechtsgutsbegriffs und nicht gegen dessen Vergeistigung zu richten“.[413]

Die Replik auf die Kritik ist überzeugend. Es ist kein triftiger Grund ersichtlich, der Möglichkeit eines Vertrauensrechtsguts schon grundsätzlich ablehnend gegenüber zu stehen, zumal Vertrauen in einer immer komplexeren Gesellschaft, in der der Einzelne nicht immer alles überprüfen und nachverfolgen kann, ein immer wichtigerer Bestandteil des Alltags und damit des reibungslosen Ablaufs vieler Systeme geworden ist. Die Kritik am Vertrauensrechtsgut auf einem unguten Gefühl zu begründen, wie es z.B. Roxin tut, wenn er von einer „seltsamen Vorstellung“ spricht,[414] ist wenig hilfreich, wenn man die Anforderungen an ein modernes Strafrecht bewältigen will. Hierfür bedarf es einer offenen Betrachtungsweise, die bei dem einzelnen möglichen Straftatbestand genau nachfragt, inwieweit dieser ein Vertrauen schützen kann, statt ein solches Rechtsgut pauschal abzulehnen.

Die Kritik am Vertrauensrechtsgut, oder besser die Skepsis gegenüber diesem Begriff, macht jedoch deutlich, dass ein solches Rechtsgut nicht dazu dienen soll und kann, als einfaches Argument für die Legitimität eines (neuen) Straftatbestandes zu dienen. Im Gegenteil, schon die Bejahung eines solchen Rechtsguts im Einzelfall bedarf einer substanziellen Begründung. Und damit ist auch nur der erste Schritt getan. Gerade in der sich vorliegend stellenden Frage nach einem möglicherweise neuen Vertrauensrechtsgut ist unbedingt in einem zweiten Schritt zu prüfen, ob dieses überhaupt des strafrechtlichen Schutzes bedarf oder ob nicht andere Maßnahmen unterhalb der Schwelle einer Strafnorm genügen würden.

---

409 *Hefendehl*, Kollektive Rechtsgüter im Strafrecht, S. 28; vgl. schon oben 2. Kapitel I. 3. b) ee) (S. 58 Fn. 264).

410 *Hefendehl*, Kollektive Rechtsgüter im Strafrecht, S. 28; *Hefendehl* GA 2002, 21 (23).

411 *Hefendehl*, Kollektive Rechtsgüter im Strafrecht, S. 28 m.w.N.

412 *Hefendehl*, Kollektive Rechtsgüter im Strafrecht, S. 28; *Hefendehl* GA 2002, 21 (23).

413 *Hefendehl* GA 2007, 1 (13).

414 *Roxin*, FS Hassemer, S. 573 (588).

5. Ergebnis

Die Frage, was genau Grundlage von Strafe sein soll und darf, wird wohl noch länger umstritten bleiben. Die herrschende Meinung, die sich auf das Rechtsgut als zentrale Voraussetzung zurückzieht, besetzt diesen Begriff höchst unterschiedlich. Dennoch bleibt der Verweis auf eine Rechtsgutstheorie unabdingbar, gerade um die vorliegende Problematik der Bewertung der Strafbarkeit einer „neuen“ Verhaltensweise zu lösen. Aus den zuvor genannten Gründen überzeugt hierfür die Konzeption *Hefendehls* am meisten. An ihr wird sich die folgende Suche nach einem schützenswerten Rechtsgut orientieren. Dabei ist ein hoher Begründungsaufwand nötig, um ein mögliches Rechtsgut mit den verschiedenen, an *Hefendehls* Rechtsgutstheorie angelehnten Kriterien auf seine Tauglichkeit zu prüfen. Als Voraussetzung für die Klassifizierung als abstraktes Rechtsgut sind folgende Punkte zu beachten: Es bedarf zumindest eines mittelbaren Ableitungsverhältnisses zu personalen Interessen des Individuums, wobei in diesem Fall eine Abhängigkeit des Einzelnen vom Funktionieren der staatlichen bzw. gesellschaftlichen Systeme bestehen muss. Weitere Kriterien sind die Nicht-Abnutzbarkeit bzw. keine Rivalität im Konsum, eine potentielle Nutzungsmöglichkeit durch jedes Gesellschaftsmitglied und die Nicht-Distributivität des Gutes.

II. Betroffene Rechtsgüter

Trotz der anhaltenden Kritik an der Konzeption bleibt das zu schützende Rechtsgut als wichtiger Bestandteil der Legitimation einer Strafnorm der Ausgangspunkt für die Überlegungen zu einer möglichen Strafbarkeit des Neuroenhancements. Somit stellt sich zunächst die Frage, welche Rechtsgüter durch die Einnahme von Neuroenhancern beeinträchtigt werden könnten.

1. Gesundheit

Das erste strafrechtliche Schutzgut, welches bei der Einnahme von Substanzen, die sich auf die Funktionsweise des Organismus auswirken, eine Rolle spielt, ist die Gesundheit. Diese ist allerdings nur schwer zu definieren. Nach der WHO ist Gesundheit „ein Zustand völligen körperlichen, geistigen, seelischen und sozialen Wohlbefindens und nicht bloß die Abwesenheit von Krankheit und Gebrechlichkeit“[415]. Ein solcher Idealzustand ist allerdings nur schwer zu erreichen und die Beschreibung aufgrund ihrer ideellen und stark subjektiven

---

415 Definition unter http://www.who.int/suggestions/faq/en/index.html (zuletzt abgerufen am 01.10.2017).

Komponente – „Wohlbefinden" wird wohl jeder anders definieren – als Ausgangspunkt für eine strafrechtliche Betrachtung unbrauchbar. Andere halten vor diesem Hintergrund eine positive Definition von „Gesundheit" mit rationalen Parametern nicht für möglich und verweisen auf eine residuale Umschreibung als „Abwesenheit latenter oder bereits manifester, jedenfalls erfahrbarer oder messbarer Funktionsstörungen".[416] Im strafrechtlichen Bereich wird mit dem Begriff der Gesundheitsschädigung gearbeitet, worunter das Hervorrufen oder Steigern eines vom Normalzustand der körperlichen und seelischen Funktionen nachteilig abweichenden pathologischen Zustands, unabhängig von dessen Dauer, zu verstehen ist.[417] Diese ebenfalls negative Definition hat den Vorteil, dass man sich mit den konkret hervorgerufenen oder gesteigerten „Abweichungen" von einem schon bestehenden status quo beschäftigen kann, womit man das Problem einer genauen Definition einer „Gesundheit" umgeht. Man betrachtet die verursachten Symptome und klassifiziert diese als „krankhaft". Unter den oben aufgeführten Nebenwirkungen der beispielhaft ausgewählten Neuroenhancer reichen wohl schon die immer möglichen Kopfschmerzen aus, um als pathologischer Zustand eine Beeinträchtigung der Gesundheit darzustellen.[418] Die Einnahme von Neuroenhancern kann also die Gesundheit nachteilig beeinflussen. Folglich betrifft die Einnahme von Neuroenhancern das strafrechtliche Schutzgut „Gesundheit". Auf die Frage, welche konkreten gesundheitsschützenden Normen unter welchen Voraussetzungen verletzt sein könnten, soll auch für die übrigen Rechtsgüter erst später eingegangen werden.

Das Individualrechtsgut der Gesundheit, das auf den Schutz der individuellen körperlichen Integrität abstellt, soll nicht mit einem möglichen Allgemeinrechtsgut der „Volksgesundheit" verwechselt oder vermischt werden. Auf letzteres wird nun gesondert eingegangen.

2. Volksgesundheit

Als weiteres schützenswertes Rechtsgut kommt die Volksgesundheit in Betracht. Diese wurde schon 1929 vom RG als Rechtsgut des OpiumG anerkannt[419] und findet sich seit den 50er Jahren auch in vielen Entscheidungen des BVerfG wieder.[420] In der neueren Rechtsprechung des Gerichts wird dieser, seit der Zeit des

416 Maunz/Dürig-*Di Fabio* Art. 2 Abs. 2 S. 1 Rn. 57.

417 MK-StGB-*Joecks* Bd. 4 § 223 Rn. 28; BGHSt 36, 1 (6); 43, 346 (354); NK-StGB-*Paeffgen/Böse* § 223 Rn. 14.

418 SSW-StGB-*Momsen/Momsen-Pflanz* § 223 Rn. 9; LG Frankfurt ZUR 1994, 33.

419 RG 63, 161 (164).

420 BVerfGE 7, 377 (403); 13, 97 (107); 25, 236 (274).

Nationalsozialismus ideologisch negativ behaftete Begriff[421] von der Formulierung der „Gesundheit der Bevölkerung“ abgelöst.[422] Allerdings kann man diesen Entscheidungen kein eigenes Rechtsgutskonzept zuweisen, womit durch den Rückgriff des BVerfG auf die Volksgesundheit noch nichts über ihre Eignung als Rechtsgut im Strafrecht ausgesagt wird. Der Gesetzgeber selbst verwendet diesen Begriff im Entwurf eines Gesetzes zur Neuordnung des Betäubungsmittelrechts. Dort taucht er zwar nicht in der allgemeinen Begründung des Gesetzestextes als „Ziel“ als Novellierungen auf.[423] Allerdings findet sich die „Volksgesundheit“ im besonderen Teil bei der Erklärung zu § 29.[424] Daraus kann man schließen, dass zumindest auch der Gesetzgeber dieses Rechtsgut im Strafrecht für legitimierungsgeeignet hält. In der Literatur ist die Qualifikation einer „Volksgesundheit“ als strafrechtliches Schutzgut jedoch umstritten. Die Diskussion wird vor allem im Zusammenhang mit dem schon genannten Betäubungsmittelstrafrecht geführt. Ein abstraktes, überpersönliches Rechtsgut der „Volksgesundheit“ wird dabei von Kritikern als „subjektslos-inhaltsleer“[425], „obskur-diffus“[426], „konturlos“[427] oder „sachlich falsch“[428] abgelehnt. Eine große Zahl an Stimmen in der

---

421 „Volksgesundheit“ wurde in der NS-Zeit rassistisch definiert, unter „Volk“ verstand man die blutmäßig bestimmte Gemeinschaft aller Arier und unter „Gesundheit“ die Gesundheit der Gemeinschaft, vor der das Individuum (z.B. Erbkranke) zurücktreten musste. Vgl. *Kater*, Nationalsozialismus in den Kulturwissenschaften, S. 101 ff.; *Süß*, Der Volkskörper im Krieg, S 53 ff.

422 BVerfG NJW 1994, 1579; NJW 2000, 2736

423 BT-Drs. VI/1877 S. 5; BT-Drs. 8/3551 S. 23 f.

424 BT-Drs. 8/3551 S. 37, Entwurf eines Gesetztes zur Neuordnung des Betäubungsmittelrechts: „…besonders gefährliche und verabscheuungswürdige Angriffe gegen das Schutzgut „Volksgesundheit“ ermöglichen… “.

425 *Köhler* MDR 1992, 739 f., welcher stattdessen ein personales Rechtsgut der Freiheit und Körperintegrität annimmt.

426 *Hohmann* NK 1992/3, 10 (11), welcher den Strafrechtsschutz allein auf Fremdverletzungen beschränkt lassen will; vgl. auch *Homann/Matt* JuS 1993, 370 ff.

427 *Nestler-Tremel* StV 1992, 273 (278), welcher durch einen Rückgriff auf die Volksgesundheit die Straflosigkeit der Selbstgefährdung und der Beteiligung hieran rückgängig gemacht sieht.

428 *Hassemer* JuS 1991, 110 (113), welcher den Drogenkonsum als Angriff des Betroffenen auf sein eigenes Rechtsgut ansieht, was folglich nicht mit gesundheitlichen Angriffen wie etwa Luftverschmutzung oder Lärmverursachung, vergleichbar sei, denen sich das „Volk“ nicht wirklich entziehen könne.

Literatur[429] sieht jedoch wie auch die Rechtsprechung[430] die Volksgesundheit als Schutzgut des BtMG an.

Was unter diesem vagen Begriff genau zu verstehen ist, wird allerdings uneinheitlich beantwortet. Als Folge dieser inhaltlichen Unbestimmtheit ist umstritten, ob „Volksgesundheit" nur als Sammelbezeichnung zu verstehen ist, die die Gesundheit vieler Einzelner schützt[431], oder ob sie mehr umfasst als nur die Summe der körperlichen Gesundheit aller Volksmitglieder.[432]

Kritiker des Rechtsguts wie auch solche, die in ihm nichts anderes sehen, als die Gesamtheit der Gesundheit der Einzelnen, werfen den Befürwortern einer darüber hinausgehenden „Volksgesundheit" vor, dass durch die Ausweitung die limitierende Funktion des Strafrechts verloren geht.[433] Beanstandet wird auch der Ansatz *Beulkes*, der die Volksgesundheit als „Interesse des Staates an der Erhaltung eines gesunden Bürgerstandes und einer lebensfähigen Gesellschaftsordnung, also der Funktionsfähigkeit der Gesellschaft"[434] versteht. Ihm wird entgegen gehalten, dass die Funktionsfähigkeit der Gesellschaft letztlich immer auch der Zweck einer Strafnorm und damit des Strafrechts allgemein ist. Eine so allgemein gehaltene Deutung der Volksgesundheit sieht sich wohl zu Recht der Kritik ausgesetzt, konturlos und inhaltsleer zu sein.

Weiterhin wird angeführt, dass „das „Volk" in einem wirklichen, nicht bloß metaphorischen Sinne keinen physischen Körper hat, der krank oder gesund sein könnte".[435] Ein solcher könnte also nur mittelbar durch die ihm angehörenden menschlichen Individuen vermittelt werden, woraus die Beschränkung des Begriffs „Volksgesundheit" auf eine Sammelbezeichnung hierfür

429 *Körner/Patzak/Volkmer* BtMG § 29 Teil 4 Rn. 4; *Kaiser* NJW 1970, 1534; *Kreuzer* ZRP 1971, 111 (112); *Schütz-Scheifele*, Drogenkriminalität und ihre Bekämpfung, S. 23; *Malek*, Betäubungsmittelstrafrecht, 2. Kap. Rn. 2 f.; *Beulke/Schröder* NStZ 1991, 392 (394); noch zum OpiumG *Schmitt*, FS Maurach, S. 113 (125); vgl. auch *Maurach/Schroeder/Maiwald*, Strafrecht BT 2, Rn. 3 ff., der den Begriff „allgemeine Gesundheit" vorzieht.

430 BGHSt 31, 163 (168); StV 1983, 202; NStZ 1991, 392; NJW 2007, 2269 (2273); ausführlich zum Ganzen MK-StGB-*Rahlf* Bd. 6 BtMG Vor §§ 29 ff. Rn. 2 ff.

431 *Kniesel* ZRP 1994, 352 (355); *Frisch*, FS Stree und Wessels, S. 69 (94).

432 *Beulke/Schröder* NStZ 1991, 393 (394); *Büttner*, Eine verfassungsrechtliche Bewertung des Betäubungsmittelstrafrechts, S. 89.

433 *Kniesel* ZRP 1994, 352 (355); vgl. auch *Hassemer* JuS 1991, 110 (113).

434 *Beulke/Schröder* NStZ 1991, 393 (394); vgl. auch *Haas*, Der Schutz der öffentlichen Gesundheit durch das Betäubungsmittelrecht, S. 86, die dies als „soziale Volksgesundheit" bezeichnet.

435 *Köhler* MDR 1992, 739.

gefolgert wird.[436] Hiergegen könnte eingewandt werden, dass die „Krankheit“ vieler Einzelner negative Folgen für das gesamte „Volk“ (z.B. in Form von großen volkswirtschaftlichen Ausfällen) mit sich zieht, die über Auswirkungen auf das betroffene Individuum weit hinausgehen können. Zum Schutz vor solchen weitergehenden Folgen könnte der Rückgriff auf die Gesundheit des Einzelnen als nicht ausreichend angesehen werden. Dieses Argument setzt sich jedoch dem Vorwurf aus, dass es sich dann aber um einen Schutz vor wirtschaftlichen Schäden handeln würde, demgegenüber ein Schutz über die „Volksgesundheit“ ein falscher Ansatzpunkt wäre. Es geht damit auch um das Problem, inwieweit andere Rechtsgüter mittelbar mitgeschützt werden dürfen.

In der Ansicht, dass die Volksgesundheit mehr sei, als nur die Summe der Gesundheit Einzelner, spiegelt sich die Vorstellung wieder, dass über die Gesundheit Vieler verschiedene Rechtsgüter mit vermittelt werden, die über eine massenhafte Gesundheitsverletzung ihrerseits betroffen sein können. Eine funktionierende Gesellschaft kann den „Ausfall“ einzelner Individuen durch Krankheit nur bis zu einem bestimmten Punkt ertragen. Fehlen zu viele, kann das System dies irgendwann nicht mehr kompensieren und es beginnen Zerfallserscheinungen. Würden danach zu viele Mitglieder der Gesellschaft beginnen, im Endeffekt gesundheitsschädigende Mittel einzunehmen – sei es aus Suchtgründen, des Rausches wegen oder zur Verbesserung der Leistungsfähigkeit, aus Druck unter Inkaufnahme möglicher schädlicher Nebenwirkungen – würden sich die Folgen nicht mehr nur auf den Einzelnen beschränken. Die sozialen Folgekosten der durch physische und zunehmend wohl auch psychische Krankheiten entstehenden Ausfälle schaden der Gesellschaft an sich. Das ist es wohl auch, was *Beulke* als „Erhaltung einer lebensfähigen Gesellschaftsordnung“[437] bezeichnet. Das Medium Gesundheit, und diesem Fall sein „mehr“ in Form der „Volksgesundheit“ bildet gleichsam eine gemeinsame Klammer, über die die anderen Rechtsgüter vermittelt werden. Hier stellt sich nun als entscheidende Frage, ob dies zulässig ist, oder ob hierbei nicht zu weit gegangen wird, immerhin geht es um eine strafrechtliche Reaktion auf ein zunächst selbstschädigendes Verhalten. Genau dies wird auch stark kritisiert. Durch den Rückgriff auf die Volksgesundheit wird sowohl das Prinzip der Straflosigkeit der Selbstgefährdung in Frage gestellt,[438] als auch ein Zurechnungsmodus erzeugt, der den

436 *Köhler* MDR 1992, 739.
437 *Beulke/Schröder* NStZ 1991, 393 (394).
438 *Nestler-Tremel* StV 1992, 273 (278).

anerkannten dogmatischen Regeln der Körperverletzungs- und Tötungsdelikte zuwiderläuft.[439]

Dem wiederum wird entgegen gehalten, dass gerade der erstmalige Genuss von Betäubungsmitteln häufig in Unkenntnis, zumindest aber in Fehleinschätzung der Sucht erfolge. Weiterhin führe die Sucht zu einer Beseitigung der Widerstandskraft, wodurch die Annahme einer echten Eigenverantwortlichkeit der Konsumenten abzulehnen sei.[440] Die Befürworter des Rechtsguts führen auch ins Feld, „dass sich die Sekundärfolgen eines massenhaft selbstschädigenden Verhaltens in gewichtiger Art und Weise von den ursprünglichen Primärfolgen bei dem einzelnen Individuum unterscheiden können, so daß allein aufgrund der auftretenden Quantität eine neue Qualität der Schädigung entstehen kann, die die besondere Qualifizierung des Rechtsguts der Volksgesundheit als ein überragend wichtiges Gemeinschaftsgut zu rechtfertigen vermag."[441] Es wird dabei festgehalten, dass dennoch der Einzelne dem Staat weiterhin nicht zur Erhaltung seiner Gesundheit verpflichtet sei. Erst wenn die Quantität der Selbstschädigung ein sozial erhebliches Ausmaß erreiche, sollen strafrechtliche Eingriffe in die Freiheit des Einzelnen unter dem Gesichtspunkt „Schutz der Volksgesundheit" möglich, aber nicht zwingend sein.[442] Es läuft somit auf die Frage hinaus, ob die Gefahren für die gesellschaftlichen Sozialsysteme den strafrechtlichen Eingriff in den personalen Lebensentwurf rechtfertigen können.[443] Dagegen spricht, dass das öffentlich-rechtliche Sozialversicherungssystem derzeit auch in anderen Bereichen und nicht zuletzt bei anderen gesundheitsschädlichen Substanzen wie Tabak und Alkohol die Lasten individueller Gesundheits- und Lebensplanung in sehr weitem Umfang trägt. Damit werden die individuellen Bereitschaften, Risiko und Wagnis einzugehen und damit auch die individuellen (Un)Fähigkeiten diese einzuschätzen und zu beherrschen, gewissermaßen sozialisiert und weitgehend respektiert.[444] Damit wird es schwer, ein kollektives Rechtsgut der Volksgesundheit „durch Folgeabschätzung etwa in Gestalt der finanziellen Leistungsfähigkeit von Kranken- und Rentenversicherung oder der Vermeidung

439 *Homann/Matt* JuS 1993, 370 (373); Umfassend zur Kritik der personalen Rechtsgutslehre am Betäubungsmittelstrafrecht und besonders der „Volksgesundheit" auch *Haas*, Der Schutz der öffentlichen Gesundheit durch das Betäubungsmittelrecht, S. 102 ff.

440 *Maurach/Schroeder/Maiwald*, Strafrecht BT 2, § 56 Rn. 5.

441 *Büttner*, Eine verfassungsrechtliche Bewertung des Betäubungsmittelstrafrechts, S. 89.

442 *Schütz-Scheifele*, Drogenkriminalität und ihre Bekämpfung, S. 23.

443 Vgl. dazu auch *Hesel*, Untersuchungen zur Dogmatik und den Erscheinungsformen „modernen" Strafrechts, S. 287 ff.

444 *Haffke* ZStW 107 (1999), 761 (780).

weiterer Straftaten im Umfeld der Drogenabhängigkeit zu legitimieren".[445] „Die Funktionalisierung der sozialen Folgekosten als Argument für die Schaffung von Verbotsnormen hebt die so bewundernswerte, äußerst feinfühlige Balance zwischen individueller Selbstbestimmung und sozialer Risikoabsicherung auf."[446] Im Ergebnis sprechen die besseren Argumente gegen die herrschende Ansicht, womit die Volksgesundheit zumindest im Bereich des Betäubungsmittelstrafrechts als „Scheinrechtsgut"[447] abzulehnen ist. Es verbleibt damit die oben angesprochene[448] Möglichkeit, auf den individuellen Schutz der Gesundheit abzustellen.

3. Wettbewerb

a) Eingrenzung des Begriffs

Ersetzt man das Wort Neuroenhancement durch den weitaus plakativeren Begriff „Gehirndoping", werden erste Assoziationen zum Doping im Sport führen und damit auch zur Vorstellung einer Beeinträchtigung des sportlichen Wettbewerbs. Dieses Bild einer Wettbewerbsverzerrung durch die Einnahme von (vermeintlich) Vorteile verschaffenden Mitteln, in diesem Fall Neuroenhancern, könnte also auch im außersportlichen Bereich, z.B. in Prüfungssituationen, eine Rolle spielen. Zunächst ist dafür allerdings zu klären, ob und wie ein „Wettbewerb" als strafrechtlich schützenswertes Rechtsgut zu bestimmen ist.

Das Wort „Wettbewerb" kam im 19. Jahrhundert als Alternative zum lateinischen Wort „Konkurrenz" auf, welches sich aus dem Verb *concurrere*, was zusammen laufen heißt, ableitet. Die neue Bezeichnung beinhaltet das mittelhochdeutsche *wet(t)e*, „das ursprünglich Pfand bedeutete, dann aber als Bezeichnung für den Einsatz in einem Spiel verwendet wurde".[449] In der neuen Verdeutschung „bewirbt man sich mit anderen um die Wette".[450] Dieses natürliche Phänomen, das in Form der Rivalität eine Grundkonstante des Menschseins beschreibt,[451] ist kaum exakt zu bestimmen. Der Gesetzgeber des UWG und des GBW verzichtet wohl aus diesem Grund auf eine gesetzliche (Real-)Definition

---

445 *Hefendehl*, Kollektive Rechtsgüter im Strafrecht, S. 143.

446 *Haffke* ZStW 107 (1999), 761 (780).

447 *Roxin*, Strafrecht AT I, § 2 Rn. 10; vgl. auch *Hefendehl*, Kollektive Rechtsgüter im Strafrecht, S. 142 f.

448 Oben 2. Kapitel II. 1. (ab S. 81).

449 *Zschaler*, FS Gömmel, S. 231.

450 Köhler/Bornkamm-*Köhler* Einl. UWG Rn. 1.1.

451 *Zschaler*, FS Gömmel, S. 232.

des Begriffs Wettbewerb.[452] Dennoch gibt es viele Beschreibungen für den Terminus Wettbewerb, weitere und engere, die sich auch nach dem spezifischen Bereich, der gerade umschrieben wird, unterscheiden. „Nach dem gewöhnlichen Sprachgebrauch ist Wettbewerb ein Verhalten mehrerer Personen, dadurch gekennzeichnet, dass der eine das zu gewinnen strebt, was ein anderer zur gleichen Zeit zu gewinnen strebt".[453] Nach diesem Wettbewerb im weiten Sinne rivalisieren zwei oder mehr Akteure um die Erlangung eines Gutes.[454] Dieser allgemeine Wettbewerbsbegriff lässt sich auf alle Lebensbereiche übertragen, er passt in der Wirtschaft, im Sport und auch in anderen Bereichen wie dem Beruf und ebenfalls schon in Schule und Studium. Überall dort stehen die Akteure untereinander in einem Konkurrenzverhältnis, Leistungen werden verglichen und beurteilt. Am Ende steht für den „Besseren" ein Vorteil, in der Wirtschaft etwa in Form von Verträgen, im Sport die Siegerprämie, im Beruf die Gehaltserhöhung und in Schule und Studium die entsprechende Note, die den Zugang zu dem Beruf der Wahl ermöglicht. Um diese beispielhaften und andere Güter konkurrieren die Teilnehmer; aus der Gleichheit des Ziels, das mehrere zu erreichen suchen, ergibt sich zwangsläufig der Wettbewerb.[455]

Ein solch weiter und vager Begriff scheint für das juristische Arbeiten und zur Bestimmung eines Rechtsguts, vor allem eines strafrechtlichen Schutzguts, noch zu unbestimmt. Zur klareren Benennung soll zunächst festgestellt werden, ob es Wettbewerbsdefinitionen in einzelnen Rechtsgebieten gibt, die zur weiteren Eingrenzung herangezogen werden können.

b) Wirtschaftlicher Wettbewerb

aa) Definition

Im Bereich des Wirtschaftsrechts, in dem der Begriff des Wettbewerbs in den Gesetzesbezeichnungen des UWG und des GWB auftaucht, gibt es zwar zahlreiche Versuche einen spezifischen „wirtschaftlichen Wettbewerb" zu definieren.[456] Mittlerweile scheint sich aber die Erkenntnis durchgesetzt zu haben, dass eine

---

452 *Rittner*, Wettbewerbs- und Kartellrecht, § 1 Rn. 22; *Bunte/Stancke*, Kartellrecht, S. 1 f.; vgl. auch *Ekey*, Grundriss des Wettbewerbs- und Kartellrechts Rn. 9 f. noch zu § 2 UWG aF.

453 Köhler/Bornkamm-*Köhler* Einl. UWG Rn. 1.1

454 *Peters*, Veröffentlichungen der Vereinigung der Deutschen Staatsrechtslehrer Band 69, S. 13.

455 Köhler/Bornkamm-*Köhler* Einl. UWG Rn. 1.1

456 Ausführlich dazu Köhler/Bornkamm-*Köhler* Einl. UWG Rn. 1.6.

Definition des wirtschaftlichen Wettbewerbs als reales Phänomen aufgrund seiner Komplexität nicht möglich ist.[457] „Der Wettbewerb wird vom Recht als ein in der Wirklichkeit vorgefundener Regelzusammenhang in Bezug genommen, um ihn im Hinblick auf Voraussetzungen, Ablauf oder Wirkungen nach normativen Kriterien zu gewährleisten oder korrigieren".[458] Wettbewerb wird demnach zunehmend als rechtliches Ordnungsprinzip angesehen, dessen Grenzen und Einschränkbarkeit sich über die spezifischen Funktionen bestimmen.[459]

Die wettbewerbstheoretische Literatur hat nun zahlreiche unterschiedliche Wettbewerbsfunktionen herausgebildet, wobei man gewöhnlich zwischen wirtschaftspolitischen und gesellschaftspolitischen unterscheidet.[460] Zu ersteren, die man auch als ökonomische Funktionen bezeichnen kann, gehören die Lenkungsfunktion und die dynamische Anreizfunktion des Wettbewerbs.[461] Produkt- und Preiswettbewerb führen zur Bevorzugung der Wettbewerber, die beste Leistung zu den günstigsten Konditionen anbieten (Lenkungsfunktion). Da sich allerdings die Präferenzen der Nachfrager und die Produktionsmöglichkeiten immer wieder wandeln, sind die Anbieter gezwungen, fortwährend neue Produkte und/oder Produktionsverfahren zu entwickeln und einzusetzen, um somit konkurrenzfähig zu bleiben (dynamische Anreizfunktion). Weiterhin kommt

---

457 Köhler/Bornkamm-*Köhler* Einl. UWG Rn. 1.6; *Emmerich*, Kartellrecht, 1. Teil § 1 Rn. 1 f.; *Rittner*, Wettbewerbs- und Kartellrecht, § 6 Rn. 32; *Mestmäcker/Schweitzer*, Europäisches Wettbewerbsrecht § 3 Rn. 1 f.

458 *Mestmäcker/Schweitzer*, Europäisches Wettbewerbsrecht § 3 Rn. 2.

459 *Rittner*, Wettbewerbs- und Kartellrecht, § 5 Rn. 41 f., § 6 Rn. 33; *Emmerich*, Kartellrecht, 1. Teil § 1 Rn. 7 ff.; *Mestmäcker/Schweitzer*, Europäisches Wettbewerbsrecht § 3 Rn. 1 f.

460 *Emmerich*, Kartellrecht, 1. Teil § 1 Rn. 7 f., 9 f.

461 Näheres dazu und zum Folgenden bei *Pitzer*, Interessen im Wettbewerb, S. 76 f. Nach *Kantzenbach* werden fünf (drei statische und zwei dynamische) Funktionen unterschieden: Steuerungs-, Lenkungs-, Ordnungs- oder Koordinationsfunktion, die einerseits der Verteilungsfunktion und andererseits der Antriebs- oder Leistungssteigerungsfunktion gegenüberstehen (*Kantzenbach*, Die Funktionsfähigkeit des Wettbewerbs, S. 16 f.). Hieraus wurde das Leitbild des „funktionsfähigen Wettbewerbs" entwickelt, zu dessen ökonomischen Funktionen „die Steuerungsfunktionen hinsichtlich des Wirtschaftsablaufs, die Ordnungs- und Koordinierungsfunktion hinsichtlich der Entscheidung der Wirtschaftssubjekte, die Antriebs- und Leistungsfunktion hinsichtlich der Herstellung und des Vertriebs von Wirtschaftsgütern sowie die Schutzfunktion hinsichtlich der Auswahlentscheidungen von Anbietern und Nachfragern und die Einkommensverteilungsfunktion" gehören (Köhler/Bornkamm-*Köhler* Einl. UWG Rn. 1.14).

dem Wettbewerb die Funktion eines Entdeckungsverfahrens zu: Entdeckt oder zumindest verteilt werden „Wissen und Tatsachen, die ohne sein bestehen entweder unerkannt bleiben oder zumindest nicht genutzt werden würden".[462]

Neben diesen wirtschaftspolitischen erfüllt der Wettbewerb allerdings auch wichtige gesellschaftspolitische Funktionen. Eine solche liegt in der Aufgabe des Wettbewerbs, „für die Herstellung einer (einigermaßen) gleichen Machtverteilung in Wirtschaft und Gesellschaft zu sorgen".[463] Diese sog. machtzerstörende oder machtneutralisierende Wirkung des Wettbewerbs soll den Aufbau endgültiger Machtpositionen, die zu einer Bedrohung für die gleiche Freiheit aller werden, verhindern. Neben dieser entmachtenden Funktion besteht auch eine Freiheitssicherungsfunktion. „Wettbewerb soll die Freiheit und Gleichheit aller Rechtspersonen im wirtschaftlichen Verkehr gewährleisten".[464] Die Freiheit lässt sich noch in Entschließungsfreiheit, also die Freiheit von Zwang durch andere, und in Handlungsfreiheit, also Freiheit von Beschränkungen des Tauschverkehrs durch Marktteilnehmer, untergliedern.[465]

Es zeigt sich also, dass der Wettbewerb an sich schwer fassbar ist. Er lässt sich zwar anhand der geschilderten Funktionen bestimmen, aber nicht in eine Definition pressen, ohne dass bestimmte Konstellationen und Verhaltensweisen ausgeschlossen werden, die sich dann doch als wettbewerbsrelevant erweisen.

bb) Einstufung als Rechtsgut

Bedeutet dies nun, dass die Eignung des bzw. eines Wettbewerbs als strafrechtliches Rechtsgut schon an der mangelnden Definitionsfähigkeit scheitert? Im StGB finden sich zwei Normen, bei denen der (wirtschaftliche) Wettbewerb als zu schützendes Rechtsgut angenommen wurde. Nach der herrschenden Meinung ist der „freie Wettbewerb" (zumindest auch) geschütztes Rechtsgut des § 298 StGB.[466] Der Schutz des Wettbewerbs als Institution des Wirtschaftslebens begründet sich in der Bedeutung der Funktionsfähigkeit des freien Wettbewerbs

---

462 *Pitzer*, Interessen im Wettbewerb, S. 77; *Mestmäcker/Schweitzer*, Europäisches Wettbewerbsrecht § 3 Rn. 70 ff.

463 *Emmerich*, Kartellrecht, 1. Teil § 1 Rn. 9.

464 *Bunte/Stancke*, Kartellrecht, S. 9.

465 *Bunte/Stancke*, Kartellrecht, S. 9.

466 BeckOK-StGB-*Momsen/Laudien* § 298 Rn. 11; NK-StGB-*Dannecker* § 298 Rn. 11 f.; Lackner/Kühl-*Heger* § 298 Rn. 1; Schönke/Schröder-*Heine/Eisele* § 298 Rn. 1; SSW-StGB-*Bosch* § 298 Rn. 1; LK-*Tiedemann* § 298 Rn. 6; kritisch zur Eiführung des § 298 StGB *Oldigs* wistra 1998, 291 (293 f.).

für Wirtschaft und Gesellschaft.[467] Hierfür spricht die Begründung des Regierungsentwurfs ebenso wie der Umstand, dass das Tatbestandsmerkmal der Rechtswidrigkeit der Absprache auf das GWB mit seinem insgesamt institutionellen Wettbewerbsschutz verweist. Auch die Überschriften des sechsundzwanzigsten Abschnittes und des Straftatbestandes selbst legen dies nahe.[468] Damit werden im Ergebnis die freie Marktkonkurrenz und die Freiheit des Wettbewerbs vor korruptiven Einflüssen geschützt.[469] Weiterhin wird die Ansicht vertreten, dass es sich bei § 298 StGB um ein abstraktes Vermögensdelikt handelt.[470]Andere sehen das immer wieder bestätigte Vertrauen des Einzelnen in die Funktionsfähigkeit des freien und fairen Wettbewerbs als geschütztes Rechtsgut an.[471] Dabei ist zu beachten, dass das Vertrauen auch im wirtschaftlichen Bereich nicht auf die Geltung der Rechtsordnung beschränkt ist, sondern sich auf die jeweiligen Beteiligten einer wirtschaftlichen Transaktion bezieht.[472] Das Vertrauen ist dabei von der rein interpersonalen Komponente zu lösen, womit auch Institutionen Ausgangspunkt des Vertrauens sein können. Diese Entwicklung zu einem sog. *Systemvertrauen* ist Folge der zunehmenden Komplexität der Sozialordnung.[473] „Man vertraut lediglich auf bestimmte einzuhaltende Rahmenbedingungen, innerhalb derer sich der Wettbewerb entfalten kann und muss.“[474] Nach dieser von *Hefendehl* vertretenen Ansicht schützt § 298 StGB eine bestimmte Ausprägung des freien Wettbewerbs, nämlich die Gewährleistung von nicht untereinander abgesprochenen Angeboten bei öffentlichen Ausschreibungen.[475] Geschützt wird der freie Wettbewerb als gesellschaftsrelevantes Vertrauensrechtsgut, da das im Tatbestand der wettbewerbsbeschränkenden Aussprachen bei Ausschreibungen konkretisierte Institut eine dahin gehende Vertrauenskomponente voraussetzt.[476]

Auch bei § 299 StGB geht die überwiegende Auffassung von einem (wirtschaftlichen) Wettbewerb als strafrechtliches Schutzgut aus.[477] Hierbei steht

467 NK-StGB-*Dannecker* Vor § 298 Rn. 12 f.
468 Vgl. LK-StGB-*Tiedemann* § 298 Rn. 6.
469 BeckOK-StGB-*Momsen/Laudien* § 298 Rn. 3.
470 *Maurach/Schröder/Maiwald*, Strafrecht BT 2, § 68 Rn. 2.
471 MK-StGB-*Hohmann* Bd. 5 § 298 Rn. 1 ff.
472 *Hefendehl*, Kollektive Rechtsgüter im Strafrecht, S. 256.
473 Vgl. *Otto* ZStW 96 (1984), 339 (343).
474 *Hefendehl*, Kollektive Rechtsgüter im Strafrecht, S. 257, 255.
475 *Hefendehl*, Kollektive Rechtsgüter im Strafrecht, S. 279.
476 *Hefendehl*, Kollektive Rechtsgüter im Strafrecht, S. 279.
477 BeckOK-StGB-*Momsen/Laudien* § 299 Rn. 4; NK-StGB-*Dannecker* § 299 Rn. 9; Lackner/Kühl-*Heger* § 299 Rn. 1; Schönke/Schröder-*Heine/Eisele* § 299 Rn. 3;

weniger die Institution des Wettbewerbs als Steuerungs- und Verteilungsinstrument, als vielmehr die Lauterkeit und der Konkurrenzschutz im Vordergrund.[478] Geschützt wird somit das Allgemeininteresse an fairen Wettbewerbsbedingungen; unlautere Einflussnahmen in den Wettbewerb, die geeignet sind, sachwidrige Marktentscheidungen zu begünstigen, sollen unterbunden werden.[479] Daneben soll § 299 StGB auch den Schutz des Geschäftsherrn, des Angestellten oder Beauftragten bei intern pflichtwidrigem Verhalten beinhalten.[480] Dagegen steht nach einer anderen Auffassung (damals noch zu § 12 UWG, der in Form des § 229 leicht modifiziert ins StGB übernommen wurde) ebenso wie beim Geheimnisverrat (§ 17 UWG) der Schutz wirtschaftlicher Interessen im Vordergrund, und nicht „ein von den tatsächlichen Interessen existierender Wettbewerber losgelöstes soziales Schutzgut des lauteren Wettbewerbs".[481] Auch nach *Pfeiffer* besteht der primäre Zweck im Schutz der Mitbewerber, neben dem aber auch der redliche Wettbewerb geschützt werden soll.[482] Weitere Kritik an einem kollektiven Rechtsgut des lauteren Wettbewerbs wird mit der Gefahr begründet, unter seinem Deckmantel „subjektive Vorstellungen des Rechtsanwenders von Moral und Anstand an die Stelle objektiv nachprüfbarer, rechtlicher Kriterien zu setzen".[483]

Unabhängig von der Kritik am Rechtsgut als solchem zeigt sich damit, dass die Ungeeignetheit des Phänomens „Wettbewerb" in einer verbindlichen juristischen Definition klar bestimmt zu werden, nicht zwingend etwas über seine grundsätzliche Eignung als Rechtsgut aussagt.

cc) Berührungspunkte mit Neuroenhancement

Zunächst unabhängig von der Frage, ob ein solcher wirtschaftlicher Wettbewerb als strafrechtliches Schutzgut überzeugt, soll geklärt werden, ob das hier zu betrachtende Neuroenhancement überhaut maßgeblich für den wirtschaftlichen Wettbewerb relevant sein kann. Sollte die Problematik nur in kleinen Teilen den wirtschaftlichen Wettbewerb betreffen, muss festgestellt werden, ob sie

---

SSW-StGB-*Rosenau* § 299 Rn. 4; LK-StGB-*Tiedemann* § 299 Rn. 1; MK-StGB-*Krick* Bd. 5 § 299 Rn. 2.

478 NK-StGB-*Dannecker* § 299 Rn. 9.

479 Schönke/Schröder-*Heine/Eisele* § 299 Rn. 3.

480 BGHSt 31, 207 (211); MK-StGB-*Krick* Bd. 5 § 299 Rn. 2 m.w.N.; vgl. auch NK-StGB-*Dannecker* § 299 Rn. 16.

481 *Ransiek* StV 1996, 446 (453).

482 *Pfeiffer*, FS Gamm, S. 129 (130 f.).

483 *Zöller* GA 2009, S. 137 (143).

in anderen „Wettbewerbsbereichen" eine größere Rolle spielt, die dann zunächst eingegrenzt und gesondert auf ihre Tauglichkeit als strafrechtliches Rechtsgut überprüft werden müssen.

Der wirtschaftliche Wettbewerb lässt sich auch durch seine Marktteilnehmer von anderen Wettbewerbsbereichen abgrenzen. Die handelnden Akteure sind selbständige Unternehmer, welche um den Abschluss eines Geschäftes mit Dritten konkurrieren.[484] Sie müssen sich mit ihren Marktpartnern – den Lieferanten und Abnehmern – verständigen, um schließlich die Verteilung von Gütern und Leistungen an den Verbraucher als Endzweck des Handelns zu erreichen. Kennzeichnend ist damit, dass im wirtschaftlichen Bereich der Wettbewerb zwischen den Unternehmern stattfindet. Dies können auch natürliche Personen sein, in den allermeisten Fällen sind es aber juristische Personen, in den unterschiedlichsten Rechtsformen. Auf die letztgenannten, die den wirtschaftlichen Wettbewerb zum Großteil ausmachen, passt die eingangs aufgeführte Neuroenhancement-Problematik auf den ersten Blick nicht. Eine juristische Person kann keine Neuroenhancement-Mittel einnehmen. Daher sind zunächst einzelne, selbständig als Unternehmer handelnde natürliche Personen von dem komplexen Unternehmen in Form einer juristischen Person zu unterscheiden. Diese werden durch Organe und Mitarbeiter präsentiert, die ihrerseits durch die Einnahme von Neuroenhancern leistungsfähiger werden können. Steigert sich die Leistung der einzelnen Akteure im Unternehmen, profitiert insgesamt auch die juristische Person als solche davon, indem sie eine bessere Position erlangt. Allerdings handelt es sich hierbei immer nur um eine indirekte, nicht um eine direkte Verbesserung der Position im Wettbewerb.

Wie ein Unternehmen seine Güter oder Leistungen erzeugt, ob durch besonders effiziente Produktionsmethoden, Anreize für die Mitarbeiter, die die Motivation und damit die Produktivität fördern, das Aufstellen von kostenlosen Kaffee-Automaten oder sogar durch die Vergabe von Neuroenhancern zur Steigerung der Leistungsfähigkeit der Mitarbeiter, spielt allerdings für den Wettbewerb so lange keine Rolle, wie sich das Verhalten nicht als verbotene „unlautere geschäftliche Handlung" i.S.d. § 3 UWG darstellt. Der Anreiz, Mitarbeiter zum Neuroenhancement zu bewegen, oder in den Fällen selbständiger Tätigkeit die eigene Einnahme solcher Mittel, könnte unter § 3a UWG fallen. Dann müsste Neuroenhancement gegen eine gesetzliche Vorschrift verstoßen, die auch dazu bestimmt ist, im Interesse der Marktteilnehmer das Marktverhalten zu regeln. Zwar wird auf die momentane Rechtslage zum Neuroenhancement erst später

484 Köhler/Bornkamm-*Köhler* Einl. UWG Rn. 1.5.

eingegangen,[485] allerdings kann an dieser Stelle schon festgestellt werden, dass es bisher keine gesetzliche Vorschrift gibt, die Neuroenhancement betrifft und einen Marktbezug aufweist.

Somit bliebe für eine Beeinträchtigung des Wettbewerbs nur der Rückgriff auf die Generalklausel des § 3 Abs. 1 UWG. Dazu müsste eine „geschäftliche Handlung"[486] vorliegen. Erforderlich ist damit, dass das Verhalten nach außen in Erscheinung tritt, die Handlung also einen Marktbezug aufweist; sie darf sich nicht auf unternehmensinterne Vorgänge beschränken.[487] Zunächst ist schon zweifelhaft, ob Neuroenhancement überhaupt Außenwirkung auf einen Markt entfaltet, oder ob es nur als betriebsinterne Maßnahme anzusehen ist, die als solche schon nicht unter Marktverhalten fallen würde.[488] Aber um der Frage nachzugehen, ob Neuroenhancement den wirtschaftlichen Wettbewerb betrifft, soll hier unterstellt werden, dass es sich zumindest in den Fällen, in denen der einzelne Unternehmer direkt die Leistung erbringt, um ein Marktverhalten handeln könnte. Auch die Überlegung, ob Neuroenhancement als bloße Vorsprungserlangungshandlung angesehen werden könnte, hilft nicht weiter, da bezüglich dieser ebenfalls nicht eindeutig zu beantworten ist, ob sie als „unlauter" den Tatbestand des § 3 Abs. 1 UWG erfüllen würde. Setzt man an dieser Stelle voraus, dass Neuroenhancement gegen eine außerwettbewerbsrechtliche Vorschrift verstößt, bleibt dennoch umstritten, ob dies zur Unlauterkeit i.S.d. § 3 Abs. 1 UWG führen kann. So ist es beispielsweise schon problematisch, ob die Steigerung der Produktivität durch eine Erhöhung der Wochenarbeitszeit über die im ArbZG geregelten Grenzen hinaus als wettbewerbswidrig anzusehen wäre.[489] Und in diesem Fall wird definitiv ein bestehendes Gesetz übertreten. Das geschilderte Beispiel mit der Bereitstellung von Neuroenhancern zur Steigerung der Arbeitsleistung könnte also den wirtschaftlichen Wettbewerb betreffen, falls dies gegen eine gesetzliche Vorschrift verstoße würde.

Jedoch nimmt eine Ansicht an, dass Verstöße gegen außerwettbewerbsrechtliche Normen, die keine Marktverhaltensregelungen i.S.d. § 3a UWG (§ 4 Nr. 11 UWG a.F.) sind, nicht unter Zuhilfenahme des Vorsprungsgedankens über § 3 I UWG für unlauter erklärt werden können,[490] womit der Weg über eine Neuroenhancement-verbietende Norm versperrt bleibt. *Glöckner* stellt demgegenüber

485 Näheres unten 3. Kapitel (ab S. 137, insbes. S. 187 f.).
486 Legaldefinition in § 2 Abs. 1 Nr. 1 UWG.
487 Köhler/Bornkamm-*Köhler* UWG § 2 Rn. 34 ff.
488 Fezer-UWG-*Götting* § 4–11 Rn. 62.
489 AnwK-ArbR-*Wichert* § 1ArbZG Rn. 28 ff.
490 Köhler/Bornkamm-*Köhler* UWG § 3a Rn. 2.29 m.w.N.

genau auf diesen Vorsprung ab, der auch durch eine Verletzung von nicht-wettbewerbsschützenden Normen entstehen und zu einer Verfälschung des Wettbewerbs führen kann.[491] Über diesen Weg könnten sogar ursprünglich rein betriebsinterne Handlungen – als welche das Neuroenhancement in größeren Unternehmen wohl anzusehen ist – ihren Charakter verlieren und durch die wirtschaftlichen Auswirkungen des Vorteils als wettbewerbsrelevant gelten.[492] Damit könnte nach dieser Ansicht Neuroenhancement den wirtschaftlichen Wettbewerb betreffen, vorausgesetzt, dass die Bereitstellung gegen ein entsprechend wirkendes Gesetz verstößt.

Wenn man andere Beispiele betrachtet, wird die Feststellung einer wirtschaftlichen Relevanz noch schwieriger. Wie wäre es zu beurteilen, wenn ein Vorstandsmitglied bei Verhandlungen Neuroenhancer einnimmt, um fitter zu sein und dadurch ein besseres Verhandlungsergebnis zu erzielen? Oder wenn einzelne Mitarbeiter selbst, ohne Zutun des Unternehmens, die Mittel einnehmen, um im innerbetrieblichen Konkurrenzkampf besser dazustehen? Hier wäre es schon sehr schwierig, einen außenwirtschaftlichen Vorteil für das Unternehmen zu begründen. Die aufgeführten Handlungsweisen entfernen sich jedenfalls immer weiter von einer feststellbaren unmittelbaren Beeinträchtigung des wirtschaftlichen Wettbewerbs.

Wendet man sich wieder dem selbständigen Unternehmer in Form einer natürlichen Person zu, wird es einfacher, in der Leistungssteigerung durch Neuroenhancement eine direkte Beeinflussung des Wettbewerbs zu sehen. So wird ein Nachhilfelehrer, der seine Konzentrationsfähigkeit durch die Einnahme solcher Mittel steigert und dadurch seinen Schülern die Aufgaben besser erklären kann, einen Wettbewerbsvorteil gegenüber seinem Konkurrenten erlangen können. Für die allerdings immer noch problematische Frage nach der Unlauterkeit dieser Handlung soll auf das oben Gesagte verwiesen werden. Es kann und soll an dieser Stelle nicht festgestellt werden, ob eine solche Verhaltensweise unlauter wäre.

Es kam vorliegend auf die Beantwortung der Frage an, ob Neuroenhancement den wirtschaftlichen Wettbewerb betrifft. Dies kann unter speziellen, eher außergewöhnlichen Umständen der Fall sein. Allerdings zeigen die Ausführungen deutlich, dass Neuroenhancement den wirtschaftlichen Wettbewerb allenfalls peripher streifen würde, sich aber nicht als hauptsächliches Problem innerhalb diesem abspielt. Dass sich Unternehmen über verordnetes Neuroenhancement

491 *Glöckner* GRUR 2008, 960 (965).
492 *Glöckner* GRUR 2008, 960 (967).

ihrer Mitarbeiter im großen Stil wirtschaftliche Vorteile verschaffen würden, ist eher unwahrscheinlich. Die Anordnung einer Einnahme würde sowohl arbeitsrechtliche Probleme aufweisen, als auch aufgrund der gesundheitsschädigenden Wirkung der meisten Mittel strafrechtliche Konsequenzen haben können (fahrlässige Körperverletzung, Nötigung). Die selbständige und weisungsfreie Einnahme solcher Mittel durch die jeweiligen Beschäftigten kann den Unternehmen nicht zugerechnet werden und entfaltet eher im Bereich des Wettbewerbs zwischen den einzelnen Arbeitnehmern Relevanz.

c) Wettbewerb auf dem Arbeitsmarkt

aa) Definition

Die Konkurrenz zwischen den einzelnen Arbeitnehmern führt zu einem anderen „Markt" als dem wirtschaftlichen, auf dem allerdings auch ein harter Wettbewerb herrscht: Der Arbeitsmarkt. Während im wirtschaftlichen Rahmen unter „Markt" „die Gesamtheit der wirtschaftlichen Beziehungen zwischen Anbietern und Nachfragern in Bezug auf ein bestimmtes Gut (einschließlich der Substitutionsgüter) zu verstehen ist",[493] stellt sich der Arbeitsmarkt als derjenige Teil des Gesamtmarkes dar, „bei dem es gegenständlich um in abhängiger Beschäftigung erbrachte Dienstleistungen geht".[494] Im Mittelpunkt steht die menschliche Arbeit als handelbares Gut, die allerdings keine normale Ware ist.[495] Sie kann nicht von dem Menschen losgelöst betrachtet werden, der die Arbeitet leistet, was zu einigen Besonderheiten führt: „Die Angebotsmenge des einzelnen Arbeitnehmers ist nur beschränkt flexibel".[496] Sie wird nach oben durch die tägliche Höchstarbeitszeit und nach unten durch das Angewiesen-Sein auf das Einkommen zur Sicherung des Lebensunterhaltes begrenzt.[497] Insgesamt ist auf dem Arbeitsmarkt eine „strukturelle Unterlegenheit" des Arbeitnehmers zu erkennen, die der Gesetzgeber durch das Arbeitsrecht auszugleichen versucht.[498] Dies führt dazu, dass der Arbeitsmarkt ein „Gegenmodell" zum Wettbewerb auf den Gütermärkten sein soll, der eine Ausnahme von der „allgemein geltenden Wettbewerbsordnung" aufweist.[499]

---

493 Köhler/Bornkamm-*Köhler* UWG Einleitung Rn. 1.8.
494 *Rieble*, Arbeitsmarkt und Wettbewerb, § 1 Rn. 82.
495 *Rieble*, Arbeitsmarkt und Wettbewerb, § 1 Rn. 89 f.
496 *Rieble*, Arbeitsmarkt und Wettbewerb, § 1 Rn. 90.
497 *Rieble*, Arbeitsmarkt und Wettbewerb, § 1 Rn. 90 f.
498 *Rieble*, Arbeitsmarkt und Wettbewerb, § 1 Rn. 100 ff.
499 *Rieble*, Arbeitsmarkt und Wettbewerb, § 1 Rn. 114.

bb) *Einstufung als Rechtsgut*

Heißt das nun, dass es im Bereich des Arbeitsmarktes schon keinen Wettbewerb gibt, der als Schutzgut in Frage kommen könnte? Dies lässt sich nicht sagen, denn auf der Individualebene findet tatsächlich ein solcher Wettbewerb statt, nämlich der zwischen den einzelnen Arbeitnehmern als Anbieter ihrer Leistung „Arbeitskraft" um Arbeitsplätze.[500] Ob dieser Wettbewerb zwischen den einzelnen Arbeitnehmern ein strafrechtliches Rechtsgut sein könnte, kann nicht mit Blick in das StGB beantwortet werden, dort finden sich bisher keine Normen, die den Schutz des Arbeitsmarktes zum Ziel hätten. Damit kann die Frage erst nach einer genaueren Betrachtung des Wettbewerbsbereichs und unter Anwendung der entwickelten Rechtsgutskriterien beantwortet werden. Dies soll in einem eigenen Punkt im Vergleich zu anderen Wettbewerbsbereichen erfolgen.[501]

cc) *Berührungspunkte mit Neuroenhancement*

Zu klären ist nun, inwieweit in diesem Wettbewerbsbereich die Neuroenhancement-Problematik bedeutsam werden kann. Eine Steigerung der eigenen Leistungsfähigkeit kann sich sowohl schon bei der Einstellung als auch später bei der Beförderung auswirken. Im Leistungswettbewerb zwischen den einzelnen Arbeitnehmern spielt für den beruflichen Aufstieg auch die erbrachte Leistung eine Rolle, welche durch die Einnahme von Neuroenhancern möglicherweise positiv beeinflusst werden kann. Aufgrund der „Konkurrenz" zwischen den Arbeitnehmern ist ein Verhalten zu beobachten, das darauf ausgerichtet ist, „die eigenen Vorteile so zu nutzen, dass die Wahrscheinlichkeit, dass andere die gleichen Ziele erreichen, z.B. einen guten Posten, Lohnerhöhungen etc., geringer wird"[502]. Neuroenhancement würde jedenfalls als Mittel, die eigenen Chancen zu erhöhen und damit die der Konkurrenten zu verringern, den (innerbetrieblichen) Wettbewerb betreffen. Allerdings ist die Leistung, sofern sie überhaupt objektiv bestimmbar ist, da dabei oft nicht nur quantitative, sondern auch qualitative Merkmale berücksichtigt werden müssen, oft nur ein Aspekt, wenn es um die Entscheidung über den Aufstieg in einem Unternehmen geht. Auffällig ist auch, dass die Analyse der Antworten der Teilnehmer des DAK-Reports 2015 ergab, dass die Bereitschaft zur Einnahme von Neuroenhancement-Mitteln steigt,

---

500 *Rieble*, Arbeitsmarkt und Wettbewerb, § 1 Rn. 124.

501 Näheres unten 2. Kapitel II. 4. a) (ab S. 108).

502 *Flodell*, Miteinander oder Gegeneinander, S. 29.

wenn der Betroffene häufig an der Grenze der Leistungsfähigkeit arbeitet.[503] Die Einnahme erfolgt also nicht primär, um sich gegenüber anderen Mitarbeitern einen Vorteil zu verschaffen, sondern um überhaupt den Leistungsdurchschnitt zu schaffen. Es geht also nicht darum, besser zu sein als die anderen, sondern um deren Niveau zu erreichen und somit auch seinen Arbeitsplatz zu behalten.[504] Damit kann Neuroenhancement im Wettbewerb zwischen den Arbeitnehmern innerhalb eines Betriebes eine Rolle spielen, trifft aber nicht das aufgeworfene Problem, sich einen ungerechtfertigten Vorteil zu verschaffen. Es wird in diesem Bereich mehr genutzt, um eigene Leistungsdefizite auszugleichen und überhaupt mithalten zu können.

Das Ziel, wirklich besser zu sein als andere, spielt einen Schritt früher eine größere Rolle, wenn es bei der Frage der Einstellung darauf ankommt, den Mitbewerber mit guten Zeugnissen, Kenntnissen und Fähigkeiten auszustechen. Gerade was die fokussierte Konzentration im Bewerbungsgespräch angeht, könnte diese dann auch durch die Einnahme diverser Enhancement-Mittel hergestellt werden. Hinsichtlich der Konkurrenz um die Erlangung des Arbeitsplatzes spielen neben der Persönlichkeit und dem Auftreten in der Bewerbungssituation aber auch die Noten in den Bildungsabschlüssen eine entscheidende Rolle. Hierbei ist jedoch zu unterscheiden: Die Erlangung guter Schul-, Ausbildungs- und Studienzeugnisse betrifft (noch) nicht den Arbeitsmarkt selbst, sondern einen anderen Wettbewerbsbereich, nämlich den innerhalb des Bildungssystems.

d) Wettbewerb im Bildungssystem

aa) Definition

Im Zusammenhang mit dem Wettbewerb auf dem Arbeitsmarkt sind noch andere, dem arbeitsmarktlichen Wettbewerb vorgelagerte Bereiche anzusprechen: Der Wettbewerb zwischen Bewerbern für einen Berufsausbildungs- oder Studienplatz und davor noch die Konkurrenz der Schüler um gute Noten. In der allgemeinen Definition bezeichnet das Bildungssystem „das Gefüge aller

503 DAK-Gesundheitsreport 2015, S. 75, https://www.dak.de/dak/download/vollstaendiger-bundesweiter-gesundheitsreport-2015-1585948.pdf (zuletzt abgerufen am 01.10.2017).

504 Die Analyse im DAK-Gesundheitsreport ergibt auch, dass Erwerbstätige, die befürchten ihren Arbeitsplatz zu verlieren oder ihre Chancen am Arbeitsmarkt schlechter einschätzen, häufiger pharmakologisches Neuroenhancement betreiben. DAK-Gesundheitsreport 2015, S. 71 f., https://www.dak.de/dak/download/vollstaendiger-bundesweiter-gesundheitsreport-2015-1585948.pdf (zuletzt abgerufen am 01.10.2017).

Einrichtungen und Möglichkeiten des Erwerbs von Bildung in einem Land."[505] In Deutschland beinhaltet das Bildungssystem zum einen das Schulsystem mit dem Primarbereich, der die 1. bis 4. Klasse umfasst (in Berlin und Brandenburg bis zur 6. Klasse). Dem folgt die Sekundarstufe I vom 5. bis 9. (bzw. 10.) Schuljahr, sie unterliegt den länderspezifischen Regelungen für die Haupt-, Real- und Gesamtschule sowie das Gymnasium. Die abschließende Sekundarstufe II schließt die Klassen 11 bis 12 bzw. 13 der Gymnasien bzw. Gesamtschulen an. Ferner lassen sich unter dem Sekundarbereich II auch die berufsbildenden Schulen sowie Berufskollegs oder Berufsober- oder Förderschulen als Sonderformen schulischer Berufsbildung fassen. Den Abschluss bildet die allgemeine oder fachgebundene Hochschulreife.[506] Der Bereich der universitären Ausbildung und der (Fach)Hochschulen ist ebenfalls dem Bildungssystem zuzuordnen.

bb) Einstufung als Rechtsgut

Ob der Wettbewerb der Teilnehmer an Prüfungen innerhalb des Bildungssystems ein strafrechtliches Rechtsgut sein kann, lässt sich, wie beim Wettbewerb auf dem Arbeitsmarkt, nicht mit Blick auf Rechtsgüter bestehender Strafnormen lösen. Damit kann auch die Frage, ob eine solche Wettbewerbssituation im vorberuflichen Bereich, also zwischen Schülern, Auszubildenden und Studenten untereinander tatsächlich als zu schützendes Rechtsgut in Betracht kommt, erst nach einer Anwendung der entwickelten Rechtsgutskriterien beantwortet werden.

cc) Berührungspunkte mit Neuroenhancement

Im Bildungssystem konkurrieren die Teilnehmer um die bestmöglichen Prüfungsergebnisse, welche Voraussetzung dafür sind, den begehrten Ausbildungs-, Studien- oder Arbeitsplatz zu erhalten. Und auch in diesem Bereich spielt für das Erreichen des Ziels die eigene geistige Leistung eine große Rolle. In vielen Studiengängen gibt es noch einen „numerus clausus", so dass es im Wettbewerb um den Zugang zu diesen Studienfächern gerade darauf ankommt, bessere Noten

---

505 *Gabler* Wirtschaftslexikon, Stichwort: Bildungswesen/-system, http://wirtschaftslexikon.gabler.de/Archiv/596505845/bildungswesen-system-v3.html (zuletzt abgerufen am 01.10.2017).

506 Vgl. auch zum Vorstehenden die ausführliche Erklärung in *Gabler* Wirtschaftslexikon, Stichwort: Bildungswesen/-system, http://wirtschaftslexikon.gabler.de/Archiv/596505845/bildungswesen-system-v3.html (zuletzt abgerufen am 01.10.2017).

vorzulegen, als die anderen Konkurrenten um die begrenzte Anzahl der Plätze.[507] Um die Voraussetzungen hierfür zu verbessern, ist es ebenfalls naheliegend, die eigene Konzentrations- und Leistungsfähigkeit mittels Neuroenhancement zu steigern und sich so in wichtigen Prüfungen einen Vorteil zu verschaffen. Auch was die Vergabe von Ausbildungsplätzen angeht, kommt es auf die Noten an. Bei begehrten Betrieben sind die Stellen nur in begrenzter Zahl vorhanden und wieder entscheidet die bessere Leistung in Form des besseren Zeugnisses über den Zugang zu einem solchen guten Ausbildungsplatz. Aus dem Hochschulabschluss ergibt sich dann wiederum der Zugang zu einem bestimmten Segment des Arbeitsmarktes und insbesondere im akademischen Bereich meist zu einer höher vergüteten Arbeitsstelle (z.B. im Gesundheitssektor liegt die Vergütung eines Arztes deutlich über der eines Krankenpflegers). Aus der Wahl des Ausbildungsbetriebes kann sich ebenfalls ein Vorteil für den Arbeitsmarkt ergeben, etwa in der besseren Chance, übernommen zu werden oder allgemein in einer besseren Position auf dem Arbeitsmarkt, wenn man aus einem renommierten Ausbildungsbetrieb kommt. In all diesen Bereichen kann es damit einen nicht unerheblichen Anreiz geben, sich mittels Neuroenhancements eine (vermeintlich) bessere Ausgangslage bei Prüfungen gegenüber den Konkurrenten, also den Mitschülern, Mitstudenten und damit Mitbewerbern um Ausbildungsplatz, Studienplatz oder Job zu schaffen.

e) Sportlicher Wettbewerb

aa) Definition

Einen weiteren potentiell schutzbedürftigen „Wettbewerbsausschnitt" stellt der sportliche Wettbewerb dar. Der sportliche Wettbewerb beschränkt den allgemeinen oben definierten Wettbewerb auf den Bereich des Sports. Den „Sport" selbst zu definieren ist nicht ganz einfach, in der einschlägigen Literatur finden sich unterschiedliche Definitionen, die ihren Fokus auf verschiedene Aspekte des Begriffs legen.[508] *Grieswelle* fasst unter Sport alle Tätigkeiten zusammen, „die

---

507 Insbesondere für Medizin und Pharmazie ist ein sehr hoher Notendurchschnittswert notwendig. In Niedersachsen lag die Auswahlgrenze nach der Abiturbestennote für Medizin im Wintersemester 2017/2018 bei 1,1; in Berlin bei 1,0 (https://zv.hochschulstart.de/fileadmin/media/zv/nc/wise2017_18/nc_zv_ws17.pdf, zuletzt abgerufen am 09.12.2017). Zu weiteren Werten, auch für andere Fächer vgl. http://www.hochschulstart.de/ und http://www.nc-werte.info/).

508 *Lexikon* Sportwissenschaft, S. 764; vgl. auch Fritzweiler/Pfister/Summerer-*Pfister* Einführung Rn. 3.

vorwiegend körperliche Bewegungen (motorische Aktivitäten) sind; die zielgerichtet nach körperlicher Leistung streben, d.h. auf bestimmte Gütestandarts bezogen sind; bei denen die Beherrschung der leiblichen Motorik ausdrücklich thematisiert und zu einer Fertigkeit gemacht wird, die man lernen und einüben kann; die kein Produkt (Werk) im engeren Sinne (im Rahmen von Gewerbe, Kunst, Wissenschaft etc.) fertigen und von hier her gesteuert werden und ihren Sinn erfahren; die in einer Sportart, also nach spezifischen, sozial definierten Mustern stattfinden."[509] Diese sehr auf den körperlichen Aspekt ausgerichtete Definition zeigt schon einzelne Problemfelder auf, denn nach ihr würden sogenannte „Denksportarten" wie Schach oder der aufkommende E-Sport[510] schon nicht mehr vom Sportbegriff umfasst werden. *Lüschen* und *Weis* definieren den Sport allgemeiner, weshalb hier auch Denksportarten und der Sport mit Tieren umfasst sein können: „Sport ist soziales Handeln, das sich in spielerischer Form als Wettkampf zwischen zwei oder mehr Parteien (oder gegen dir Natur) abwickelt und über dessen Ausgang Geschicklichkeit, Taktik und Strategie entscheiden."[511]

Dass in dieser Definition von Sport auf „Wettkampf" Bezug genommen wird, zeigt deutlich, wie sehr Wettbewerb in seiner ursprünglichen Idee mit dem Sport zusammen hängt. Bevor es schließlich im wirtschaftlichen Kontext verwendet wurde, kam das Wort als Wettlauf (15. Jahrhundert), Wettkampf und Wettrennen (16. Jahrhundert) sowie Wettstreit (Ende des 17. Jahrhunderts) immer im Zusammenhang mit dem Sport vor.[512]

Es gibt zahlreiche weitere Definitionen, die versuchen, Mängel oder Einseitigkeiten vorangegangener Definitionen auszugleichen,[513] die aber für die hier zu bearbeitende Fragestellung nach dem sportlichen Wettbewerb eine eher untergeordnete Rolle spielen. Der in dieser Arbeit verwendete Sportbegriff soll menschliche Verhaltensformen klassifizieren, die unter dem Merkmal körperlicher (ggf. auch rein geistiger) Kraftaufwendung zusammengefasst sind und das Merkmal der persönlichen Leistungserbringung und deren Beobachtbarkeit

---

509 *Grieswelle*, Sportsoziologie, S. 29.

510 Der Begriff E-Sport bezeichnet den sportlichen Wettkampf zwischen Menschen mit Hilfe von Computerspielen (https://de.wikipedia.org/wiki/E-Sport).

511 *Lüschen/Weis*, Die Soziologie des Sports, S. 9.

512 *Zschaler*, FS Gömmel, S. 231 f.

513 Vgl. *Lexikon* Sportwissenschaft, S. 764 f; *Sportwissenschaftliches Lexikon* S. 494 f.; sehr ausführlich *Morgenroth*, Interesse als Einflussfaktor auf die Gesetzesbildung, S. 86 ff, der zu dem Ergebnis kommt, dass ein einheitlicher Sportbegriff für die Rechtswissenschaft weder auffindbar noch zielführend wäre (S. 98).

und Vergleichbarkeit erfüllen.[514] Der Vorteil dieser Definition ist, dass sie schon bei der Beschreibung des Sports auf die Beobachtbarkeit und Vergleichbarkeit abzielt, welche eine Verbindung zum Wettbewerb herstellen. Der „Teil" der sportlichen Betätigung, auf den es hier ankommt, muss als Grundvoraussetzung diese Eigenschaften erfüllen, um in einem Wettbewerb ausgeübt werden zu können. Entscheidend für die Entwicklung einer sportlichen Betätigung zu einem sportlichen Wettbewerb war es, dass nicht reglementiertes Spielen und andere sportliche Betätigungen reguliert wurden, was erst dazu führte, dass – wie im modernen Sportbegriff gefordert – die Leistungen objektiv vergleichbar wurden, wozu meist ein Parameter als Maßstab (etwa Zeit, Weite, erzielte Punkte) dient.[515] Vom hier gewählten Sportbegriff zum sportlichen Wettbewerb führt also die Objektivierung der in der Betätigung schon selbst angelegten Vergleichbarkeit der persönlichen Leistungserbringung.

Wichtiges Kennzeichen des sportlichen Wettbewerbs ist die Befolgung *positiver* Regeln, welche durch die den Sport organisierenden und regulierenden Verbände aufgestellt werden.[516] Die Einhaltung dieser Wettbewerbsregeln durch die Teilnehmer wird von Schiedsrichtern überwacht.[517] Bei einem Verstoß greifen *negative* Regeln, die für die Verletzung des sportlichen Wettbewerbs Sanktionen vorsehen. Die Standardisierung der zu befolgenden Wettkampfregeln erfolgte durch die Sportverbände,[518] unter denen sich die Sportvereine im nationalen und später auch im internationalen Bereich zusammengeschlossen haben.[519] Inhaltlich bestimmen diese Regeln sowohl die Form des Wettbewerbs und die Art der Leistungsermittlung (Punktewertung usw.), als auch die zu erfüllenden Standards, was etwa Bewegungsabläufe und zulässige Hilfsmittel sowie die Gestaltung der Sportgeräte angeht. Die die Regeln festlegenden Sportfachverbände sind dabei pyramidenförmig angeordnet – die einzelnen Vereine sind stets einem regionalen, nationalen und internationalen Vereinsverband untergeordnet – welche die organisatorischen Vorgaben liefern.[520]

514 *Momsen*, Sport und Doping, S. 196.

515 *Adolphsen*, Internationale Dopingstrafen, S. 160.

516 Ausführlich Fritzweiler/Pfister/Summerer-*Pfister* Einführung Rn. 20 ff.

517 *Adolphsen*, Internationale Dopingstrafen, S. 160.

518 Ausführlich zur Binnenstruktur des Sports Fritzweiler/Pfister/Summerer-*Pfister* Einführung Rn. 13 ff.; vgl. auch *Adolphsen*, Internationale Dopingstrafen, S. 160.

519 Vgl. *Momsen-Pflanz*, Die sportethische und strafrechtliche Bedeutung des Dopings, S. 27 f.

520 *Reissinger*, Staatliche Verantwortung zur Bekämpfung des Dopings, S. 181 f. m.w.N.; *Kotzenberg*, Die Bindung des Sportlers an private Dopingregeln und private Schiedsgerichte, S. 23 ff.

bb) Einstufung als Rechtsgut

Seit dem Jahr 2017[521] finden sich im StGB zwei Normen, bei denen auf den ersten Blick ein „sportlicher Wettbewerb" Rechtsgut sein könnte: § 265c StGB schützt „das Ergebnis eines Wettbewerbs des organisierten Sports" und § 265d StGB den „berufssportlichen Wettbewerb". Fraglich ist nun, welche Rechtsgüter sich hinter diesen Begriffen verbergen. In der Gesetzesbegründung zu § 265c StGB ist von der „Integrität des Sports"[522] und dem „Vermögen" die Rede,[523] welche geschützt werden sollen.[524] Dies spiegelt sich auch in der systematischen Einordnung im Zweiundzwanzigsten Abschnitt des Besonderen Teils des StGB unter Betrug und Untreue wider, da die in diesem Abschnitt enthaltenen Straftatbestände primär dem Schutz des Vermögens dienen und beide neuen Straftatbestände nach der Gesetzesbegründung neben der Integrität des Sports ebenfalls Vermögensinteressen schützen.[525] Bei einem Fokus auf den Wettbewerbsbegriff hätte eine Einordnung im Sechsundzwanzigsten Abschnitt, bei den Straftaten gegen den Wettbewerb, näher gelegen. Der zuvor definierte „sportliche Wettbewerb" ist folglich nicht als Schutzgut dieser neuen Norm anzusehen.

Bei § 265d StGB ist die Lage hinsichtlich des geschützten Rechtsguts etwas unklarer. Auch hier stellt der Gesetzgeber in seiner Begründung eine Verbindung zur Integrität und Glaubwürdigkeit des Sports her und verweist auf die finanziellen Auswirkungen der Wettbewerbe mit berufssportlichem Charakter für die Beteiligten,[526] was ebenso wie die systematische Stellung für einen Schutz der „Integrität des Sports" und des Vermögens spricht.[527] Zusätzlich wird in der Gesetzesbegründung aber auch noch ein Bezug zu den wirtschaftlichen Auswirkungen des sportlichen Wettbewerbs und der daraus folgenden Nähe zu § 299 StGB hergestellt, weshalb es sachgerecht sei, ihn ebenfalls unter strafrechtlichen Schutz zu stellen.[528] Diese Formulierung könnte dafür sprechen, dass der Gesetzgeber auch den „sportlichen Wettbewerb" als geschütztes Rechtsgut der

---

521 Einundfünfzigstes Gesetz zur Änderung des Strafgesetzbuches – Strafbarkeit von Sportwettbetrug und der Manipulation von berufssportlichen Wettbewerben vom 11. April 2017, BGBl. I 2017, S. 815 ff.

522 Näheres zur Integrität des Sports unten bei 3. Kapitel II. 3. (ab S. 180).

523 BT-Drs. 18/8831, S. 10 f., 14 f.

524 BeckOK-StGB-*Bittmann/Nuzinger/Rübenstahl* § 265c Rn. 8.

525 BT-Drs. 18/8831, S. 12; BeckOK-StGB-*Bittmann/Nuzinger/Rübenstahl* § 265c Rn. 10.

526 BT-Drs. 18/8831, S. 20.

527 BT-Drs. 18/8831, S. 12.

528 BT-Drs. 18/8831, S. 20.

neuen Norm ansieht.[529] Allerdings finden sich keine näheren Ausführungen zu diesem möglichen Rechtsgut, es bleibt unklar, ob der Gesetzgeber diesem einen eigenständigen Gehalten neben der „Integrität des Sports" und dem Vermögen zumessen wollte.

Demnach ist weiterhin offen, ob der „sportliche Wettbewerb" überhaupt ein strafrechtliches Schutzgut sein kann. Diese Frage, ob dem sportlichen Wettbewerb Rechtsgutsqualität im strafrechtlichen Sinne zugestanden werden kann, lässt sich ebenfalls nicht ohne eine vertiefte Betrachtung und die Anwendung der oben entwickelten Kriterien zur Rechtsgutstheorie auf den sportlichen Wettbewerb beantworten.

cc) Berührungspunkte mit Neuroenhancement

Wiederum ist die Frage zu stellen, ob Neuroenhancement den sportlichen Wettbewerb überhaupt betrifft. Dies wäre dann der Fall, wenn die Steigerung der Leistungsfähigkeit durch die Einnahme solcher Mittel die Chancengleichheit verletzt, die durch die Wettkampfregeln gewährleistet werden soll. Voraussetzung für die Teilnahme an einem Wettkampf ist die Anerkennung der Teilnahmebedingungen. In diesen wird vom Veranstalter für gewöhnlich die Geltung der Internationalen Wettkampfbestimmungen für die jeweilige Sportart festgelegt. Als Beispiel hierfür soll der Berlin-Marathon 2017 dienen. Die Allgemeinen Bedingungen für die Teilnahme an SCC EVENTS Sportveranstaltungen, des Veranstalters des Berlin-Marathons, verweisen in § 1 Absatz 1 auf die Internationalen Wettkampfbestimmungen (IWB) des Deutschen Leichtathletik-Verbandes e. V. (DLV) und der International Association of Athletics Federations (IAAF).[530] Die Wettkampfbestimmungen wiederum beinhalten neben umfangreichen Regeln zur Organisation und Durchführung des Wettbewerbs auch eine Umsetzung des Welt-Anti-Doping-Codes in der aktuellen Fassung.[531]

529 So auch BeckOK-StGB-*Bittmann/Nuzinger/Rübenstahl* § 265d Rn. 8, 8.1 ff.

530 § 1 Absatz 1: Die SCC EVENTS Laufveranstaltungen werden – sofern ein Teilnehmer mit Startpass von einem Mitgliedsverein des DLV teilnimmt – nach den Bestimmungen (IWB) des Deutschen Leichtathletik Verbandes (DLV) und der International Association of Athletics Federations (IAAF) unter Aufsicht des Berliner und Brandenburger Leichtathletik-Verbandes durchgeführt. Für Teilnehmer, die nicht Mitglied eines im DLV organisierten Vereins sind und keinen Startpass haben, werden die Veranstaltungen entsprechend der vorgenannten Regeln durchgeführt. Abzurufen im Internet unter https://www.bmw-berlin-marathon.com/files/events/global/2017/teilnahmebedingungen.html (zuletzt abgerufen am 01.10.2017).

531 Kapitel 3 der Internationalen Wettkampfbestimmungen: Anti-Doping und Medizinische Regeln: Es gilt die aktuelle englische Fassung. https://www.leichtathletik.de/

Damit werden alle teilnehmenden Sportler an die Anti-Doping-Bestimmungen gebunden. Über die Teilnahmebestimmungen kann folglich die Geltung eines Anti-Doping-Codes in einem konkreten Wettkampf gewährleistet werden. Aber zu einer wirksamen Verhinderung des Dopings war und ist es erstrebenswert, die Anti-Doping-Bestimmungen auch außerhalb eines bestimmten Wettbewerbes, also für die Phase der Wettkampfvorbereitung und des allgemeinen Trainings, zu etablieren. Es sollte also eine von der Teilnahme an einem bestimmten Wettbewerb unabhängige Bindung des einzelnen Sportlers an die Anti-Doping-Normen erreicht werden, deren Einhaltung zumindest bei Spitzen- und Kaderathleten auch abseits der Wettkämpfe regelmäßig kontrolliert wird. Zu diesem Ziel wurde der schon genannte Welt-Anti-Doping-Code durch die Weltkonferenz über Anti-Doping im Sport beschlossen[532] und von fast allen internationalen Sportfachverbänden angenommen.[533] Seine möglichst umfassende Geltung kommt dadurch zu Stande, dass die Internationalen die ihnen angehörigen Nationalen Sportverbände verpflichten, den WADA-Code in ihr Regelwerk aufzunehmen. Für Deutschland erfolgte eine Umsetzung des Codes durch die Nationale Anti-Doping-Agentur (NADA)[534], welche das Werk als Nationalen Anti Doping Code (NADC) in die deutsche Sprache übersetzt und an das deutsche Rechtssystem angepasst hat.[535] Daher soll im Folgenden hauptsächlich auf den NADA-Code abgestellt werden. Die NADA wiederum hat den einzelnen in Deutschland bestehenden Sportverbänden durch Verträge auferlegt, den NADA-Code in ihr Verbandsregelwerk aufzunehmen. Dadurch erreicht man letztlich eine Verpflichtung der einzelnen Mitglieder der Sportverbände, also der Sportler auch außerhalb des Wettkampfs, aber ebenso der Trainer und Betreuer, die Anti-Doping-Bestimmungen anzuerkennen.[536]

---

fileadmin/user_upload/12_Service/Wettkampforganisation/01_Bestimmungen_Satzung_Vordrucke/Wettkampfbestimmungen/IWR_Internationale_Wettkampf-Regeln.pdf (zuletzt abgerufen am 01.10.2017).

532 *Reissinger*, Staatliche Verantwortung zur Bekämpfung des Dopings, S. 183.

533 Dazu und zum Folgenden Näheres auf der Informationsseite der NADA, https://www.nada.de/de/recht/anti-doping-regelwerke (zuletzt abgerufen am 01.10.2017); *Reissinger*, Staatliche Verantwortung zur Bekämpfung des Dopings, S. 183 f; *Kotzenberg*, Die Bindung des Sportlers an private Dopingregeln und private Schiedsgerichte, S. 29 ff.

534 Zur NADA siehe auch *WD*, Anti-Doping in Deutschland, WD 10 – 3000 – 114/12 S. 12 ff.

535 NADC 2015, S. 7; *Singer*, Anti-Doping-Strategien im internationalen Vergleich, WD 10 – 3000 – 004/10 S. 24 ff.

536 Als Beispiel soll der Deutsche Leichtathletik Verband dienen: In § 5.2 der Satzung des DLV ist festgelegt, dass die Landesverbände gehalten sind, ihre eigenen Satzungen so

Diese rein privatrechtliche Bindung an den Anti-Doping-Code birgt durchaus Probleme, allerdings genügt es an dieser Stelle festzuhalten, dass eine solche Verbindung besteht.[537]

Der NADA-Code enthält genaue Angaben darüber, wann Verstöße gegen die Anti-Doping-Bestimmungen gegeben sind. Wichtig ist in diesem Zusammenhang vor allem eine Liste mit Stoffen und Substanzen, bei deren Nachweis in einer Probe ein Doping-Vergehen angenommen wird.[538] Diese Verbotsliste enthält von den zu Beginn beispielhaft vorgestellten Neuroenhancement-Mitteln Amphetamin, Modafinil und Ritalin als im Wettkampf verbotene Substanzen.[539] Coffein gilt zwar nicht mehr[540] als verbotene Substanz, wurde aber in das Überwachungsprogramm aufgenommen.[541] Damit betrifft das hier betrachtete

---

zu fassen, dass sie u.a. den Anti-Doping-Code (ADC) zum Inhalt des eigenen Satzungswerks machen. Der ADC wiederum nennt in § 1 als Grundlage der Bekämpfung des Dopings und des Medikamentenmissbrauchs den Nationalen Anti Doping Code (NADC) der Nationalen Anti Doping Agentur (NADA) in seiner jeweils gültigen Fassung. Durch diese (allerdings nicht unproblematische, vgl. nächste Fußnote) Verweisungstechnik kann letztlich eine Bindung der einzelnen Mitglieder der Leichtathletikverbände erreicht werden.

537 Zu den rechtlichen Fallstricken bei der Umsetzung des NADA-Codes *Nagel* causa sport 2009, 29ff; *Momsen-Pflanz*, Die sportethische und strafrechtliche Bedeutung des Dopings, S. 29 ff., die die Verbindlichkeit von Vereins-/Verbandsregelwerken für den Sportler näher erörtert. Ausführlich zur Bindung an die Sanktionsnormen *Lüer*, Dopingstrafen im Sport und der Grundsatz „Ne bis in idem", S. 49 ff; *Kotzenberg*, Die Bindung des Sportlers an private Dopingregeln und private Schiedsgerichte, S. 32 ff. Zum Geltungsbereich des WADA-Codes vgl. auch *Glocker*, Die Strafrechtliche Bedeutung von Doping, S. 43 ff; *Reissinger*, Staatliche Verantwortung zur Bekämpfung des Dopings, S. 181 f. m.w.N.; *Lüer*, Dopingstrafen im Sport und der Grundsatz „Ne bis in idem", S. 37 ff; *Senkel*, Play True, S. 34 ff.

538 Artikel 2.1. NADC 2015, S. 10 ff.

539 Verbotsliste der WADA 2016 – informatorische Übersetzung der NADA: Amphetamin und Modafinil gelten als verbotene nicht-spezifische Stimulantien, Methylphenidat (Ritalin) fällt unter die verbotenen spezifischen Stimulantien, S. 8, http://www.nada.de/fileadmin/user_upload/nada/Medizin/160620_Verbotsliste_2016.pdf (zuletzt abgerufen am 01.10.2017); *Körner/Patzak/Volkmer* Stoffe Teil 2 Kap. 3 Rn. 119, 121, 122; vgl. auch *Deventer/Roels/Delbeke/Van Eenoo* Analytical and Bioanalytical Chemistry 2011, 401 (2), 421 ff.

540 Zur ursprüngliche Fassung des Anhangs zum Übereinkommen gegen Doping *Körner/Patzak/Volkmer* AMG § 95 Rn. 86; seit 2004 steht Koffein nicht mehr als Dopingsubstanz auf der Verbotsliste.

541 Verbotsliste der WADA 2016, informatorische Übersetzung der NADA: „....Koffein...: Diese Substanzen sind in das Überwachungsprogramm für 2016 aufgenommen

Neuroenhancement, zumindest für die Einnahme bestimmter, sich auf der Verbotsliste befindender Substanzen, als ein Fall des „Dopings", den sportlichen Wettbewerb.

f) Ergebnis

Nach einem Versuch der Eingrenzung des Wettbewerbs und einer Betrachtung verschiedener Wettbewerbsbereiche bleibt Folgendes festzuhalten: Das Phänomen Neuroenhancement lässt sich zwar in unterschiedlichsten Bereichen des Wettbewerbs feststellen, allerdings nicht überall mit der gleichen Problematik. Im wirtschaftlichen Wettbewerb zwischen Unternehmen kann es zwar eine Rolle spielen, allerdings ist es dort nur schwer fassbar. Es darf angezweifelt werden, dass sich hier eine Verbindung zwischen Neuroenhancement und unlauterem Verhalten feststellen lässt. Auch stellt Neuroenhancement in diesem Bereich kein allgemeines Wettbewerbsproblem dar, da primär nicht die Unternehmen selbst als Akteure am Wirtschaftsmarkt, sondern die einzelnen Mitarbeiter betroffen sind. Hinsichtlich des Wettbewerbs zwischen den am Arbeitsmarkt konkurrierenden natürlichen Personen ist festzuhalten, dass Neuroenhancement eine Rolle spielen kann, um die Chancen auf eine Aufstiegsmöglichkeit zu verbessern. Was den Zugang zu einem Arbeitsplatz angeht, ist meist der erreichte Bildungsabschluss das ausschlaggebende Kriterium. Insoweit dabei die Zeugnisnoten eine entscheidende Rolle spielen, wurden die Voraussetzungen schon zuvor geschaffen. Dann ist aber nicht mehr der Arbeitsmarkt, sondern der Bereich des Bildungssystems als eigener Wettbewerbsteil betroffen. Insbesondere was den Wettbewerb in Schule und Studium angeht, spielt die Verbesserung der eigenen Leistung in Prüfungen durch Neuroenhancement eine zunehmend größere Rolle. Schließlich ist noch der sportliche Wettbewerb zu nennen, in dem Neuroenhancement als Teilbereich des allgemeinen Dopings ein großes Problem darstellt. Die zu Beginn des Kapitels gebildete Assoziationskette zwischen „Doping im Sport" und „Hirndoping – Neuroenhancement" lässt erahnen, dass sich zwischen beiden Verhaltensweisen viele Parallelen ziehen lassen und damit der sportliche Wettbewerb einen wichtigen Anhaltspunkt bei der Suche nach einem möglichen „Wettbewerb" als Schutzgut bildet.

---

und gelten nicht als verbotene Substanzen", Fußnote S. 9, http://www.nada.de/fileadmin/user_upload/nada/Medizin/160620_Verbotsliste_2016.pdf (zuletzt abgerufen am 01.10.2017).

Inwieweit diese von Neuroenhancement stark betroffenen Wettbewerbsbereiche strafrechtliche Rechtsgüter sein könnten, soll im Folgenden untersucht werden.

4. Rechtsgüter mit Wettbewerbsbezug

Wie die bisherigen Ausführungen zeigen, betrifft Neuroenhancement zwar das Rechtsgut „Gesundheit", der anfangs beschriebene,[542] im Zusammenhang mit einem Vorteil im Wettbewerb stehende Kern des Problems wird davon aber nicht hinreichend umfasst. Es bleibt damit festzustellen, ob die genannten Wettbewerbssituationen auch außerhalb des Sports und der Wirtschaft, also insbesondere im Zusammenhang mit Prüfungen (an Schulen und Hochschulen), miteinander vergleichbar und damit potentiell schutzwürdig sind. Insbesondere ist zu prüfen, ob es sich bei diesen speziellen Wettbewerbsbereichen um wirkliche Rechtsgüter handeln kann. Danach ist es auch möglich zu prüfen, ob die Einnahme leistungssteigernder Mittel in einem solchen klar umgrenzten Bereich eine strafrechtliche Reaktion auf dieses wachsende Phänomen erfordern könnte. Zu klären wäre dabei, inwieweit durch dieses Verhalten das gefundene Rechtsgut beeinträchtig wird. Damit ist unter Konkretisierung der zuvor angestellten allgemeinen Überlegungen zum Rechtsgut[543] als grundlegendem Ausgangspunkt für die nachgelagerte Frage einer möglichen Strafbarkeit zu analysieren, ob es schützenswerte Rechtsgüter mit Bezug zu den genannten Wettbewerbsbereichen geben kann und wie diese konkret ausgestalten sein müssten.

a) Vergleich der Wettbewerbsbereiche

In der Sache liegt das Problem in der Abgrenzbarkeit der genannten Wettbewerbssituationen zu dem „allgemeinen Lebenswettbewerb" um beliebige Ressourcen und Interessen, wie er jeden Tag immer und überall stattfindet. Um bestimmte Bereiche des Wettbewerbs herausnehmen zu können, sind zunächst abstrakte Muster zu ermitteln, die einen konkreten Wettbewerb charakterisieren.

Aus der allgemeinen Wettbewerbsdefinition ergibt sich, dass man im Wettbewerb mit anderen Wettbewerbern um etwas konkurriert. In der Wirtschaft entsteht eine Konkurrenz um Vertragsabschlüsse, also darum, mit anderen Marktteilnehmern wirtschaftlich günstig zu interagieren und Geschäfte zu

542 Oben in der Einleitung (ab S. 12) und 2. Kapitel II. 3. a) (ab. S. 87).
543 Oben 2. Kapitel I. 4. (ab S. 60).

machen. Im sportlichen Wettbewerb konkurriert man mit anderen Wettbewerbern um die beste Platzierung in einem Ranking. Im gesellschaftlichen Bereich gibt es unzählige Situationen, in denen man in Konkurrenz zu anderen steht: Um einen Arbeitsplatz, eine freie Wohnung, u.v.a. und eben um möglichst gute Prüfungsergebnisse. Die erstgenannten Konkurrenzen gleichen der Situation im wirtschaftlichen Wettbewerb. Es handelt sich oftmals um „alles oder nichts" Entscheidungen, was ein bestimmtes Objekt, um das man konkurriert, angeht. Entweder es kommt zum Vertragsabschluss, oder nicht. Dazwischen gibt es nichts. Diese Art des Wettbewerbs ist auch mit dem oben beschriebenen Wettbewerb auf dem Arbeitsmarkt zu vergleichen. Entweder man wird befördert, oder ein anderer bekommt den Posten; bei einer ausgeschriebenen Stelle ist nur einer von vielen Bewerbern erfolgreich. Allerdings ergeben sich immer wieder unzählige neue Möglichkeiten, man kann parallel um verschiedene Dinge zur Erreichung eines bestimmten Ziels konkurrieren. Man kann sich etwa gleichzeitig auf unterschiedliche Stellen bewerben und unabhängig von der Frage einer Beförderung Gehaltsverhandlungen führen. Auch bei der Wohnungssuche kann man sich parallel für mehrere Objekte interessieren, um das Ziel, eine neue Bleibe zu finden, zu erreichen. Nur hinsichtlich jeder einzelnen potentiellen Wohnung bleibt es bei der „alles oder nichts" Entscheidung, nur ein Bewerber wird den Zuschlag erhalten, alle anderen Konkurrenten gehen diesbezüglich leer aus. Diese Form der Ausschlusskonkurrenz im Wirtschaftsbereich unterscheidet sich von der Wettbewerbssituation im sportlichen Bereich, in welchem es mehr Abstufungen gibt. Im sportlichen Wettkampf ist oft nicht nur die Frage zwischen „gewinnen" oder „verlieren" entscheidend, welche im wirtschaftlichen Wettbewerb ja die einzige Möglichkeit darstellt. Im Sport gibt es unterschiedliche Platzierungen, nicht nur der Erste erhält eine Siegprämie, auch die nachfolgenden Plätze hinter dem Sieger spielen eine wichtige Rolle. Oft werden dafür ebenfalls noch beachtliche Preisgelder ausgezahlt und für die Suche nach Sponsoren kommt es ebenfalls auf eine gute Wertung im Gesamtklassement an. Bei regelmäßig wiederkehrenden Wettbewerbssituationen kann man sich damit auf einer Skala, einer Rangliste bzw. in einer Tabelle, auf oder ab bewegen. Ein weiterer Unterschied zum wirtschaftlichen Wettbewerb besteht darin, dass es im sportlichen nicht so unzählig viele Möglichkeiten gibt, erneut in Konkurrenz zu treten. Die Wettbewerbe sind von Organisationen geregelt, man bewegt sich nicht auf „freiem Feld", sondern misst sich in einem institutionalisierten Rahmen, in festgelegten Prüfungen miteinander. Darüber hinaus folgen die Wettkämpfe festen, im Vorhinein festgelegten und für alle Wettkämpfe gleichermaßen geltenden Regeln. Für den Wettbewerb auf dem Arbeitsmarkt oder um eine Mietwohnung gibt es solche starren, allgemeingültigen Regeln nicht. Die

Konkurrenz im Wettbewerb innerhalb des Bildungssystems gleicht nun wieder mehr der eben im Sport beschriebenen Situation. Es gibt verschiedene Noten und damit Abstufungen, auch liegt in diesem Wettbewerbsbereich keine Ausschlusskonkurrenz vor. Das verfolgte Ziel, ein möglichst gutes Ergebnis, können hierbei sogar mehrere Wettbewerbsteilnehmer gleichzeitig erreichen. Die Möglichkeit miteinander in Konkurrenz zu treten ist im Bildungssystem ebenfalls beschränkt. Zumindest schriftliche Prüfungen finden zwar regelmäßig, aber in einem vorgegebenen Rahmen statt, es gibt damit nicht die Möglichkeit, unzählig oft in eine Wettbewerbssituation zu treten. Auch folgen die Prüfungen festen, im Voraus bestimmten und für alle Wettbewerbssituationen gleich gültigen Regeln. Hierin liegt ebenfalls eine Gemeinsamkeit des sportlichen Wettbewerbs mit dem im Bildungssystem, der diese Bereiche von den anderen genannten unterscheidet.

Man kann zwischen Wettbewerben folglich zunächst danach differenzieren, ob sie im Großen und Ganzen frei ablaufen,[544] und auf ein bestimmtes Objekt bezogen eine Ausschlussentscheidung verlangen. Dies ist der Fall, wenn nur ein Wettbewerber das konkrete Ziel erreichen kann, wobei es quasi immer wieder neue Möglichkeiten und Ziele gibt. Hierunter fallen der wirtschaftliche Wettbewerb, der Wettbewerb am Arbeitsmarkt und große Teile des sonstigen gesellschaftlichen Wettbewerbs wie etwa der auf dem Wohnungsmarkt. Solche Formen sind von den geschlosseneren Wettbewerbsarten zu unterscheiden, in welchen durch eine Institutionalisierung die Auswahlmöglichkeit, auf welche Weise ein Ziel erreicht wird, von festen Regeln eingeschränkt ist. Diese Wettbewerbsformen lassen allerdings auch Differenzierungen im Hinblick auf das zu erreichende Ziel zu, es gibt gerade keine reinen Ausschlussentscheidungen. Von den genannten Bereichen kennzeichnet dies den sportlichen Wettbewerb und den Wettbewerb im Bildungssystem.

Eine andere Möglichkeit des Vergleichs ist es, die im Wettbewerb erbrachten Leistungen zu betrachten. Sie gelten als Parameter um zu beurteilen, welcher Konkurrent der erfolgreichere ist bzw. mit welchem man eine vertragliche Beziehung eingehen möchte. Im wirtschaftlichen Wettbewerb entscheiden dabei vor allem Preis und Qualität der Ware oder Dienstleitung über das Erreichen des Ziels in Form des Zustandekommens geschäftlicher Beziehungen. Dies sind jedoch sehr allgemeine Kriterien, die für jeden konkreten Fall aufs

---

544 Dass es auch im wirtschaftlichen Wettbewerb Regeln gibt, wurde oben (…) schon erwähnt bzw. auch die anderen gesellschaftlichen Wettbewerbe sind in gewisser Form ritualisiert (Bewerbungsverfahren, betriebsinterne Beurteilungen usw.).

Neue näher bestimmt werden müssen und sich damit wieder als sehr unterschiedlich und vielfältig darstellen, was eine Abgrenzung erschwert. Im Bereich des Arbeitsmarktes gibt es theoretisch unzählige Möglichkeiten, die Leistungen zu vergleichen. So kann etwa die Anzahl der Geschäftsabschlüsse oder Erledigungen eines Mitarbeiters ein Maßstab sein. Allerdings ist es praktisch durch die zunehmende Überschneidung von Arbeitsbereichen und Häufung von Teamarbeit in vielen Bereichen sehr schwierig, valide objektive Kriterien für einen Leistungsvergleich zu finden. Beim Bewerbungsgespräch als Teil des Wettbewerbs im Zusammenhang mit dem Zugang zum Arbeitsplatz ist es fast nicht möglich, verallgemeinerbare Maßstäbe für einen Vergleich der Bewerber zu finden. Im Ergebnis werden, wie etwa auch beim Wettbewerb auf dem Wohnungsmarkt, „weiche" Kriterien wie Sympathie und persönliche Präferenzen, die letztliche Entscheidung zumindest mitbeeinflussen. Im sportlichen Wettbewerb hingegen sind es zwar in jeder Disziplin unterschiedliche, aber überall objektive „harte" Kriterien, die die Leistungen vergleichbar machen. In klassischen Sportarten sind etwa Höhe, Weite, Zeit oder Geschwindigkeit die entscheidenden zu messenden Parameter, in anderen gibt es verschiedene Punktesysteme, welche am Ende zu einem Gesamtvergleich bzw. dem Sieg bei der höchsten Punktzahl führen. Gemeinsam ist jeweils, dass diese Werte objektiv ermittelt werden, für jeden Konkurrenten gelten annähernd die gleichen Bedingungen, die Zahlen sind nachprüfbar. Diese Voraussetzungen treffen auch auf den Wettbewerb im Bildungssystem zu. Die Leistung, welche bei Prüfungen erbracht wird, wird innerhalb eines einheitlichen Systems benotet. Alle Prüflinge eines Durchgangs müssen die gleichen Aufgaben innerhalb der gleichen Zeit lösen, am Ende werden die Arbeiten anhand einer einheitlichen Lösungsskizze beurteilt. Die Leistung selbst liegt dabei in der Fähigkeit, die vorgegebene Aufgabenstellung schriftlich unter bestimmten Voraussetzungen zu lösen bzw. in mündlichen Prüfungen eine selbsterarbeitete Lösung zu präsentieren. Damit ist auch bei dem Vergleich der zu beurteilenden Leistungen eine größere Gemeinsamkeit zwischen dem Wettbewerb im Bildungssystem und dem sportlichen Wettbewerb festzustellen, als zwischen diesen und dem wirtschaftlichen Wettbewerb und insbesondere dem auf dem Arbeitsmarkt.

b) Zwischenergebnis zum Vergleich der Wettbewerbsbereiche

Als Ergebnis des Vergleichs der Wettbewerbsbereiche zeigt sich, dass es zwischen dem Wettbewerb im sportlichen Bereich und dem innerhalb des Bildungssystems die größten Gemeinsamkeiten gibt. Beide lassen sich durch den institutionalisierten Rahmen, das Fehlen einer (absoluten) Ausschlusskonkurrenz und die einfache Möglichkeit des Leistungsvergleichs anhand feststehender und gleichbleibender Werte von den anderen Bereichen abgrenzen. Der wirtschaftliche Wettbewerb und der auf dem Arbeitsmarkt sind, was die möglichen Konkurrenzsituationen angeht, sehr vielfältig. Hierbei wird sich nur selten ein formalisierter Rahmen finden lassen. Auch ist der Vergleich der Leistungen in diesen Bereichen schwieriger, da dieser sich meist nicht an konkreten, von Beginn an feststehenden Parametern orientiert, sondern oft verschiedene Kriterien in Wechselwirkung miteinander treten, welche sich auch im Laufe der Zeit verändern bzw. anpassen können. Damit fällt hinsichtlich des wirtschaftlichen Wettbewerbs und des Wettbewerbs auf dem Arbeitsmarkt eine klare Unterscheidung vom allgemeinen Leistungswettbewerb um beliebige Ressourcen und Interessen schwerer. Die Abgrenzung erfolgt dabei durch eine Klassifizierung der handelnden Akteure eben als Unternehmen oder Arbeitnehmer, die dann am entsprechenden Wettbewerb teilnehmen. Dagegen ist beim sportlichen Wettbewerb und dem Wettbewerb im Bildungssystem der Wettbewerbsbereich selbst die Abgrenzungskomponente, die Teilnehmer werden als Sportler und Schüler bzw. Studenten dem Wettbewerb zugeordnet, nicht umgekehrt. Letztendlich ist das Phänomen „Einnahme von Neuroenhancement-Mitteln" für die Wettbewerbsbereiche Wirtschaft und Arbeitsmarkt zu nah am Neuroenhancement im allgemeinen Lebenswettbewerb, um eine aussagekräftige Differenzierung vorzunehmen. Hirndoping bei der Bewerbung oder im Job unterscheidet sich von der Einnahme dieser Substanzen in anderen Wettbewerbssituationen wie etwa bei der „Bewerbung" um eine Wohnung nicht in einem ausreichenden Ausmaß, um weitere (strafrechtliche) Betrachtungen diesbezüglich anzustellen. Im alltäglichen Leistungswettbewerb um beliebige Interessen und Ressourcen ist es grundsätzlich jedem selbst überlassen, durch welche Methoden er seine Leistungsfähigkeit steigert. Erst wenn durch die gewählte Maßnahme ein deutlich abgegrenzter Wettbewerbsbereich im Kern seines wettbewerblichen Geschehens betroffen wird, kann es sich um ein strafrechtlich relevantes Problem handeln. Dies trifft von den betrachteten Bereichen nur für den sportlichen Wettbewerb und den Wettbewerb im Bildungssystem zu. Aus diesem Grund soll die weitere Betrachtung auf diese beiden Bereiche beschränkt werden.

c) Vergleich von sportlichem Wettbewerb und Wettbewerb im Bildungssystem

Der bisherige allgemeine Vergleich zeigt, dass sich der sportliche Wettbewerb und derjenige im Bindungssystem in vielen Punkten ähneln. Daher sollen beide noch einmal genauer betrachtet werden. Ziel ist die Herausarbeitung abstrakter

Kriterien, um die schützenswerten Merkmale der Wettbewerbsbereiche besser bestimmen zu können.

Erstes auffälliges Merkmal dieser Wettbewerbsbereiche ist der *institutionalisierte Rahmen*, in dem beide ablaufen. Im sportlichen Wettbewerb übernehmen die nationalen wie internationalen Sportverbände die Ausrichtung der Wettbewerbe.[545] Es gelten einheitliche Regeln und Leistungsstandards, die dazu führen, dass ein durchlässiges System entsteht.[546] Die Verbände garantieren damit neben einer durchgängigen Vergleichbarkeit der Leistungen der Wettbewerbsteilnehmer auch die Möglichkeit, innerhalb festgelegter Wettbewerbskreise (Leistungsklassen, Liegen usw.) aufzusteigen und durch Erfolge an weiteren, zugangsbeschränkten Wettbewerben teilnehmen zu dürfen. Eine Besonderheit dieses Systems ist, dass die Institutionen die Leistungsmerkmale definieren, welche Voraussetzung sind, um an einem bestimmten höherklassigen Wettbewerb teilnehmen zu dürfen. Es herrscht damit eine geschlossene Wettbewerbssituation vor, nur wer die Anforderungen erfüllt, darf zum Wettkampf antreten. Die Zahl der Konkurrenten ist damit oft begrenzt und im Voraus genau festgelegt.

Innerhalb des Bildungssystems übernimmt der Staat die Organisation des Wettbewerbs. Für den hochschulischen Bereich besteht nach Art. 74 Abs. 1 Nr. 33 GG eine konkurrierende Gesetzgebung. Dabei wurde mit der Föderalismusreform vom 28.08.2006 der Großteil der schon damals beschränkten Regelungsbefugnisse im Hochschulrecht aus der bis dato gegebenen Rahmenkompetenz des Bundes herausgelöst und auf die Länder übertragen.[547] Letztlich sind für die Gesetzgebungskompetenz des Bundes nur Einzelbereiche des Hochschulwesens verblieben, insbesondere die Hochschulzulassung und Hochschulabschlüsse. Von der Hochschulzulassung ist dabei die Hochschulzugangsberechtigung streng zu trennen, der Hochschulzugang fällt wegen seines engen Bezugs zum Schulwesen in den Kompetenzbereich der Länder.[548] Der Bund ist damit nur für die Ermittlung und Ausschöpfung der vorhandenen Ausbildungskapazitäten sowie für die Regelung der Vergabe der Studienplätze und das Auswahlverfahren verantwortlich.[549] Für den weit überwiegenden Teil der

---

545 Oben 2. Kapitel II. 3. e) cc) (S. 104) und ausführlich zu Organisationsstruktur des Sports Fritzweiler/Pfister/Summerer-*Pfister* Einführung Rn. 12 ff.

546 Fritzweiler/Pfister/Summerer-*Pfister* Einführung Rn. 20 ff.

547 Schmidt-Bleibtreu/Hofmann/Hopfauf-*Sannwald* GG Art. 74 Rn. 372; v. Mangolt/Klein/Starck-*Oeter* Art. 74 Abs. 1 Nr. 33 Rn. 194.

548 v. Mangolt/Klein/Starck-*Oeter* Art. 74 Abs. 1 Nr. 33 Rn. 196.

549 Schmidt-Bleibtreu/Hofmann/Hopfauf-*Sannwald* GG Art. 74 Rn. 379; v. Mangolt/Klein/Starck-*Oeter* Art. 74 Abs. 1 Nr. 33 Rn. 196.

Gesetzgebungskompetenz die Hochschulen betreffend sind folglich nach dem Grundsatz des Art. 70 Abs. 1 GG die einzelnen Bundesländer zuständig.[550] In den Hochschulgesetzen der Länder ist auch festgelegt, welche Voraussetzungen für den Zugang zum Studium erfüllt sein müssen. Die erforderliche Hochschulzugangsberechtigung hat etwa nach § 18 Abs. 1 S. 1 Nr. 1 NHG derjenige, welcher a) die allgemeine Hochschulreife, b) die fachgebundene Hochschulreife, c) die Fachhochschulreife oder d) eine als gleichwertig anerkannte schulische Vorbildung besitzt. Auch in Berlin ist die allgemeine Hochschulreife nach § 10 Abs. 2, 3 BerlHG i.V.m. § 28 Abs. 4 SchulG für das Land Berlin Voraussetzung für die allgemeine Studienberechtigung. Vergleichbare Regelungen, die den Nachweis eines (Fach)Abiturs für den Zugang zu Universitäten fordern, finden sich auch in den anderen Landeshochschulgesetzen.[551]

In diesen Gesetzen werden auch Verordnungsermächtigungen ausgesprochen, die genauere Anforderungen für die Erlangung eines Studienplatzes an einer weiterbildenden (Fach)Hochschule festlegen, insbesondere vor dem Hintergrund einer begrenzten Anzahl der Studienplätze in den einzelnen Fächern. Damit ist im Bereich der Hochschulen wie auch im Bereich des Spitzensports die Zahl der Konkurrenten durch eine feste Höchstmenge begrenzt. Es gibt eine Kapazitätsgrenze der Studienplätze für ein Semester bzw. eine beschränkte Anzahl von Startplätzen für einen bestimmten Wettkampf. Bei vielen Studiengängen wird die festgelegte Zahl von Studienplätzen aufgrund eines bestimmten Systemschlüssels, der zu einem großen Anteil auf die Noten abstellt, an die Bewerber um einen Studienplatz verteilt. So etwa beispielsweise an der Leibniz Universität Hannover, an der für die meisten zulassungsbeschränkten sogenannten „NC-Fächer" 80-90% der Studienplätze nach dem Kriterium Leistung bzw. Note vergeben werden.[552]

Die Schulen nehmen demgegenüber durch die deutschlandweite Geltung einer gesetzlichen allgemeinen Schulpflicht eine Sonderstellung ein. Für den

---

550 Vgl. zur Übersicht über die einzelnen Hochschulgesetze der Länder: https://www.hochschulverband.de/hochschulgesetzsammlung.html#_ (zuletzt abgerufen am 01.10.2017).

551 § 58 Abs. 2 LHG Baden-Württemberg; Art. 43 BayHSchG; § 9 Abs. 2 BbgHG; § 33 Abs. 1 BremHG; § 37 Abs. 1 HmbHG; § 54 Abs. 2 HHG; § 18 Abs. 1 LHG M-V; § 49 Abs. 1 HG NRW; § 65 Abs. 1 HochSchG RLP; § 69 Abs. 2 UG des Saarlandes; § 17 Abs. 2 SächsHSFG; § 27 Abs. 2 S. 1 HSG LSA; § 39 Abs. 1 HSG Schleswig-Holstein; § 60 Abs. 1 ThürHG; § 10 BerlHG.

552 So auf der Homepage der Universität, http://www.zsb.uni-hannover.de/bewerbung_leibniz_universitaet.html (zuletzt abgerufen am 01.10.2017).

schulischen Bereich sind dabei nach Art. 30, 70 GG ausschließlich die einzelnen Bundesländer zuständig.[553] Durch die Einrichtung der ständigen Konferenz der Kultusminister der Länder haben diese allerdings dafür gesorgt, dass die Einheitlichkeit der Lebensverhältnisse in der Bundesrepublik auch im Bereich des Schulwesens bewirkt und gewahrt wird.[554] Über die Vergleichbarkeit von Lehrplänen und Lehrinhalten hinaus findet dabei auch eine immer weitergehende Vereinheitlichung der Abschlüsse selbst statt. So sind nicht mehr nur vergleichbare Standards beim Abitur gewahrt, in vielen Bundesländern wurden auch die Voraussetzungen dahingehend angepasst, dass die Fächerkombination Deutsch, Mathe und eine Sprache mittlerweile in fast allen Bundesländern Pflichtteil der schriftlichen Prüfungen ist.[555]

Die Schulpflicht selbst, deren Verfassungsmäßigkeit das BVerfG ausdrücklich festgestellt hat,[556] ist dabei in vielen Landesverfassungen verankert[557] bzw. in Folge der sich aus Art. 30, 70 GG ergebenden Gesetzgebungskompetenz der Länder in allen Landesschulgesetzen geregelt.[558] Aufgrund der Zuständigkeit der Länder ist jedoch ihre Dauer unterschiedlich, in Niedersachsen besteht gemäß

553 v. Mangolt/Klein/Starck-*Robbers* Art. 7 Rn. 8 ff.; Schmidt-Bleibtreu/Hofmann/Hopfauf-*Sannwald* GG Art. 7 Rn. 4.

554 v. Mangolt/Klein/Starck-*Robbers* Art. 7 Rn. 11.

555 Beschluss der Kultusministerkonferenz vom 07.07.1972 i.d.F. vom 06.06.2013: Vereinbarung zur Gestaltung der gymnasialen Oberstufe in der Sekundarstufe II, Ziffer 8, http://www.kmk.org/fileadmin/veroeffentlichungen_beschluesse/1972/1972_07_07-Vereinbarung-Gestaltung-Sek2.pdf (zuletzt abgerufen am 01.10.2017).

556 BVerfG NJW 1987, 180.

557 In Niedersachsen ist die Schulpflicht sogar ausdrücklich in der Landesverfassung geregelt, Artikel 4 Abs. 2 Niedersächsische Verfassung: „Es besteht allgemeine Schulpflicht“. So auch in Nordrhein-Westfalen, Artikel 8 Abs. 2 Verf NRW; Hessen, Artikel 56 Abs. 2 Verf HE; Bremen, Artikel 30 BremLV; Baden-Württemberg, Artikel 14 Abs. 1 Verf BW; Sachsen, Artikel 102 Abs. 1SächsVerf; Sachsen-Anhalt, Artikel 25 Abs. 2 LSAVerf; Thüringen, Artikel 23 Abs. 1 ThürVerf; Brandenburg, Artikel 30 Abs. 1 BbgVerf; Schleswig-Holstein, Artikel 8 Abs. 1 Verf SH. In anderen Bundesländern ist die Schulpflicht selbst nicht in der Verfassung festgeschrieben, sie ergibt sich aber aus den Schulgesetzen, so im Saarland, § 1 Abs. 1 Gesetz (Nr. 826) über die Schulpflicht im Saarland (Schulpflichtgesetz), zum Schulwesen Artikel 27 SVerf; in Rheinland-Pfalz, § 56 rheinlandpfälzisches Schulgesetz, zum Schulwesen Artikel 27 RhPfVerf.

558 § 63 Abs. 1 NSchG; § 1 Abs. 1 Gesetz (Nr. 826) über die Schulpflicht im Saarland (Schulpflichtgesetz); § 56 RhPfSchulG; § 34 SchulG NRW; § 56 Abs. 1 HessSchulG; § 52 BremSchulG; § 72 Abs. 1 SchG BW; § 26 Abs. 1 SächsSchulG; § 36 Abs. 1 SchulG LSA; § 17 Abs. 1 ThürSchulG; § 36 Abs. 1 BbgSchulG; § 20 Abs. 1 SchulG SH; § 37 Abs. 1 HmbSG; § 41 Abs. 1 BlnSchulG; § 35 Abs. 1 BayEUG; § 41 Abs. 1 SchulG M-V.

§§ 63 Abs. 1 S. 1, 65 Abs. 1 i.V.m. § 64 NSchG grundsätzlich eine 12-jährige Schulpflicht.[559] Es gibt somit auf der einen Seite für die „Wettbewerber" also die Kinder, die Pflicht, am schulischen Wettbewerb eine bestimmte Zeit lang teilzunehmen, selbst wenn man nach dieser Zeit keinen Abschluss erwirbt. Auf der anderen Seite korrespondiert dies mit der Pflicht der wettbewerbsausrichtenden Institution, also der Schule, jeden Teilnehmer zum Wettbewerb zuzulassen. Eine Auswahl der Wettbewerber ist nur sehr bedingt möglich, zwar gibt es in einigen Bundesländern eine Empfehlung der Grundschule für den Besuch eines Gymnasiums oder einer anderen weiterführenden Schule, diese ist jedoch nicht bindend.[560] In der insgesamt bestehenden weitgehenden Zulassungsoffenheit der Schulen für jeden Schüler liegt auch ein Unterschied zwischen dem Bereich des schulischen und hochschulischen Wettbewerbs. Allerdings ist dieser nicht so bedeutend, als dass man beide nicht dennoch in einer Kategorie zusammenfassen könnte. Damit soll im Folgenden anstelle des Wettbewerbs im Bildungssystem nun von (hoch)schulischem Wettbewerb gesprochen werden, wegen der doch besehenden kleinen Unterschiede zwischen beiden Bereichen. Entscheidendes gemeinsames Merkmal bleibt allerdings, dass es sich um einen staatlich organisierten Wettbewerb handelt, und mit der weiteren Besonderheit,

559 Ebenfalls 12 Schuljahre in Rheinland-Pfalz, § 7 SchulG RLP; in Bremen, § 54 Abs. 1 BremSchulG; in Sachsen-Anhalt, § 40 Abs. 1 SchulG LSA; in Bayern, § 35 Abs. 2 BayEUG. In anderen Bundesländern ist die Dauer der Schulzeit kürzer, bspw. 9 Jahre im Saarland, § 4 Abs. 1 saarl. Schulpflichtgesetz; in Hessen, § 59 Abs. 1 HSchG; in Sachsen, § 28 Abs. 2 SächsSchulG; in Schleswig-Holstein § 20 Abs. 2 SchulG; in Mecklenburg-Vorpommern, § 41 Abs. 2 SchulG M-V; in Nordrhein-Westfalen je nach Schulform 10 oder 9 Jahre, § 37 Abs. 1 SchulG NRW; 10 Jahre in Thüringen, § 19 Abs. 1 ThürSchulG; in Brandenburg, § 38 Abs. 1 BbgSchulG; in Berlin, § 42 Abs. 4 SchulG; in Hamburg 11 Jahre, § 37 Abs. 3 HmbSG; in Baden-Württemberg ist die Dauer auf Grund- und weiterführende Schulen aufgeteilt, § 75 SchG BW, beträgt aber grds. insgesamt 9 Jahre.

560 In Niedersachsen ist in § 6 Abs. 5 NSchG geregelt, dass die Grundschule Ende des 4. Schuljahrgangs eine Empfehlung über die geeignete weiterführende Schulform abgibt, wobei letztlich die Erziehungsberechtigten in eigener Verantwortung über die Schulform ihrer Kinder entscheiden. Eine solche Regelung findet sich auch in Baden-Württemberg, § 5 Abs. 2 SchG. In Sachsen wird im zweiten Schulhalbjahr der Klassenstufe 4 eine Bildungsempfehlung nach § 21 SOGS (Sächsische Schulordnung Grundschulen) zu Gymnasium oder Mittelschule erteilt. Die Aufnahme am Gymnasium ist aber nach einem Beratungsgespräch auch ohne Empfehlung möglich, § 6 Abs. 1 SOGYA (Sächsische Schulordnung Gymnasien Abiturprüfung). In Thüringen ist eine Aufnahmeprüfung in Form eines Probeunterrichts Voraussetzung für den Übertritt in das Gymnasium, vlg. § 7 Abs. 2 ThürSchulG.

dass sich beide Bereiche aufeinander beziehen. Der schulische Wettbewerb kann als dem hochschulischen Wettbewerb zwingend vorgeschaltete „Vorstufe“ angesehen werden. Dort „darf“ jeder Schüler teilnehmen, weil er es sogar von staatlicher Seite aus muss, während am hochschulischen Wettbewerb staatlich festgelegt nur derjenige teilnehmen „darf“, der zuvor den schulischen Wettbewerb mit einem bestimmten Erfolg abgeschlossen hat. Diese untrennbare Verbindung und die Sonderstellung der verpflichtenden „Vorstufe“ Schule macht es sogar erforderlich, beide Bereiche für die hier bedeutsame Frage nach einem Rechtsgut weiter gemeinsam zu betrachten. Zumal man, wenn man den Blick auf Teilnehmer am schulischen Wettbewerb erweitert, auch hier wieder gewisse natürliche Beschränkungen erkennen kann: Am schulischen Wettbewerb darf, im Gegensatz zum wirtschaftlichen Wettbewerb, auch nicht jeder frei teilnehmen, sondern eben nur schulpflichtige Kinder.[561]

Auch der sportliche Wettbewerb zeichnet sich in vielen Fällen durch eine Begrenzung der Zahl der Konkurrenten aus. In fast allen Mannschaftssportarten gibt es ein pyramidenförmiges System von nach Leistung gestaffelten Wettkampf- oder Spielklassen, bei dem die Anzahl der teilnehmenden konkurrierenden Mannschaften im Vornhinein genau festgelegt ist. Ein Aufstieg in eine höhere „Liga“ ist an das Erreichen eines bestimmten sportlichen Zieles, meist Gewinn der Spielrunde in der aktuellen Leistungsklasse, geknüpft. Gleichzeitig droht den Teilnehmern bei Verfehlen der Anforderungen eine Rückstufung in Form des „Abstiegs“ in eine niedere Liga. Innerhalb der einzelnen Leistungsklassen bleibt so die festgelegte Zahl der Konkurrenten in jeder Spielzeit gleich. Auch in Einzelsportarten finden sich solche teilnahmebeschränkten Leistungsklassen, insbesondere wenn Schnittstellen zum Mannschaftssport bestehen, wie etwa bei Tennis und Tischtennis. In klassischen Einzelsportarten, wie etwa der Leichtathletik, wird die Anzahl der Konkurrenten über Leistungsnachweise als Voraussetzung für die Zulassung zu einem (höherrangigen) Wettbewerb beschränkt. Hier ist das Wettkampfsystem selbst oft pyramidenförmig aufgebaut, eine bestimmte Platzierung in einem regionalen Wettkampf erlaubt die Teilnahme am nächsten übergeordneten landesweiten Wettkampf. Oft ist auch der Nachweis einer bestimmten Einzelleistung in Form einer in einem offiziellen Wettkampf erzielten Zeit, Höhe oder Weite Voraussetzung für die Anmeldung zu einem höher dotierten Wettbewerb. Damit gibt es auch beim sportlichen Wettbewerb Zulassungsbeschränkungen, wovon nur die unterste „Basis“ des pyramidenartigen

561 Auf die Möglichkeiten, Schulabschlüsse über den sog. „zweiten Bildungsweg“ zu erreichen, soll nicht näher eingegangen werden.

Systems im allgemeinen Breitensport ausgenommen ist. Eine kleine Besonderheit bilden dabei „Mischveranstaltungen" wie der schon erwähnte „Berlin-Marathon".[562] Für einen garantierten Startplatz muss man nachweisen, in den letzten drei Jahren bei einer anderen Veranstaltung eine bestimmte Zeit erreicht zu haben. Weitere Plätze für jedermann werden im Losverfahren vergeben.[563] Beim Lauf selbst werden die Teilnehmer je nach angegebener Zeit in verschiedene Startwellen und Startblöcke eingeteilt.[564] Was auf den ersten Blick als „ein" Marathon erscheint, sind damit im Ergebnis doch „verschiedene" Wettkämpfe. Für die einzelnen Startblöcke bestehen damit auch hier Zugangsvoraussetzungen, nur in der letzten Kategorie kann jeder frei teilnehmen, was wiederum mit den „Basiswettbewerben" in der Wettkampfpyramide vergleichbar ist.

Es liegt damit im Ergebnis sowohl im sportlichen als auch im (hoch)schulischen Bereich grundsätzlich ein institutionalisierter, geschlossener Wettbewerb vor.

Weiterhin ist die jeweils zu erbringende Leistung (höchstpersönliche Leistung) und deren Beurteilung anhand objektiver Kriterien ein Punkt, in dem sich die Wettbewerbsbereiche ähneln. Entscheidend ist die aus einer formalisierten Vergleichssituation hervorgehende Bewertung. Im Sport zählt nur die im konkreten Wettkampf erbrachte Leistung, also die im direkten Vergleich mit den Konkurrenten erreichte Höhe, Weite, Geschwindigkeit oder Anzahl von Punkten (etwa durch Tore). Ein punktueller Ausschnitt wird bewertet, die Leistung in einer festgelegten Situation ohne die Möglichkeit, etwas noch einmal zu versuchen oder nachzubessern. Eine nächste Chance ergibt sich erst im nächsten Wettbewerb. Entscheidend ist dabei auch, dass es sich immer um eine höchstpersönliche Leistung handelt. Es wird die aktuelle „Tagesform" im Vergleich zu anderen bewertet, nicht die z.B. im Training gezeigte grundsätzliche Leistungsfähigkeit.

Auch im (hoch)schulischen Bereich ist der Wettbewerb vergleichbar ausgestaltet. Die Leistung wird anhand einer Summe von Momentaufnahmen des aktuellen Wissenstandes, insbesondere durch schriftliche und mündliche Prüfungen, zu geringerem Teil auch durch andere Elemente, wie Haus- und Seminararbeiten, ermittelt. Die persönliche Leistung wird mit einer vorgegeben oder

---

562 Oben 2. Kapitel II. 3. e) cc) (S. 104).

563 Siehe dazu die Registrierung für den Lauf 2018 im Internet, https://www.bmw-berlin-marathon.com/plane-dein-rennen/registrierung-2018.html (zuletzt abgerufen am 01.10.2017).

564 So auf der Homepage des Veranstalters, https://www.bmw-berlin-marathon.com/der-tag/start.html (zuletzt abgerufen am 01.10.2017) unter Startblöcke & Startwellen.

erwarteten objektiven Lösung bewertet, allerdings spielt in die Bewertung auch immer der Vergleich mit den Ausarbeitungen der Konkurrenten mit ein. Zumindest für wichtige Abschlussprüfungen wie Abitur und Staatsexamen zählt hauptsächlich die in einer konkreten Prüfungssituation erbrachte Leistung und auch in Bachelor- und Masterstudiengängen spielen die schriftlichen Prüfungen, die einzelne Module abschließen, eine große Rolle. Für die hier zu ermittelnde Form eines Wettbewerbs ist damit auf die Situationen abzustellen, in denen zwischen den konkurrierenden Teilnehmern eine direkte Vergleichssituation besteht, also vor allem in schriftlichen Abschlussprüfungen und mündlichen Prüfungen mit mehreren Teilnehmern. In solchen Fällen liegt eine formalisierte Vergleichssituation vor.

Damit ist es in beiden Bereichen entscheidend, dass in der Wettbewerbssituation alle unter den gleichen Voraussetzungen am Wettbewerb teilnehmen, also unter den gleichen äußerlichen Bedingungen bzw. mit den gleichen Hilfsmitteln. Was genau an Hilfsmitteln zum Wettbewerb zugelassen ist, entscheiden einheitliche Regeln, die grundsätzlich für alle Teilnehmer gleiche Bedingungen schaffen. Die ausrichtenden Institutionen, also staatliche Stellen im (hoch)schulischen Bereich oder die privaten Verbände im sportlichen Bereich, stellen die zu beachtenden Richtlinien auf und bestimmen die Sanktionierung als Folge einer Übertretung. Im (hoch)schulischen Bereich wird so die Verwendung eines unerlaubten Mittels wie dem klassischen „Spickzettel" mit der Bewertung der Leistung als „ungenügend" bzw. 0 Punkte geahndet.[565] Dies geschieht nicht in Folge einer tatsächlichen inhaltlichen Schwäche, der Inhalt wird nicht mehr überprüft, sondern allein aufgrund der Übertretung der Prüfungsregeln, die eine sachgerechte inhaltliche Beurteilung der Leistung nicht mehr ohne Weiteres möglich macht. Im sportlichen Wettbewerb führt die Übertretung des Doping-Verbots ebenfalls zur Nicht-Anerkennung bzw. zur Aberkennung der Leistung in Form der Annullierung der Ergebnisse. Darüber hinaus kann zusätzlich eine Sanktion verhängt werden, worauf an anderer Stelle noch ausführlich eingegangen wird.[566] Die von den dazugehörigen Institutionen aufgestellten Regeln sind damit ein weiteres wichtiges Merkmal beider Wettbewerbe, sie verleihen ihm die nötige Struktur und gewähren die essentielle Chancengleichheit.

565 § 21 Abs. 1 S. 1 niedersächsische Verordnung über die Abschlüsse in der gymnasialen Oberstufe, im Beruflichen Gymnasium, im Abendgymnasium und im Kolleg (AVO-GOBAK); § 37 Abs. 3 Verordnung über die gymnasiale Oberstufe Berlin (VO-GO); ähnliche Regelungen finden sich auch in den jeweiligen Verordnungen der anderen Bundesländer.

566 Unten 4. Kapitel II. 2. c) bb) (1) (ab S. 225).

Entscheidende Kriterien sind damit, dass es sich jeweils um einen institutionalisierten und höchstpersönlichen Wettbewerb handelt. Nun stellt sich die Frage, warum diese Wettbewerbsbereiche als Rechtsgut schützenswert sein sollen.

d) *Anwendung der Kriterien der Rechtsgutstheorie*

In Betracht kommt die Klassifizierung als abstraktes Rechtsgut, wobei sich ein unmittelbares Ableitungsverhältnis zwischen personalen Interessen[567] eines Individuums und den genannten Wettbewerbsbereichen nicht feststellen lässt. Innerhalb einer Rangliste besser oder schlechter bewertet zu werden, oder mehr gleich gut oder besser benotete „Konkurrenten" zu haben, beeinträchtigt für sich gesehen noch kein schützenswertes Interesse einer Person. Solche können erst durch die Folgewirkungen, die das Ergebnis des Leistungsvergleichs mit sich bringen, im Sport etwa finanzielle Vorteile und im (hoch)schulischen Bereich die Möglichkeiten der Berufsausbildung bzw. die Chancen auf einen Arbeitsplatz, betroffen werden.

Allerdings ist das nach der hier vertretenen Rechtsgutskonzeption auch nicht zwingend notwendig. Ein mittelbares Ableitungsverhältnis reicht aufgrund der Abhängigkeit des Einzelnen vom Funktionieren der staatlichen und gesellschaftlichen Systeme aus.[568] Damit stellt sich zunächst die Frage, ob der Einzelne von den hier betrachteten Systemen, innerhalb derer der schulische bzw. sportliche Wettbewerb stattfindet, in irgendeiner Form abhängig ist. Hierbei ist eine differenzierende Betrachtung notwendig.

Dem schulischen Wettbewerb kann man sich aufgrund der in Deutschland bestehenden Schulpflicht[569] nicht entziehen. Interessant ist allerdings, dass die Schulzeit nicht zwingend mit einem Abschluss beendet werden muss, ein anschließender Leistungsvergleich ist also trotz verpflichtender Teilnahme am Wettbewerb nicht immer gegeben. Viele der möglichen Abschlüsse wie mittlere Reife, Fachhochschulreife und Abitur resultieren also aus einem freiwilligen

---

567 *Morgenroth* befasst sich ausführlich mit der Herkunft des Wortes Interesse und seiner Bedeutung in der Rechtswissenschaft (*Morgenroth*, Interesse als Einflussfaktor auf die Gesetzesbildung, S. 25 ff.) und liefert am Ende eine Begriffsdefinition, die auch im hier verwendeten Kontext passt: „Als Interesse bezeichnet man die aktuelle oder potentielle Anteilnahme einer natürlichen Person an einem Gut, welches zumindest vom Recht auf freie Entfaltung der Persönlichkeit umfasst ist." (*Morgenroth*, Interesse als Einflussfaktor auf die Gesetzesbildung, S. 73).

568 *Hefendehl*, Kollektive Rechtsgüter im Strafrecht, S. 77.

569 Oben 2. Kapitel II. 4. c) (S. 115 f., insbes. Fn. 557).

Wettbewerb, der aus dem vorherigen verpflichtenden hervorgeht.[570] Eine Sonderstellung nehmen dabei Abendschulen etc. ein, an denen die Abschlüsse von Erwachsenen nachgeholt werden können. Aber auch wenn die wichtigen Abschlüsse nach der verpflichtenden Schulzeit gemacht werden, durch ihre Stellung als Eingangsvoraussetzung für viele Berufs- und weiterführende Studienzweige begründen die Ergebnisse dieses schulischen Leistungswettbewerbs seine Monopolstellung. Dadurch ergibt sich für den teilnehmenden Einzelnen eine Abhängigkeit von diesem System, ohne einen möglichst erfolgreichen Schulabschluss ist ihm die Wahl vieler Berufe oder Studiengänge nicht möglich.

Auch das Hochschulsystem hat der Staat monopolisiert, selbst private Unis müssen sich an die staatlichen Vorgaben bzgl. Abschlüsse und die Voraussetzungen für deren Erreichen halten. Damit garantiert der Staat die Vergleichbarkeit der an den unterschiedlichen Hochschulen erbrachten Leistungen.[571] Die Abschlüsse sind wiederum im akademischen Bereich z.T. zwingende Voraussetzung für die Möglichkeit, diesen Beruf ausüben zu können. Aufgrund der so an Abschlüssen vor allem in Form von Staatsexamen orientierten Berufszulassungsregeln ist zumindest in diesen Bereichen wieder die Teilnahme am Hochschulwettbewerb zwingend und damit eine Abhängigkeit von diesem System zu bejahen. So ist eine Tätigkeit als Richter, Staatsanwalt oder Rechtsanwalt nicht ohne erstes und zweites Staatsexamen möglich,[572] auch für Lehrer an Schulen ist ein abgeschlossenes Hochschulstudium Voraussetzung, um in den Vorbereitungsdienst aufgenommen zu werden.[573]

---

570 Zu den unterschiedlichen Abschlüssen *Ebitsch, Sabrina* Schulabschlüsse in Deutschland – Was den Quali vom Hauptschulabschluss unterscheidet, in: Süddeutsche.de, 19.02.2015, http://www.sueddeutsche.de/bildung/schulabschluesse-in-deutschland-was-den-quali-vom-hauptschulabschluss-unterscheidet-1.1482297 (zuletzt abgerufen am 01.10.2017).

571 § 9 Abs. 2 HRG verpflichtet die Bundesländer, die Gleichwertigkeit einander entsprechender Studien- und Prüfungsleistungen sowie Studienabschlüsse und die Möglichkeit des Hochschulwechsels zu gewährleisten. Die Länder regeln in ihren Hochschulgesetzen ihrerseits die Gleichwertigkeit einander entsprechender Prüfungen: § 7 Abs. 3 NHG; §§ 22 Abs. 2 Nr. 6, 23a BerlHG; § 35 LHG Baden-Württemberg; Art. 63 BayHSchG; § 24 Abs. 3 BbgHG; § 56 BremHG; § 40 Abs. 1 HmbHG; § 18 Abs. 5 HHG; §§ 36 Abs. 2, 38 Abs. 3 LHG M-V; § 63a Abs. 1 HG Nordrhein-Westfalen; § 25 Abs. 3 HochSchG Rheinland-Pfalz; § 65 SHSG; § 35 Abs. 9 SächsHSFG; § 12 Abs. 7 HSG LSA; § 51 Abs. 2 HSG Schleswig-Holstein; §§ 45 Abs. 2, 48 Abs. 5 ThürHG.

572 § 5 Abs. 1 DRiG, § 122 Abs. 1 DRiG, § 4 BRAO.

573 Als Beispiele die Normen der folgenden Bundesländer: Berlin – § 1 Abs. 1 LZVO; Saarland: § 4 Abs. 1 SLBiG.

Hinsichtlich des sportlichen Wettbewerbs ist es zunächst grundsätzlich jedem selbst überlassen, ob man teilnimmt oder nicht. Da niemand gezwungen ist, einen bestimmten Beruf zu ergreifen, ist auch die Entscheidung, mit Sport sein Geld zu verdienen, eine freiwillige. Hat man sich allerdings dafür entschieden, bewegt man sich wiederum in einem relativ geschlossenen System. Die Qualifikation zu gut dotierten nationalen wie internationalen Sportwettkämpfen führt über regionale und nationale Verbände, dort müssen die Konkurrenten einen bestimmten Platz erreichen oder andere Leistungsvorgaben (bestimmte Zeit, Weite, Höhe) erfüllen, um am nächst höheren Wettbewerb teilnehmen zu dürfen.[574] In allen Wettbewerben gelten die gleichen Regeln, die von den internationalen Sportverbänden vorgegeben und von den nationalen Sportverbänden übernommen werden.[575] Diese garantieren wieder die über den einzelnen Wettkampf herausgehende Vergleichbarkeit der Leistungen. Sich außerhalb dieses durchorganisierten und hierarchischen Systems für wichtige Wettkämpfe zu qualifizieren ist fast nicht möglich. Damit ist der teilnehmende Sportler wieder von den Vorgaben innerhalb des Systems abhängig. Im Gegensatz zum (hoch) schulischen Wettbewerb steht es ihm zwar grundsätzlich frei, überhaupt daran teil zu nehmen. Entscheidet er sich jedoch hierfür, haben innerhalb des sportlichen Wettbewerbs selbst die Verbände eine ähnliche Monopolstellung wie der Staat im (hoch)schulischen Bereich.

Damit ist für beide Wettbewerbsbereiche das geforderte Abhängigkeitsverhältnis zu bejahen, womit eine Kategorisierung als abstraktes Rechtsgut nach der hier favorisierten Konzeption möglich bleibt.

Nun sollen zunächst auch die weiteren Systematisierungskriterien, die *Hefendehl* für kollektive Rechtsgüter entwickelt hat, als Maßstab angelegt werden. Abschließend soll dann die Frage nach dem erforderlichen mittelbaren Ableitungsverhältnis zwischen personalen Interessen eines Individuums und den genannten Wettbewerbsbereichen beantwortet werden. Beide Wettbewerbsbereiche müssten sich dadurch auszeichnen, dass sie nicht abnutzbar sind bzw. keine Rivalität im Konsum besteht. Das Wettbewerbsgeschehen ist schon

---

574 So z.B. in der Leichtathletik, wo der der Deutsche Olympische Sportbund die Normanforderungen für die Olympischen Spiele in Rio verabschiedet hat, welche deutschen Leichtathleten erfüllen müssen, um nominiert werden zu können. *Schmitt, Peter* Die Olympia-Normen für Rio 2016 stehen fest, in: leichtathletik.de, 03.09.2015, https://www.leichtathletik.de/news/news/detail/die-olympia-normen-fuer-rio-2016-stehen-fest/ (zuletzt abgerufen am 01.10.2017).

575 Oben 2. Kapitel II. 4. c) (ab S. 112).

vom Wesen her beliebig wiederholbar, es stellt ein nicht abnutzbares Gut dar. Nächstes Kriterium wäre eine potentielle Nutzungsmöglichkeit durch jedes Gesellschaftsmitglied. Am sportlichen Wettbewerb kann potentiell jeder teilnehmen, wenn er die körperlichen Voraussetzungen erfüllt, die zur Erbringung der Qualifikationsleistung notwendig sind. Die oben aufgezeigten tatsächlichen leistungsabhängigen Zugangsbeschränkungen ändern nichts an der Tatsache, dass es zunächst grundsätzlich jedem möglich wäre, an der „Basis" der Wettbewerbspyramide in den sportlichen Wettbewerb einzusteigen und durch entsprechendes Training weiter aufzusteigen. Am schulischen Wettbewerb muss man aufgrund der in allen Bundesländern herrschenden Schulpflicht sogar teilnehmen. Über die Zugangsmöglichkeit zum hochschulischen Wettbewerb entscheidet wieder die Erfüllung einer gewissen Qualifikation, wobei diese hauptsächlich im vorhergehenden schulischen Wettbewerb erworben werden kann. Damit ist es wiederum grundsätzlich jedem Gesellschaftsmitglied möglich, die Hochschulreife zu erlangen und den hochschulischen Wettbewerb „nutzen" zu können. Auch das Kriterium der Nicht-Distributivität erfüllen beide. Es ist nicht möglich, einem bestimmten Individuum als Wettbewerber „seinen" Anteil man Wettbewerb zuzuordnen oder den Wettbewerb in einzelne Teile zu zerlegen. Eine Aufteilung des Wettbewerbs ist weder begrifflich, noch tatsächlich und auch rechtlich nicht möglich.

Damit könnten der sportliche und der (hoch)schulische Wettbewerb in die Gruppe der kollektiven Rechtsgüter fallen, die wie Individualrechtsgüter ständig präsent das Leben der Gesellschaftsmitglieder flankieren. Dazu ist das schon erwähnte Ableitungsverhältnis notwendig, das Rechtsgut muss auf Individualinteressen rückführbar sein, auch wenn wie gezeigt ein mittelbares Verhältnis ausreicht.

aa) (hoch)schulischer Bereich

Gerade im (hoch)schulischen Bereich ist nicht ganz einfach zu bestimmen, welche Individualinteressen durch den Wettbewerb betroffen sein können.

Der schulische Leistungswettbewerb erfüllt dabei keinen reinen „Selbstzweck" wie man es bei der grundsätzlichen Vermittlung von Wissen annehmen kann. Eine solche wäre auch ohne einen abschließenden Vergleich des Wissenstandes möglich. Die im schulischen Bereich vorgenommene Leistungsbewertung in Arbeiten und Schulabschlussleistungen, wie dem Abitur, dient neben dem Beleg über den individuellen Wissens- und Kenntnisstand innerhalb eines bestimmten Bereiches auch der Möglichkeit, die eigene Leistung mit der eines anderen zu vergleichen. Dies ist vor allem auch für „Außenstehende", also potentielle Arbeitgeber, Ausbildungsbetriebe, die eine Lehrstelle besetzen möchten bzw. für die Hochschulen, die nur eine bestimmte Anzahl von Studienplätzen in einem bestimmten Fachgebiet vergeben können, interessant. Die durch den organisierten Wettbewerb geschaffene Vergleichbarkeit der Leistung hat damit unmittelbare Auswirkungen auf das weitere Leben, was die wichtige Entscheidung für einen Beruf angeht, die über den aus dem Wettbewerb resultierenden Schulabschluss beeinflusst wird. Damit wird insbesondere das Interesse an einer freien Berufswahl nach Art. 12 Abs. 1 GG durch den schulischen Wettbewerb vermittelt. Genauer fallen nach Auffassung des BVerfG die allgemeinbildenden Schulen unter die Ausbildungsstätten i.S.d. Art. 12 Abs. GG, deren freie Wahl ausdrücklich geschützt ist.[576] Auch wenn diese Auffassung im Schrifttum z.T. auf Ablehnung gestoßen ist, wird dort zumindest die enge Verbindung zwischen dem Schulbesuch und der späteren Berufstätigkeit anerkannt, da die Erlangung bestimmter Abschlüsse allgemeinbildender Schulen vielfach Voraussetzung für eine bestimmte Berufswahl ist.[577] Der Streit, ob die allgemeinbildenden Schulen zu den Ausbildungsstätten des Art. 12 Abs. 1 GG zählen,[578] oder ob der Schulbesuch im Vorfeld des Schutzbereiches verbleibt,[579] kann für die vorliegende Frage nach dem betroffenen Interesse offen bleiben. Nach beiden Ansichten ist zumindest eine mittelbare Beziehung gegeben, womit das Interesse an einer freien Berufswahl durch den Besuch der Schule und damit durch den dort stattfindenden Wettbewerb betroffen ist. Ohne den Bildungsabschluss „Abitur“, der die Hochschulreife attestiert, ist der Zugang zu akademischen Berufen, die ein Hochschulstudium erfordern, nur in Ausnahmefällen bei abgeschlossener Berufsausbildung und mehrjähriger Berufserfahrung möglich.[580] Aber auch was den Einstieg in Ausbildungsberufe angeht, ist festzustellen, dass über die Hälfte der Auszubildenden mindestens einen Realschulabschluss aufweist,[581] womit

---

576 BVerfGE 58, 257 (273); Schmidt-Bleibtreu/Hofmann/Hopfauf-*Hofmann* GG Art. 12 Rn. 38.

577 v. Mangolt/Klein/Starck-*Manssen* Art. 12 Abs. 1 Rn. 62.

578 BVerfGE 58, 257 (273); Schmidt-Bleibtreu/Hofmann/Hopfauf-*Hofmann* GG Art. 12 Rn. 38.

579 v. Mangolt/Klein/Starck-*Manssen* Art. 12 Abs. 1 Rn. 62.

580 Vgl. allgemein die Informationen zur Hochschulzugangsberechtigung auf dem Internetangebot der Stiftung zur Förderung der Hochschulrektorenkonferenz, http://www.hochschulkompass.de/studium/voraussetzungen-fuers-studium/hochschulzugangsberechtigung.html (zuletzt abgerufen am 01.10.2017).

581 Datenreport zum Berufsbildungsbericht 2013 des Bundesinstituts für Berufsbildung, Tabelle A4.6.2-1, https://datenreport.bibb.de/html/5778.htm (zuletzt abgerufen am 01.10.2017).

auch hier zum Großteil ein bestimmter Schulabschluss nötig ist. Und im Vergleich zwischen zwei Bewerbern auf einen Ausbildungs-, Studien- oder Arbeitsplatz wird in den meisten Fällen derjenige die Stelle bekommen, der bei gleicher Qualifikation, also gleichem Schulabschluss, den besseren Notendurchschnitt erzielt hat.

Etwas Ähnliches lässt sich auch für den hochschulischen Wettbewerb feststellen. Auch hier entscheidet oft die Note des Hochschulabschlusses über den Erhalt des gewünschten Arbeitsplatzes. Ein Beispiel hierfür ist die Bewerbung in den Richterdienst, für die in allen Bundesländern eine bestimmte Punktzahl im zweiten Staatsexamen erforderlich ist. Diese liegt mindestens bei 8 Punkten, oft wird für eine Einstellung sogar ein „Vollbefriedigend" (ab 9 Punkte) Voraussetzung sein.[582] Über den dadurch möglichen und geforderten Leistungsvergleich hat der (hoch)schulische Wettbewerb Einfluss auf die Berufswahl und damit auf ein individuelles Interesse. In Bezug auf Einrichtungen wie Universitäten und Fachhochschulen ist zudem unstreitig, dass diese unter den Schutz der Wahl der Ausbildungsstätte des Art. 12 Abs. 1 GG fallen.[583] Hier ist das Interesse der freien Berufswahl unmittelbar von dem Besuch einer Hochschule und der Teilnahme am dortigen Leistungswettbewerb betroffen.

Die Frage ist nun, inwieweit eine Beeinträchtigung des (hoch)schulischen Wettbewerbs Einfluss auf diese Individualinteressen hat.

Der (hoch)schulische Wettbewerb zeichnet sich, ebenso wie der sportliche Wettbewerb, dadurch aus, dass alle Konkurrenten eines Durchgangs unter den gleichen Voraussetzungen an der Prüfungssituation teilnehmen, heißt sie müssen die gleiche(n) Aufgabe(n) innerhalb der gleichen Zeit und mit den gleichen Hilfsmitteln lösen. Diese Kriterien stellen die Vergleichsmöglichkeit her. Die Konkurrenten im Wettbewerb und auf der anderen Seite auch diejenigen, die aufgrund der (hoch)schulischen Leistung zwischen mehreren Kandidaten bzw. Bewerbern auswählen wollen, vertrauen darauf, dass aufgrund der gleichen

582 Als Beispiele Berlin: mind. 8 Punkte, https://www.berlin.de/sen/justv/ueber-uns/karriere/artikel.261026.php (zuletzt abgerufen am 01.10.2017); Baden-Württemberg: mind. 8,0 Punkte, http://www.mit-recht-in-die-zukunft.de/richterstaatsanwalt/die_bewerbung/ (zuletzt abgerufen am 01.10.2017); Rheinland-Pfalz: mind. 8 Punkte, https://mjv.rlp.de/de/ministerium/karriere/richterlicher-und-staatsanwaltschaftlicher-dienst/ (zuletzt abgerufen am 01.10.2017); Hessen: mind. 8,5 Punkte, https://jpa-wiesbaden-justiz.hessen.de/irj/Justizpruefungsamt_Internet?cid=8dd04858ff801e1e09344c49d2fbe52d (zuletzt abgerufen am 01.10.2017).

583 v. Mangolt/Klein/Starck-*Manssen* Art. 12 Abs. 1 Rn. 61; Schmidt-Bleibtreu/Hofmann/Hopfauf-*Hofmann* GG Art. 12 Rn. 34 f.

Bedingungen der Leistungserbringung die abschließende Benotung tauglicher Bewertungsmaßstab ist. Es besteht somit ein Vertrauen dahingehend, dass durch den Wettbewerb einerseits eine gewisse Vergleichbarkeit gewährleistet ist, und andererseits durch die feste Vorgabe gleicher Hilfsmittel eine gewisse Chancengleichheit hinsichtlich des möglichen Erfolges besteht. Auch *Hofmann* redet davon, dass „wegen der besonderen Auswirkung von Prüfungsergebnissen auf die durch Art. 12 Abs. 1 GG geschützte Freiheit der beruflichen Betätigung und wegen des damit gegebenen natürlichen Konkurrenzverhältnisses der Prüflinge untereinander (…) [im schulischen Bereich] wie beim Studium eine besonders weitgehende Gleichbehandlung von Prüflingen zu fordern sein [wird]", wobei er dies auch in Zusammenhang mit einem Vertrauensschutz stellt.[584]

Zu klären ist nun weiterhin, ob dieses Vertrauen zusammen mit den genannten anderen Kriterien den (hoch)schulischen Wettbewerb als Rechtsgut begründen kann. Dazu ist die von *Hefendehl* vorgenommene Charakterisierung des Vertrauens aufzugreifen. Es darf sich hierbei nicht um ein „allgemeines" rechtsgutsirrelevantes Vertrauen handeln, sondern es müsste ein systemrelevantes Vertrauen vorliegen. „Das über das Vertrauen konstituierte Rechtsgut wird umso widerstandsfähiger, je mehr Menschen tatsächlich Vertrauen in dieses legen" führt *Hefendehl* hierzu aus.[585] Das heißt umgekehrt, ohne das Vertrauen müsste das Wettbewerbssystem als Leistungsmaßstab bzw. Leistungsnachweis gefährdet sein. Im Falle des systemrelevanten Vertrauens kann eine Einbuße desselben einen rechtsgutsrelevanten Primärschaden begründen.[586] Da das (hoch)schulische Wettbewerbssystem wie oben gezeigt nicht nur der Wissensvermittlung dient, sondern auch auf Interaktion mit der Allgemeinheit angelegt ist, müsste es eines positiven Vertrauens bedürfen, um voll funktionsfähig zu bleiben. Um diese Überlegung zu überprüfen ist die Frage zu stellen, welche Konsequenzen ein fehlendes Vertrauen auf dieses von der Gesellschaft ausgebildete (hoch)schulische Leistungsvergleichssystem hätte.

Dazu dürfte es ein Rechtsgut des (hoch)schulischen Leistungswettbewerbs ohne die Komponente des Vertrauens in diesen nicht geben.

Was wäre also, wenn dieses Vertrauen nicht gegeben wäre? Voraussetzung für die nun folgenden Überlegungen ist die Prämisse, dass es sich bei Neuroenhancement um eine auch außerhalb des sportlichen Bereiches ungewollte

584 Schmidt-Bleibtreu/Hofmann/Hopfauf-*Hofmann* GG Art. 12 Rn. 39; BVerfG 79, 212 (218).
585 *Hefendehl*, Kollektive Rechtsgüter im Strafrecht, S. 124.
586 *Hefendehl*, Kollektive Rechtsgüter im Strafrecht, S. 125.

und auch verbotene Verhaltensweise handelt. Auf die zwei Komponenten der Prämisse wird später noch näher eingegangen werden.[587] Wenn sich zu viele durch die Einnahme von Neuroenhancement-Mitteln einen unerlaubten Vorteil im Wettbewerb schaffen würden und damit die bisher soweit gegebene objektive Vergleichbarkeit der Leistungen aufgrund der Abschlussnoten nicht mehr gegeben wäre, müsste dies gesellschaftlich spürbare Auswirkungen haben. Ein denkbares Szenario wäre, dass die Wirtschaft, genauer potentielle Arbeitgeber, ausbildende Betriebe oder auch schon weiterbildende Einrichtungen wie Hochschulen, nicht mehr auf die durch den Abschluss suggerierte Leistung vertrauen, sondern die Bewerber selbst noch einmal testen. Voraussetzung dieser Annahme ist, dass in diesen „privaten" Leistungsüberprüfungen – anders als im staatlichen (Hoch)Schulwettbewerb – dann eine Chancengleichheit im Sinne einer effektiven Unterbindung der Wettbewerbsverzerrung durch Neuroenhancement gewährleistet würde. Damit könnte sich ein Parallelsystem entwickeln, zumindest würde es für private Arbeitgeber attraktiv, immer umfangreichere eigene Leistungstests von den Bewerbern einzufordern. Hierbei würden dann strenge Bestimmungen, deren tatsächliche Einhaltung z.B. auch durch vorherige Tests (ähnlich wie Dopingtests) überprüft wird, dafür sorgen, dass es nicht zu einer Verzerrung des Wettbewerbs durch Neuroenhancement kommt. Dies könnte dazu führen, dass die staatlichen Schulabschlüsse und auch die Hochschulabschlüsse irgendwann in der Privatwirtschaft nicht mehr konkurrenzfähig wären. Es käme fast nur noch auf die im streng kontrollierten und damit enhancement-freien Auswahlverfahren des Arbeitgebers erzielten Leistungen an, da bei jenen ein gleicher Wettbewerb dann mehr gewährleistet sein würde, als im staatlichen (Hoch)Schulsystem. Die an privaten Instituten, an denen noch die Chancengleichheit in Form von gleichen Prüfungsbedingungen und objektiver Vergleichbarkeit gewährleistet wäre, erzielten Abschlüsse wären „mehr wert" als vergleichbare und gleich benotete Abschlüsse an staatlichen Schulen. Durch die aufkommenden parallelen Verfahren beim Berufseinstieg zur Bestimmung der Leistung im Vergleich zu anderen würde der institutionalisierte staatliche Hochschulwettbewerb als Einstiegsqualifikation in akademische Berufe unter den aufgezeigten Folgen schwer leiden. Vergleichbare Auswirkungen sind beim schulischen Wettbewerb zu erwarten, insbesondere ein „run" auf private Schulen, die die Vergleichbarkeit der Leistung noch gewährleisten. Insgesamt gehen mit dem Verlust des Vertrauens in den (hoch)schulischen Wettbewerb demnach

587 Unten 4. Kapitel III. 1. b) zum (außerstrafrechtlichen) Verbot (ab S. 275) und zur gesellschaftlichen Unerwünschtheit (ab S. 276 a.E.).

verstärkte eigene Prüfungen bei Arbeitgebern und auch der Hochschulen selbst, die die Schüler bzw. Absolventen als Lehrlinge, Auszubildende, Studenten oder Arbeitnehmer „übernehmen" wollen, einher. Dies destabilisiert das staatliche System und führt zu einem parallelen Leistungswettbewerb, der den eigentlichen (hoch)schulischen Wettbewerb immer weiter untergräbt.

Damit kann festgehalten werden, dass das Vertrauen für den (hoch)schulischen Leistungswettbewerb systemrelevant ist, sein Fehlen kann wie ausgeführt zu einem rechtsgutsrelevanten Primärschaden führen. Folglich ist der (hoch)schulische Leistungswettbewerb insoweit als kollektives Rechtsgut anzusehen, als ein allgemeines Vertrauen in diesen besteht, was zumindest bei den anerkannten Schul- und Hochschulabschlüssen der Fall ist. Die Bedingungen für das Entstehen des Vertrauens sind die Institutionalisierung und Garantie der persönlichen, vergleichbaren Leistung, die unter den gleichen objektiven Voraussetzungen erbracht wird, sie machen den (hoch)schulischen Wettbewerb aus. Der (hoch)schulische Leistungswettbewerb ist als selbständiges Rechtsgut der Allgemeinheit anzuerkennen, welches (wie auch Umweltgüter) keine unmittelbare Verletzung oder Gefährdung individueller Rechtsgüter zum Schutzgegenstand hat.[588]

Dass ein solches auf Vertrauen begründetes Rechtsgut, welches das Funktionieren eines bestimmten Systems schützt, dem modernen Strafrecht nicht fremd ist, zeigt sich auch am Beispiel der Insiderdelikte. Schutzzweck des Insiderstrafrechts ist der Funktionszweck des Kapitalmarktes: „Durch das Vorhandensein eines Insiderhandelsverbots wird das Vertrauen des Anlegers in den Kapitalmarkt erhöht, umgekehrt wird ein Kapitalmarkt, bei dem eine solche Insiderregelung fehlt, von den Anlegern auf dem internationalen Markt gemieden. Mit dem Schutz des Anlegervertrauens in die Integrität des Marktes wird das Funktionieren des Wertpapiermarktes geschützt"[589] Entscheidend ist dabei, dass alle Marktteilnehmer die gleichen Voraussetzungen haben und darauf vertrauen können, dass sich niemand durch einen unrechtmäßig verwendeten Informationsvorsprung einen Vorteil verschafft.[590] Hierbei ist die Parallele zum hier betrachteten Rechtsgut des (Hoch)schulischen Leistungswettbewerbs unübersehbar: Das System soll den Teilnehmern an Prüfungen im schulischen und hochschulischen

588 Zu den Umweltrechtsgütern oben 2. Kapitel I. 4. (S. 63, insbes. Fn. 304 ff).

589 Park-*Hilgendorf* Kapitalmarktstrafrecht Teil 3 Kap. 3 Vorbemerkungen § 12 WpHG Rn. 12 m.w.N.

590 Dazu näher Park-*Hilgendorf* Kapitalmarktstrafrecht Teil 3 Kap. 3 Vorbemerkungen § 12 WpHG Rn. 15 ff.

Bereich die gleichen Voraussetzungen gewährleisten, wichtig ist das Vertrauen der Beteiligten darauf, dass niemand durch den unerlaubten Einsatz von Neuroenhancement-Mitteln einen Vorteil erlangt. In beiden Bereichen vertrauen die Akteure darauf, dass sich kein Konkurrent auf eine bestimmte missbilligte Weise eine bessere Position verschafft. Ohne dieses Vertrauen besteht die Gefahr, dass das System erodiert und die Teilnehmer auf ein anderes parallel bestehendes bzw. sich entwickelndes System ausweichen.

bb) Sportlicher Bereich

Im Gegensatz zum (hoch)schulischen Bereich kommt hier die Berufsfreiheit als schützenswertes Interesse zunächst nicht in Betracht. Die Frage, ob man Sport betreibt und sich dem professionellen Wettkampf stellt oder dies nicht tut, entscheidet sich an persönlichen Vorlieben und den eigenen körperlichen Voraussetzungen. Es gibt keine abstrakten Qualifikationen, die man erfüllen muss, keinen bestimmten vorgeschriebenen Abschluss o.ä., man hat grundsätzlich einen freien Zugang zum sportlichen Wettbewerb. Insbesondere der Breitensport innerhalb und auch außerhalb von Vereinen ist ein Massenphänomen, jeder kann abends joggen und sich für einen Marathon anmelden, es gibt unzählige Wettkämpfe, die grundsätzlich alle zum „sportlichen Wettbewerb" zu zählen sind. Dabei ist zwar immer auch ein zumindest ideelles Interesse an einem „sauberen" Wettbewerb anzunehmen, dieses für sich genommen als strafrechtliches Rechtsgut etablieren zu wollen, ist jedoch kritisiert worden.[591]

Es ist daher auf ein weiteres Interesse abzustellen, das mit dem sportlichen Wettbewerb in Zusammenhang steht: Das finanzielle Interesse. Dieses ist in den verschiedenen sportlichen Wettbewerben unterschiedlich stark ausgeprägt. Im Breitensport werden die Gewinner des Wettkamps zwar oft neben Urkunden und Medaillen eine kleinere oder größere Siegprämie erhalten, allerdings muss man schon eine gewisse Leistungsklasse erreichen bzw. eine gewisse Anzahl von Wettkämpfen bestreiten, damit sich der zuvor geleistete Trainingsaufwand aus finanzieller Sicht rechnet. Für diejenigen, die den Sport in ihrer Freizeit betreiben, wird das finanzielle Interesse am Wettbewerb folglich nur im Hintergrund

591 Vgl. *Cherkeh/Momsen* NJW 2001, 1745 (1747 ff.), die das „Sportethos" als schützenswertes Rechtsgut bei einem durch Doping vorgenommenen Angriff auf die (wertbildende) soziale Funktion des sportlichen Wettkampfs vorschlagen. Dies wird von *Kargel* NStZ 2007, 489 (495) abgelehnt und von *Momsen* selbst wieder relativiert: Infolge der hohen moralischen Aufladung fehle es an der Operationalisierbarkeit eines potentiellen Rechtsguts „Sportethos" (*Momsen*, Sport und Doping, S. 182, Fn. 162).

stehen bzw. nicht mehr als ein erfreulicher „Nebeneffekt“ sein können. Diejenigen, die Sport allerdings nicht nur zum persönlichen Vergnügen, sondern als Beruf betreiben, haben oft ein nachhaltiges finanzielles Interesse, das sich auf die Teilnahme am sportlichen Wettbewerb begründet. Um also das „Vermögen“ als schützenswertes Interesse zu betrachten, das durch den sportlichen Wettbewerb betroffen sein könnte, ist es zunächst notwendig, diesen großen allgemeinen Bereich des Sports weiter einzugrenzen.

Im Deutschen Olympischen Sportbund als Dachorganisation sind 27 Millionen Menschen in über 90.000 Turn- und Sportvereinen zusammengeschlossen.[592] Diese dienen der Organisation des Breitensports, welcher wiederum die Grundlage des modernen Leistungssports darstellt. Während der Breitensport neben der Vermittlung der Freunde an Bewegung auch wichtige Sozialisierungsfunktionen übernimmt und ein wesentliches Element zum Erlernen sozialer Kompetenzen darstellt,[593] steht im Leistungssport, wie der Name schon vorwegnimmt, das Erreichen der sportlichen Höchstleistung im Vordergrund. Obwohl auch im Breitensport der Ansporn zur Leistung wichtiger Bestandteil ist,[594] ist es vor allem der Leistungssport, der mit nationalen und internationalen Wettkämpfen auf ein weltweit großes Zuschauerinteresse stößt. Dies begründet auch die starken wirtschaftlichen Interessen, die im Leistungssport eine Rolle spielen. Sowohl das finanzielle Entgelt in Form von Sieg- und z.T. auch Startprämien für die erfolgreiche Teilnahme am Wettbewerb als unmittelbare Vermögensleistung, als auch Sponsorenverträge bzw. auch weitergehende Förderungen aufgrund einer guten Platzierung als mittelbare Vorteile aus dem Wettbewerb, dienen vielen Leistungssportlern zur Sicherung des Lebensunterhaltes. Insoweit stellt die Sportausübung eine wirtschaftliche Betätigung dar.[595] Dies ist für die Sportler auch notwendig, denn der große Trainingsaufwand macht es fast unmöglich, daneben einen anderen Beruf auszuüben. Der Trainingsaufwand wird größtenteils zum Lebensaufwand, gleichgültig, ob es sich

---

592 Vgl. Homepage des Deutschen Olympischen Sportbundes http://www.dosb.de/de/organisation/mitgliedsorganisationen/ (zuletzt abgerufen am 01.10.2017).

593 *Weisemann/Spieker*, Sport, Spiel und Recht, Rn. 2; als Sozialisierungsfunktionen werden genannt: Integration Jugendlicher, Aktivierung und Reaktivierung Älterer und Behinderter, Einbeziehung ausländischer Mitbürger, Bildung von sozialen Strukturen bei Gefangenen und mehr. Vgl. auch http://www.dosb.de/de/organisation/was-ist-sport/sportdefinition/ (zuletzt abgerufen am 01.10.2017).

594 *Weisemann/Spieker*, Sport, Spiel und Recht, Rn. 3.

595 *Menzel* WRP 2002, 810.

bei den Sportlern um Berufssportler oder sogenannte Amateure handelt.[596] Die Unterscheidung anhand der Kategorien „Amateur" und „Profi" ist damit nicht geeignet, die Vermögensrelevanz einer konkreten sportlichen Betätigung abzubilden.[597] Es ist zur Eingrenzung des sportlichen Wettbewerbs damit angezeigt, den einzelnen Wettkampf zur Bestimmung der Vermögensrelevanz in den Blick zu nehmen. Bei wichtigen nationalen und erst recht internationalen Wettkämpfen, wie deutschen Meisterschaften, Europa- und Weltmeisterschaften und den Olympischen Spielen, wird das finanzielle Interesse der Beteiligten in den oben beschriebenen unmittelbaren oder mittelbaren Formen zu bejahen sein. Allerdings gibt es auch Wettbewerbe, bei denen die finanzielle Komponente schwieriger zu bestimmen ist. Landesmeisterschaften auf Ebene der Bundesländer bzw. weitere Wettkämpfe, die eine direkte Qualifikation für nationale bzw. internationale Turniere bieten, sollten ebenfalls noch die nötige, zumindest mittelbare Vermögensrelevanz aufweisen. In niederklassigeren Leistungsebenen muss der konkrete mögliche Vermögensvorteil in Form des ausgelobten Preisgeldes betrachtet werden, um zu bewerten, ob es sich um einen Wettkampf handelt, der zum Erwerb des Lebensunterhaltes des Sportlers relevant ist. Zu beachten ist dabei, dass dies jedoch für verschiedene Teilnehmer unterschiedlich bewertet werden kann. Als Beispiel dienen hierfür große Laufveranstaltungen wie der Berlin-Marathon.[598] Während die große Masse der Breitensportler unter den über 40.000 Teilnehmern durch den zu zahlenden Teilnehmerbeitrag[599] und die Kosten für Anreise und Übernachtung mehrere hundert Euro einsetzt, um an diesem „Event" teil zu nehmen, geht es für eine kleine Gruppe von bekannten Leistungssportlern darum, das Preisgeld und weitere Prämien zu gewinnen. Damit ist bei einer kleinen Gruppe von Teilnehmern die Vermögensrelevanz des Wettbewerbs zu bejahen, während die große Masse als Freizeitsportler ohne finanzielles Interesse teilnimmt. Eine Bewertung darf folglich nicht nur in Bezug auf den Gesamtwettkampf erfolgen, in solchen Fällen eines „gemischten" Wettbewerbs ist es notwendig, auf zweiter Ebene aus Sicht des teilnehmenden Sportlers zu entscheiden, ob es sich für diesen um einen Wettbewerb handelt, der eine ausreichende Vermögensrelevanz besitzt. Damit bleibt

---

596 *Weisemann/Spieker*, Sport, Spiel und Recht, Rn. 4; vgl. auch *Momsen-Pflanz*, Die sportethische und strafrechtliche Bedeutung des Dopings, S. 169 f.

597 *Momsen-Pflanz*, Die sportethische und strafrechtliche Bedeutung des Dopings, S. 171.

598 Oben 2. Kapitel II. 3. e) cc) (S. 104).

599 Der Teilnehmerbeitrag für 2018 beträgt 108,00 €, https://www.bmw-berlin-marathon.com/plane-dein-rennen/infos-rund-um-die-anmeldung.html (zuletzt abgerufen am 01.10.2017).

festzuhalten, dass aus dem großen Bereich des sportlichen Wettbewerbs diejenigen Wettkämpfe auszunehmen sind, die sich im reinen Freizeitbereich abspielen, keine hohen Preisgelder ausloben und nicht als direkte Qualifikation für nationale und internationale Wettbewerbe dienen. Es verbleiben diejenigen Teile des sportlichen Wettbewerbs, die eine ausreichende Vermögenskomponente aufweisen, auch wenn diese erst auf zweiter Ebene aus Sicht des konkreten teilnehmenden Sportlers festgestellt werden kann.

Diese Einschränkung stellt auch sicher, dass bei dem so definierten sportlichen Wettbewerb das betroffene Interesse, also das Vermögen, im Mittelpunkt steht. Fraglich ist nun noch, wie eng die Beziehung zwischen dem Vermögensinteresse und dem sportlichen Wettbewerb ist. Ein unmittelbares Ableitungsverhältnis würde zur direkten Klassifikation des sportlichen Wettbewerbs als Rechtsgut führen können. Neben dem Sieg, der mit einer Siegprämie belohnt wird, entscheidet auch die Platzierung auf der wettkampfspezifischen Rangliste über die finanziellen Vorteile, die der Sportler aus dem Wettbewerb ziehen kann. Gute Bewertungen im Vergleich zu anderen Konkurrenten wirken sich positiv auf die Akquise von Sponsoren und den Erhalt weiterer Fördergelder aus. Damit steht das finanzielle Interesse in einem unmittelbaren Zusammenhang mit einer möglich guten Leistung im sportlichen Wettbewerb.

Der sportliche Wettbewerb mit Vermögensrelevanz ist damit ebenfalls als abstraktes Rechtsgut zu qualifizieren.

e) Zwischenergebnis

Es bleibt festzuhalten, dass im großen Bereich des „Wettbewerbs“ sowohl der hoch(schulische) Leistungswettbewerb, als auch der sportliche Wettbewerb mit Vermögensrelevanz als Teilbereiche abstrakte Rechtsgüter darstellen, die durch die Einnahme von Neuroenhancement-Mitteln betroffen sein könnten. Dass Berührungspunkte zwischen der Verhaltensweise „Einnahme von Neuroenhancement-Mitteln“ und diesen Rechtsgütern bestehen, wurde schon angedeutet und war die Prämisse der bisher angestellten Überlegungen, muss aber noch einmal kurz betrachtet und bestätigt werden. Gemeinsames Merkmal zwischen beiden Rechtsgütern ist, dass das einzelne Individuum, der einzelne Teilnehmer durch einen unter Einfluss von Neuroenhancement-Mitteln stehenden Konkurrenten nicht direkt in einem höchstpersönlichen Interesse verletzt wird. Infolge der Beeinflussung des Wettbewerbs durch den anderen kann sich aber seine Chance, ein gutes Ergebnis zu erzielen, verringern, was wiederum seine über den Wettbewerb vermittelten, rechtlich geschützten Interessen beeinträchtigt.

aa) Sportlicher Wettbewerb mit Vermögensrelevanz

Die Einnahme von Neuroenhancement-Mitteln beeinflusst das Rechtsgut des sportlichen Wettbewerbs mit Vermögensrelevanz insoweit, als dass sich – wie oben schon festgestellt – diejenigen Athleten, die sich solcher leistungssteigernder Substanzen bedienen, einen Vorteil gegenüber ihren Konkurrenten verschaffen.[600] Dieser Vorteil ist regelwidrig, die den sportlichen Wettbewerb konstituierenden und umrahmenden Wettkampfregeln untersagen die Einnahme von sogenannten Dopingmitteln. Zu diesen genau bestimmten Substanzen zählen unter anderem auch drei der vier hier betrachteten Neuroenhancement-Mittel: Modafinil, Ritalin und Amphetamin. Weiterhin müsste sich die Beeinträchtigung des sportlichen Wettbewerbs durch das verbotene Neuroenhancement gerade auf das Vermögensinteresse auswirken. Zweck der Einnahme von Neuroenhancement-Mitteln ist die Verbesserung der Konzentration und vorwiegend geistigen Leistungsfähigkeit. Im sportlichen Wettkampf spielen nicht nur Kraft, Ausdauer und Schnelligkeit, sondern auch die richtige Fokussierung, die volle Konzentration im entscheidenden Augenblick eine wichtige Rolle. Wird diese durch die Einnahme von im sportlichen Wettkampf verbotenen Neuroenhancement-Substanzen zu erreichen versucht, verschafft sich der Sportler einen unlauteren Wettbewerbsvorteil gegenüber seinen (sauberen) Konkurrenten. Dieser ist auch geeignet, sich in einer besseren Platzierung niederzuschlagen. Da die Platzierung nicht nur für die im Falle eines Sieges ausgezahlte Prämie, die immer nur einer gewinnen kann, sondern auch für die Akquise von Sponsoren und den Erhalt weiterer Förderungen entscheiden ist, wird durch die Einnahme von Neuroenhancern unmittelbar das finanzielle Interesse der anderen Teilnehmer am sportlichen Wettbewerb betroffen. Folglich beeinträchtigt die Einnahme zumindest bestimmter zu Neuroenhancement genutzter Substanzen das Rechtsgut.

bb) (hoch)schulischer Leistungswettbewerb

In Bezug auf den (hoch)schulischen Leistungswettbewerb kann ebenfalls eine Beeinflussung desselben durch die Einnahme von Neuroenhancement-Mitteln festgestellt werden. Prüfungsteilnehmer, die ihre Prüfungsleistung unter der Wirkung leistungssteigernder Substanzen erbringen, sind im Vergleich zu ihren „ungedopten" Konkurrenten im Vorteil. Allerdings ist im Gegensatz zum sportlichen Wettbewerb beim (hoch)schulischen Leistungswettbewerb nicht so einfach festzustellen, ob es sich dabei auch wirklich um einen unzulässigen, weil

---

600 Oben 2. Kapitel II. 3. e) cc) (ab S. 104).

regelwidrigen Vorteil handelt. Dazu müsste es in den entsprechenden Regelwerken, also insbesondere den Prüfungsordnungen, Normen geben, die die Einnahme von Neuroenhancement-Mitteln in einer Prüfung untersagen. Da es sich bei Neuroenhancement im aktuellen Ausmaß um ein relativ neues Phänomen handelt, sind soweit ersichtlich spezielle Regelungen für Dopingmittel in den Prüfungsordnungen bisher nicht enthalten. Damit bleibt nur der Rückgriff auf die allgemeinen Normen zur Verwendung nicht zugelassener Hilfsmittel.[601] Wären Neuroenhancement-Substanzen solche unzulässigen Hilfsmittel, könnte ihr Einsatz in einer Prüfung als regelwidrige Vorteilsverschaffung angesehen werden. Bisher werden von dieser generellen Regelung herkömmliche, stofflich verkörperte Hilfsmittel wie der klassische Spickzettel oder systematische Kommentierungen in Gesetzestexten erfasst. Auch kommunikative Hilfsmittel wie das Besprechen der Prüfungsaufgabe mit anderen, etwa beim Toilettengang oder über einen „Knopf im Ohr“ sind danach unerlaubt. Ob allerdings der Einsatz eines nur innerhalb des eigenen Körpers wirkenden Mittels, das eben die eigene geistige Leistungsfähigkeit erhöhen soll, als „unzulässig“ eingeordnet werden kann, ist sehr fraglich. *Bublitz* lehnt dies mit einem Verweis auf das rechtsstaatliche Gebot der Bestimmtheit bzw. der Bestimmbarkeit ab.[602] In der Tat wäre es wohl eine Überspannung der bisherigen Regelung, Neuroenhancement-Mittel unter die allgemeine Norm der unerlaubten Hilfsmittel zu subsumieren. Zunächst wäre dabei unklar, welche Substanzen als unerlaubt gelten würden. Bisher ist zumindest der Einsatz von frei verkäuflichen Mitteln wie Koffein in Form von Kaffee, Cola oder Energy-Drinks ebenso akzeptierte Praxis wie auch die Einnahme von Medikamenten, z.B. Kopfschmerztabletten, vom kurzzeitigen „Energieschub“ durch Traubenzucker ganz zu schweigen. Schon aufgrund der Notwendigkeit einer klaren Grenzziehung zwischen solchen erlaubten und als „Hirndoping“ unerlaubten Mitteln müssten in den Prüfungsordnungen verbotene Substanzen ausdrücklich aufgelistet werden. Auch mit Blick auf den Unterschied zwischen den bisher unter nicht zulässige Mittel fallenden, äußerlich wahrnehmbaren Hilfen und den damit nicht direkt vergleichbaren rein innerlich wirkenden Neuroenhancement-Substanzen ist

601 Für den hochschulischen Bereich bspw. § 15 Abs. 1 NJAG; § 18 Abs. 1 Saarl. JAG; § 22 Abs. 1 JAG NRW; § 17 Abs. 1 Hess JAG; für den schulischen Bereich Ergänzende Bestimmung 9.9 zu § 9 i.V.m. § 22 der niedersächsischen Verordnung über die Abschlüsse in der gymnasialen Oberstufe, im Beruflichen Gymnasium, im Abendgymnasium und im Kolleg (AVO-GOBAK).

602 *Bublitz* ZJS 2010, 306 (309 f.).

eine Subsumtion letzterer unter die generellen Regelungen über unzulässige Hilfsmittel nicht möglich. Damit bleibt auch der Weg über die in den entsprechenden Normen ebenfalls geregelte „Täuschung" verwehrt. Bisher zumindest gibt kein Prüfling eine Erklärung darüber ab, dass er nicht unter Einfluss von Neuroenhancement-Mitteln an der Prüfung teilnimmt, demnach fehlt es schon an einer Irreführung hierüber.[603] Auf der anderen Seite ist es jedoch nicht ausgeschlossen, dass solche Erklärungen über eine „hirndopingfreie" Prüfungsleistung gefordert werden könnten bzw. die entsprechenden Regelwerke und Prüfungsordnungen geändert werden, so dass Neuroenhancement-Mittel ausdrücklich unter die nicht zugelassenen Mittel fallen, oder ihr Gebrauch in Prüfungen durch eine eigenständige Regelung untersagt wird. Aus diesem Grund kann auch ohne das derzeitige Vorliegen einer die Einnahme von Neuroenhancement-Mitteln in Prüfungen untersagenden Norm eine weitere Betrachtung des Rechtsguts bzw. einer möglichen Strafbarkeit seiner Beeinträchtigung vorgenommen werden, da ein entsprechendes Verbot in Zukunft geschaffen werden könnte. Damit würden sich Prüfungsteilnehmer, die unter Einfluss dieser Mittel zur Prüfung antreten, einen regelwidrigen Vorteil verschaffen. Somit ist es auch jetzt schon interessant zu wissen, ob dann nach Erlass eines entsprechenden Gesetzes oder einer Verordnung auch eine strafrechtliche Reaktion auf das dann verbotene Neuroenhancement im (hoch)schulischen Leistungswettbewerb möglich bzw. erforderlich wäre. Aufgrund der bestehenden Einwirkung und der zukünftig möglichen negativen Bewertung dieser Einwirkung ist somit auch für das Rechtsgut des (hoch)schulischen Leistungswettbewerbs eine Beeinträchtigung dessen durch die Einnahme von Neuroenhancement-Mitteln in Prüfungen anzunehmen.

5. Ergebnis

Als Rechtsgüter, die vom Phänomen Neuroenhancement in strafrechtlich relevanter Weise betroffen sein können, verbleiben von den hier betrachteten damit die Gesundheit, der sportliche Wettbewerb mit Vermögensrelevanz und, vielleicht, der hoch(schulische) Leistungswettbewerb. Nun ist die Frage zu beantworten, wie und ob diese Rechtsgüter durch den bestehenden Normenkatalog im StGB vor Angriffen geschützt sind, und ob diese Normen die neue mögliche Bedrohung durch Neuroenhancement schon ausreichend abdecken.

---

603 Vgl. auch *Bublitz* ZJS 2010, 306 (310).

3. Kapitel: Gegenwärtige strafrechtliche Regelung

Der umfangreiche Normenkatalog des StGB, welches im Kern seit 1851 besteht[604] und durch zahlreiche Reformen überarbeitet wurde,[605] gewährleistet einen breiten Rechtsgüterschutz. Daneben finden sich auch in vielen Spezialgesetzten verteilt weitere Strafvorschriften,[606] die den veränderten Lebensbedingungen in der modernen Welt und den dadurch entstandenen neuen Rechtsgütern und Bedrohungen für diese Rechnung tragen. Entscheidend ist die Frage, ob die durch Neuroenhancement betroffenen Rechtsgüter schon durch bestehende Normen ausreichend vor diesem neuartigen „Angriff" geschützt sind.

I. Gesundheit

1. Schutz im StGB

Die wichtigste Norm, die den Schutz des überragend wichtigen Individualrechtsguts[607] „Gesundheit" garantiert, ist die Körperverletzung, § 223 StGB.[608] Dieser Grundtatbestand der Straftaten gegen die körperliche Unversehrtheit findet sich schon im bayerischen StGB von 1813, die seinerzeit von *Feuerbach* gefundene Formulierung ist bis heute kaum verändert.[609] Die damals schon genannten

---

604 Damals in Form des preußischen Strafgesetzbuchs, welches zur Grundlage des norddeutschen Strafgesetzbuchs und damit für das Reichsstrafgesetzbuch wurde; *Roxin*, Strafrecht AT I § 4 Rn. 1.

605 Entscheidend waren dabei das 1. und 2. Strafrechtsreformgesetz von 1969, die zur Einführung eines vollständig neuen Allgemeinen Teils geführt haben, der am 1.1.1975 in Kraft getreten ist; *Roxin*, Strafrecht AT I § 4 Rn. 42. Die Reformation des Besonderen Teils erfolgte durch eine Reihe von Einzelgesetzen; *Roxin*, Strafrecht AT I § 4 Rn. 43.

606 Z.B.: § 38 WpHG; §§ 106 ff. UrhG; §§ 143 ff. MarkenG; §§ 58 f. LFGB (Lebensmittel- und Futtermittelgesetzbuch).

607 Das Rechtsgut „Gesundheit" lässt sich aus Art. 2 Abs. 2 GG, dem Recht auf körperliche Unversehrtheit, ableiten und hat daher Verfassungsrang. Vgl. dazu v. Mangolt/Klein/*Starck* Art. 2 Abs. 2 Rn. 193; Dreier-*Schulze-Fielitz* Art. 2 II Rn. 33 f.; Münch/Kunig-*Kunig* Art. 2 Rn. 62; BK-*Lorenz* Art. 2 Rn. 452.

608 NK-StGB-*Paeffgen/Böse* § 223 Rn. 2; MK-StGB-*Joecks* Bd. 4 § 223 Rn. 1; Schönke/Schröder-*Sternberg-Lieben* 223 Rn. 1; SSW-StGB-*Momsen/Momsen-Pflanz* § 223 Rn. 2; *Eser* ZStW 97 (1985), S. 1 (3 ff.); *Fischer* § 223 Rn. 2.

609 *Schroeder*, FS Hirsch, S. 725 (727): „Wer ... einen Anderen an seinem Körper mißhandelt, oder dessen Gesundheit durch Verwundung, Verletzung oder sonst auf irgendeine

Tatmodalitäten der körperlichen Misshandlung oder der Gesundheitsschädigung,[610] könnten durch die Gabe von Neuroenhancement-Mitteln erfüllt sein. Beide Tatmodalitäten stehen gleichwertig nebeneinander,[611] zwischen ihnen existiert ein fließender Übergang mit vielfältigen Überschneidungen.[612] Da die von Neuroenhancement-Mitteln hervorgerufenen Nebenwirkungen von den meisten Kommentatoren eher als Gesundheitsschädigung eigestuft werden und das Vorliegen einer Alternative ausreicht,[613] wird überwiegend auf diese Tatmodalität eingegangen. Eine Gesundheitsschädigung ist jedes Hervorrufen oder Steigern eines vom normalen Zustand der körperlichen Funktionen nachteilig abweichenden (pathologischen) Zustandes, gleichgültig, auf welche Art und Weise er verursacht wird und ob das Opfer dabei Schmerz empfindet.[614] Darunter können nach *Momsen* auch schon diffuse Beschwerden wie Kopfschmerzen, Müdigkeit und Konzentrationsstörungen fallen.[615] *Wolters* lehnt zwar eine „Gesundheitsschädigung" u.a. beim Verursachen leichter, schnell vorübergehender Kopfschmerzen, kurzzeitiger Schlaflosigkeit, vorübergehenden Durchfalls, erhöhter Herztätigkeit mit Schweißausbruch ab, behält sich aber die Möglichkeit vor, diese Symptome als „Misshandlung" zu klassifizieren.[616] Eine körperliche Misshandlung könne „auch bei einer für sich gesehen geringfügigen Körperzustandsveränderung gegeben sein, wenn damit zugleich eine nicht unerhebliche Beeinträchtigung von Körperfunktionen verbunden" sei.[617] Als Beispiel nennt er u.a. Schlaflosigkeit durch häufige Störanrufe und psycho-vegetative Störungen durch ein Rock-Konzert.[618] Allerdings stellt sich im Angesicht der auch von *Wolters* geforderten Voraussetzung, dass diese Beeinträchtigung für einen

---

Weise beschädigt, soll in folgenden Fällen des Verbrechens der Körperverletzung schuldig geachtet werden" (I. Teil Art. 178 des bayerischen StGB von 1813).

610 NK-StGB-*Paeffgen/Böse* § 223 Rn. 7.

611 NK-StGB-*Paeffgen/Böse* § 223 Rn. 7.

612 BeckOK-StGB-*Eschelbach* § 223 Rn. 11; Schönke/Schröder-*Sternberg-Lieben* 223 Rn. 2; MK-StGB-*Joecks* Bd. 4 § 223 Rn. 3; LK-StGB-*Lilie* § 223 Rn. 4.

613 NK-StGB-*Paeffgen/Böse* § 223 Rn. 7.

614 Lackner/Kühl-*Kühl* § 223 Rn. 5; BGHSt 36, 1 (6); 43, 346 (354); NK-StGB-*Paeffgen/Böse* § 223 Rn. 14; MK-StGB-*Joecks* Bd. 4 § 223 Rn. 28; Schönke/Schröder-*Sternberg-Lieben* 223 Rn. 5; SSW-StGB-*Momsen/Momsen-Pflanz* § 223 Rn. 9; Fischer § 223 Rn. 8; LK-StGB-*Lilie* § 223 Rn. 12.

615 LG Frankfurt am Main ZUR 1994, 33 – Holzschutzmittel; SSW-StGB-*Momsen/Momsen-Pflanz* § 223 Rn. 9.

616 SK-StGB-*Wolters* § 223 Rn. 20.

617 SK-StGB-*Wolters* § 223 Rn. 6.

618 SK-StGB-*Wolters* § 223 Rn. 6.

objektiven Betrachter nicht als bloß unerheblich erscheint,[619] die Frage, ob dies nicht grundsätzlich eher eine Frage der Erheblichkeit[620] ist, als des Wechsels der Tatalternative. Zumal *Wolters* selbst eine andere Beurteilung für den Fall geboten sieht, dass sich solche Beschwerden summieren und längere Zeit wiederholen.[621] Auch *Paeffgen* macht die Tatbestandsmäßigkeit der genannten Symptome an der immanenten Erheblichkeitsschwelle fest, womit für ihn auch solche Beeinträchtigungen wie leichte Kopfschmerzen, kurzzeitige Schlaflosigkeit, vorübergehender Durchfall und erhöhte Herztätigkeit mit Schweißausbruch relational zu ihrer Dauer und Nachhaltigkeit zur Bejahung der Tatbestandsalternative „Gesundheitsschädigung" genügen würden.[622] Was die schon genannte Erheblichkeitsschwelle angeht, kann diese schon bei durch Schlaftabletten ausgelöstem Schwindel erreicht sein.[623] Die in dieser Arbeit betrachteten Mittel können zwar unterschiedliche (Neben)Wirkungen auf den Körper haben, allerdings findet sich in der Aufzählung bei allen Unruhe, Schlaflosigkeit, Herzrhythmusstörungen und Kopfschmerzen (bei Koffein beim Entzug).[624] Treten diese Beschwerden in einer gewissen Stärke und Dauer auf, wäre auf jedem Fall eine Gesundheitsschädigung anzunehmen. Hinzu kommt, dass gerade bei den als Medikamente entwickelten Mitteln Ritalin und Modafinil, die auch im Sport als Dopingmittel gelten,[625] und erst Recht bei Amphetamin, aufgrund der weiterreichenden Nebenwirkungen in den meisten Fällen eine Gesundheitsschädigung anzunehmen ist.[626] Damit kann die Gabe von Neuroenhancement-Mitteln den objektiven Tatbestand der Körperverletzung erfüllen. In Fällen, in denen keine Nebenwirkungen auftreten, also der konkrete Erfolg ausbleibt, kann aufgrund der abstrakten Möglichkeit, dass bei der Einnahme Nebenwirkungen auftreten können und es in gewissem Maße vom Zufall abhängt, wie gut die jeweilige Person das Mittel

---

619 SK-StGB-*Wolters* § 223 Rn. 6.

620 NK-StGB-*Paeffgen/Böse* § 223 Rn. 16; SSW-StGB-*Momsen/Momsen-Pflanz* § 223 Rn. 13.

621 SK-StGB-*Wolters* § 223 Rn. 20.

622 NK-StGB-*Paeffgen/Böse* § 223 Rn. 16.

623 BGH NStZ 1992, 490; Schönke/Schröder-*Sternberg-Lieben* 223 Rn. 6; kritischer MK-StGB-*Joecks* Bd. 4 § 223 Rn. 31; vgl. auch BeckOK-StGB-*Eschelbach* § 223 Rn. 25; SSW-StGB-*Momsen/Momsen-Pflanz* § 223 Rn. 10.

624 Oben 1. Kapitel I. (S. 24, 27, 29 a.E., 31).

625 Oben 2. Kapitel II. 3. e) cc) (S. 106 Fn. 539).

626 Lackner/Kühl-*Kühl* § 223 Rn. 5 m.w.N.; ausführlich zum Doping auch *Glocker*, Die Strafrechtliche Bedeutung von Doping, S. 218 ff.; *Heger* JA 2003, 76 (78); *Roxin*, FS Samson, S. 445 (446); *Klug*, Doping als strafbare Verletzung der Rechtsgüter Leben und Gesundheit, S. 148 ff.

verträgt bzw. der Körper darauf reagiert, auf die Versuchsstrafbarkeit nach § 223 II StGB zurückgegriffen werden.

Allerdings ist zu beachten, dass die Bestimmung des Vorsatzes im Zusammenhang mit Neuroenhancement-Fällen Schwierigkeiten mit sich bringt. Der Vorsatz wird als der „Wille zur Verwirklichung eines Straftatbestandes in Kenntnis aller seiner objektiven Tatumstände“[627] definiert. Nach überwiegender Ansicht werden damit ein kognitives und ein voluntatives Element unterschieden.[628] Damit ist sowohl Voraussetzung, dass der die Neuroenhancement-Mittel Verabreichende weiß, dass diese gesundheitsschädliche Nebenwirkungen haben, als auch, dass er eine Willensentscheidung für die Vornahme einer das tatbestandliche Unrecht des Delikts realisierenden Handlung trifft. Schon bezüglich des „Wissens“ um die Nebenwirkungen könnte man zweifeln, da ebenso wie beim sorglosen Umgang mit Schmerztabletten[629] wohl auch bei der Anwendung von Neuroenhancern gerne verdrängt wird, dass es sich bei Mitteln wie Modafinil und Ritalin um starke Medikamente handelt, bei denen immer die Gefahr von Nebenwirkungen besteht. Auch die Willenskomponente erscheint problematisch, da die Gabe von Neuroenhancement-Mitteln mit dem Ziel erfolgt, die Leistungsfähigkeit zu verbessern, also etwas Positives zu bewirken. Sie hat gerade nicht als primären Zweck, den Einnehmenden an der Gesundheit zu schädigen, es ist im Gegenteil davon auszugehen, dass diese Folge nicht gewollt ist. Dennoch kann auch in solchen Fällen der Vorsatz gegeben sein, es kommt dabei maßgeblich darauf an, ob dem Handelnden diese an sich „unerwünschte Begleiterscheinung“ seines Tuns bekannt ist.[630] Ein Billigen des Erfolges „Gesundheitsschädigung“ könnte also im Fall der Gabe von Neuroenhancement-Mittel angenommen werden, wenn man sich um des erstrebten Ziels der geistigen Leistungssteigerung willens damit abfindet, dass durch diese Handlung

---

627 *Wessels/Beulke/Satzger*, Strafrecht AT, Rn. 306; BGHSt 19, 295 (298); kritisch MK-StGB-*Joecks* Bd. 1 § 16 Rn. 13.

628 SSW-StGB-*Momsen* § 15 Rn. 7; MK-StGB-*Joecks* Bd. 1 § 16 Rn. 14; *Fischer* § 15 Rn. 3 ff.; Schönke/Schröder-*Sternberg-Lieben/Schuster* 15 Rn. 10 ff.

629 Beim Umgang mit rezeptfreien Schmerzmitteln werden die Nebenwirkungen unterschätzt, weshalb Experten eine Rezeptpflicht fordern, vgl. *Vonhoff, Anna* Tödliche Schmerzmittel verbieten? Aspirin und Paracetamol gefährden Leben, in: Focus. online, 19.01.2012, http://www.focus.de/gesundheit/ratgeber/medikamente/risiko/tid-24809/toedliche-schmerzmittel-verbieten-aspirin-und-paracetamol-gefaehrden-leben_aid_703225.html (zuletzt abgerufen am 01.10.2017).

630 BGHSt 7, 363 (369) (Lederriemen-Entscheidung); NK-StGB-*Puppe* § 15 Rn. 31 f.; MK-StGB-*Joecks* Bd. 1 § 16 Rn. 52.

die unerwünschten Nebenwirkungen auftreten. Nach dem zuvor Gesagten wird es sich bei der Gabe von Neuroenhancement-Mitteln nicht um ein Verhalten mit direktem Vorsatz (dolus directus 1. oder 2. Grades)[631] hinsichtlich der möglichen Körperverletzung durch eine Gesundheitsschädigung handeln, sondern um ein „in Kauf nehmen" oder „billigen" dieser möglichen Nebenwirkungen, also um ein Handeln mit bedingtem Vorsatz (dolus eventualis).[632] Dieser Eventualvorsatz ist gegen eine andere Rechtsfigur abzugrenzen, gegen die der „bewussten Fahrlässigkeit". Letztere liegt vor, wenn der Täter fest darauf vertraut, dass „alles gut gehen" werde und es ihm gelingen werde, den drohenden Erfolgseintritt und die Verwirklichung des gesetzlichen Tatbestandes zu vermeiden.[633] Die Abgrenzung im Einzelnen ist umstritten[634] und abstrakt deshalb schwer durchzuführen, da es auf die Feststellung des pflichtwidrigen Verhaltens im konkreten Einzelfall ankommt. Eine allgemein fahrlässige Verhaltensweise gibt es insoweit nicht. Daher wird auf diese Problematik weiter unten noch einmal eingegangen,[635] wenn die Fallgestaltungen herausgearbeitet wurden, in denen überhaupt eine „Gabe" von Neuroenhancement-Mitteln vorliegen kann. Allgemein vorweggenommen werden kann, dass gerade bei Handlungen im Zusammenhang mit Neuroenhancement zur Steigerung der geistigen Leistungsfähigkeit des Betroffenen aufgrund des dahinterstehenden an sich positiven Ziels, und nicht etwa einer deliktischen Zweckrichtung wie im Lederriemen-Fall,[636] in den meisten Fällen eine bewusste Fahrlässigkeit anzunehmen sein wird.

Neben diesen Fällen, in denen es dann letztlich am Vorsatz fehlen würde, gibt es auch beim Neuroenhancement Anwendungsformen, die unterhalb der

---

631 SSW-StGB-*Momsen* § 15 Rn. 41 f.; Schönke/Schröder-*Sternberg-Lieben/Schuster* 15 Rn. 64 ff.; Lackner/Kühl-*Kühl* § 15 Rn. 20 f.; MK-StGB-*Joecks* Bd. 1 § 16 Rn. 22 ff.; *Fischer* § 15 Rn. 6 f.; *Wessels/Beulke/Satzger*, Strafrecht AT, Rn. 317 ff, 322 ff.

632 SSW-StGB-*Momsen* § 15 Rn. 44 ff.; Schönke/Schröder-*Sternberg-Lieben/Schuster* 15 Rn. 72; Lackner/Kühl-*Kühl* § 15 Rn. 23 ff.; MK-StGB-*Joecks* Bd. 1 § 16 Rn. 31 ff.; *Fischer* § 15 Rn. 9 ff.; *Wessels/Beulke/Satzger*, Strafrecht AT, Rn. 323 ff.

633 *Wessels/Beulke/Satzger*, Strafrecht AT, Rn. 330; vgl. auch NK-StGB-*Puppe* § 15 Rn. 35; MK-StGB-*Joecks* Bd. 1 § 16 Rn. 61.

634 Neben dem erforderlichen Wissenselement (die Möglichkeit des Erfolgseintritts erkannt haben), ist insbesondere das Erfordernis bzw. die konkrete Ausgestaltung eines Willenselements hoch umstritten. Vgl. dazu Lackner/Kühl-*Kühl* § 15 Rn. 23 ff.; NK-StGB-*Puppe* § 15 Rn. 31 ff.; Schönke/Schröder-*Sternberg-Lieben/Schuster* § 15 Rn. 72 ff.; MK-StGB-*Joecks* Bd. 1 § 16 Rn. 31 ff.; SSW-StGB-*Momsen* § 15 Rn. 38 f.

635 Unten 3. Kapitel I. 1. (S. 147).

636 BGHSt 7, 363 (370) (Lederriemen-Entscheidung): „Die Angeklagten wollen sich unter allen Umständen die in M's Besitz befindlichen Gegenstände aneignen".

Schwelle der Körperverletzung liegen. Gerade bei Coffein werden ausreichend erhebliche Nebenwirkungen wohl nur beim Entzug nach vorherigem starken/übermäßigen Konsum ausgelöst. Damit ist die Gabe von Coffein in normalen bzw. alltäglichen Mengen grds. nicht als Körperverletzung anzusehen. Wobei dieses Ergebnis wenig erstaunt, gehört es doch geradezu zum guten Ton, zu unzähligen Gelegenheiten, wie Meetings, Besuchen usw. dem Gegenüber eine Tasse Kaffee anzubieten. Für die Verabreichung von Medikamenten wie Ritalin und Modafinil muss dann im jeweiligen Einzelfall bestimmt werden, ob es zu Nebenwirkungen gekommen ist und insbesondere ob der erforderliche Vorsatz gegeben ist. Bei der Gabe von Amphetaminen wird demgegenüber in den meisten Fällen eine tatbestandmäßige Körperverletzung oder zumindest eine versuchte anzunehmen sein, hier ist allein aufgrund der allgemein bekannten Gefährlichkeit als illegale Droge ein fehlender Vorsatz nur schwer anzunehmen.

Das größte „Problem" im Zusammenhang mit einer möglichen Strafbarkeit von Neuroenhancement als Körperverletzung ist jedoch, dass in den seltensten Fällen überhaupt von einer „Verabreichung" des Mittels, also einer unmittelbaren Täterschaft eines Dritten, auszugehen ist. Im überwiegenden Fall wird die Person, die ihre geistige Leistungsfähigkeit mittels Neuroenhancement „verbessern" oder „steigern" möchte, diese Mittel selbständig und ohne Mitwirkung eines anderen einnehmen. Und diese durch die Selbsteinnahme (möglicherweise) verursachte Gesundheitsschädigung ist als Selbstverletzung straflos.[637] Derjenige, der Neuroenhancer eigenverantwortlich einnimmt, schadet keiner „anderen" Person, wie in § 223 Abs. 1 StGB gefordert. Die Strafbarkeit ist in diesen Fällen bereits tatbestandlich ausgeschlossen. Damit bleibt auch jede Mitwirkung eines Dritten, der die Mittel verkauft hat oder zur Verfügung stellt, mangels einer für die Teilnahme nach § 27 StGB notwendigen Haupttat[638] straffrei.

Im Gegensatz zum Doping ist die Eigeneinnahme von Neuroenhancement-Präparaten, zumindest was die hier untersuchten Präparate angeht, auch problemlos möglich. Während Dopingmittel, gerade was modernes Blutdoping und Hormondoping angeht, aufgrund der Verabreichung über Infusionen bzw. Spritzen und den besonderen Anforderungen an die Lagerung oder Aufbereitung der Substanzen die Mitwirkung eines Dritten in den meisten Fällen notwendig

---

637 NK-StGB-*Paeffgen/Böse* § 223 Rn. 4; Schönke/Schröder-*Sternberg-Lieben* § 223 Rn. 1; Lackner/Kühl-*Kühl* § 223 Rn. 2; LK-StGB-*Lilie* § 223 Rn. 3; SSW-StGB-*Momsen/Momsen-Pflanz* § 223 Rn. 18; BeckOK-StGB-*Eschelbach* § 223 Rn. 16; MK-StGB-*Joecks* Bd. 4 § 223 Rn. 56; *Fischer* § 223 Rn. 2; vgl. auch BGH NStZ 2011, 341 (342).

638 *Fischer* § 27 Rn. 3; *Roxin*, Strafrecht AT II, § 26 Rn. 2 f.; MK-StGB-*Joecks* Bd. 1 § 27 Rn. 4.

machen,[639] ist dies bei Neuroenhancern viel einfacher zu handhaben. Koffein in Form von Kaffee oder Energy-Drinks ist überall frei verkäuflich erhältlich, Koffein-Tabletten können rezeptfrei zumindest in Apotheken erworben und übers Internet bestellet werden. Die Beschaffung von Modafinil oder Ritalin gestaltet sich da schon etwas schwieriger. Wie oben beschrieben[640] fallen beide unter die Klasse der rezeptpflichtigen/verschreibungspflichtigen Medikamente und Ritalin sogar unter das BtMG. Damit muss man sie sich von einem Arzt verschreiben lassen. Im hier ins Auge gefassten Anwendungsbereich, also bei einer eigentlich gesunden Person, muss man demnach einen Arzt finden, der einem auch ohne behandlungsbedürftige Krankheit das gewünschte Rezept ausstellt, oder einen Apotheker, der die Mittel ohne Rezept ausgibt. Daneben scheint es durchaus möglich, sich Ritalin und Modafinil im Internet auch ohne Rezept zu bestellen, bei der Eingabe der Schlagworte „Ritalin/Modafinil" und „rezeptfrei" in eine Suchmaschine tauchen eine ganze Reihe Internetseiten mehr oder weniger dubioser Anbieter auf.[641] Ein weiterer Weg zur Beschaffung dieser Medikamente ist es, jemanden zu finden, der diese Mittel auf Rezept ausgestellt bekommen hat und nun weiterverkauft. Allerdings sind die meisten dieser Wege in Deutschland illegal.[642] Jedenfalls lassen sich die Tabletten, nachdem man sie denn einmal erworben hat, gut zu Hause lagern und ohne größeren Aufwand mit einem Schluck Wasser einnehmen. Bei Amphetamin als illegale Droge gestaltet sich die Beschaffung wohl am schwierigsten. Hier wird wohl der Weg in die Illegalität i.d.R. die einzige Möglichkeit sein. Hat man die „Beschaffungshürde" jedoch einmal genommen, ist auch bei diesem Mittel die Einnahme, zumeist durch ein Röhrchen oder zusammengerolltes Papier über die Nasenschleimhäute, wenn auch „aufwändiger" als bei den übrigen, dennoch ohne große Hilfsmittel alleine möglich. Damit ist für keines der hier betrachteten Mittel die Mitwirkung einer anderen Person bei der Einnahme nötig oder üblich. Der häufigste Fall der Neuroenhancement-Anwendung, die eigenverantwortliche Selbsteinnahme, ist damit nicht nach § 223 StGB strafbar.

---

639 Ausführlich zu Dopingmitteln und Dopingbehandlungen *Glocker*, Die strafrechtliche Bedeutung von Doping, S. 97 ff; *Klug*, Doping als strafbare Verletzung der Rechtsgüter Leben und Gesundheit, S. 29 ff; *Rain*, Die Einwilligung des Sportlers beim Doping, S. 14 f.

640 Oben 1. Kapitel I. 2. (S. 29 Fn. 49) und 3. (S. 27 Fn. 69).

641 Bei der Suche mit einer Suchmaschine im Internet finden sich sofort mehrere Seiten, die auf „Ritalin (oder Modafinil) rezeptfrei bestellen" verweisen.

642 Dazu näher unten bei der Frage des Schutzes durch Normen außerhalb des StGB, insbesondere des AMG, 3. Kapitel I. 2. b) (ab S. 150).

Es bleibt aber ein interessanter Fall bestehen, bei dem die Frage nach einer möglichen Körperverletzung und tauglichen Täterschaft eines Dritten noch beantwortet werden muss: Wenn es an der Eigenverantwortlichkeit der Einnahme des Mittels fehlt und wenn eine mittelbare Täterschaft eines Dritten in Betracht kommt. Dies wird vor allem im Zusammenhang mit Neuroenhancement bei Kindern von Bedeutung sein. Fordern die Eltern ihr Kind einfach auf, das Mittel zu nehmen, ohne diesem die möglichen gesundheitsschädlichen Nebenwirkungen der „Pillen" zu erklären, so sind sie als Täter anzusehen, auch wenn das Kind das Mittel nicht im klassischen Sinne „verabreicht" bekommt, sondern selbständig einnimmt.[643] Das Kind selbst wird nicht wissen, dass die Tabletten, die es von den Eltern bekommt, auch Nebenwirkungen haben können. In dem Fall, indem ein Arzt die Mittel verschreibt bzw. eine dritte Person die Neuroenhancer liefert, ohne die Eltern ausreichend über die zur möglichen Gesundheitsschädigung führenden Risiken aufzuklären, kommt eine mittelbare Täterschaft des Arztes oder des Dritten in Betracht. Mittelbarer Täter ist, wer die Tat „durch einen anderen begeht", § 25 Abs. 1 Alt. 2 StGB, das heißt einen anderen als Tatmittler (Werkzeug) für sich handeln lässt.[644] Die tatherrschaftliche Stellung kann dabei Kraft überlegenen Willens oder Kraft überlegenen Wissens begründet werden.[645] Die Eltern, die aufgrund der unzureichenden Aufklärung des Dritten ihr Kind veranlassen, die Mittel einzunehmen, können als vorsatzlos handelndes „Werkzeug" des Hintermanns angesehen werden.[646] Zur Beurteilung, ob eine „unzureichende" Aufklärung

643 In diesem Fall wird, ähnlich wie in „Giftmordfällen", aufgrund der Unwissenheit des Werkzeugs über den schädigenden Charakter der Handlung eher eine unmittelbare Täterschaft nach § 25 Abs. 1 Alt. 1 StGB anzunehmen sein (Vgl. NK-StGB-*Schild* § 25 Rn. 46, der von einem „blinden Werkzeug" spricht; *Spendel*, FS Lüderssen, S. 605 (607)). Zudem handelt es sich bei Kinder unter 14 Jahren um schuldunfähige Personen (§ 19 StGB), was auch für eine unmittelbare Täterschaft sprechen könnte (vgl. bei NK-StGB-*Schild* § 25 Rn. 46). Zur Tatherrschaft bei der Selbstschädigung von Kindern und Jugendlichen vgl. auch *Roxin*, Täterschaft und Tatherrschaft, S. 240 ff.; 693 ff.).

644 Lackner/Kühl-*Kühl* § 25 Rn. 2; Schönke/Schröder-*Heine/Weißer* § 25 Rn. 6; *Fischer* § 25 Rn. 5; SSW-StGB-*Murmann* § 25 Rn. 4.

645 NK-StGB-*Schild* § 25 Rn. 76; MK-StGB-*Joecks* Bd. 1 § 25 Rn. 58, 76; Schönke/Schröder-*Heine/Weißer* § 25 Rn. 7.

646 Näheres zur mittelbaren Täterschaft NK-StGB-*Schild* § 25 Rn. 91 ff; *Roxin*, Strafrecht AT II § 25 Rn. 61 ff.; *Roxin*, Täterschaft und Tatherrschaft S. 170 ff.

der Eltern vorliegt, sollte man sich an die Voraussetzungen der Einwilligungsfähigkeit anlehnen.[647]

Neben diesen Schwierigkeiten bei der Bestimmung der objektiven Voraussetzungen ist wie oben schon angedeutet[648] auch die Beurteilung des Vorsatzes bzgl. der Körperverletzung in den mit Neuroenhancement zusammenhängenden Fällen problematisch. Gerade bei den Eltern als Tätern muss im Einzelfall untersucht werden, ob ein Vorsatz in Form des dolus eventualis vorliegt, oder doch „nur" eine bewusste Fahrlässigkeit. Es ist zwar zu unterstellen, dass Eltern bewusst ist oder zumindest sein müsste, dass insbesondere Medikamente, aber auch Koffein (Neben)Wirkungen haben können, die die Gesundheit, vor allem die eines Kindes, nachteilig beeinflussen können. Damit könnte zumindest das für den Vorsatz geforderte Wissenselement[649] bejaht werden, bzw. beim tatsächlichen Fehlen an eine diesbezügliche Sorgfaltspflichtwidrigkeit und Fahrlässigkeitsstrafbarkeit nach § 229 StGB gedacht werden.[650] Inwieweit aber das umstrittene Willenselement gegeben ist,[651] kann nur am konkreten Fall festgestellt werden. Zumeist dürfte es jedoch fehlen, denn es ist davon auszugehen, dass fürsorgende Eltern darauf vertrauen, dass „alles gut gehen wird" und die möglichen gesundheitsschädigenden Nebenwirkungen bei ihrem Kind gerade nicht eintreten werden. Dieselben Vorsatzprobleme stellen sich auch im Fall der mittelbaren Täterschaft eines Dritten. Das Erfordernis des Wissens bzw. zumindest Wissen-Müssens bzgl. der gesundheitsschädigenden Nebenwirkungen wird bei einem Arzt als „Dritten" am stärksten ausgeprägt sein. Verschreibt er einem gesunden Kind Medikamente wie Modafinil und Ritalin, wird er am ehesten den Tatbestand der Körperverletzung erfüllen. Die problematische Frage, ob die

---

647 Zu den näheren Voraussetzungen MK-StGB-*Joecks* Bd. 4 § 223 Rn. 73 ff.; SSW-StGB-*Momsen/Momsen-Pflanz* § 223 Rn. 29 ff.; Schönke/Schröder-*Sternberg-Lieben* § 223 Rn. 40 ff; NK-StGB-*Paeffgen/Zabel* § 228 Rn. 65.

648 Oben 3. Kapitel I. 1. (S. 140).

649 Lackner/Kühl-*Kühl* § 15 Rn. 9 ff.; Schönke/Schröder-*Sternberg-Lieben/Schuster* § 15 Rn. 38 ff; SSW-StGB-*Momsen* § 15 Rn. 19 ff.

650 Allerdings muss es für eine fahrlässige Körperverletzung auch wirklich zu einer Gesundheitsschädigung gekommen sein, das heißt es müssen im konkreten Fall Nebenwirkungen eingetreten sein.

651 Diese Vorsatzprobleme stellen sich bei einer noch zu prüfenden Strafbarkeit nach dem AMG nicht. Für die hier betrachtete Körperverletzung nach § 223 StGB ist Vorsatz bzgl. eines konkreten Verletzungserfolgs erforderlich. Bei den Delikten des AMG handelt es sich um abstrakte Gefährdungsdelikte, der hierbei wichtige Bezugspunkt des Handelns im Zusammenhang mit dem „Sport" bzw. das Wissen und Wollen um diesen ist im Einzelfall festzustellen; unter 3. Kapitel I. 2. a) (ab S. 148).

Körperverletzung auf Grund einer ärztlichen Heilbehandlung schon tatbestandlich ausgeschlossen ist, oder einer Einwilligung bedarf,[652] stellt sich hier nicht, da es sich dabei – bei dem hier beschriebenen Neuroenhancement – nicht um einen medizinischen Heileingriff handelt.[653] Damit ist im Rahmen der Rechtswidrigkeit der (versuchten) Körperverletzung durch den Dritten, insbesondere einen Arzt, eine mögliche Einwilligung des Kindes oder der Eltern für das Kind[654] zu berücksichtigen. Für eine Einwilligung ist grundsätzlich entscheidend, ob über die Tragweite der gesundheitlichen Risiken aufgeklärt wurde oder nicht. In den hier betrachteten Konstellationen wird es jedoch daran fehlen, da die Strafbarkeit eines Dritten als mittelbarer Täter ja gerade durch den Wissensvorsprung infolge der unzureichenden Aufklärung entsteht. In diesem Fall, in dem der Dritte den die Mittel Einnehmenden oder bei einem Kind dessen Eltern[655] über die möglichen gesundheitlichen Auswirkungen im Unklaren lässt oder über diese nicht vollständig aufklärt, führt der dadurch hervorgerufene Irrtum, der die mittelbare Täterschaft erst begründet, zu einem die Einwilligung unwirksam machenden Willensmangel.[656]

---

652 Vgl. dazu SSW-StGB-*Momsen/Momsen-Pflanz* § 223 Rn. 26 ff; NK-StGB-*Paeffgen/Zabel* § 228 Rn. 56 ff; MK-StGB-*Joecks* Bd. 4 § 223 Rn. 44 ff; Schönke/Schröder-*Sternberg-Lieben* § 223 Rn. 28 ff.

653 Zwar umfasst der ärztliche Heileingriff auch therapeutische Maßnahmen wie die Gabe von Medikamenten (SSW-StGB-*Momsen/Momsen-Pflanz* § 223 Rn. 22; Schönke/Schröder-*Sternberg-Lieben* § 223 Rn. 28), allerdings handelt es sich bei dem hier betrachteten Einsatz von Neuroenhancement-Mitteln bei Gesunden mangels medizinischer Indikation nicht um eine Therapieanwendung im Sinne eines Heileingriffs (Lackner/Kühl-*Kühl* § 223 Rn. 10; Schönke/Schröder-*Sternberg-Lieben* § 223 Rn. 50). Es ist vergleichbar mit Doping, welches auch nicht schon dadurch zur Heilmaßnahme wird, dass es zur Kraftsteigerung bzw. auf Grund ärztlicher Verordnung verabreicht wird (Schönke/Schröder-*Sternberg-Lieben* § 223 Rn. 50b).

654 Bei Kindern in einem Alter unter 14 Jahren sollte i.d.R. die Einwilligung der Personensorgeberechtigten, üblicherweise der Eltern, eingeholt werden (SSW-StGB-*Momsen/Momsen-Pflanz* § 223 Rn. 31; vgl. dazu auch Schönke/Schröder-*Sternberg-Lieben* § 223 Rn. 38d; LK-StGB-*Lilie* § 228 Rn 3). Zur vergleichbaren Situation der Einwilligungsfähigkeit Minderjähriger beim Doping *Glocker*, Die Strafrechtliche Bedeutung von Doping, S. 232 ff; *Klug*, Doping als strafbare Verletzung der Rechtsgüter Leben und Gesundheit, S. 197 ff.

655 Vgl. die Fundstellen in der Fußnote zuvor und *Rain*, Die Einwilligung des Sportlers beim Doping, S. 74 ff.

656 Das Erfordernis einer willensmängelfreien Einwilligung findet sich beim ärztlichen Heileingriff, muss aber dann erst recht bei nicht medizinisch indizierten, vergleichbaren Eingriffen gelten, wie es das Neuroenhancement ist. Vgl. folgende Quellen zum

Die Konstellation der fehlenden oder mangelhaften Aufklärung über den Umfang und die Häufigkeit der Nebenwirkungen ist auch die einzige, in der eine Strafbarkeit wegen Körperverletzung (in mittelbarer Täterschaft) durch die Abgabe von Neuroenhancement-Mitteln an einen Erwachsenen möglich erscheint.[657] Auch das sich selbst schädigende Werkzeug ist als Fall der mittelbaren Täterschaft anzuerkennen, weil auch hier der Hintermann einen anderen „durch einen anderen" schädigt.[658] In dem hier zu betrachtenden Fall kann eine Wissensherrschaft in Betracht kommen, wenn der Hintermann sein Opfer durch Täuschung zu einer Selbstschädigung bestimmt und dieses mangels eines Angriffs auf fremde Rechtsgüter weder tatbestandsmäßig noch rechtswidrig handelt.[659] Klärt nun der Arzt oder die das Mittel abgebende Person den erwachsenen Neuroenhancement-Empfänger nur unzureichend darüber auf, dass Nebenwirkungen auftreten können bzw. wie gravierend sie sein können und wie häufig sie auftreten, so kann eine Strafbarkeit wegen Körperverletzung in mittelbarer Täterschaft in Betracht kommen. Hierbei ist zunächst für den Einzelfall eine Abgrenzung zwischen einer straflosen Teilnahme an einer Selbstgefährdung und einer strafbaren Fremdgefährdung vorzunehmen,[660] die sich nach den Maßstäben der mittelbaren Täterschaft bemisst. Eine solche wird im angedachten Fall eines Arztes, der die Mittel abgibt, häufig anzunehmen sein, da er kraft überlegenen Sachwissens das Risiko besser erfasst als der sich selbst Gefährdende.[661] Bei Dritten ist dies wieder schwieriger zu bestimmen, hier kommt es auf den konkreten bei der Person vorhandenen Wissensstand an.

Auch in diesen Fällen stellt sich wieder die Frage nach einer möglichen Einwilligung des Opfers in die Gefährdung. Da allerdings, wie in den bisher betrachteten Konstellationen, schon für die Strafbarkeit, die sich über die Figur der mittelbaren Täterschaft konstruiert, zwingend Voraussetzung ist, dass das

---

Willensmangel beim ärztlichen Heileingriff: NK-StGB-*Paeffgen/Zabel* § 228 Rn. 73; SSW-StGB-*Momsen/Momsen-Pflanz* § 223 Rn. 35 ff; LK-StGB-*Lilie* § 228 Rn 19 ff.

657 Zum ähnlichen Fall der mittelbaren Täterschaft bei Doping vgl. *Klug*, Doping als strafbare Verletzung der Rechtsgüter Leben und Gesundheit, S. 97 ff.

658 NK-StGB-*Schild* § 25 Rn. 75.

659 MK-StGB-*Joecks* Bd. 1 § 25 Rn. 118.

660 Für die Problematik der Abgrenzung im Zusammenhang mit Doping, insbesondere für den mit Neuroenhancement vergleichbaren Fall, in dem mit vom Arzt verordneten Medikamenten gedopt wird *Rain*, Die Einwilligung des Sportlers beim Doping, S. 31 ff; dazu auch *Kargl* JZ 2002, S. 389 (393 f.).

661 Vgl. SSW-StGB-*Momsen/Momsen-Pflanz* § 223 Rn. 54; MK-StGB-*Joecks* Bd. 4 § 223 Rn. 40 für Doping, was auf den Fall von Neuroenhancement übertragbar ist.

Opfer sich über Ausmaß und Tragweite der möglichen Nebenwirkungen irrt, sind die Voraussetzungen für eine rechtfertigende Einwilligung wieder von vornherein nicht gegeben.

Zusammenfassend lässt sich feststellen, dass es in der Praxis wohl eher selten zu einer Strafbarkeit wegen Körperverletzung durch die Gabe von Neuroenhancement-Mitteln kommen wird. In den meisten Fällen wird mangels konkreten Erfolges nur eine Versuchsstrafbarkeit in Betracht kommen. Zudem darf keine reine Selbstgefährdung vorliegen, es muss also die Hürde der mittelbaren Täterschaft genommen werden. Hierbei wird vor allem der Vorsatz problematisch sein. Ist das vorsätzliche Handeln in mittelbarer Täterschaft aber festgestellt, kann auch keine Einwilligung mehr die Rechtswidrigkeit entfallen lassen.

2. Schutz in anderen Gesetzen

Auch in anderen Gesetzen finden sich Strafnormen, die dem Schutz der Gesundheit dienen und sich auf den Sachverhalt der Einnahme bzw. Gabe von Neuroenhancement-Mitteln anwenden lassen könnten.

a) § 95 Abs. 1 Nr. 2 AMG a.F.

Bei § 95 AMG handelt es sich um eine im Arzneimittelgesetz niedergeschriebene strafrechtliche Blankettnorm,[662] die hauptsächlich das Rechtsgut Gesundheit schützt.[663] Der strafrechtlich relevante Normbefehl ist dabei nicht als eigenständiger Tatbestand formuliert, sondern nimmt Bezug auf arzneimittelrechtliche Verhaltenspflichten.[664] Im Zusammenhang mit Neuroenhancement-Mitteln, die sich auch auf der Liste der Stoffe im Anhang des Übereinkommens gegen Doping

---

662 Kügel/Müller/Hofmann-*Raum* Vor §§ 95–98a Rn. 3 ff. Während *Raum* die Verwendung von Blankettnormen unter den beschriebenen Voraussetzungen für verfassungsgemäß hält, zweifelt *Freund* die Verfassungsmäßigkeit insbesondere der qualifizierten Blankettnormen an: MK-StGB-*Freund* Bd. 6 AMG Vor §§ 95 ff. Rn. 51 ff. Dem hingegen sieht *Reissinger* das verfassungsgemäße Bestimmtheitserfordernis als erfüllt an: *Reissinger*, Staatliche Verantwortung zur Bekämpfung des Dopings, S. 263 ff. Auch *Rehmann* spricht von einer weitestgehenden Verfassungskonformität: *Rehmann* AMG Vorbemerkung vor § 95 Rn. 1 ff, 6.

663 MK-StGB-*Freund* Bd. 6 AMG Vor §§ 95 ff. Rn. 10 f.; vgl. auch *Körner/Patzak/Volkmer* AMG § 95 Rn. 6, der die Volksgesundheit als geschütztes Rechtsgut ansieht, was hier aber angelehnt wird (vgl. oben 2. Kapitel II. 2. (ab S. 82)). Auf die Frage nach dem geschützten Rechtsgut bzw. weiteren Rechtsgütern neben der Gesundheit wird aber im Folgenden noch genauer eingegangen, siehe unter 3. Kapitel I. 2. d) (ab S. 153).

664 Kügel/Müller/Hofmann-*Raum* Vor §§ 95–98a Rn. 3.

finden,[665] waren vor allem § 95 I Nr. 2a und 2b AMG a.F. näher zu betrachten. Diese wurden allerdings im Zuge des Beschlusses eines neuen Gesetzes gegen Doping im Sport vom 10.12.2015 aufgehoben[666] und durch Strafnormen in diesem neuen Anti-Doping-Gesetz ersetzt, auf die noch näher eingegangen wird.[667] Die alten Normen im AMG stellten das Inverkehrbringen, Verschreiben, oder Anwenden bei anderen von Arzneimitteln zu Dopingzwecken im Sport und den Besitz bestimmter Arzneimittel und Wirkstoffe in nicht geringen Mengen unter Strafe. Ungewöhnlich hieran war, dass der Straftatbestand ausdrücklich auf den Bereich des „Sports" beschränkt war und im Ergebnis damit die Gesundheit einer ganz bestimmten Bevölkerungsgruppe, der Sportler, geschützt wurde. Normen, die explizit einzelne Teile der Bevölkerung insbesondere vor Gesundheitsgefährdungen schützen sollen, finden sich normalerweise im Zusammenhang mit Kindern und Jugendlichen.[668] Zunächst ist festzustellen, dass die eigenverantwortliche Selbsteinnahme wie auch bei der Körperverletzung nicht unter den Schutz der Norm fiel, was auch eine strafbare Teilnahme des Sportlers ausschloss.[669] Der Sportler selbst konnte sich aber nach § 95 I Nr. 2b AMG a.F. strafbar machen, wenn er in Besitz einer nicht geringen Menge der im Anhang zum AMG genannten Substanzen angetroffen wurde. Allerdings fanden sich die hier betrachteten Neuroenhancer nicht unter den dort aufgeführten Substanzen, so dass eine solche Strafbarkeit im Rahmen der hier vorgenommenen Einschränkung auf bestimmte Substanzen nicht in Betracht kam. Es bestand auch die Möglichkeit einer Strafbarkeit nach § 95 I Nr. 2a AMG a.F. für sämtliche Akteure wie Trainer, Ärzte und Dopinghändler, die zu Zwecken des Dopings im Sport Neuroenhancement-Mittel weitergaben oder direkt am Sportler anwendeten.[670] Hierbei sollten Apotheker selbst dann als Täter in Betracht kommen, wenn sie

665 Von den hier untersuchten also auf jeden Fall Ritalin (Methylphenidat), Modafinil und Amphetamin, siehe BGBl. II 2011, S. 80; auch oben 2. Kapitel II. 3. e) cc) (S. 106 Fn. 539).

666 BGBl. I 2015, S. 2210, 2216, Gesetz zur Bekämpfung von Doping im Sport vom 10.12.2015, Artikel 2; vgl. auch BT-Drs. 18/4898 S. 14 f, Entwurf eines Gesetzes zur Bekämpfung von Doping im Sport.

667 Unten 3. Kapitel I. 2 d) (ab S. 153).

668 § 9 JSchG reglementiert bzw. verbietet den Verkauf alkoholischer Getränke an Jugendliche und Kinder und §10 JSchG verbietet den Verkauf von Tabakwaren an sie.

669 *Körner/Patzak/Volkmer* AMG § 95 Rn. 97 vgl. auch MK-StGB-*Freund* Bd. 6 AMG § 6a Rn. 21, 20 a.E; *Heger* SpuRt 2001, 92 (93); zur Körperverletzung vgl. oben 3. Kapitel I. 1. (S. 142 Fn. 637).

670 *Körner/Patzak/Volkmer* AMG § 95 Rn. 105; MK-StGB-*Freund* Bd. 6 AMG § 6a Rn. 20.

die Dopingmittel auf ärztliche Verschreibung hin abgaben.[671] Dies stand im Zusammenhang mit der weiteren Voraussetzung des § 95 I Nr. 2a AMG a.F., der Abgabe der Mittel „zu Dopingzwecken im Sport". Damit war sowohl eine konkrete Zweckbestimmung des Einsatzes erforderlich,[672] also auch ein Zusammenhang mit einer sportlichen Betätigung.[673] Allerdings konnte man sich in diesem Zusammenhang Gedanken über ein tatbestandsloses oder gerechtfertigtes, weil professionell-adäquates (neutrales) Verhalten des Apothekers machen.[674]

Zusammenfassend war § 95 I Nr. 2a AMG a.F. eine durchaus auch im Fall von Neuroenhancement zum Tragen kommende Norm, die den Gesundheitsschutz erweiterte. Als abstraktes Gefährdungsdelikt[675] griff sie dabei früher als die allgemeine Körperverletzung nach § 223 StGB, war aber wie gezeigt auf das enge Gebiet des „Sports" beschränkt.

b) § 95 Abs. 1 Nr. 4 AMG

Für denjenigen, der die verschreibungspflichtigen Medikamente Modafinil und Ritalin an den Neuroenhancement-Willigen abgibt, kommt auch in Situationen außerhalb des sportlichen Wettbewerbs eine Strafbarkeit nach § 95 Abs. 1 Nr. 4 AMG in Betracht. Als Täter kommt damit jeder in Frage, der mit den Substanzen Handel treibt, also sowohl Privatpersonen als auch Ärzte.[676] Für Apotheker müsste dabei näher differenziert werden: Da sie bei der Abgabe verschreibungspflichtiger Arzneimittel jedenfalls dann nicht zugleich gegen die Apothekenpflicht nach § 43 AMG verstoßen, wenn sie die Abgabe der verschreibungspflichtigen Arzneimittel in einer Apotheke vornehmen, scheidet für sie eine Strafbarkeit nach § 95 Abs. 1 Nr. 4 AMG in diesen Fällen regelmäßig aus.[677] Für Verstöße gegen die Verschreibungspflicht durch Apotheker ist daher auf die Strafbestimmung des § 96 Nr. 13 AMG zurückzugreifen.[678] Wichtig ist jedoch für

671 *Körner/Patzak/Volkmer* AMG § 95 Rn. 105.

672 *Körner/Patzak/Volkmer* AMG § 95 Rn. 99.

673 *Körner/Patzak/Volkmer* AMG § 95 Rn. 102. Ob darüber hinaus auch ein wenigstens entfernter Wettkampfbezug erforderlich ist, ist umstritten. So zumindest MK-StGB-*Freund* Bd. 6 AMG § 6a Rn. 38; dagegen *Körner/Patzak/Volkmer* AMG § 95 Rn. 102 m.w.N.

674 Zur Strafbarkeit berufstypischer Verhaltensweisen vgl. *Rackow*, Neutrale Handlungen als Problem des Strafrechts.

675 MK-StGB-*Freund* Bd. 6 AMG § 6a Rn. 18.

676 *Körner/Patzak/Volkmer* AMG § 95 Rn. 211.

677 *Körner/Patzak/Volkmer* AMG § 95 Rn. 211.

678 *Körner/Patzak/Volkmer* AMG § 95 Rn. 212.

den Fall des Handeltreibens nach Nr. 4, dass die Abgabe gewerbs- oder berufsmäßig erfolgt.[679] Damit werden sich nach § 95 Abs. 1 Nr. 5 wohl hauptsächlich Anbieter dubioser Internetseiten, die Neuroenhancement-Mittel rezeptfrei verkaufen, und Ärzte, die die Mittel direkt abgeben, wegen des Handeltreibens mit verschreibungspflichtigen Arzneimitteln strafbar machen.

c) § 29 Abs. 1 BtMG

Ebenso interessant in Bezug auf das „allgemeine" Neuroenhancement auch außerhalb des sportlichen Bereichs könnte noch § 29 Abs. 1 BtMG sein, der den verschiedentlichen Umgang mit Betäubungsmitteln unter Strafe stellt und ebenfalls das Rechtsgut „Gesundheit" schützt.[680] Von den hier betrachteten Mitteln fällt neben der klassischen Droge Amphetamin auch das häufig zu Neuroenhancement-Zwecken verwendete Ritalin, also der Wirkstoff Methylphenidat, ein Amphetaminderivat, unter das BtMG.[681] Zu beachten ist für eine Strafbarkeit nach § 29 BtMG der Erlaubnisvorbehalt aus § 3 BtMG, der das Fehlen der Erlaubnis zu einem Tatbestandsmerkmal macht.[682] Demnach machen sich insbesondere eine Erlaubnis besitzende Apotheker oder Ärzte nur strafbar, wenn ihr Handeln die Grenze des materiell Erlaubten überschreitet.[683] Im hier betrachteten Zusammenhang mit Neuroenhancement kommt vor allem eine Strafbarkeit nach § 29 Abs. 1 S. 1 Nr. 1 BtMG in Frage, das unerlaubte Handeltreiben mit Betäubungsmitteln. Darunter ist jede eigennützige, auf Umsatz gerichtete Tätigkeit zu verstehen, auch wenn diese sich nur als gelegentlich, einmalig oder ausschließlich vermittelnd darstellt.[684] Täter kann jeder sein, also wiederum hauptsächlich die Betreiber einschlägiger Internetseiten, aber auch legale Betäubungsmittelgroßhändler, Ärzte oder Apotheker, wenn für diese Geschäfte keine behördliche Erlaubnis vorliegt.[685] Zudem machen sich auch Personen strafbar, die die Mittel uneigennützig abgeben, bspw. zum Selbstkostenpreis verkaufen. Dies fällt unter die Alternative „Veräußern" des § 29 Abs. 1 S. 1 Nr. 1 BtMG.[686] Hiernach besteht eine Strafbarkeit für Menschen, die Mittel wie Ritalin selbst

---

679 *Körner/Patzak/Volkmer* AMG § 95 Rn. 206.

680 MK-StGB-*Rahlf* Bd. 6 BtMG Vor §§ 29 ff. Rn. 24; *Körner/Patzak/Volkmer* BtMG § 29 Teil 4 Rn. 1.

681 Oben 1. Kapitel I. 3. (S. 27 Fn. 69) und 4. (S. 30 Fn. 92).

682 *Körner/Patzak/Volkmer* BtMG § 29 Teil 1 Rn. 9.

683 *Körner/Patzak/Volkmer* BtMG § 29 Teil 1 Rn. 9.

684 BGHSt 6, 246 (247); 50, 252 (256); *Körner/Patzak/Volkmer* BtMG § 29 Teil 4 Rn. 23.

685 *Körner/Patzak/Volkmer* BtMG § 29 Teil 4 Rn. 135.

686 *Körner/Patzak/Volkmer* BtMG § 29 Teil 7 Rn. 4.

verschrieben bekommen haben und nun einen Teil weiterveräußern. Selbst beim Verschenken der unter das BtMG fallenden Neuroenhancement-Mittel kann man sich durch die Alternative der „unerlaubten Abgabe von Betäubungsmitteln“ nach § 29 Abs. 1 S. 1 Nr. 1 BtMG strafbar machen.[687] Zu beachten ist im hier auch relevanten Fall des Neuroenhancements bei Kindern die erhöhte Strafandrohung bei der Abgabe von Betäubungsmitteln durch eine Person über 21 Jahren an Jugendliche unter 18 Jahren nach § 29 a BtMG bzw. im Falle des gewerbsmäßigen Handelns nach § 30 BtMG. Im Zusammenhang mit dem Verschreiben solcher Mittel zu anderen als therapeutischen Zwecken, also zum klassischen Neuroenhancement bei Gesunden, können sich Ärzte[688] auch nach § 29 Abs. 1 S. 1 Nr. 6 strafbar machen, wegen unerlaubtem Verschreiben von Betäubungsmitteln.

Auch derjenige, der die unter das BtMG fallenden Neuroenhancement-Mittel erwirbt, kann sich danach strafbar machen. § 29 Abs. 1 S. 1 Nr. 1 BtMG pönalisiert auch den unerlaubten Erwerb von Betäubungsmitteln. Wer demnach bspw. Ritalin erwirbt, um dies zu einem späteren Zeitpunkt zu Enhancement-Zwecken einzunehmen, fällt nicht mehr unter den straflosen Konsum, sondern erfüllt den Tatbestand des § 29 Abs. 1 S. 1 Nr. 1 BtMG.[689] Die in § 29 Abs. 1 S. 1 Nr. 3 BtMG festgelegte Strafbarkeit des unerlaubten Besitzes von Betäubungsmitteln kann ebenfalls zu einer Strafbarkeit des Neuroenhancement-Anwenders führen. Diese Alternative ist grundsätzlich als Auffangtatbestand zu den spezielleren gleichrangigen Tatbeständen wie den schon genannten des „Handeltreibens“, „Veräußerns“ oder „Erwerbens“ gedacht.[690] Allerdings ist hiervon auch der Besitz desjenigen umfasst, der die Mittel später selbst zur Verbesserung seiner geistigen Leistungsfähigkeit konsumieren möchte.[691] Als geschütztes Rechtsgut wird hier wie auch beim strafbaren Erwerb die „Volksgesundheit“ angeführt,[692] gegen das die genannten Bedenken bestehen.[693] Zu beachten ist die Möglichkeit, beim Besitz wie auch beim Erwerb geringer Mengen für den Eigenverbrauch nach §§ 29 Abs. 5, 31 a BtMG, von einer Strafverfolgung bzw. Bestrafung abzusehen. Für die hier betrachteten Fälle, in denen es um den Besitz bzw. Erwerb

687 *Körner/Patzak/Volkmer* BtMG § 29 Teil 8 Rn. 5.
688 *Körner/Patzak/Volkmer* BtMG § 29 Teil 15 Rn. 12.
689 *Körner/Patzak/Volkmer* BtMG § 29 Teil 10 Rn. 11 f.
690 *Körner/Patzak/Volkmer* BtMG § 29 Teil 13 Rn. 1.
691 *Körner/Patzak/Volkmer* BtMG § 29 Teil 13 Rn. 13, 32 f.
692 *Körner/Patzak/Volkmer* BtMG § 29 Teil 13 Rn. 2; *Körner/Patzak/Volkmer* BtMG § 29 Teil 10 Rn. 1.
693 Oben 2. Kapitel II. 2. (ab S. 82).

der Betäubungsmittel zu Neuroenhancement-Zwecken geht, ist zu erwarten, dass diese Regelung regelmäßig zu einer Straffreiheit des Konsumenten führt, da hierbei der klassische Fall des Eigenverbrauchs anzunehmen ist. Dieser wird meist nur eine so überschaubare Anzahl an Pillen besitzen bzw. erwerben, dass dies noch unter die „geringe Menge“ fällt.

Auch § 95 Abs. 1 Nr. 4 AMG und § 29 Abs. 1 BtMG erweitern den Gesundheitsschutz des StGB. Sie erfordern ebenfalls keine konkrete Gefahr für die Gesundheit einer bestimmten Person, sondern pönalisieren wie auch § 95 Abs. 1 Nr. 2a AMG die abstrakte Gesundheitsgefährlichkeit bestimmter Mittel. Im Gegensatz zu letzterem sind sie allerdings nicht an eine bestimmte „Situation“, die sportliche Betätigung, gebunden, sondern auf jedweden Lebensbereich anwendbar.

d) Neues Gesetz gegen Doping im Sport (Anti-Doping-Gesetz – AntiDopG)

Im neuen Anti-Doping-Gesetz wurde neben der Überführung der oben besprochenen Verbote und Strafbewehrungen aus dem AMG in das neue AntiDopG auch eine Erweiterung um neue Tatbegehungsweisen durchgeführt, des Weiteren wurde auch ein neuer Straftatbestand des Selbstdopings geschaffen.[694] Zweck des Gesetzes ist insbesondere der Schutz der Gesundheit von Sportlern.[695] Im Folgenden sollen die neuen Strafnormen genauer betrachtet werden.

aa) § 4 Abs. 1 Nr. 1 und 2 AntiDopG

Die neuen Strafnormen des § 4 Abs. 1 Nr. 1 und 2 AntiDopG beinhalten die früher in § 95 Abs. 1 Nr. 2a AMG a.F. aufgeführten Strafvorschriften. Es wird dabei in der neuen Norm über die Bezugnahme zu § 2 Abs. 1 und 2 AntiDopG auf das Internationale Übereinkommen gegen Doping in der vom Bundesministerium des Innern jeweils im Bundesgesetzblatt Teil II bekannt gemachten Fassung verwiesen, womit von den in der vorliegenden Arbeit betrachteten Stoffe weiterhin Ritalin (Methylphenidat), Modafinil und Amphetamin als verbotene Doping- bzw. Neuroenhancement-Mittel vom strafbewehrten Verbot umfasst sind.[696] Die explizite Bezugnahme auf den Zweck, das „Doping beim Menschen

---

694 § 4 Abs. 1 AntiDopG; vgl. auch BT-Drs. 18/4898, S. 20.

695 § 1 AntiDopG; vgl. auch BT-Drs. 18/4898, S. 22.

696 International Convention against Doping in Sport, Annex I – Prohibited List, substances and methods prohibited in competition, S6. Stimulants (a) …amphetamine, modafinil, (b) ….methylphenidate.., S. 124, im Internet abrufbar unter unesdoc.

im Sport" ist ebenfalls erhalten geblieben. Gegenüber der alten Norm des AMG ist die neue Vorschrift des § 4 Abs. 1 Nr. 1 AntiDopG um ausführlich aufgeführte weitere Begehungsalternativen wie „herstellt, mit ihm Handel treibt, es, ohne mit ihm Handel zu treiben, veräußert, abgibt, sonst in den Verkehr bringt" erweitert, während sich im AMG dazu nur „in den Verkehr bringt" als allgemeine Handlung fand. Allerdings wurde das „in Verkehr bringen" früher schon sehr weit als „das Vorrätighalten zum Verkauf oder zu sonstiger Abgabe, das Feilhalten, das Feilbieten und die Abgabe an andere"[697] verstanden. Damit wird wohl nur das „Herstellen" als wirklich neue, bisher nicht umfasste Tatbestandsalternative zu zählen sein.

Hinsichtlich des Herstellens könnte aber gerade in Bezug auf Neuroenhancement eine Erweiterung des Strafbereichs eine Rolle spielen. Vor dem Hintergrund, dass etwa bei Ritalin immer mehr Medikamente verschrieben[698] und damit auch hergestellt werden, stellt sich die Frage, ob diese Mengen tatsächlich zur Versorgung von ADHS-Betroffenen erforderlich sind, oder ob es wohlmöglich geplante „Überkapazitäten" gibt. Zwar beschränkt sich der Gesundheitsschutz in diesem Bereich weiterhin nur auf den sportlichen Wettbewerb und nicht auf andere Bereiche wie Schule bzw. Universität, in denen wohl ein großer Teil der Medikamente konsumiert wird. Sollte sich allerdings zeigen, dass auch im sportlichen Bereich diese Mittel konsumiert werden, ist es durchaus möglich, dass Pharmakonzerne als die Hersteller der Medikamente bei einer weiter steigenden Produktionsmenge in einen strafrechtlichen Graubereich gelangen könnten, wenn diese den potenziellen Bedarf zur Versorgung von Betroffenen übersteigen würde.

Was die Alternative des Anwendens bei einer anderen Person angeht, gab es früher in § 95 Abs. 1 Nr. 2a AMG a.F. nur eine Strafbarkeit hinsichtlich der Dopingmittel, welche nun in § 4 Abs. 1 Nr. 2 AntiDopG um ein Verbot der Anwendung auch von Dopingmethoden erweitert wurde. Für das vorliegend betrachtete Neuroenhancement mit Medikamenten ergeben sich dabei keine Änderungen.

---

unesco.org/images/0014/001425/142594m.pdf#page = 124 (zuletzt abgerufen am 01.10.2017).

697 MK-StGB-*Freund* Bd. 6 AMG § 6a Rn. 32.

698 *boj/dpa* Uno-Drogenbericht – Verschreibung von ADHS-Medikamenten steigt rasant, in: Spiegel.online, 03.03.2015, http://www.spiegel.de/wissenschaft/medizin/drogenbericht-der-un-medikamente-gegen-adhs-gefragt-a-1021527.html (zuletzt abgerufen am 01.10.2017).

Da hierbei die bisher geltende Vorschrift des AMG nur leicht ausgeweitet in das neue Gesetz überführt wurde, bleibt es bei dem oben dazu schon festgestellten Ergebnis.[699]

bb) § 4 Abs. 1 Nr. 3 AntiDopG

Auch der Erwerb und Besitz von Dopingmitteln ist nach der der neuen Regelung in § 4 Abs. 1 Nr. 3 AntiDopG verboten. Im Gegensatz zur Regelung des § 95 Abs. 1 Nr. 2b AMG a.F. ist die sie ersetzende Norm um die Tatbestandsalternative des „Verbringens“ (in den Geltungsbereich des Gesetzes) erweitert. Wie schon bei der AMG-Norm bezieht sich das Besitz-Verbot nur auf die in der Anlage zu dem Gesetz selbst aufgeführten Stoffe,[700] im Unterschied zu den Absätzen davor, die auf die Anlage I des Internationalen Übereinkommens vom 19. Oktober 2005 gegen Doping im Sport verweisen. Ebenso wie bei der früheren Liste zum AMG finden sich die hier betrachteten Neuroenhancer nicht unter den in der Anlage zum Gesetz aufgeführten gesundheitsgefährdenden Dopingmittel.[701] Damit bleibt es auch hier bei dem Ergebnis, dass eine Strafbarkeit wegen Erwerb bzw. Besitz von Neuroenhancement-Mitteln nach dieser Norm unter Beachtung der hier vorgenommenen Einschränkung auf bestimmte Substanzen nicht in Betracht kommt.

cc) § 4 Abs. 1 Nr. 4 AntiDopG

Was die neuen Gesetzesnormen allerdings stark von der zuvor bestehenden Regelung unterscheidet, ist die neu eingeführte Strafbarkeit des Selbstdopings. Unter Strafe steht dabei die Selbstanwendung von Dopingmitteln oder Dopingmethoden in der Absicht, sich bei einem Wettbewerb des organisierten Sports einen Vorteil zu verschaffen.[702] Da hierbei wieder auf die in der Anlage I des Internationalen Übereinkommens gegen Doping aufgeführten Stoffe verwiesen wird, sind von den betrachteten Neuroenhancern Ritalin (Methylphenidat), Modafinil und Amphetamin als mögliche Selbstdopingmittel von der Norm betroffen.

Schutzzweck und damit Rechtsgut dieser Norm ist allerdings nicht die Gesundheit, sondern die „Integrität des Sports“.[703] Daher wird auf diese neue Regelung erst weiter unten eingegangen.[704]

---

699 Oben 3. Kapitel I. 2. a) (S. 150).

700 BGBl. I 2015, S. 2210, 2213.

701 BT-Drs. 18/4898, S. 25 f.

702 Nach § 3 Abs. 1 AntiDopG; vgl. auch BT-Drs. 18/4898, S. 26 f.

703 BT-Drs. 18/4898, S. 26 f.

704 Unten 3. Kapitel II. 3. (ab S. 180).

dd) § 4 Abs. 2 AntiDopG

Hinzu kommt für den selbstdopenden Sportler auch eine Besitzstrafbarkeit nach § 4 Abs. 2 AntiDopG, die unabhängig von einer Mengenbeschränkung erfolgt. Hierbei handelt es sich um eine Vorverlagerung durch ein Verbot von vorbereitenden Handlungen zum Selbstdoping,[705] weshalb auch hier nicht die Gesundheit das geschützte Rechtsgut darstellt. Diese Norm wird ebenfalls weiter unten beim Rechtsgut des sportlichen Wettbewerbs betrachtet.[706]

3. Ergebnis zum Gesundheitsschutz

Insgesamt lässt sich feststellen, dass durch die genannten Normen ein ausreichender Gesundheitsschutz im Falle der Anwendung von Neuroenhancement-Mitteln gewährleistet ist. Im Falle einer eingetretenen Gesundheitsschädigung greifen § 223 StGB und seine Qualifikationen. Wenn der Erfolg der Gesundheitsschädigung ausbleibt, kann bei entsprechendem Vorsatz auf den Versuch zurückgegriffen werden. Darüber hinaus boten die Normen des AMG a.F. bzw. bieten jetzt die des neuen Anti-Doping-Gesetzes und des BtMG einen ausreichenden abstrakten Schutz, um es gar nicht zu möglichen Gesundheitsschädigungen durch den unbedachten Umgang mit solchen Mitteln kommen zu lassen. Ein weitergehender strafrechtlicher Gesundheitsschutz ist angesichts der umfassenden bestehenden Regelungen nicht notwendig. Die bestehenden „Schutzlücken" vor allem im Zusammenhang mit der eigenverantwortlichen Selbsteinnahme sind als Ausfluss der grundsätzlichen Dispositionsfreiheit ebenso hinzunehmen wie die „Probleme" beim Vorsatz, die sich wohl am besten durch außerstrafrechtliche Maßnahmen wie eine weitergehende Aufklärung über diese Mittel beheben lassen.

II. Sportlicher Wettbewerb mit Vermögensrelevanz

Vorweg ist festzuhalten, dass Neuroenhancement im sportlichen Wettbewerb mit Vermögensrelevanz kein eigenes Problem darstellt, sondern, soweit die Neuroenhancement-Mittel auf der Liste der verbotenen Dopingmittel stehen, als Unterfall der Doping-Problematik zu betrachten ist. Und nur in dem Fall, in dem es sich um durch die Doping-Liste der WADA als verbotene Substanzen qualifizierte Mittel handelt, sind sie auch geeignet, den sportlichen Wettbewerb zu beeinträchtigen.

---

705 BT-Drs. 18/4898, S. 29 f.

706 Unten 3. Kapitel II. 3. (ab S. 180).

1. Schutz im StGB

Eine Norm, die sich explizit auf den sportlichen Wettbewerb bezieht, existierte lange nicht im StGB. Zwar kannte das StGB mit §§ 298, 299 StGB Normen, die allgemein den Wettbewerb schützen.[707] Gemeint und geschützt war in diesen Fällen jedoch der wirtschaftliche Wettbewerb, der sich vom hier definierten und näher zu betrachtenden sportlichen Wettbewerb unterscheidet.[708] Insbesondere fällt, wie oben gezeigt, das betrachtete Phänomen „Neuroenhancement" nicht unter die Schutzrichtung der Normen. Neuroenhancement kann zwar im Einzelfall auch im wirtschaftlichen Wettbewerb eine Rolle spielen, es betrifft diesen aber nicht in einer Größenordnung, bei der man von einer „Beeinträchtigung" des Rechtsguts sprechen kann. Seit dem Jahr 2017 sind „das Ergebnis eines Wettbewerbs des organisierten Sports" und der „berufssportliche Wettbewerb" durch § 265c und § 265d StGB geschützt. Rechtsgüter dieser Normen sind jedoch die „Integrität des Sports" und das Vermögen.[709] Inwieweit diese Normen auch eine Beeinträchtigung durch Neuroenhancement erfassen, wird weiter unten betrachtet.[710]

Da das hier gefundene Rechtsgut „sportlicher Wettbewerb mit Vermögensrelevanz" genannt wurde, soll zunächst der Vermögensschutz im StGB in den Blick genommen werden. Falls der bestehende Vermögenschutz auch den sportlichen Wettbewerb mit Vermögensrelevanz ausreichend mit umfasst, wären weitere Überlegungen zu einer neuen Schutznorm mit Blick auf die Vermögenskomponente überflüssig.[711]

a) § 263 StGB

Zentrale Norm was den Vermögensschutz im Strafgesetzbuch angeht, ist der Betrug nach § 263 StGB, der das Rechtsgut „Vermögen" direkt schützt.[712] Die

707 Oben 2. Kapitel II. 3. b) bb) (ab S. 90).

708 Oben 2. Kapitel II. 4. a) (ab S. 108).

709 Oben 2. Kapitel II. 3. e) bb) (S. 103).

710 Unten 3. Kapitel II. 1. b) (S. 177).

711 Allerdings ist zu beachten, dass das am 10.12.2015 beschlossene neue Gesetz gegen Doping im Sport neue Straftatbestände geschaffen hat. Inwieweit diese Neuregelungen auch den sportlichen Wettbewerb mit Vermögensrelevanz schützen, wird später genauer betrachtet, dazu 3. Kapitel II. 3 (ab S. 180).

712 MK-StGB-*Hefendehl* Bd. 5 § 263 Rn. 1; Lackner/Kühl-*Kühl* § 263 Rn. 2; NK-StGB-*Kindhäuser* § 263 Rn. 10, 12; Schönke/Schröder-*Perron* § 263 Rn. 1/2; *Fischer* § 263 Rn. 3.

Frage, ob die Einnahme von Neuroenhancement-Mitteln im sportlichen Wettbewerb den Tatbestand des Betrugs erfüllen kann, wirft genau die gleichen Probleme auf wie die des Dopings als Betrug. Dieses Thema wurde schon ausführlich behandelt und soll nicht erneut Hauptthema auch dieser Arbeit sein, deshalb werden sich die Überlegungen hauptsächlich an den Ergebnissen der dazu schon erschienenen jüngeren Dissertationen orientieren.[713] Dabei sollen die dazu schon gefundenen übereinstimmenden Ergebnisse nur kurz zusammengefasst werden, während bei streitigen Punkten eine ausführlichere Darstellung erfolgt.

Zunächst kommen mehrere Betrugskonstellationen im Zusammenhang mit der Wettkampfsituation in Betracht, es ist danach zu unterscheiden, welche Personen durch den Neuroenhancement-Mittel einnehmenden Sportler „betrogen" werden.

aa) Betrug zum Nachteil des Veranstalters bzgl. Preisgeld

Ein Betrug zum Nachteil des Veranstalters hinsichtlich des Preisgeldes bzw. zum Nachteil der Person, die dieses gesponsert hat,[714] scheitert nach *Momsen-Pflanz* schon am Vorliegen einer verfügungsrelevanten Täuschung bzw. einer entsprechenden Irrtumserregung.[715] Eine andere in der Literatur vertretene Ansicht sieht sowohl die Tatbestandsmerkmale Täuschung und Irrtum als auch eine wirksame Vermögensverfügung in diesen Fällen als gegeben an.[716] Die unterschiedlichen Ergebnisse fußen auch auf einer unterschiedlichen zivilrechtlichen Beurteilung von Sportwettbewerben mit Preisversprechen. Die überwiegende Auffassung sieht § 661 BGB als passende Norm an und qualifiziert Sportwettbewerbe als

713 Ausführlich zu diesem Problem *Momsen-Pflanz*, Die sportethische und strafrechtliche Bedeutung des Dopings, S. 215 ff.; *Glocker*, Die Strafrechtliche Bedeutung von Doping, S. 140 ff.; *Cherkeh*, Betrug, S. 63 ff.

714 Was den Preisspender angeht, kommt es auf die konkrete Vertragskonstellation an. In vielen Fällen wird dieser, aufgrund der Verpflichtung aus dem Vertrag mit dem Veranstalter, direkt an diesen verfügen, womit schon mangels Täuschung kein Betrug in Betracht kommt. Es kommt allerdings auch ein Vertrag zugunsten Dritter in Betracht, wobei der Preisspender dann das Preisgeld an den Sportler direkt auszahlt. In dieser Konstellation kommt nach strafrechtlichen Maßstäben auch eine Täuschung des Preisspenders in Betracht, siehe folgender Text.

715 *Momsen-Pflanz*, Die sportethische und strafrechtliche Bedeutung des Dopings, S. 226; vgl. auch *Roxin*, FS Samson, S. 445 (447); *Heger* JA 2003, 80 f.

716 *Glocker*, Die Strafrechtliche Bedeutung von Doping, S. 155; *Cherkeh*, Betrug, S. 172.

„Preisausschreiben",[717] andere wollen die Grundform der Auslobung, § 657 BGB heranziehen.[718]

(1) Zivilrechtliche Einordung des sportlichen Wettbewerbs und deren Konsequenz

Diejenigen, die solche Wettbewerbe unter § 657 BGB fallen lassen wollen, stützen sich hauptsächlich auf die im Sportwettbewerb scheinbar fehlende subjektive Entscheidungskomponente, die bei § 661 BGB mit anklingt. Nach § 611 Abs. 2 S. 1 BGB entscheidet ein Preisgericht, ob die Bewerber die geforderten Leistungen erbracht haben und wie diese zu bewerten und zu gewichten sind.[719] *Glöcker* und *Cherkeh* argumentieren nun mit dem mangelnden Entscheidungs- und Ermessensspielraum bei sportlichen Wettbewerben im Gegensatz etwa zu Kunst- oder Architekturwettbewerben.[720] Dies mag bei Wettkämpfen, bei denen nur „rein objektive" Kriterien wie die erzielte Höhe, die schnellste Zeit oder die größte Weite[721] für den Sieg entscheidend sind, auf den ersten Blick zutreffen. Dabei wird allerdings verkannt, dass auch in diesem Rahmen Preisrichter zumindest eine mitentscheidende Rolle spielen. Zwar nicht über das „wie" der Leistung, das ist in der Tat ganz objektiv anhand fester Wettkampfregeln für die jeweilige Sportart festgelegt. Allerdings ist die Entscheidung über das „ob" der Leistung auch in solchen Disziplinen von Wettkampfrichtern abhängig.[722] So ermitteln sie beispielsweise bei Wurfwettbewerben sowie Weit- und Dreisprung, ob die Leistung regelkonform, also ohne Übertretung einer gewissen

717 BGH MDR 1996, 572; Staudinger/*Bergmann* § 661 Rn. 9; MK-BGB-*Schäfer* Bd. 5/2 § 661 Rn. 1, 9; *Momsen-Pflanz*, Die sportethische und strafrechtliche Bedeutung des Dopings, S. 216.

718 *Cherkeh*, Betrug, S. 138 ff; *Glocker*, Die Strafrechtliche Bedeutung von Doping, S. 148 ff.

719 MK-BGB-*Schäfer* Bd. 5/2 § 661 Rn. 20, 22.

720 *Glocker*, Die Strafrechtliche Bedeutung von Doping, S. 149 f; *Cherkeh*, Betrug, S. 141 f.

721 *Glocker*, Die Strafrechtliche Bedeutung von Doping, S. 150.

722 Für den Bereich der Leichtathletik die Internationalen Wettkampfregeln (IWR) Kapitel 5 Abschnitt 1 zu den „Offiziellen", http://www.leichtathletik.de/fileadmin/user_upload/12_Service/Wettkampforganisation/01_Bestimmungen_Satzung_Vordrucke/Wettkampfbestimmungen/IWR_Internationale_Wettkampf-Regeln.pdf (zuletzt abgerufen am 01.10.2017); für Schwimmwettbewerbe die Wettkampfbestimmungen Schwimmen (SW) Abschnitt II §§ 105 ff., http://www.dsv.de/fileadmin/dsv/images/schwimmen/News/Amtliches/WB_SW_2013_01_15.pdf (zuletzt abgerufen am 01.10.2017).

Markierungslinie, erbracht wurde.[723] Bei Laufwettbewerben gibt es einen Offiziellen (Starter), der für den zeitgerechten Start der Läufer verantwortlich ist und eigenständig Verwarnung und Disqualifikation für einen Fehlstart ausspricht.[724] Bei Schwimmwettbewerben wacht ein Kampfgericht aus Schieds- und Kampfrichtern über die Einhaltung der Wettkampfbestimmungen für Start-, Ziel- und Wenden.[725] Noch deutlicher wird die Entscheidungsbefugnis der Preisrichter bei Wettbewerben mit stilistischer Komponente wie Tanzen, Turnen oder Eiskunstlauf. Hier werden neben der Ausführung und der Verarbeitung gewisser Pflichtübungen auch kreative Elemente bewertet, was als subjektives Element nicht nur hinsichtlich des „ob" der Leistung, sondern auch des „wie" diese Leistung zu bewerten und gewichten ist, angesehen werden kann. Um zu verhindern, dass Wettbewerbe verschiedener Sportarten zivilrechtlich unterschiedlich bewertet werden, scheint es somit vorzugswürdig, sie § 661 BGB zuzuordnen. Zumal die „subjektive Komponente", die bei einigen Wettbewerben in der Tat nur sehr schwach ausgeprägt ist, als Anforderung für § 661 BGB auch nicht zu einseitig als zwingendes subjektives Kriterium überqualifiziert werden darf: Der Preisrichter hat seine Entscheidung auch in anderen Preiswettbewerben (wie Architektur- oder Kunstwettbewerben) nicht nach billigem Ermessen oder gar nach freiem Belieben zu treffen, sie muss auf Kriterien gestützt werden, die in den Auslobungsbedingungen genannt sind.[726]

Darüber hinaus sprechen praktische Gründe gegen die Anwendung von § 657 BGB auf sportliche Wettkämpfe. Während bei § 611 BGB die Entscheidung des Preisgerichts bindend und nicht gerichtlich in sachlicher Hinsicht überprüfbar ist,[727] würde die Entscheidung des Auslobenden nach § 657 BGB in vollem Umfang der gerichtlichen Nachprüfung unterliegen.[728] Die Einordnung von

723 Für das Beispiel IWR Regel 126, http://www.deutscher-leichtathletik-verband.de/image.php?AID=39519&VID=0 (zuletzt abgerufen am 01.10.2017).

724 Für das Beispiel IWR Regel 129, http://www.deutscher-leichtathletik-verband.de/image.php?AID=39519&VID=0 (zuletzt abgerufen am 01.10.2017).

725 Für das Beispiel SW § 105 ff., http://www.dsv.de/fileadmin/dsv/images/schwimmen/News/Amtliches/WB_SW_2013_01_15.pdf (zuletzt abgerufen am 01.10.2017).

726 Staudinger/*Bergmann* § 661 Rn. 28.

727 MK-BGB-*Schäfer* Bd. 5/2 § 661 Rn. 22; Staudinger/*Bergmann* § 661 Rn. 33; *Momsen-Pflanz*, Die sportethische und strafrechtliche Bedeutung des Dopings, S. 217.

728 MK-BGB-*Schäfer* Bd. 5/2 § 657 Rn. 29; Staudinger/*Bergmann* § 657 Rn. 73: „Die (verbindliche) Entscheidung darüber, ob die gestellte Bedingung erfüllt ist, steht nach allgemeiner Auffassung nicht dem Auslobenden zu. Im Streitfall hat der Richter zu entscheiden. Zur Entscheidung sollen die Gerichte selbst dann berufen sein, wenn schwierige wissenschaftliche, technische oder künstlerische Fragen auftreten."

Sportwettbewerben als Auslobung nach § 657 BGB würde somit dazu führen, „dass sämtliche Entscheidungen von Schiedsrichtern oder Wettkampfgerichten [...], sofern sie für die Preisauslobung relevant sind, jedenfalls inzident bei der Entscheidung über den zivilrechtlichen Anspruch vom zuständigen Richter überprüft werden dürften bzw. müssten.“[729] Man stelle sich am Beispiel des Fußballs vor, wohin es führen würde, wenn auf einmal Gerichte darüber entscheiden müssten, ob dieses Foul nun Gelb (und damit eventuell Gelb-Rot) würdig war oder nicht, ob der Elfmeter zurecht gegeben oder nicht gegeben wurde. Diese und ähnliche Entscheidungen sind jetzt schon oftmals sehr umstritten, und angesichts der zum Teil beträchtlichen finanziellen Auswirkung von Sieg oder Niederlage, gerade in entscheidenden Spielen (wie bei der Meisterschaft, um die Plätze für eine Qualifikation im europäischen Wettbewerb oder im Abstiegskampf) könnte die volle gerichtliche Überprüfbarkeit zu einer Klagewelle führen.[730] In anderen Sportarten wird das Problem ebenso deutlich. Die Justiz wäre bei Sportarten wie Tanzen, Turnen oder Eiskunstlauf „vor die Situation gestellt, Entscheidungen zu treffen, für die aufgrund der mangelnden Sachkompetenz von fachsportlichen Laien gerade spezielle, mit der oftmals komplizierten Materie vertraute Schieds- und Wettkamprichter eingesetzt werden.“[731] Der gerichtsinstanzliche Weg würde auch zu einer enormen zeitlichen Verzögerung der Entscheidung über das Ergebnis des Wettkampfes führen. Um eine direkte Verbindlichkeit festzulegen, bliebe ein im Voraus zu erklärender Rechtsmittelverzicht, wobei die Wirksamkeit einer solchen Klausel fraglich wäre.[732]

Neben diesen praktischen sprechen auch verfassungsrechtliche Gründe gegen die Einordnung des sportlichen Wettbewerbs als Auslobung nach § 657 BGB.[733] Die den Sportverbänden aus Art. 9 I GG zustehende staatsfreie Wert- und Maßstabbildung würde durch die juristische Überprüfbarkeit und damit “Offenheit“ eines Wettbewerbsresultats beeinträchtigt.[734] § 611 BGB wahrt mit seiner in Absatz 2 Satz 2 festgelegten „Verbindlichkeit“ der Entscheidung für die Beteiligten die verfassungsrechtlich abgesicherte Autonomie der Sportverbände. Auch aus diesem Grund ist die Anwendung des § 611 BGB auf Sportwettbewerbe vorzugswürdig.

---

729 *Momsen-Pflanz*, Die sportethische und strafrechtliche Bedeutung des Dopings, S. 217.

730 Vgl. *Momsen-Pflanz*, Die sportethische und strafrechtliche Bedeutung des Dopings, S. 218.

731 *Momsen-Pflanz*, Die sportethische und strafrechtliche Bedeutung des Dopings, S. 217.

732 MK-BGB-*Schäfer* Bd. 5/2 § 657 Rn. 34.

733 *Momsen-Pflanz*, Die sportethische und strafrechtliche Bedeutung des Dopings, S. 218.

734 *Momsen-Pflanz*, Die sportethische und strafrechtliche Bedeutung des Dopings, S. 218.

Die Gegenansicht bringt vor, dass vielfache Lösungswege Kennzeichen des § 661 BGB seien, was sich auch aus den im Zusammenhang mit der Norm beispielhaft genannten Normen ergebe, während beim sportlichen Wettbewerb dagegen nur eine „Lösung“ im Sinne einer festgeschriebenen Ausführung möglich sei.[735] Auch deswegen hält sie § 661 BGB nicht auf Sportveranstaltungen anwendbar. Dieses Argument überzeugt allerdings nicht. Nach *Schäfer* sind Wettbewerbe im Sinne des § 661 BGB inhaltlich zwar von subjektiven Wertungskriterien oder komplexen objektiven Zusammenhängen abhängig, dies kann aber auch bei einer einzigen zutreffenden Lösung der Fall sein.[736] Ein Rückgriff auf § 661 BGB ist damit grundsätzlich möglich, auch wenn es nur eine mögliche Lösung gibt. Entscheidend ist mehr, dass die Wettbewerbe im Sinne des § 661 BGB auf Konkurrenz angelegt sein müssen, und das trifft für den sportlichen Wettbewerb in jedem Fall zu.

Das Bemühen der Gegenansicht § 657 BGB anzuwenden, erscheint auch etwas zu sehr vom Ergebnis her gedacht. Die Vornahme der für die Siegprämie zu leistenden Handlung wird an die Bedingung geknüpft, dass sie unter Beachtung der im Rahmen des sportlichen Wettkampfs geltenden Verbandsregeln erfolgen muss. Dies kann zunächst auch für § 661 BGB angenommen werden. In der Rechtsfolge ergeben sich daraus jedoch Unterschiede. Bei der Anwendung von § 657 BGB hätte dann auch nur derjenige Athlet Anspruch auf die Belohnung, der diese Handlung ohne die Verwendung verbotener Wirkstoffe und Methoden vorgenommen hat.[737] Der Belohnungsanspruch entsteht dabei im Regelfall der Auslobung unmittelbar mit der Vornahme der Handlung.[738] Hat der Erstplatzierte unter Einfluss von Dopingmitteln (oder Neuroenhancement-Mitteln) teilgenommen, hat er die Voraussetzungen für die Belohnung nicht erfüllt, der Anspruch aus § 657 BGB auf die ausgelobte Belohnung stünde dem nächstplatzierten Athleten zu.[739] Damit führt die Leistung der Belohnung an den nicht den Anspruch innehabenden Erstplatzierten auch nicht zum Erlöschen des Anspruchs, was für die Frage nach einem möglichen Vermögensschaden entscheidend ist.

Durch das Verfügungsgeschäft in Form der Auslobung des Wettbewerbs wurde eine schuldrechtliche Verpflichtung zur Auszahlung des versprochenen

735 *Glocker*, Die Strafrechtliche Bedeutung von Doping, S. 150; *Cherkeh*, Betrug, S. 141.
736 MK-BGB-*Schäfer* Bd. 5/2 § 661 Rn. 2.
737 *Glocker*, Die Strafrechtliche Bedeutung von Doping, S. 149; *Cherkeh*, Betrug, S. 138.
738 MK-BGB-*Schäfer* Bd. 5/2 § 657 Rn. 33.
739 *Glocker*, Die Strafrechtliche Bedeutung von Doping, S. 149; *Cherkeh*, Betrug, S. 139.

Preisgeldes eingegangen. Zwar ist bei der Leistung der Siegprämie von vornherein keine „Kompensation“ in Form einer gleichwertigen Gegenleistung zu erwarten, da es sich dabei um ein einseitiges Rechtsgeschäft handelt.[740] Ein Schaden kann aber dennoch in einem solchen Fall angenommen werden, wenn die bewusst übernommene Verpflichtung durch die Auszahlung der Siegprämie an den „Falschen“ nicht getilgt wird. Dies kann bei Anwendung des § 657 BGB zur Bejahung des Vermögensschadens führen, wenn man annimmt, dass die Verpflichtung weiter besteht und der Auszahlung der Prämie damit nicht das erwartete Äquivalent des Frei-Werdens von einem bestehenden Anspruch gegenübersteht.[741]

Bei § 661 BGB entsteht der Anspruch auf Auszahlung der Siegprämie dagegen erst durch die Entscheidung des Preisgerichts über die Platzierung. Derjenige, der durch das Preisgericht als Gewinner benannt wird, hat gegen den Auslobenden einen Anspruch auf Leistung des ihm zugesprochenen Preises.[742] Folglich führt die Auszahlung dazu, dass die durch die Auslobung „in die Welt gesetzte“ Verbindlichkeit erst einmal wirksam erfüllt wird. Zwar kann es immer noch zu einer nachträglichen Anfechtung[743] aufgrund der Täuschung über die dopingfreie Erbringung der Leistung und damit zum erneuten Aufleben der Verbindlichkeit kommen, dem dann der Anspruch des Nächstplatzierten gegenüber steht. Zunächst ist aber bei Anwendung von § 661 BGB eine von der Verbindlichkeit befreiende Leistung gegeben. Folglich ist auch der gedopte Sieger so lange Inhaber des Anspruchs auf das Preisgeld, bis er disqualifiziert wird, womit in der Auszahlung der Siegprämie an ihn kein Schaden liegen kann.[744]

Es bliebe die Überlegung, einen Schaden aufgrund der „sozialen Zweckverfehlung“ zu begründen, ähnlich wie beim Bettel- oder Spendenbetrug.[745] Allerdings

---

740 Sowohl das Bindende Versprechen nach § 657 BGB als auch Preisausschreiben nach § 661 BGB sind nach herrschender Meinung einseitige Rechtsgeschäfte (MK-BGB-*Schäfer* Bd. 5/2 § 657 Rn. 5; MK-BGB-*Schäfer* Bd. 5/2 § 661 Rn. 1, 4; Staudinger/*Bergmann* § 657 Rn. 11). Dazu auch unten beim Punkt Vermögensverfügung unter 3. Kapitel II. 1. a) aa) (3) (ab S. 168).

741 Vgl. *Cherkeh*, Betrug, S. 207 f; *Glocker*, Die Strafrechtliche Bedeutung von Doping, S. 155.

742 MK-BGB-*Schäfer* Bd. 5/2 § 661 Rn. 31.

743 Dies richtet sich dann nach den allgemeinen zivilrechtlichen Regeln, §§ 119, 123 StGB. Vgl. auch MK-BGB-*Schäfer* Bd. 5/2 § 661 Rn. 23.

744 MK-StGB-*Hefendehl* Bd. 5 § 263 Rn. 736; LK-StGB-*Tiedemann* § 263 Rn. 183 a.E.; vgl. auch Schönke/Schröder-*Perron* § 263 Rn. 117.

745 *Cherkeh*, Betrug, S. 206 ff, 196 ff.

lassen sich bei genauerer Betrachtung diese Konstellationen nicht vergleichen. Beim Spendenbetrug wäre der Getäuschte bei Kenntnis der Situation keine Verpflichtung eingegangen, er hätte nicht gespendet, womit es zu keiner Vermögensminderung gekommen wäre.[746] Bei der hier gegebenen Doping-Konstellation besteht die schuldrechtliche Verpflichtung aufgrund der Auslobung schon vorher,[747] sie wäre nur gegenüber einem anderen zum Tragen gekommen. Bei Kenntnis der regelwidrigen Teilnahme des Sportlers unter Einfluss von Dopingmitteln wäre dieser von vornherein disqualifiziert worden, das Preisgericht hätte den Anspruch auf Auszahlung der Siegprämie einem anderen zugesprochen. Damit wäre die Vermögensminderung – im Gegensatz zum Spendenbetrug – in jedem Fall eingetreten.[748]

Von *Glocker* wird angeführt, dass „neben der Verringerung des Gesamtgeldwertes auch eine einseitige und vergebliche Hingabe von Vermögenswerten, die einem objektivierbaren und wirtschaftlich relevanten sozialen Zweck hätten dienen sollen, als Schaden im Sinne des § 263 Abs. 1 StGB angesehen“[749] werden kann.

Allerdings ist nach dem von *Kindhäuser* vertretenen funktionalen Ansatz zur Bestimmung des Schadens bei einer einseitigen Leistung, wie der hier vorliegenden Auslobung, die Annahme eines Schadens ausgeschlossen, wenn die Vermögensverschiebung mit Rechtsgrund erfolgt, weil die materiellen Voraussetzungen einer Leistungspflicht bestehen.[750] Genau dies ist wie oben gezeigt der Fall, wenn man § 661 BGB als Rechtsgrundlage nimmt: Gegenüber dem durch das Preisgericht als Sieger Bestimmten besteht zunächst eine Leistungspflicht aufgrund seines festgestellten Anspruches auf die Siegprämie. Damit wäre nach dieser Ansicht ein Schaden grundsätzlich ausgeschlossen.

Nach *Hefendehl* ist im Zusammenhang mit Doping eine bloße Zwecksetzung wirtschaftlich irrelevant,[751] womit eine weitergehende Beachtung eines möglicherweise mit der Auszahlung der Prämie verfolgten Zweckes[752] abzulehnen wäre. Für diese Ansicht spricht, dass die von Befürwortern des Zweckgedankens

---

746 *Momsen-Pflanz*, Die sportethische und strafrechtliche Bedeutung des Dopings, S. 225.

747 Mehr dazu unten bei der Frage der Vermögensverfügung, 3. Kapitel II. 1. a) aa) (3) (ab S. 168).

748 *Momsen-Pflanz*, Die sportethische und strafrechtliche Bedeutung des Dopings, S. 225.

749 *Glocker*, Die Strafrechtliche Bedeutung von Doping, S. 155.

750 NK-StGB-*Kindhäuser* § 263 Rn. 296.

751 MK-StGB-*Hefendehl* Bd. 5 § 263 Rn. 736.

752 Eine solche nimmt Glocker vor, *Glocker*, Die Strafrechtliche Bedeutung von Doping, S. 155 f.

in diesem Zusammenhang geführte Argumentation über die Förderung des ehrlichen Wettkampfsports als Zweck der Prämienauszahlung[753] sehr konstruiert und gekünstelt wirkt.

Darüber hinaus werden Motive und Zwecke nur in einem sehr engen Rahmen geschützt. Selbst wenn man mit *Glocker* und *Cherkeh* die Möglichkeit des Schutzes eines sozialen Zweckes in der hier vorliegenden Konstellation annimmt, müsste dieser Zweck wirklich den Hauptgrund der Verfügung bilden. Im Falle der Bereitstellung der Siegprämie durch den Veranstalter stehen neben dem sozialen Zweck auch rein wirtschaftliche Motive, wenn diese nicht sogar überwiegen. (Mit)Ziel der Auslobung eines Preisgeldes ist es, die Attraktivität des Wettbewerbs für die teilnehmenden Sportler zu steigern, um hierüber ein größeres Zuschauerinteresse zu generieren. Im Vordergrund steht die Veranstaltung eines spannenden Wettkampfs, was auch über attraktive Prämien erreicht wird, die den Sportlern als Anreiz dienen. Auch ein Sponsor wird ein Preisgeld in der Regel nicht nur aus dem „wirtschaftlich relevanten sozialen Zweck der Förderung des ehrlichen Wettkampfsports" bereitstellen. Angesichts der zunehmenden Kommerzialisierung des Sports und der weiteren Unterstützung von Wettbewerben wie der Tour de France, bei der sich die lange bestehenden Dopingvorwürfe gegen einen mehrfachen Sieger nun zur Gewissheit verdichtet haben, ist auch im Fall des Preisgeldspenders ein vorrangig kommerzielles Interesse an der mit der zur Verfügung Stellung der Prämie verbundenen Werbung anzunehmen. Dass neben diesen wirtschaftlichen Motiven auch ein sozialer Zweck für die Bereitstellung des Preisgeldes ausschlaggebend war, ist nicht ausreichend, um darüber einen Schaden zu begründen.

Schließlich bleibt die Frage, ob bei erfolgter Anfechtung die Pflicht zur Auszahlung an den ursprünglich Nachplatzierten für den Sportveranstalter einen Schaden darstellen kann.[754] Etwas Problematisch ist hier die Beurteilung der Anfechtungsmöglichkeit. Normalerweise ist die Anfechtbarkeit des Geschäfts bei der Frage nach der Kompensation nicht zu berücksichtigen,[755] dies gilt allerdings für die Fälle, in denen schon ein „Schaden" (oder eine Vermögensgefährdung) besteht und dieser durch die Anfechtung wieder ausgeglichen (bzw. verhindert) werden könnte. In der hier betrachteten Konstellation würde der mögliche Schaden jedoch erst mit der Anfechtung entstehen, weil mit dieser der Anspruch auf die Auszahlung der Prämie vom disqualifizierten Gedopten

753 *Glocker*, Die Strafrechtliche Bedeutung von Doping, S. 156 m.w.N.

754 MK-StGB-*Hefendehl* Bd. 5 § 263 Rn. 736; 627 ff.

755 Lackner/Kühl-*Kühl* § 263 Rn. 36a; Schönke/Schröder-*Perron* § 263 Rn. 120.

auf den Nächstplatzierten übergeht und der Veranstalter das Risiko der Zurückforderung der schon gezahlten Prämie trägt. In derart gelagerten Fällen wäre ein Schaden unter dem Gesichtspunkt einer konkreten Vermögensgefährdung denkbar, allerdings müsste dafür im einzelnen Fall der Rückgewähranspruch des Veranstalters gefährdet sein, was im Profisport wohl nur ausnahmsweise zu bejahen wäre.[756] Diese Überlegungen zeigen, dass bei einer Anwendung von § 661 BGB auf den sportlichen Wettbewerb kaum ein Schaden bzgl. der an den gedopten Erstplatzierten ausgezahlten Siegprämie konstruiert werden kann. Dagegen könnte bei einer Anwendung von § 657 BGB in solchen Fällen ein Schaden bejaht werden, was die Bemühungen der Mindermeinung erklärt, die Grundform der Auslobung für die zivilrechtliche Einordnung eines sportlichen Wettbewerbs heranzuziehen. Nichtsdestotrotz sprechen, wie oben gezeigt, die besseren Argumente für eine Beurteilung des sportlichen Wettbewerbs als Preisausschreiben nach § 661 BGB.

(2) Täuschung und Irrtum

Was den objektiven Tatbestand des Betruges angeht, herrscht weitgehende Einigkeit, dass die Teilnahme am Wettbewerb unter Einfluss verbotener Doping- bzw. auch unter die Verbotsliste der WADA fallender Neuroenhancement-Mittel die Voraussetzungen einer Täuschung erfüllt.[757] Das Vorliegen eines Irrtums des Veranstalters ist dagegen in diesem Kontext aufwändiger zu begründen.[758] Ein solcher Irrtum ist grundsätzlich anzunehmen, wenn eine Fehlvorstellung über Tatsachen gegeben ist,[759] also ein Widerspruch zwischen subjektiver Vorstellung und objektiver Wirklichkeit.[760] Angesichts der Tatsache, dass es bei vielen großen Sportwettbewerben bei ausreichender Kontrolldichte auch zur Aufdeckung von Dopingfällen kommt, und verpflichtende Dopingtests, zumindest beim

---

756 Dazu *Heger* JA 2003, 76 (81), der auf die bei Dopingtests kurze Zeitspanne zwischen Erhalt der Prämie und Disqualifikation hinweist, in der der gedopte Sportler die Prämie kaum bereits verbraucht bzw. keine weiteren Einkünfte erzielt haben wird.

757 *Momsen-Pflanz*, Die sportethische und strafrechtliche Bedeutung des Dopings, S. 219 m.w.N.; *Glocker*, Die Strafrechtliche Bedeutung von Doping, S. 155, 140 ff.; *Cherkeh*, Betrug, S. 78, 63 ff.

758 *Momsen-Pflanz*, Die sportethische und strafrechtliche Bedeutung des Dopings, S. 220 ff.; *Glocker*, Die Strafrechtliche Bedeutung von Doping, S. 155, 143 ff; *Cherkeh*, Betrug, S. 110 ff.

759 MK-StGB-*Hefendehl* Bd. 5 § 263 Rn. 228; Lackner/Kühl-*Kühl* § 263 Rn. 18.

760 Schönke/Schröder-*Perron* § 263 Rn. 33; LK-StGB-*Tiedemann* § 263 Rn. 77.

Erstplatzierten, sich durchzusetzen beginnen,[761] ist die Position, die annimmt, dass Veranstalter bzw. Preisspender davon ausgehen, „dass alles „in Ordnung“ sei und alle Sportler die Dopingbestimmungen einhielten“[762], als realitätsfern und idealisierend abzulehnen. Allerdings überzeugt auch die Gegenposition, die aufgrund der allgemeinen Verbreitung von Doping und entsprechend vorausgesetzter Kenntnis hiervon bereits eine Irrtumserregung verneinen will,[763] nicht. Es ist eher davon auszugehen, dass Veranstalter durch die Verpflichtung zur Einhaltung der Anti-Doping-Bestimmungen und entsprechender Kontrollen darauf hoffen, dass der Wettkampf möglichst dopingfrei abläuft. Damit rückt die Frage in den Mittelpunkt, wann bei Zweifeln des Getäuschten, hier über die dopingfreie Leistung des Siegers, ein Irrtum vorliegen könnte.[764] Wichtiger Anhaltspunkt hierfür ist die Feststellung, „welchen Intensivierungsgrad eine Fehlvorstellung erreichen müsse, um als tatbestandlicher Irrtum im Sinne des § 263 [StGB] Bedeutung zu erlangen“.[765] Nach der herrschenden Meinung genügt für die Annahme eines Irrtums ein Fürmöglichhalten bzw. eine innerliche Stellungnahme zur Wahrheit der Tatsachenbehauptung in dem Sinne, dass sie dem Täuschungsadressaten nicht gleichgültig ist.[766] Irrtum ist demnach auch dann gegeben, wenn der Getäuschte trotz gewisser Zweifel die Vermögensverfügung trifft, wenn er also die Möglichkeit der Unwahrheit für geringer hält.[767] Dies führt zu der bekanntermaßen komplexen Frage nach dem Kausalzusammenhang zwischen Verfügung und Irrtum.[768] Das „Fürmöglichhalten“ muss die Verfügung mit auslösen, bzw. die Zweifel müssen in Verbindung mit der Verfügung stehen. Um zu wissen, ob dies der Fall ist, ist eine genaue Analyse der Verfügung notwendig.

---

761 Internationale Wettkampfregeln IWR – Ausgabe 2012-2013 Stand 19.März 2012 Regel 35 Kontrollen Punkt 8. a: Zumindest bei bestimmten internationalen Wettkämpfen sollen die zu kontrollierenden Athleten auf Grundlage der Endplatzierung ausgewählt werden.

762 *Momsen-Pflanz*, Die sportethische und strafrechtliche Bedeutung des Dopings, S. 220 f. m.w.N.

763 *Momsen-Pflanz*, Die sportethische und strafrechtliche Bedeutung des Dopings, S. 221 m.w.N.

764 *Momsen-Pflanz*, Die sportethische und strafrechtliche Bedeutung des Dopings, S. 221; *Glocker*, Die Strafrechtliche Bedeutung von Doping, S. 144.

765 *Momsen-Pflanz*, Die sportethische und strafrechtliche Bedeutung des Dopings, S. 221; *Cherkeh*, Betrug, S. 112 ff.

766 NK-StGB-*Kindhäuser* § 263 Rn. 176; Lackner/Kühl-*Kühl* § 263 Rn. 18.

767 BGHSt 47, 83 (88); Schönke/Schröder-*Perron* § 263 Rn. 40.

768 *Momsen-Pflanz*, Die sportethische und strafrechtliche Bedeutung des Dopings, S. 222.

(3) Vermögensverfügung

Auf den ersten Blick erscheint die Auszahlung des Preisgeldes an den Erstplatzierten als Vermögensverfügung.[769] Allerdings lohnt sich hier eine differenziertere zivilrechtliche Betrachtung. Sowohl das bindende Versprechen nach § 657 BGB als auch Preisausschreiben nach § 661 BGB sind nach herrschender Meinung einseitige Rechtsgeschäfte.[770] Die schuldrechtliche Verpflichtung des Veranstalters, die Siegprämie an den später festzustellenden Anspruchsberechtigten auszuzahlen, entsteht schon mit der öffentlichen Bekanntgabe der Auslobung.[771] Zu diesem Zeitpunkt ist allerdings noch nicht klar, wer Inhaber des Anspruchs auf die ausgelobte Belohnung sein wird, also wem gegenüber das Preisgeld zu leisten ist. Fraglich ist also, ob die Begründung einer Verbindlichkeit gegenüber einer noch unbekannten Person als Verfügung im Sinne von § 263 StGB ausreicht. Als Vermögensverfügung ist jedes Verhalten (Tun oder Unterlassen) anzusehen, das unmittelbar zu einer Vermögensminderung führt.[772] Unter den Verfügungsbegriff fallen rechtsgeschäftliche Handlungen aller Art, auch das Eingehen von Verpflichtungsgeschäften, wobei die zivilrechtliche Wirksamkeit oder Anfechtbarkeit nicht von Belang ist.[773] Damit kann die Auslobung an sich schon als Vermögensverfügung angesehen werden, unabhängig davon ob man § 657 oder § 611 BGB für einschlägig hält.[774] Diese Vermögensverfügung führt auch unmittelbar zu einer Vermögensminderung. Das Eingehen einer – auch unwirksamen oder anfechtbaren – Verpflichtung als Belastung des Gesamtvermögens bewirkt eine Vermögensminderung und bedeutet damit eine Vermögensverfügung.[775] Die von *Glocker* und *Cherkeh* als „Vermögensverfügung" angesehene Auszahlung[776] stellt nur das zivilrechtliche Verfügungsgeschäft dar, das auf dem lange zuvor vorgenommenen Verpflichtungsgeschäft, der Auslobung, beruht. Da die Vermögensminderung aber schon durch das Verpflichtungsgeschäft eingetreten ist, entfaltet die Auszahlung dann keine strafrechtlich eigenständig

---

769 *Glocker*, Die Strafrechtliche Bedeutung von Doping, S. 155; *Cherkeh*, Betrug, S. 172.

770 MK-BGB-*Schäfer* Bd. 5/2 § 657 Rn. 5; MK-BGB-*Schäfer* Bd. 5/2 § 661 Rn. 1, 4; Staudinger/*Bergmann* § 657 Rn. 11.

771 MK-BGB-*Schäfer* Bd. 5/2 § 657 Rn. 3 ff., 20; MK-BGB-*Schäfer* Bd. 5/2 § 661 Rn. 8; *Momsen-Pflanz*, Die sportethische und strafrechtliche Bedeutung des Dopings, S. 223.

772 BGHSt 14, 170 (171); NK-StGB-*Kindhäuser* § 263 Rn. 197; Lackner/Kühl-*Kühl* § 263 Rn. 22; Schönke/Schröder-*Perron* § 263 Rn. 55; LK-StGB-*Tiedemann* § 263 Rn. 97.

773 NK-StGB-*Kindhäuser* § 263 Rn. 198.

774 *Momsen-Pflanz*, Die sportethische und strafrechtliche Bedeutung des Dopings, S. 225.

775 LK-StGB-*Tiedemann* § 263 Rn. 99 f.

776 *Glocker*, Die Strafrechtliche Bedeutung von Doping, S. 155; *Cherkeh*, Betrug, S. 172.

erfassbare vermögensmindernde Wirkung mehr. Somit ist für die Frage nach einer kausalen Vermögensverfügung nur auf die Auslobung als vermögensmindernde Handlung abzustellen. Diese nimmt der Veranstalter allerdings unabhängig von einer Einwirkung des täuschenden Sportlers vor. „Zusammenfassend scheitert ein Betrug des gedopten Sportlers zum Nachteil des ein Preisgeld auslobenden Veranstalters bereits am Vorliegen einer verfügungsrelevanten Täuschung bzw. einer entsprechenden Irrtumserregung, da die betrugsrelevante Verfügung regelmäßig in der schuldrechtlich verpflichtenden einseitigen Willenserklärung der Auslobung zu sehen ist, die zeitlich deutlich vor dem eigentlichen Wettkampftag liegt.“[777]

Selbst wenn man eine täuschungsbasierte Vermögensverfügung annehmen würde, fehlt es bei dem nach der hier vertretenen Auffassung anzuwendenden § 661 BGB an einem Vermögensschaden. Damit kommt aus den genannten Gründen ein Betrug zum Nachteil des Veranstalters bzgl. der Siegprämie nicht in Betracht.

bb) Betrug zum Nachteil des Veranstalters bzgl. Antrittsprämie

Was einen Betrug zum Nachteil des Veranstalters bzgl. der Antrittsprämie angeht, herrscht überwiegend Einigkeit hinsichtlich der strafrechtlichen Bewertung. Wie oben am Beispiel des Berlin-Marathons schon erläutert,[778] ist es mittlerweile üblich, publikumswirksamen Athleten eine Prämie dafür zu zahlen, dass sie am sportlichen Wettkampf teilnehmen.[779] Die damit verbundene Betrugskonstellation steht zwar nicht im Zusammenhang mit dem Ausgang des Wettbewerbs, ist aber dennoch nur in Verknüpfung mit einem solchen Ereignis denkbar.[780]

Aufgrund der unterschiedlichen in der Literatur vertretenen Ansichten soll in dieser Fallgruppe danach differenziert werden, ob der Sportler schon bei Abschluss des Vertrages, der ihm das Antrittsgeld zusichert, gedopt war, oder ob er die verbotenen Substanzen erst danach einnimmt und erst zum Wettkampf diesen regelwidrigen Zustand schafft.

(1) Doping schon bei Abschluss des Startvertrages

Hat der Sportler schon bei Abschluss des Startvertrages verbotene Substanzen eingenommen, täuscht er damit bereits über die Möglichkeit und den Willen

---

777 *Momsen-Pflanz*, Die sportethische und strafrechtliche Bedeutung des Dopings, S. 226.
778 Oben 2. Kapitel II. 4. d) bb) (S. 131).
779 *Glocker*, Die Strafrechtliche Bedeutung von Doping, S. 156.
780 *Momsen-Pflanz*, Die sportethische und strafrechtliche Bedeutung des Dopings, S. 226.

zur regelkonformen Wettbewerbsteilnahme.[781] Darauf beruht der Irrtum des Veranstalters, dass der Sportler „zur Vertragserfüllung willens und auch in der Lage sein wird“.[782] Mögliche Zweifel aufgrund der bekannten Häufigkeit von Dopingvergehen und den von den Veranstaltern selbst dagegen durchgeführten Dopingkontrollen schaden nicht. Solange sich der Veranstalter vorstellt, der Sportler werde zumindest möglicherweise in einer den Dopingbestimmungen entsprechenden Art und Weise am Wettkampf teilnehmen, liegt ein betrugsrelevanter Irrtum vor.[783]

Was die Vermögensverfügung angeht, ist diese Konstellation ebenfalls komplex. Nach der zivilrechtlichen Wertung kommt man zu dem Ergebnis, dass der gedopte Sportler aufgrund der Unmöglichkeit der vereinbarten höchstpersönlichen Leistung „regelkonforme, also ungedopte Teilnahme am Wettkampf“, nach § 275 BGB nicht mehr zu leisten braucht. Das führt mittlerweile nicht mehr zu einer Nichtigkeit des Vertrages,[784] sondern zum Entfallen des Anspruchs auf die Gegenleistung nach § 326 Abs. 1 S. 1 BGB.[785] Soweit herrscht noch Einigkeit, allerdings stellt sich nun die Frage, ob in dieser Konstellation eine Vermögensverfügung und ein Vermögensschaden vorliegen. *Glocker* bejaht die Vermögensverfügung mit Verweis darauf, dass „grundsätzlich auch derjenige über sein Vermögen verfügt, der „durch Täuschung veranlasst wird, einen anfechtbaren und damit im Falle der Anfechtung nichtigen Vertrag abzuschließen, […] weil der Schein einer vertraglichen Bindung geschaffen wird“.[786]“[787] Einen Schaden nimmt *Glocker* in Form einer konkreten Vermögensgefährdung an, da im Falle des sogenannten Eingehungsbetruges die Gefahr bestehe „dass der Veranstalter dem gedopten Sportler das Antrittsgeld auszahlt, weil er irrtümlich auf dessen vertragsgemäße Leistungserbringung vertraut.“[788] Diese Beurteilung fußt auf den Ausführungen *Cherkehs*, der sich intensiv mit dieser Problematik

---

781 Ausführlicher *Momsen-Pflanz*, Die sportethische und strafrechtliche Bedeutung des Dopings, S. 226; *Glocker*, Die Strafrechtliche Bedeutung von Doping, S. 157; *Cherkeh*, Betrug, S. 75 f.

782 *Cherkeh*, Betrug, S. 127; *Glocker*, Die Strafrechtliche Bedeutung von Doping, S. 157.

783 *Momsen-Pflanz*, Die sportethische und strafrechtliche Bedeutung des Dopings, S. 227.

784 Mit diesem Problem, dass nach § 306 BGB a.F. in solchen Fällen der Vertrag nichtig war, musste sich *Cherkeh* noch befassen, vgl. *Cherkeh*, Betrug, S. 163 ff.

785 *Glocker*, Die Strafrechtliche Bedeutung von Doping, S. 158; *Momsen-Pflanz*, Die sportethische und strafrechtliche Bedeutung des Dopings, S. 227 f.

786 Schönke/Schröder-*Perron* § 263 Rn. 56.

787 *Glocker*, Die Strafrechtliche Bedeutung von Doping, S. 158.

788 *Glocker*, Die Strafrechtliche Bedeutung von Doping, S. 158 f.

auseinandersetzt.[789] *Momsen-Pflanz* macht allerdings darauf aufmerksam, dass hierbei die Gefahr, eine Vermögensverfügung vorzunehmen, faktisch auf dieselbe Stufe gestellt wird, wie die Gefahr einer Vermögensminderung.[790] Sie kritisiert, dass diese Lösung die gedankliche Trennung der Tatbestandsmerkmale der Verfügung und des Schadens mit der Konsequenz vermeidet, „dass die eigentlich notwendige Feststellung eines irrtumsbedingten Verhaltens mit Vermögensrelevanz in Erwägungen hinsichtlich des Vorliegens einer Gefahr der Vermögensminderung aufgeht."[791] Ihre Überlegungen schließen mit der Erkenntnis, dass die irrtumsbedingte „Gefahr der Leistung" nicht mehr meint, als die „Gefahr einer Handlung, Duldung oder Unterlassung" mit Vermögensrelevanz.[792] Konsequenterweise müsste dies dazu führen, dass man den Betrug ablehnen müsste, „da mangels wirksamen Vertragsschlusses keine Handlung mit Vermögensrelevanz, sondern lediglich eine Handlung, welche die *Gefahr von Verhalten* mit Vermögensrelevanz begründet, vorliegt."[793] Um eine solche kriminalpolitisch fragwürdige Lösung zu vermeiden, plädiert *Momsen-Pflanz* dafür, auf den Zeitpunkt der tatsächlichen Auszahlung des Antrittsgeldes abzustellen, was unproblematisch als Vermögensverfügung anzusehen wäre.[794] Darüber hinaus kann ein Fortwirken des Irrtums bis zu diesem Zeitpunkt ebenso angenommen werden wie ein Vermögensschaden durch die fehlende Kompensation mangels vertragsgemäßer, also den Wettbewerbsregeln entsprechend dopingfreier Teilnahme am Wettkampf.

Eine genauere Auseinandersetzung mit diesen differierenden Ansichten würde eine ausführliche dogmatische Betrachtung der Tatbestandsmerkmale Vermögensverfügung und Vermögensschaden bzw. deren Zusammenhang erfordern. Dies ist im Rahmen dieser Arbeit nicht zu leisten, aber auch nicht erforderlich. Denn im Ergebnis stimmen beide Ansichten überein: Sie nehmen für die betrachteten Konstellation des Dopings schon bei Abschluss des Startvertrages einen Betrug an.[795]

789 *Cherkeh*, Betrug, S. 161 ff, insbesondere 167 ff.
790 *Momsen-Pflanz*, Die sportethische und strafrechtliche Bedeutung des Dopings, S. 229.
791 *Momsen-Pflanz*, Die sportethische und strafrechtliche Bedeutung des Dopings, S. 230.
792 *Momsen-Pflanz*, Die sportethische und strafrechtliche Bedeutung des Dopings, S. 230.
793 *Momsen-Pflanz*, Die sportethische und strafrechtliche Bedeutung des Dopings, S. 231.
794 *Momsen-Pflanz*, Die sportethische und strafrechtliche Bedeutung des Dopings, S. 231.
795 So auch andere wie *Heger* JA 2003, 76 (81); *Kargl* NStZ 2007, S. 489 (492).

(2) Doping erst nach Abschluss des Startvertrages

Bei der Bewertung dieser Variante, in der der Sportler erst nach Abschluss des Starvertrages, aber zum Wettkampf verbotene Substanzen einnimmt und unter deren Einfluss teilnimmt, herrscht nicht nur über das Ergebnis, sondern auch über die vorherige Bewertung Einigkeit. Die Vermögensverfügung wird übereinstimmend durch die Auszahlung des Antrittsgeldes bewirkt.[796] In den Fällen, in denen das Antrittsgeld schon vor dem Wettkampf geleistet wurde, kann sie im Unterlassen der Rückforderung der gezahlten Prämie gesehen werden.[797] Der Vermögensschaden wird in Form des Erfüllungsschadens durch die kompensationslose Auszahlung des Startgeldes begründet.[798]

Für die Betrugskonstellation zum Nachteil des Veranstalters bzgl. der Antrittsprämie ist demnach, wenn auch mit differierender Begründung, für beide Varianten eine Strafbarkeit anzunehmen.

cc) Betrug zum Nachteil der Konkurrenten

Auch für den Fall des möglichen Betrugs zum Nachteil der Konkurrenten wird in der regelwidrigen Teilnahme am Wettbewerb unter Einfluss von Dopingmitteln eine konkludente Täuschung gesehen.[799] Hinsichtlich des diesbezüglichen Irrtums stellt sich, ebenso wie beim Betrug zum Nachteil des Veranstalters, die Problematik der Behandlung möglicher Zweifel der Konkurrenten über die „Dopingfreiheit" der andern Teilnehmer.[800] Für die Frage nach der Vermögensverfügung wird die schon oben getroffene Entscheidung bzgl. der zivilrechtlichen Grundlage des sportlichen Wettkampfs wieder relevant.[801] Sie ist entscheidend für die Kausalität[802] zwischen dem Unterlassen der Geltendmachung eines Anspruchs auf die ausgelobte Prämie und dem Irrtum.

---

796 *Momsen-Pflanz*, Die sportethische und strafrechtliche Bedeutung des Dopings, S. 231; *Glocker*, Die Strafrechtliche Bedeutung von Doping, S. 159; *Cherkeh*, Betrug, S. 171.

797 *Glocker*, Die Strafrechtliche Bedeutung von Doping, S. 159.

798 *Momsen-Pflanz*, Die sportethische und strafrechtliche Bedeutung des Dopings, S. 231; *Glocker*, Die Strafrechtliche Bedeutung von Doping, S. 159 f.; *Cherkeh*, Betrug, S. 191 f.

799 *Momsen-Pflanz*, Die sportethische und strafrechtliche Bedeutung des Dopings, S. 231; *Glocker*, Die Strafrechtliche Bedeutung von Doping, S. 147; *Cherkeh*, Betrug, S. 64 ff.

800 *Momsen-Pflanz*, Die sportethische und strafrechtliche Bedeutung des Dopings, S. 231f.; *Glocker*, Die Strafrechtliche Bedeutung von Doping, S. 147; *Cherkeh*, Betrug, S. 110 ff.

801 Oben 3. Kapitel II. 1. a) aa) (1) (ab S. 159).

802 Zur Kausalität zwischen Irrtum und Vermögensverfügung MK-StGB-*Hefendehl* Bd. 5 § 263 Rn. 276.

Geht man mit der hier vertretenen Ansicht davon aus, dass es sich um ein Preisausschreiben nach § 661 BGB handelt, kann ein Anspruch des zweitplatzierten Mitkonkurrenten erst nach der Disqualifikation des gedopten Erstplatzierten durch das Wettkampfgericht entstehen.[803] Für eine dann als Vermögensverfügung in Betracht kommende Nichtgeltendmachung dieses Anspruches wäre aber nicht der Irrtum über die ungedopte Teilnahme des Erstplatzierten entscheidend, sondern eine Unkenntnis der aus der Disqualifikation folgenden Neuplatzierung. Falls ein solches Nichterfahren des neu festgelegten eigenen Sieges denkbar bzw. realistisch wäre, würde dies aber durch die fehlende Information des Veranstalters bedingt sein, nicht durch den Irrtum, der frühere Sieger sein ungedopt gewesen.[804] Damit fehlt es im hier befürworteten Fall der Anwendung von § 661 BGB an der Kausalität zwischen dem Unterlassen der Geltendmachung des Anspruchs auf die Siegprämie und dem Irrtum über die regelkonforme, also dopingfreie Teilnahme des später disqualifizierten Siegenden.

Allerdings scheitert auch bei einer Anwendung des § 657 BGB eine Betrugsstrafbarkeit, wenngleich erst im Rahmen der Stoffgleichheit der angestrebten Bereicherung.[805] Als Folge der zivilrechtlichen Einordung unter § 657 BGB hätte der Zeitplatzierte direkt einen Anspruch gegen den Veranstalter auf die Siegprämie, nicht erst infolge einer möglichen Disqualifizierung des gedopten Erstplatzierten.[806] Durch die Nichtgeltendmachung dieses Anspruchs aufgrund des Irrtums über die regelkonforme Teilnahme des Erstplatzierten würde das Vermögen des Mitkonkurrenten konkret gefährdet werden.[807] Für diese Vermögensminderung erlangte er keine Kompensation, daher würde er durch die Verfügung in seinem Vermögen geschädigt werden.[808] Der gedopte Sportler würde sich letztendlich nicht um den Anspruch des Konkurrenten gegen den die Prämie schuldenden Veranstalter, sondern allein um die übergebene Prämie bereichern.[809] Der Vorteil des gedopten Sportlers und der Schaden des

803 Dazu oben 3. Kapitel II. 1. a) aa) (1) (ab S. 159) und *Momsen-Pflanz*, Die sportethische und strafrechtliche Bedeutung des Dopings, S. 232 f.

804 *Momsen-Pflanz*, Die sportethische und strafrechtliche Bedeutung des Dopings, S. 233.

805 *Cherkeh*, Betrug, S. 231 f.; *Glocker*, Die Strafrechtliche Bedeutung von Doping, S. 153 f; *Momsen-Pflanz*, Die sportethische und strafrechtliche Bedeutung des Dopings, S. 232.

806 Dazu oben 3. Kapitel II. 1. a) aa) (1) (ab S. 159) und cc) (ab S. 172); *Cherkeh*, Betrug, S. 139; *Glocker*, Die Strafrechtliche Bedeutung von Doping, S. 149.

807 *Cherkeh*, Betrug, S. 157.

808 *Glocker*, Die Strafrechtliche Bedeutung von Doping, S. 151; *Cherkeh*, Betrug, S. 189 f.

809 *Cherkeh*, Betrug, S. 232; *Glocker*, Die Strafrechtliche Bedeutung von Doping, S. 154.

Mitkonkurrenten beruhten nicht auf derselben Vermögensverfügung,[810] womit es an der Stoffgleichheit zwischen beiden fehlte.

Im Ergebnis lehnen also beide Ansichten richtigerweise einen Betrug zum Nachteil des Mitkonkurrenten ab.

dd) Betrug zum Nachteil des Arbeitgebers

Noch relativ wenig betrachtet ist die Konstellation des Betrugs gegenüber dem Arbeitgeber durch einen Berufssportler. Im Rahmen einer Beschwerde der Staatsanwaltschaft aufgrund der Ablehnung der Eröffnung des Hauptverfahrens durch das Landesgericht hatte sich das OLG Stuttgart mit dieser Problematik zu befassen.[811] Letzteres sah die Möglichkeit des Betrugs durch einen Profiradsportler, wenn er seinem Arbeitgeber die Einnahme von Dopingmitteln verschweigt und weiterhin seine Vergütung bezieht, und wies das Verfahren an eine andere Kammer des Landgerichts zurück.

Im Unterschied zu den vorherigen Konstellationen kommt es hierbei nicht auf die zivilrechtliche Beurteilung des Wettkampfes an, sondern auf die konkreten Vertragsbedingungen zwischen dem Sportler und seinem Arbeitgeber. Sind diese so ausgestaltet, dass sie das Doping untersagen und nimmt der Sportler dennoch gedopt an Wettbewerben teil, könnte eine konkludente Täuschung in Betracht kommen.[812] Klassifiziert man dies jedoch als Täuschung durch Unterlassen, dürfte es an der für die Strafbarkeit erforderlichen Aufklärungspflicht fehlen.[813] Einfacher liegt der Fall, wenn der Sportler wahrheitswidrig eine ausdrückliche Erklärung hinsichtlich einer Nicht-Einnahme solcher Mittel abgibt, dann liegt eine diesbezügliche Täuschung und Irrtumserregung vor.[814]

Anknüpfungspunkt ist aber immer wie oben erwähnt ein Arbeitsvertrag, bzw. eine wirksame Vereinbarung zwischen dem Sportler als Arbeitnehmer und

---

810 *Momsen-Pflanz*, Die sportethische und strafrechtliche Bedeutung des Dopings, S. 232.

811 OLG Stuttgart SpuRT 2012, 74 ff; NJW-Spezial 2011, 90.

812 So OLG Stuttgart SpuRt 2012, 75; kritisch *Jahn* JuS 2010, 181 (182 f.) m.w.N.; *Kudlich* SpuRt 2012, 54.

813 Fritzweiler/Pfister/Summerer-*Reinhart* Teil 8 Kap. 4 Rn. 133.

814 OLG Stuttgart SpuRt 2012, 74 f.; *Jahn* JuS 2010, 181 (182 f.). Zu den besonderen Problemen hinsichtlich der kausalen Vermögensverfügung und des Vermögensschadens in diesen Fällen vgl. *Jahn* JuS 2010, 181 (183); *Kudlich* SpuRt 2012, 55. Der Sportler hat mit der Teilnahme am Wettkampf eine sportliche Gegenleistung erbracht, wenn auch nicht dopingfrei, also vertragskonform. Inwieweit diese, zumindest teilweise, ein wirtschaftliches Äquivalent darstellen könnte, muss im Einzelfall bestimmt werden, Fritzweiler/Pfister/Summerer-*Reinhart* Teil 8 Kap. 4 Rn. 134.

seinem Arbeitgeber. Die gedopte Teilnahme am Wettbewerb ist häufig Gegenstand der Täuschung, muss es aber nicht sein. Ob sie allein Tathandlung einer konkludenten Täuschung sein kann, ist umstritten, häufig wird es in diesen Fällen zu einer ausdrücklichen Täuschung bei einer Frage zu Doping bzw. Verwendung verbotener Mittel kommen, die nicht mit einem konkreten Wettkampf in Verbindung stehen muss.[815] Daher führt der mögliche Betrug gegenüber dem Arbeitgeber nur bedingt zu einem weiteren Schutz des Rechtsguts „sportlicher Wettbewerb mit Vermögensrelevanz“. Zumal es gerade in dieser Konstellation auch Fälle gibt, in denen der Arbeitgeber von Doping weiß, es duldet oder billigt und im schlimmsten Fall sogar fördert.[816] Damit würde es zumindest an einem Irrtum und häufig sogar schon an einer Täuschung fehlen, ein über den Betrug am Arbeitgeber mitintendierter Schutz des Wettbewerbs würde in diesem Zusammenhang versagen.

ee) Weitere Betrugskonstellationen

Weitere mögliche Betrugskonstellationen, insbesondere zum Nachteil des Zuschauers oder des Sponsors, spielen für die hier vorgenommene, auf den Wettbewerb fokussierte Betrachtung keine Rolle. Der Zuschauer nimmt nicht am Wettbewerb selbst teil oder ist in die Ausrichtung involviert, er profitiert auch nicht in einer vergleichbaren Weise wie der Veranstalter von der Durchführung.[817] Für den Zuschauer geht es um das Erlebnis der Beobachtung des vorgetragenen Wettkampfs, er verbindet damit keinen eigenen wirtschaftlichen

---

815 So auch im Fall des OLG Stuttgart (SpuRt 2012, 75), bei dem der Sportler wahrheitswidrig erklärt hatte, er könne zu 100% ausschließen, jemals mit CERA in Berührung gekommen zu sein, obwohl er in diesem Zeitpunkt mit den Dopingmittel CERA gedopt war.

816 Gerade im Radsport scheinen die Teams vom systematischen Doping der bei ihnen unter Vertrag stehenden Fahrer nicht nur gewusst, sondern dies auch bewusst fokussiert zu haben. Dazu *Sachse, Jonatan* Armstrong-Dossier – Eine Milieustudie des kranken Radsportes, in: Zeit.online, 11.10.2012, http://www.zeit.de/sport/2012-10/armstrong-doping-usada-bruyneel (zuletzt abgerufen am 01.10.2017). Vgl. auch Fritzweiler/Pfister/Summerer-*Reinhart* Teil 8 Kap. 4 Rn. 132.

817 Der Veranstalter generiert durch die Eintrittsgelder und oft auch durch Konzessionen für den Verkauf von Speisen/Getränken, sonstigen Artikeln mit der Durchführung des Wettbewerbs einen Gewinn. Um diesen zu steigern und die Veranstaltung für die Zuschauer noch attraktiver zu machen, zahlt er ein Startgeld. Dadurch sichert er die Teilnahme interessanter, noch mehr Zuschauer bindender Athleten. Dopt nun der Athlet, kann gegenüber dem Veranstalter bzgl. des Startgeldes ein Betrug bejaht werden (oben 3. Kapitel II. 1. a) bb) (ab S. 169).

Profit.[818] Das konkrete Ergebnis ist für ihn, persönliche Sympathie außer Acht gelassen, nicht gleichsam so entscheidend wie für die vom dopenden Sportler um den Sieg bzw. eine bessere Platzierung gebrachten Mitkonkurrenten. Der Zuschauer ist damit in seiner Rolle als Außenstehender für die übergeordnete Frage nach dem Schutz des Rechtsguts sportlicher Wettbewerb mit Vermögensrelevanz nicht interessant. Davon abgesehen wird auch in der Literatur bei einer allgemeineren Betrachtung des Dopings im Zusammenhang mit dem Betrug ein solcher zum Nachteil des Zuschauers verneint.[819]

Auch der Sponsor ist nur indirekt vom Wettbewerb betroffen. Für ihn kann das Ergebnis, also die Platzierung des von ihm unterstützen und damit für ihn werbenden Athleten, eine Rolle für den Erfolg der bezweckten Werbung spielen. Allerdings wird es in diesem Zusammenhang nur selten auf einen einzelnen Wettkampf ankommen. Vielmehr ist das Gesamtauftreten des Sportlers entscheidend, das durch Doping ein negatives Image bekommt. Dies speist sich aus der allgemeinen ablehnenden Haltung dem Doping gegenüber – der Wettkampf ist nur der Rahmen, in dem es am Häufigsten entdeckt wird. Auffälligkeiten bei Trainingskontrollen werden wohl einen vergleichbaren negativen Effekt haben, wenn eine entsprechende Publikation in den Medien stattfindet. Damit steht der Sponsor nicht unmittelbar in Beziehung zum Wettbewerb an sich. Im Rahmen der vorliegenden Arbeit wurde eine Fokussierung auf das Rechtsgut sportlicher Wettbewerb mit Vermögensrelevanz vorgenommen, die Betrachtung des Betrugs erfolgte vor der Fragestellung, ob dieses Rechtsgut vom Vermögensschutz des § 263 StGB mitumfasst sein könnte. Daher muss die umstrittene Frage, ob Doping einen Betrug zum Nachteil des Sponsors darstellt,[820] aufgrund der nur mittelbaren Verbindung des Sponsors zum Wettbewerb und damit dem Schwerpunkt der hiesigen Betrachtung, nicht beantwortet werden.

818 Wirtschaftlich könnte der Zuschauer höchstens über eine Wette profitieren, dann aber auch nur vom konkreten Ergebnis, nicht von der Durchführung des Wettbewerbs an sich. Inwieweit die Wette durch das Doping als mögliche Manipulation betroffen ist, stellt ein anderes, eigenständiges Thema dar.

819 *Glocker*, Die Strafrechtliche Bedeutung von Doping, S. 147 m.w.N., (140 ff.); *Cherkeh*, Betrug, S. 179 (78, 120 f., 172 ff.); *Heger* JA 2003, 76 (82).

820 Den Betrug zum Nachteil des Sponsors bejahend *Glocker*, Die Strafrechtliche Bedeutung von Doping, S. 171, 160 ff; *Cherkeh*, Betrug, S. 225, 78 ff., 128 f., 180 ff., 208 ff.; kritisch *Momsen-Pflanz*, Die sportethische und strafrechtliche Bedeutung des Dopings, S. 233 ff; vgl. auch *Kargl* NStZ 2007, S. 489 (493).

b) § 265c und § 265d StGB

Die neuen Normen sollen die Integrität des Sports und das Vermögen der beteiligten Akteure vor Manipulationsabsprachen schützen, die bisher durch den Tatbestand des Betruges nicht ausreichend erfasst waren.[821] Dabei hatte der Gesetzgeber insbesondere die Wettskandale der vergangen Jahre im Blick, wollte aber auch eine Regelung für Absprachen losgelöst von Sportwetten schaffen, die etwa im Zusammenhang mit dem Auf- oder Abstieg in eine andere Liga erhebliche finanzielle Folgen haben können.[822]

Die Strafbarkeit bezieht sich für den Sportler selbst auf Absprachen zugunsten des Wettbewerbsgegners. Dies ist gerade das Gegenteil dessen, was durch die Einnahme von Neuroenhancement erreicht werden soll, nämlich sich selbst einen ungerechtfertigten Vorteil gegenüber den Konkurrenten zu verschaffen. Man könnte sagen, dass bei den §§ 265c und 265d StGB der Wettbewerb vor vorsätzlichen „zu schlechten" Leistungen eines Teilnehmers geschützt werden soll, während es bei der Manipulation des Wettbewerbs mittels Neuroenhancement um „zu gute", also durch verbotene Mittel erreichte Leistung geht.

Damit greifen die neuen Normen bei Beeinträchtigungen des Wettbewerbs durch Neuroenhancement nicht.

c) Ergebnis zum Schutz im StGB

Es zeigt sich, dass § 263 StGB für den hier betrachteten sportlichen Wettbewerb bei der Einnahme von Doping- bzw. Neuroenhancement-Mittel in nur einer Konstellation strafrechtlichen Schutz bietet: Ein Betrug kann nur zum Nachteil des Veranstalters in Bezug auf die dem regelwidrig in gedopten Zustand teilnehmenden Sportler gezahlte Antrittsprämie angenommen werden. Die durch die Einnahme verbotener Mittel im Wettbewerb vor allem betroffenen Konkurrenten bleiben in strafrechtlicher Hinsicht ungeschützt, ebenso wie diejenigen (Veranstalter oder Preisspender), die die Siegprämie zur Verfügung stellen.

Die neuen Normen § 265c und § 265d StGB sind im Falle einer Manipulation des Wettbewerbs mittels Neuroenhancement nicht einschlägig.

2. Schutz durch andere Normen

Der sportliche Wettbewerb mit Vermögensrelevanz wurde zumindest möglicherweise auch durch eine außerhalb des StGB liegende Norm mitgeschützt, die

---

821 BT-Drs. 18/8831, S. 10 f.

822 BT-Drs. 18/8831, S. 11.

auf den ersten Blick eher ungewöhnlich bzw. unpassend erscheint: § 95 I Nr. 2a AMG a.F. Dieser wurde schon im Zusammenhang mit dem Rechtsgut „Gesundheit“ erörtert. Bei dem hinter der Norm stehenden Dopingverbot wurde von manchen angenommen, dass es neben dem Gesundheitsschutz auch dem Schutz eines Rechtsguts diene, welches in Verbindung mit dem sportlichen Wettbewerb stehe.[823] Dabei wurde die genaue Wortwahl ebenso unterschiedlich gehandhabt wie die Beantwortung der Frage, ob überhaupt neben der Gesundheit ein weiteres Rechtsgut geschützt wurde. *Volkmer* vertritt die Auffassung, dass die Regelung dem Schutz der Gesundheit (Volksgesundheit) diene und die Fairness im Sport demgegenüber allenfalls reflexartig geschützt würde.[824] Auch *Knauer* ist der Ansicht, dass die Gewährung sportlicher Fairness Aufgabe der Selbstregulierung des Sports sei.[825] Eine nur mittelbare Beziehung zwischen dem Dopingverbot und dem Gebot der Fairness im sportlichen Wettkampf wurde ebenfalls angenommen.[826] Demgegenüber steht die Einschätzung von *Raum*, Schutzgut des § 6a AMG a.F. und damit des Dopingverbotes aus § 95 I Nr. 2a AMG a.F. sei weniger der gesundheitliche Schutz des Athleten vor sich selbst (jedenfalls soweit dieser bereits volljährig ist) gewesen, sondern in erster Linie der Gedanke der Chancengleichheit im Sport.[827] Problematisch war dabei der Ansatz, einer im AMG platzierten Norm ein weiteres Schutzgut zu unterstellen, das nicht in den Gesamtzusammenhang „Gesundheitsschutz“ des AMG[828] passte. Eine mögliche Erklärung dafür lag in der Tatsache, dass § 6a AMG a.F. früher das einzige gesetzlich verankerte direkte Dopingverbot war. Allerdings fehlte eine Begründung für die Annahme eines vorrangigen Schutzes der Chancengleichheit im Sport. Auch der angegebenen Quelle[829] kann eine solche nicht entnommen werden, da sich dort Erwägungen zu der Frage des geschützten Rechtsguts nicht finden lassen. Auch die Gesetzesbegründung sprach gegen ein Rechtsgut der Chancengleichheit im Sport. In dem Gesetzesentwurf zur Änderung des Arzneimittelgesetzes, mit der § 6a AMG a.F. eingeführt wurde, heißt es, dass es in diesem um den

823 MK-StGB-*Freund* Bd. 6 AMG § 6a Rn. 6 ff.
824 *Körner/Patzak/Volkmer* AMG § 95 Rn. 84; so auch *Zuck* NJW 1999, 831 (832).
825 Spickhoff-*Knauer* AMG § 95 Rn. 36.
826 Erbs/Kohlhaas-*Pelchen/Anders* AMG § 95 Rn. 1.
827 Kügel/Müller/Hofmann-*Raum* § 95 Rn. 18.
828 *Rehmann* AMG § 1 Rn. 1; Kügel/Müller/Hofmann-*Kügel* Einführung Rn. 1.
829 *Raum* verweist zum Schutzgut auf *Blasius* in DRiZ 2010, S. 240 ff. Allerdings befasst sich dieser Beitrag nicht mit dem strafrechtlichen Schutzgut des Doping-Verbots.

Schutz der Gesundheit geht, während die Gewährleistung sportlicher Fairness als solcher durch Maßnahmen der Gremien des Sportes verfolgt wird.[830]

Überzeugend sind die Überlegungen von *Freund*, der den Blick von dem durchaus gewichtigen Gedanken der Chancengleichheit im Sport hin zu der dahinter stehenden Idee lenkt und mit dieser argumentiert: Der Konsum von Dopingsubstanzen führt zu einer Wettbewerbsverzerrung, die sich zu Lasten der ungedopten Sportler auswirkt, welche dann unter Druck geraten, ebenfalls gesundheitsschädliche Dopingmittel einzunehmen, um ihren Nachteil gegenüber den gedopten Teilnehmern auszugleichen.[831] Seiner Ansicht nach lässt sich ein Dopingverbot also durchaus unter Gesundheitsschutzaspekten legitimieren, „nur geht es dabei nicht – wie oft angenommen – um den Schutz des sich dopenden Athleten, sondern um den Schutz des „sauberen" Sportlers, der sich nicht herausgefordert und in gewissem Sinne auch unter Druck gesetzt fühlen soll, ebenfalls zu Dopingsubstanzen zu greifen und damit erhebliche Risiken für seine Gesundheit auf sich zu nehmen."[832] Mit dieser Ansicht lässt sich auch das Problem mit einer rechtfertigenden Einwilligung bei der Anwendung von Arzneimitteln zu Dopingzwecken im Sport bei anderen überzeugend lösen. Die grundsätzliche Dispositionsbefugnis des Sportlers über seine körperliche Unversehrtheit wurde durch das gesetzliche Dopingverbot in § 6a AMG a.F. dann so begrenzt, dass eine rechtfertigende Einwilligung unmöglich war,[833] wenn Schutzzweck der Norm eben (auch) die Gesundheit anderer Sportler ist.

Jedenfalls ist im Ergebnis anzunehmen, dass § 95 I Nr. 2a AMG a.F. die Gesundheit und nicht den sportlichen Wettbewerb oder ein damit im Zusammenhang stehendes Rechtsgut schützen sollte. Der anderen Auffassung stand insbesondere die Gesetzesbegründung entgegen. Der aus dem Bemühen, der Norm weitere Rechtsgüter zu unterstellen, sprechende Wunsch nach einem weitergehenden Dopingverbot, das auch andere Rechtsgüter schützt, ist dabei nicht grundsätzlich unbegründet. Allerdings müsste ein solches umfangreicheres Dopingverbot in einer eigenen Norm verankert werden.

Für dieses Ergebnis spricht auch, dass mit dem am 10.12.2015 beschlossenen neuen Gesetzt zur Bekämpfung von Doping im Sport diese Normen aus dem AMG a.F. herausgelöst und in das neue Anti-Doping-Gesetz überführt

---

830 BT-Drs. 13/9996 S. 13, Entwurf eines Achten Gesetzes zur Änderung des Arzneimittelgesetzes.

831 MK-StGB-*Freund* Bd. 6 AMG § 6a Rn. 6 ff.

832 MK-StGB-*Freund* Bd. 6 AMG § 6a Rn. 10.

833 *Heger* SpuRt 2001, 92 (94).

wurden. Zweck dieses Gesetzes ist neben dem Gesundheitsschutz auch explizit der „Schutz der Integrität des organisierten Sports",[834] welche bisher noch nicht geschützt war.[835]

3. Schutz durch das neue Anti-Doping-Gesetz

Mit der „Integrität des organisierten Sports" wurde in dem Anti-Doping-Gesetz ein neues Rechtsgut geschaffen.[836] Fraglich ist, was genau unter diesem Rechtsgut zu verstehen sein soll und inwieweit es sich möglicherweise mit dem hier entwickelten Rechtsgut des „Sportlichen Wettbewerbs mit Vermögensrelevanz" deckt.

Geht man von der sprachlichen Ebene aus, wird Integrität als „die fortwährend aufrechterhaltene Übereinstimmung des persönlichen Wertesystems mit dem eigenen Handeln"[837] definiert. Dieser Begriff der Integrität soll vor allem dann Verwendung finden, wenn darauf hingewiesen werden soll, „dass die Persönlichkeit eines Menschen, seine Ganzheit und Unversehrtheit ein zerbrechliches Gut sei und gegen Angriffe von außen geschützt werden müsse."[838] Dabei fällt auf, dass es sich bei dem Begriff „Integrität" um eine Zuschreibung zu einer Person handelt. Der im Gesetzesentwurf vorgenommene Bezug auf eine Organisationsform ist daher schon aus sprachlicher Sicht bedenklich. Der sportliche Wettbewerb an sich kann nicht „integer" sein, sondern nur die teilnehmenden Menschen, insbesondere die Sportler. Nur sie können ihr Handeln an einem Wertesystem messen, das die dopingfreie Ausführung der Wettkämpfe vorschreibt. Dabei handelt es sich allerdings zunächst um ein von außen vorgegebenes Wertesystem. Auf persönlicher Ebene ist es durchaus vorstellbar, dass der Sportler sich auch bei der Anwendung von Dopingmitteln innerhalb seines eigenen Wertesystems und damit „integer" verhält. Diesen Eindruck konnte man zumindest bei einigen Akteuren im Radsport gewinnen, wenn etwa Jan Ulrich oder Lance Armstrong ihr Doping nicht als Unrecht gegenüber anderen ansahen.[839] Aus ihren Rechtfertigungen und Äußerungen zu dem Thema könnte

---

834 § 1 AntiDopG; BT-Drs. 18/4898, S. 22.

835 BT-Drs. 18/4898, S. 26: „Die Verbotsnorm erfasst damit erstmals das unlautere Verhalten der dopenden Sportlerinnen und Sportler selbst in einem speziellen Tatbestand."

836 § 1 AntiDopG; BT-Drs. 18/4898, S. 22 f.

837 Wikipedia: Integrität (Ethik), https://de.wikipedia.org/wiki/Integrit%C3%A4t_%28Ethik%29 (zuletzt abgerufen am 01.10.2017).

838 Wikipedia: Integrität (Ethik), https://de.wikipedia.org/wiki/Integrit%C3%A4t_%28Ethik%29 (zuletzt abgerufen am 01.10.2017).

839 *Schmieder, Jürgen* Doping-Geständnis von Lance Armstrong – So viel wie nötig, so sentimental wie möglich, in: Süddeutsche.de, 15.01.2013, http://www.sueddeutsche.de/

man herauslesen, dass das eigene Handeln mit dem inneren Wertesystem, nach dem Doping in Ordnung schien, weil es auch flächendeckend von den Konkurrenten angewendet wurde, übereinstimmte. Nach der oben genannten allgemeinen Definition hätte das mit dem persönlichen Wertesystem übereinstimmende Doping ihre Integrität nicht beeinträchtigt.

Damit bleibt man mit Blick auf den Wortlaut eher ratlos, was das neue Rechtsgut angeht. Die Interpretation, dass eine „Integrität des Sports" durch die Integrität der am organisierten Sport teilnehmenden Sportler vermittelt wird, womit eigentlich die Integrität der Sportler selbst geschützt werden sollte, lässt sich unter Berücksichtigung der weiteren Begründung des Gesetzesentwurfs überprüfen. In der Begründung des Gesetzesentwurfs finden sich zum Rechtsgut Ausführungen dahingehend, dass Doping die Grundlagen der Integrität erschüttere, die maßgeblich auf Fairness und Chancengleichheit im sportlichen Wettbewerb beruhen. Doping greife tief in die ethisch-moralischen Werte des Sports ein und raube dem Sport seine Glaubwürdigkeit und Vorbildfunktion.[840] Damit bleibt auch hier der Sport an sich, nicht die daran teilnehmende Person im Fokus. Die sprachliche Diskrepanz wird damit gerade nicht aufgelöst. Darüber hinaus ist die in der Begründung vorgenommene moralische Aufladung eines Rechtsguts kritikwürdig. Fraglich ist, wieweit ein rein moralischer Anspruch strafrechtlichen Schutz genießen soll. Bezeichnenderweise gibt es im Strafrecht keine Norm, die etwa „Lügen" verbietet. Erst als Handlung in weiterem Zusammenhang, etwa bei der Täuschung im Betrug nach § 263 StGB[841] oder der Falschaussage nach § 153 StGB[842] kommt der Äußerung der Unwahrheit eine strafrechtliche Bedeutung zu. Entscheidend ist dabei der Zusammenhang mit einer nachteiligen Vermögensverfügung[843] bzw. dem Ziel der

---

sport/doping-gestaendnis-von-lance-armstrong-so-viel-wie-noetig-so-sentimental-wie-moeglich-1.1573242 (zuletzt abgerufen am 01.10.2017); *Patrick Seeger/dpa* Jan Ullrich gibt Doping mit Eigenblut zu, in: Zeit.online, 22.06.2013, http://www.zeit.de/sport/2013-06/ullrich-blutdoping-gestaendnis (zuletzt abgerufen am 01.10.2017).

840 BT-Drs. 18/4898, S. 22.

841 Als Täuschungshandlung kommt dabei das Vorspiegeln falscher Tatsachen, also das Unwahre behaupten des Vorliegens von Umständen, die nicht gegeben sind, in Betracht. *Fischer* § 263 Rn. 18.

842 Falsch ist eine Aussage, wenn ihr Inhalt mit der objektiven Sachlage nicht übereinstimmt (*Fischer* § 153 Rn. 4).

843 Dabei ist für die Strafbarkeit entscheidend, dass der täuschungsbedingte Irrtum für die Vermögensverfügung kausal ist (*Fischer* § 263 Rn. 87).

Wahrheitserforschung vor Gericht.[844] Es gibt keine strafrechtlich schützenswerte „Integrität einer Person, nur wahre Äußerungen zu tätigen", sondern nur den partiellen Schutz vor falschen Aussagen in bestimmten Situationen und Zusammenhängen. Nicht der moralische Anspruch, die Wahrheit zu sagen, sondern andere Rechtsgüter wie „Vermögen"[845] und „staatliche Rechtspflege"[846] bilden die Grundlage für das strafrechtliche Verbot.

Eine vergleichbare Situation findet sich auch beim sportlichen Wettbewerb. Die Fairness oder Chancengleichheit in diesem Wettbewerb zu schützen, ist zwar ein berechtigtes moralisches Anliegen. Aus strafrechtlicher Perspektive ist allerdings der unklare Begriff der „Integrität des Sports" für sich genommen kein geeignetes Rechtsgut. Auch die Integrität der am organisierten Sport teilnehmenden Personen, das eigene Handeln an den konkludent akzeptierten Regeln und darunter dem Dopingverbot auszurichten, ist aus moralischer Sicht unterstützens- bzw. schützenswert. Dies genügt allerdings nicht, um ein strafrechtliches Rechtsgut zu konstruieren. Nimmt man den Aspekt hinzu, dass die Sportler vor einem Medikamenten- bzw. Arzneimittelmissbrauch geschützt werden sollen, stellt sich dies wie oben dargestellt als Gesundheitsschutz dar. Eine Verbindung des Gesundheitsschutzes mit der Integrität des Sports ergibt keinen gesteigerten Schutz und würde damit nicht zu einem Vorteil oder einer Verbesserung führen. Diese Verbindung scheint in der Neuregelung auch nicht gewollt, da beide Rechtsgüter unterschiedlichen Normen innerhalb des neuen Gesetzesentwurfes zugeordnet sind.[847] Auch die in der Begründung genannte „Vorbildfunktion" des Sports und seine ethisch-moralischen Werte[848] reichen nicht als Rechtsgut aus. Die Idee des Schutzes eines „sauberen" Wettbewerbs wurde schon früher von *Cherkeh* und *Momsen* im Zusammenhang mit einem Rechtsgut des „Sportethos" diskutiert.[849] Dieses für sich genommen als strafrechtliches Rechtsgut etablieren

---

844 Rechtsgut der Aussagedelikte ist die staatliche Rechtspflege, was auf das öffentliche Interesse an zutreffender Wahrheitsfeststellung verweist (*Fischer* Vor § 153 Rn. 2).

845 *Fischer* § 263 Rn. 3.

846 *Fischer* Vor § 153 Rn. 2.

847 BT-Drs. 18/4898, S. 23, Besonderer Teil zu § 2: „Diese Regelungen dienen in erster Linie dem Gesundheitsschutz."; BT-Drs. 18/4898, S. 26, Besonderer Teil zu § 3: „Die Norm dient dem Schutz der Integrität des Sports.".

848 BT-Drs. 18/4898, S. 26.

849 *Cherkeh/Momsen* NJW 2001, 1745 (1747 ff.), die das „Sportethos" als schützenswertes Rechtsgut bei einem durch Doping vorgenommenen Angriff auf die (wertbildende) soziale Funktion des sportlichen Wettkampfs vorschlagen.

zu wollen, ist jedoch kritisiert[850] und letztlich von *Momsen* selbst wieder relativiert worden.[851]

Allerdings findet sich in der Begründung des Gesetzes noch ein weiterer Aspekt, der mit der „Integrität des Sports" verknüpft wird: die wirtschaftlichen Faktoren des sportlichen Wettkampfs.[852] Hierunter werden die wirtschaftlichen Interessen der Konkurrenten, Veranstalter, Sportvereine, Sponsoren, der berichtenden Medien und nicht zuletzt der Zuschauer verstanden, die in der Erwartung eines fairen sportlichen Wettbewerbs Vermögenswerte aufgewendet haben. Gerade mit Hinblick auf die finanzielle Sportförderung von Seiten des Staates wird eine damit verbundene Verpflichtung zur Gewährleistung eines dopingfreien Sports angenommen.[853] Jedoch auch bei dieser Umschreibung bleibt unklar, ob hierbei nun wirklich der Schutz von Vermögenswerten oder nicht doch mehr der Wettbewerbsgedanke im Vordergrund steht. Gegen einen herausgehobenen Vermögensschutz sprechen dabei die konkrete Ausgestaltung und die Begründung der Normen. Der Bereich des in § 3 Abs. 2 AntiDopG legaldefinierten „Wettbewerb des organisierten Sports" ist zwar sehr weit gefasst,[854] allerdings wird in der Strafvorschrift des § 4 AntiDopG der taugliche Täterkreis in Absatz 7 erheblich eingeschränkt. § 4 Abs. 7 Nr. 1 AntiDopG erfasst Spitzensportler des organisierten Sports, die als Mitglied eines Testpools im Rahmen des Dopingkontrollsystems Trainingskontrollen unterliegen. Nach der Gesetzesbegründung fallen unter die Nr. 1 derzeit etwa 7.000 Personen,[855] was die Frage aufwirft, ob eine eigene Norm für einen so kleinen Personenkreis überhaupt verhältnismäßig bzw. rechtmäßig sein kann.[856] Gemäß § 4 Abs. 7 Nr. 2 AntiDopG werden darüber hinaus auch weitere Personen bestraft, die aus der sportlichen Betätigung unmittelbar oder mittelbar Einnahmen von erheblichem Umfang erzielen. Hierfür

---

850 *Kargel* NStZ 2007, 489 (495), der ein solches Rechtsgut des „Sportethos" ablehnt.

851 *Momsen*, Sport und Doping, S. 182, Fn. 162: Infolge der hohen moralischen Aufladung fehle es an der Operationalisierbarkeit eines potentiellen Rechtsguts „Sportethos".

852 BT-Drs. 18/4898, S. 22 f.

853 BT-Drs. 18/4898, S. 23.

854 BT-Drs. 18/4898, S. 27 f.

855 BT-Drs. 18/4898, S. 32.

856 Es stellt sich die Frage, ob ein solches „Sonderstrafrecht" für eine derart begrenzte Anzahl von Personen, die nur ihre Stellung als Kader-Athlet gemeinsam haben, dem Gleichheitsgrundsatz entspricht. Warum sollten diese Sportler, die in den Kader berufen wurden, anders behandelt werden, als von einer Stützpunktförderung unabhängige Sportler, die aber ebenso „herausragend" hinsichtlich ihrer Leistungen sein können?

sind beispielhaft Personen aus dem Bereich des organisierten Motorsports, des Profiboxens sowie der 3. Fußball-Liga der Herren aufgeführt.[857] Auffällig ist dabei, dass nach § 4 Abs. 7 Nr. 1 AntiDopG der Wettbewerbsbereich, an dem Kaderathleten teilnehmen, unabhängig von der Vermögenssituation geschützt ist. Gerade was sog. Randsportarten wie Judo, Ringen oder Volleyball betrifft, ist die Sportausübung auch für die Kaderathleten eher eine finanzielle Belastung als eine Einnahmequelle.[858] Alleine vom Sport leben können sie meist nicht, in vielen Fällen wird der Leistungssport durch eine andere Arbeit querfinanziert, etwa durch Sportfördergruppen bei der Bundeswehr oder der Polizei,[859] oder neben einem Studium mit Unterstützung durch Stipendien betrieben.[860] Folglich liegt das Hauptaugenmerk hinsichtlich des Täterkreises der Nr. 1 eindeutig auf dem Schutz des hochklassigen Spitzensports und damit des Wettbewerbs, unabhängig von involvierten Vermögenswerten. Was den Täterkreis der Nr. 2 angeht, ist hier durch die Voraussetzung der sportlichen Betätigung als Einnahmequelle ein Bezug zum Vermögen als Rechtsgut vorhanden. Allerdings mit der Einschränkung, dass es ausdrücklich auf Einnahmen von erheblichem Umfang ankommt.[861] Damit ist kein umfassender Vermögensschutz im sportlichen Wettbewerb gewährleistet. Die übergeordnete Idee ist laut Gesetzesbegründung, dass nur durch Doping bei den in Nr. 1 und 2 aufgeführten herausragenden Sportlern ein Vertrauensverlust in das Sportsystem und zu relevanten Schäden führende Manipulationen zu erwarten sind.[862] Auch hieraus lässt sich folgern, dass der Vermögensschutz nur eine untergeordnete Rolle spielt, wenn von der Blickrichtung her nicht allgemein eine Verletzung sondern nur erhebliche Nachteile verhindert werden sollen.

Gegen das Vermögen als primäres Schutzgut spricht auch, dass in Bezug auf etwa niedere Fußball-Liegen, in denen die Einnahmen aus dem Sport durchaus mit Kaderathleten in Randsportarten vergleichbar sind, kein Schutz besteht.

---

857 BT-Drs. 18/4898, S. 32.

858 *Meinhardt, Gunnar/ Witt, Christian* Olympia wäre das perfekte Sanierungskonzept, in: welt.de vom 11.01.2015, http://www.welt.de/sport/article136252386/Olympia-waere-das-perfekte-Sanierungskonzept.html (zuletzt abgerufen am 01.10.2017).

859 *Hein, Franziska* Die höflichen Kämpfer, in: rp-oniline.de vom 21.0.2015, http://www.rp-online.de/sport/die-hoeflichen-kaempfer-aid-1.4893597 (zuletzt abgerufen am 01.10.2017).

860 Zum Deutschladstipendium die Homepage, http://www.deutschlandstipendium.de/de/2833.php (zuletzt abgerufen am 01.10.2017).

861 BT-Drs. 18/4898, S. 32.

862 BT-Drs. 18/4898, S. 31.

Dies würde im Widerspruch zu einem umfassenden Vermögensschutz stehen. In der Begründung ist hinsichtlich der Nr. 2 aufgeführt, dass nur maßgebliche Leistungen, die deutlich über eine bloße Kostenerstattung hinausgehen,[863] umfasst sind. Eine solche Einschränkung ist für die Spitzensportler der Nr. 1 nicht gegeben.

Im Ergebnis ist damit auch die Komponente der wirtschaftlichen Faktoren, die Teil der Integrität des Sports sein sollen, nicht geeignet, das Rechtsgut greifbarer zu machen. Das als Rechtsgut anerkannte Vermögen spielt dabei eine zu untergeordnete Rolle, um für das neue Rechtsgut prägend zu sein.

Was den Schutz des sportlichen Wettbewerbs selbst angeht, ist dieser, wie oben gezeigt,[864] für sich allein genommen ebenfalls nicht geeignet, der Integrität des Sports ausreichende Konturen zu geben. Zudem hätte der Wettbewerb auch als solcher benannt werden können, wenn er als Rechtsgut gewollt worden wäre. Ziel des Schutzes ist aber anscheinend nicht der sportliche Wettbewerb als solcher, sondern nur diejenigen Wettkämpfe, an denen Spitzensportler teilnehmen oder die für erhebliche Einnahmen sorgen. Dahinter scheint eine Idee der Kategorisierung von Wettbewerben zu stehen: Diejenigen, die genug Prestige oder wirtschaftliches Interesse entfalten, um bei Dopingfällen zu einem Vertrauensverlust in das Sportsystem an sich führen zu können, sollen auf der schutzwürdigen Seite stehen. Und auf der anderen Seite fallen solche Wettbewerbe, die weniger dem idealisierten Sportbild von Wettkämpfen mit Kaderathleten oder hochbezahlten Berufssportlern folgen, sondern mehr dem breiten Massensport angehören, wie Fußball in unteren Ligen, aus dem Schutzbereich heraus. Diese freizeitmäßige Sportausübung ohne größere öffentliche Wahrnehmung und auf einem Leistungsniveau, bei dem mit dem Sport regelmäßig keine finanziellen Vorteile einhergehen,[865] soll der Integrität des Sports durch Dopingfälle nicht gefährlich werden können. Ob dies tatsächlich so ist bzw. warum dies so sein soll, wird allerdings nicht weiterverfolgt bzw. begründet.

Nach dieser Betrachtung scheint der Rechtsgüterschutz merkwürdig inkonsequent: Weder der Wettbewerb noch das Vermögen bzw. wirtschaftliche Faktoren werden umfassend geschützt, sondern laut Gesetzesbegründung wohl nur jeweils ein Teil hieraus und ein Stück daraus.

Insgesamt erweckt die Begründung des Entwurfs den Eindruck, dass es sich bei der „Integrität des Sports" um ein Sammelbecken handelt, in dem verschiedene

863 BT-Drs. 18/4898, S. 32.

864 Oben 2. Kapitel II. 4. d) bb) (ab S. 129).

865 BT-Drs. 18/4898, S. 31.

Ziele und Vorstellungen, die mit einem sauberen Sport verknüpft sind, geschützt werden sollen, wie die Vorbildfunktion, Chancengleichheit und wirtschaftliche Faktoren. Aber keiner dieser Teilaspekte passt so richtig, es macht den Eindruck, dass das anscheinend gewollte „große Ganze" nicht konkret zu fassen war. Die dann gefundene „Lösung", den unklaren Begriff der „Integrität des Sports" als Schutzgut der Norm zu benennen, reicht nicht für die Qualifikation als ein strafrechtliches Rechtsgut aus. Ein solches muss klar verständlich sein und ein eindeutiges Interesse benennen. Die Zusammenstellung verschiedener, zum Teil bestehender Rechtsgüter, zum Teil moralische Vorstellungen betreffende Interessen, erfüllt nicht die in dieser Arbeit an ein Rechtsgut angelegten Kriterien.

Letztlich ist noch festzustellen, inwieweit das hier entwickelte Rechtsgut des „Sportlichen Wettbewerbs mit Vermögensrelevanz" vom Schutz durch die neuen Normen des AntiDopG umfasst ist. Bei diesem Rechtsgut steht das Vermögen als durch Neuroenhancement betroffenes Interesse im Mittelpunkt, welches im Rahmen von sportlichen Wettbewerben einen besonderen Schutz verdient. Die neue Strafnorm hinsichtlich des Selbstdopings deckt dies insoweit ab, als dass hierdurch zum ersten Mal auch Konkurrenten, Vereine, Sponsoren, und sogar Zuschauer[866] vor Vermögensbeeinträchtigungen durch Doping mitgeschützt werden sollen. Der Schutz der Veranstalter wird gegenüber dem bisherigen Vermögensschutz durch § 263 StGB[867] ebenfalls stark erweitert. Allerdings mit der Einschränkung des Täterkreises in § 4 Abs. 7 AntiDopG, die dazu führt, dass das Vermögen nur in den Fällen geschützt ist, in denen ein Spitzensportler dopt oder der Täter mit dem Sport erhebliche wirtschaftliche Einnahmen erzielt. In anderen Fällen, etwa im Bereich niederer Fußballligen, in denen Gehälter bzw. Siegprämien „nur" einen netten Nebenverdienst ausmachen, besteht für Vereine oder Ausrichter von Turnieren kein Schutz. Auch für Veranstalter von Wettbewerben, bei denen gedopte Sportler gewinnen, die nicht als Kaderathleten gelistet sind, besteht trotz teilweise beachtlicher Siegprämien nur dann ein Schutz, wenn der Sportler wiederholt wirtschaftliche Vorteile erlangt. Eine einmalige finanzielle Zuwendung oder ein ausnahmsweise erzieltes Preisgeld sind nicht erfasst.[868] Daneben geht die geplante Norm auch weit über das hier gefundene Schutzgut hinaus, wenn bezüglich der Spitzensportler quasi jede gedopte Teilnahme an einem organisierten Sportwettbewerb unter Strafe gestellt werden soll, unabhängig von den jeweiligen finanziellen Vorteilen.

---

866 BT-Drs. 18/4898, S. 26.

867 Oben 3. Kapitel II. 1. c) (S. 177).

868 BT-Drs. 18/4898, S. 32.

Insgesamt zeigt sich damit, dass hinsichtlich des sportlichen Wettbewerbs mit Vermögensrelevanz die Schutzsituation durch das geplante AntiDopG zwar verbessert wurde, eine genaue Übereinstimmung allerdings aufgrund der unterschiedlichen Gewichtung des Vermögensaspektes nicht besteht. Es bliebe demnach auch neben dem neuen Gesetz Raum für einen noch umfassenderen Schutz des sportlichen Wettbewerbs mit Vermögensrelevanz.

4. Ergebnis zum Schutz des sportlichen Wettbewerbs mit Vermögensrelevanz

Der bestehende Vermögensschutz über § 263 StGB umfasst wie oben gezeigt den sportlichen Wettbewerb mit Vermögensrelevanz nicht in so ausreichender Form, dass die Möglichkeit bzw. das Bedürfnis nach einer eigenen Schutznorm von vornherein auszuschließen wären. Auch das frühere Dopingverbot des § 95 I Nr. 2a a.F. AMG wurde überinterpretiert, wenn man daraus einen Schutz des sportlichen Wettbewerbs mit Vermögensrelevanz ableiten wollte. Die Überführung der Normen in das neue AntiDopG zeigt dies noch einmal deutlich. Allerdings wurde mit der neuen Norm hinsichtlich des strafbaren Selbstdopings zum ersten Mal ein weitergehender Schutz des sportlichen Wettbewerbs an sich geschaffen. Dieser ist jedoch nicht primär auf das Vermögen fokussiert und deckt den hier betrachteten Bereich damit nur teilweise ab. Auch die Strafnormen des neuen Anti-Doping-Gesetzes stehen daher weiteren Überlegungen, ob es eines umfassenden speziellen Schutzes für den sportlichen Wettbewerb mit Vermögensrelevanz bedarf, nicht entgegen. Die Frage, unter welchen Voraussetzungen dieses Rechtsgut weitergehend geschützt werden könnte, soll im nächsten Kapitel betrachtet werden.

III. (Hoch)schulischer Leistungswettbewerb

Ein strafrechtlicher Schutz des (Hoch)schulischen Wettbewerbs existiert bisher nicht. Die Normen, die den wirtschaftlichen Wettbewerb schützen (§§ 289, 299 StGB), passen von der Schutzrichtung her schon nicht auf des Phänomen Neuroenhancement.[869] Der (hoch)schulische Leistungswettbewerb unterscheidet sich zudem vom wirtschaftlichen Wettbewerb noch mehr als der sportliche. Die im Jahr 2017 neu eigeführten Normen § 265c und § 265d StGB schützen explizit „das Ergebnis eines Wettbewerbs des organisierten Sports“ und den

869 Oben 3. Kapitel II. 1. (ab S. 157).

„berufssportlichen Wettbewerb", sind also vom Wortlaut her nicht auf einen anderen Wettbewerbsbereich anzuwenden.[870]

Der Vermögensschutz des § 263 StGB greift ebenfalls nicht. Eine unmittelbare Auswirkung auf das Vermögen lässt sich im Zusammenhang mit der Teilnahme am (Hoch)schulischen Wettbewerb nicht feststellen, da es in diesem Zusammenhang nie um sichere Vermögenswerte, sondern nur um Chancen auf den Zugang zu einer bestimmten Berufsausbildung geht, die dann wieder die Chance auf ein gewisses Einkommen ermöglicht. Das Vermögen ist damit immer nur mittelbar über die Aussicht auf eine spätere Arbeitsstelle mit besonderen Qualifikationsanforderungen und entsprechend höherer Vergütung betroffen. Diese bloße vage Exspektanz auf einen besser bezahlten Beruf über einen besseren Schul- oder Berufsabschluss ist jedenfalls noch nicht so weit konkretisiert, dass ihr der Wirtschaftsverkehr schon für die Gegenwart einen wirtschaftlichen Wert beimessen würde.[871] Damit fehlt es bei einer Beeinträchtigung des (hoch)schulischen Wettbewerbs an einer unmittelbaren Auswirkung auf das Vermögen, die für einen Vermögensschutz nach § 263 StGB notwendig wäre.

Andere Normen, die dieses Rechtsgut schützen könnten, sind ebenfalls nicht ersichtlich. Dies ist angesichts des recht jungen Phänomens Neuroenhancement, in dessen Kontext erstmals über einen strafrechtlichen Schutz nachgedacht werden könnte, auch nicht verwunderlich. Es ist also festzuhalten, dass in Bezug auf den (Hoch)schulischen Leistungswettbewerb seitens des Strafgesetzbuchs oder anderer Normen noch kein wirksamer Schutz vor einer Beeinträchtigung durch Neuroenhancement besteht.

---

870 Allerdings erfassen die Normen Beeinträchtigungen durch Neuroenhancement auch beim Wettbewerb im sportlichen Bereich nicht; Oben 3. Kapitel II. 1. b) (ab S. 177).

871 Zu solchen Exspektanzen Lackner/Kühl-*Kühl* § 263 Rn. 34 m.w.N.

4. Kapitel: Zukünftiger Regelungsbedarf

I. Gesundheit

Wie oben[872] festgestellt wird in Bezug auf die Einnahme oder Anwendung von Neuroenhancement-Mitteln ein ausreichender Gesundheitsschutz durch die Normen des StGB sowie des AMG und BtMG gewährleistet. Eine weitere strafrechtliche Norm, die das Rechtsgut Gesundheit schützt, ist damit im Zusammenhang mit dem Problem Neuroenhancement nicht erforderlich. Vermeintliche Lücken bestehen insoweit nur bezogen auf bestimmte Wirkstoffe bzw. Präparate, so fällt beispielsweise das hier betrachtete Mittel Modafinil nicht unter das BtMG. Damit bliebe zur Ausweitung des bestehenden Schutzes die Möglichkeit, die Anlage des BtMG zu ergänzen. Dafür wären allerdings wohl noch genauere Studien zum Sucht- bzw. Abhängigkeitspotential dieses Stoffs und eine Beobachtung seiner tatsächlichen Verbreitung als zum Neuroenhancement missbrauchtes Medikament und der damit verbundenen Gesundheitsgefahr notwendig. Ein darüber hinausgehender Handlungsbedarf mit strafrechtlicher Zielrichtung ist nicht anzunehmen.

II. Sportlicher Wettbewerb mit Vermögensrelevanz

Bei der Betrachtung der (Schutz)Situation zum sportlichen Wettbewerb mit Vermögensrelevanz zeigt sich ein anderes Bild. Vom bestehenden strafrechtlichen Schutz des Vermögens im StGB wird dieses Rechtsgut nur peripher, aber nicht in umfangreicher Form mitbetroffen.[873] Der Schutz im neuen Anti-Doping-Gesetz geht zwar weit über die bisher bestehenden Regelungen hinaus, bildet den Vermögensaspekt allerdings nur zum Teil ab.[874] Damit kommt es zwar zu Überschneidungen mit dem hier gefunden Rechtsgut, ein umfassender Schutz wird hierdurch allerdings auch nicht geschaffen. Die sich damit stellende Frage nach der Notwendigkeit eines weitergehenden eigenständigen Schutzes des sportlichen Wettbewerbs mit Vermögensrelevanz ist nicht allein auf das Problem „Neuroenhancement" zu beschränken. Wie auch die gesetzliche Neuregelung im Anti-Doping-Gesetz zeigt, muss diese auf einer übergeordneten Ebene im Zusammenhang mit einem allgemeinen Dopingverbot, das auch die Anwendung

---

872 Oben 3. Kapitel I. 3. (ab S. 156).
873 Oben 3. Kapitel II. 1. c) (S. 177).
874 Oben 3. Kapitel II. 3. (ab S. 180).

von Neuroenhancement-Mitteln beinhalten würde, beantwortet werden. Drei der vier konkret betrachteten Neuroenhancement-Mittel stehen aktuell schon auf der Verbotsliste der WADA, allerdings neben vielen anderen Substanzen. Sich bei dem Blick auf eine neue strafrechtliche Regelung nur auf diese Neuroenhancer zu beschränken, wäre nicht zielführend, zumal die in der vorliegenden Arbeit aufgeführten Neuroenhancer auch bei weitem nicht alle Mittel sind, die sich potentiell für diesen Zweck eignen.

Ein solches möglicherweise zu schaffendes allgemeines Dopingverbot würde sich von der Neuregelung insoweit unterscheiden, als dass es auf das Rechtsgut „sportlicher Wettbewerb mit Vermögensrelevanz“ zugeschnitten werden müsste.

1. Voraussetzungen strafrechtlichen Handelns

Ob ein solcher Schutz des sportlichen Wettbewerbs mit Vermögensrelevanz mit neuen strafrechtlichen Mitteln erreicht werden soll oder nicht, hängt von mehreren Faktoren ab.

Ein Kriterium für den Gesetzgeber, auf ein Verhalten mit einer Strafnorm zu reagieren, wurde oben schon benannt, die Gefährdung bzw. Verletzung eines Rechtsguts.[875] Das Rechtsgut des „sportlichen Wettbewerbs mit Vermögensrelevanz“ wird durch die Einnahme von Neuroenhancement-Mitteln betroffen.[876]

Allerdings reicht die Feststellung eines schützenswerten Rechtsguts für sich allein genommen nicht aus, um eine Strafnorm als oftmals schärfste Sanktion des Staates[877] zu rechtfertigen.

Wie sich aus der Stellungnahme zum Rechtsgüterschutz schon ergibt,[878] wird in der vorliegenden Arbeit einem weiten Rechtsgutsbegriff gefolgt, um den Anforderungen an das moderne Strafrecht, das sich zunehmend mit möglichen Kollektivrechtsgütern beschäftigen muss, gerecht zu werden. Die häufig anzutreffenden Ansätze mit engen Grenzen für die Heraufstufung eines Gutes zum „Rechtsgut“ bieten zwar auf den ersten Blick bessere Abgrenzungsmöglichkeiten, können sich aber auf gesellschaftliche Entwicklungen, die sich auch im (Neben)

---

875 Oben 2. Kapitel I. 5. (ab S. 81).

876 Zu Auswirkungen des Neuroenhancements auf den sportlichen Wettbewerb 2. Kapitel II. 3. e) cc) (ab S. 104) und zum Rechtsgut sportlicher Wettbewerb mit Vermögensrelevanz Kapitel 2 II. 4. d) bb) (ab S. 129).

877 So schon BVerfGE 6, 398 (433): „Zu besonderer Zurückhaltung ist der Gesetzgeber verpflichtet, wenn es sich um einen Eingriff durch ein Strafgesetz handelt, also um die schärfste Sanktion, über die die staatliche Gemeinschaft verfügt.“

878 Oben 2. Kapitel I. 5. (S. 81).

Strafrecht widerspiegeln, schlecht einstellen. Sie müssen dafür im Ergebnis doch wieder die eigentlich mit dem Konzept fest abgesteckten Grenzen überschreiten. Die in dieser Arbeit vertretene Rechtsgutskonzeption ist demgegenüber offener, gerade auch im Hinblick auf neue Phänomene wie das vorliegend betrachtete Neuroenhancement. Dies führt zwar zunächst zu einer größeren Anzahl von schützenswerten Rechtsgütern, muss aber nicht auch zu einer entsprechenden Uferlosigkeit strafrechtlich verbotener Verhaltensweisen führen, wie es die Verfechter enger Rechtsgutstheorien befürchten. Ein Ausufern verhindern weitere, neben das Erfordernis eines zu schützenden Rechtsguts tretende Voraussetzungen für eine strafrechtliche Reaktion, da erst alle zusammengenommen die Schaffung einer neuen Strafrechtsnorm rechtfertigen.

Dass neben dem Rechtsgüterschutz auch noch andere Kriterien zur Bestimmung der strafrechtlichen Relevanz eines Verhaltens notwendig sind, zeigt sich auch mit Blick auf die verfassungsrechtliche Rechtsprechung. Wie *Roxin* feststellt, hat das BVerfG das Rechtsgutskonzept bisher nicht aufgenommen und ist also weit davon entfernt, die Tauglichkeit für den Rechtsgüterschutz zur Wirksamkeitsvoraussetzung – und damit auch nicht zur einzigen Wirksamkeitsvoraussetzung – von Strafvorschriften zu machen.[879] Als entscheidendes Prüfungskriterium in Bezug auf Normen sämtlicher Rechtsgebiete dient dem BVerfG das aus dem Rechtsstaatsgrundsatz abgeleitete Verhältnismäßigkeitsprinzip.[880] Dieser Grundsatz der Verhältnismäßigkeit wird ausdrücklich auch als Maßstab für die Beurteilung von Strafnormen auf ihre Vereinbarkeit mit dem Grundgesetz angelegt.[881] Nach diesem Grundsatz muss ein Gesetz geeignet sein, den angestrebten Erfolg zu erreichen und es muss hierfür erforderlich sein, dem Gesetzgeber darf nicht ein anderes, gleich wirksames Mittel zur Verfügung stehen.[882] Schließlich ist das Übermaßverbot bzw. die Verhältnismäßigkeit im engeren Sinne zu beachten.[883]

Diese Elemente der Verhältnismäßigkeitsprüfung können in der vorliegenden Arbeit nicht in der gerade genannten Form übernommen werden, da es hier um die Frage eines (möglicherweise) erst zu schaffenden Straftatbestandes geht und eben nicht um die Überprüfung einer schon konkret im Wortlaut und mit Sanktionshöhe bestehenden Norm. Allerdings müssen die aus dem Gebot der

---

879 *Roxin*, Strafrecht AT I, § 2 Rn. 86.

880 BVerfGE 23, 127 (133); 61, 126 (134); 69, 1 (35); 76, 256 (359); 80, 109 (120).

881 BVerfGE 90, 145 (172); 120, 224 (239).

882 BVerfGE 90, 145 (172) m.w.N.

883 BVerfGE 90, 145 (173) m.w.N.

Verhältnismäßigkeit folgenden Grundsätze beachtet werden, damit die dann eventuell zu schaffende Norm der nachträglichen Überprüfung standhalten könnte.

Welche Kriterien das sein sollen, wenn es um die Beantwortung der Frage geht, ob eine strafrechtliche Reaktion auf ein Verhalten notwendig ist, lässt sich nicht so einfach bestimmen. In der Literatur wird die Schwerpunktsetzung sehr unterschiedlich gehandhabt, verschiedene Blickrichtungen erschweren den Vergleich. Selbst wenn die gleiche Formulierung benutzt wird, verbergen sich dahinter andere Bedeutungen. Zudem variieren die Bezeichnungen und Oberbegriffe wie auch die zugrunde gelegten Prinzipien. Daher soll zunächst ein Überblick über die Kriterien, die zur Eingrenzung strafbaren Verhaltens herangezogen werden, vorgenommen werden. Diese Kriterien werden dabei auf ihre inhaltliche Eignung zur Lösung der vorliegenden Frage nach einer möglichen neu zu schaffenden Strafnorm überprüft.

a) Traditionelle Kriterien

aa) Subsidiaritätsprinzip und ultima ratio

Für eine Begrenzung des Strafrechts wird von vielen insbesondere auf das Subsidiaritätsprinzip abgestellt, das sich aus dem Verhältnismäßigkeitsgrundsatz ableiten lasse.[884] Dieser Gedanke der Subsidiarität des Strafrechts gebiete es, zunächst zu prüfen, ob dem Staat weniger belastende Mittel für den Rechtsgüterschutz zur Verfügung stehen.[885] In diesem Zusammenhang wird häufig der Begriff der „ultima ratio“ verwendet, wonach das Strafrecht „nur die letzte unter allen in Betracht kommenden Schutzmaßnahmen“[886] sei. So schreibt das Bundesverfassungsgericht, „die Strafnorm stellt gewissermaßen die „ultima ratio“ im Instrumentarium des Gesetzgebers dar.“[887] Dieser Begriff findet sich weiterhin in zahlreichen Lehrbüchern[888] und Kommentaren. Bei *Wessels/Beulke/Satzger* wird ausgeführt, dass „Strafvorschriften als „schärfstes Schwert des Staates“

---

884 *Roxin*, Strafrecht AT I, § 2 Rn. 96; Lackner/Kühl-*Kühl* Vorbemerkung zu §§13 ff. Rn. 3; NK-StGB-*Hassemer/Neumann* Vorbemerkungen zu § 1 Rn. 72.

885 *Roxin*, Strafrecht AT I, § 2 Rn. 98; *Kühl*, FS Tiedemann, S. 29 (41).

886 *Roxin*, Strafrecht AT I, § 2 Rn. 97.

887 BVerfGE 39, 1 (47).

888 Neben *Wessels/Beulke/Satzger* (*Wessels/Beulke/Satzger*, Strafrecht AT, Rn. 15 s.a. sogleich in Text) betonen auch *Heinrich* (*Heinrich*, Strafrecht AT I, Rn. 11), *Kindhäuser* (*Kindhäuser*, Strafrecht AT, § 2 Rn. 6, 8) und *Maiwald* (*Maiwald*, FS-Maurach, S. 9 ff.) den fragmentarischen Charakter des Strafrechts und seine Stellung als ultima ratio.

nur dort gerechtfertigt [seien], wo weniger einschneidende Mittel (etwa des [sonstigen] öffentlichen Rechts oder des bürgerlichen Rechts) im Interesse eines wirksamen Rechtsgüterschutzes nicht ausreichen (Ultima-ratio-Funktion des Strafrechts)."[889] *Kühl* betont das Subsidiaritätsprinzip des Strafrechts, welches es zur ultima ratio macht[890] und auch *Hassemer/Neumann* stellen im Zusammenhang mit dem verfassungsrechtlich verankerten Grundsatz der Subsidiarität des Strafrechts fest, dass eine Rechtsgutsverletzung nur dann als strafwürdig gelten darf, „wenn das Rechtsgut nur durch eine Strafrechtsfolge (Strafe, Maßregel) und nicht auch auf andere Weise wirksam geschützt werden kann."[891] Allerdings muss nun der hinter diesem Grundsatz der „ultima ratio" stehende Aussagegehalt näher bestimmt werden. Fraglich ist dabei, ab wann von einem ausreichenden Maß an Rechtsgüterschutz durch andere Normsysteme auszugehen ist und anhand welcher Kriterien verbindlich entschieden werden kann, ob dieses Maß erreicht ist.[892] Um dies zu beantworten, müssen wiederum die in Frage stehenden alternativen Instrumente betrachtet werden, namentlich Maßnahmen der sog. „technischen Prävention", Selbstschutzmaßnahmen des Opfers und der Einsatz anderer staatlicher, sowohl präventiv als auch repressiv ausgerichteter Normensysteme.[893]

(1) Selbstschutzmaßnahmen

Dabei kommen insbesondere Selbstschutzmaßnahmen des Opfers als Einschränkungskriterium für eine einzelne, evtl. noch zu schaffende strafrechtliche Norm von vornherein eher selten in Betracht, da „die große Mehrheit der existierenden und in Erwägung gezogenen Sachverhalte [...] so weit gefasst [ist], dass darunter jedenfalls auch Sachverhalte fallen, in denen die potentiellen Opfer nicht auf Selbstschutz verwiesen werden können, weil in Anbetracht des Tatablaufs eine entsprechende Vorsorge des Opfers nicht möglich oder nicht erfolgsversprechend gewesen wäre."[894] Darüber hinaus geht die für andere Bereiche des Strafrechts möglicherweise relevante Frage, ob eine generelle Integration des Selbstschutzgedankens in das bestehende Recht, evtl. über eine Ergänzung des Allgemeinen Teils des StGB erforderlich sei.[895] Ein solcher Selbstschutz kann

---

889 *Wessels/Beulke/Satzger*, Strafrecht AT, Rn. 15.
890 Lackner/Kühl-*Kühl* Vorbemerkung zu §§ 13 ff. Rn. 3.
891 NK-StGB-*Hassemer/Neumann* Vorbemerkungen zu § 1 Rn. 72.
892 *Wohlers*, Mediating Principles, S. 54 (55).
893 *Wohlers*, Mediating Principles, S. 54 (55).
894 *Hörnle*, Mediating Principles, S. 36 (38).
895 *Hörnle*, Mediating Principles, S. 36 (42 ff).

allerdings bei dem hier betrachteten Neuroenhancement keine Wirkung entfalten. Der Einzelne kann immer nur für sich entscheiden, ob er solche Mittel einnimmt oder dies nicht tut. Ihm bleibt aber gerade im Zusammenhang mit den noch zu betrachtenden Rechtsgütern, die beide einen Bezug zu einem „Wettbewerb“ aufweisen, keine Möglichkeit, wirksam Einfluss auf das Verhalten anderer Wettbewerber zu nehmen. Es gibt für ihn keine „Selbstschutzmaßnahmen“ die verhindern, dass Konkurrenten unter Einfluss von Neuroenhancement-Mitteln am Wettbewerb teilnehmen.

(2) Maßnahmen technischer Prävention

Auch gegenüber der Annahme, „Maßnahmen technischer Prävention“ seien allgemein als milderes Mittel gegenüber einer Strafrechtsnorm anzusehen, wird Kritik geäußert.[896] *Tiedemann* gibt zu bedenken, dass die Betroffenen staatlich-repressiven Tatbeständen durch normkonformes Verhalten ausweichen können, während präventiv verwaltungsrechtliche Verbote zumindest im Bereich des Wirtschaftsrechts notwendigerweise auch gesetzmäßiges und lauteres Verhalten betreffen.[897] *Hefendehl* fasst die Positionen in der Aussage zusammen, „dass der Rechtsgüterschutz durch präventive Kontrollen so intensive Freiheitsbeschränkungen auch für die rechtstreuen Bürger mit sich bringe, dass die Pönalisierung ausgewählter Verhaltensweisen die insgesamt weniger einschneidende Maßnahme darstelle“.[898] Damit könne es nicht beim absoluten Zurücktreten der strafrechtlichen Pönalisierung hinter die technische Prävention bleiben, beide Aspekte müssen ineinander greifen und sich sinnvoll ergänzen.[899]

(3) Andere staatliche Regelungssysteme

Als letzte Alternativmaßnahme zu einer strafrechtlichen Reaktion wird der Einsatz anderer staatlicher Regelungssysteme genannt. Diese müssten grundsätzlich besser geeignet zur Abwehr der Gefahr für das Rechtsgut sein, damit eine Subsidiarität der Strafnorm im Sinne einer strengen ultima ratio angenommen werden kann. Was das Verhältnis des Strafrechts zu anderen repressiven Normsystemen, insbesondere dem Ordnungswidrigkeitenrecht angeht, ergibt sich ein differenziertes Bild. „Eine Abmilderung der Sanktionsdrohung ist stets dann

---

896 *Hefendehl*, Mediating Principles, S. 48 (48 ff).

897 *Tiedemann*, Wirtschaftsstrafrecht und Wirtschaftskriminalität 1 – AT, S. 79; *Tiedemann*, Wirtschaftsstrafrecht, § 1 Rn. 63a; vgl. auch *Baumann* JZ 1983, 935 (938).

898 *Hefendehl*, Mediating Principles, S. 48 (48) m.w.N.

899 Vgl. *Hefendehl*, Mediating Principles, S. 48 (52 f.).

geboten, wenn die mit einer repressiven Sanktion verfolgten Ziele auch durch eine weniger gewichtige Sanktion erreicht werden können", was sich schon aus dem Grundsatz der Verhältnismäßigkeit ergibt.[900] Geht mit dem Wechsel der Sanktionsform, wie vom Strafrecht ins Ordnungswidrigkeitenrecht, auch eine Veränderung der Zurechnungsvoraussetzungen und der prozessualen Formen einher, kann nicht ohne Weiteres angenommen werden, „dass die Sanktionsordnung, die mit den für sich gesehen milderen Sanktionen arbeitet, insgesamt gesehen die weniger repressive Regelung darstellt."[901] Auch andere Rechtsfolgen nicht strafrechtlicher Natur können „mindestens in ihrer faktischen Eingriffsintensität für den Betroffenen sogar über die strafrechtliche Sanktion hinausgehen. Man denke in diesem Zusammenhang an eine Schadensersatzverpflichtung, die die wirtschaftliche Bewegungsfreiheit des Schuldners lebenslang einschränken kann."[902] Selbst bei präventiven Normen erscheint eine klare Aussage zu einem Zurücktreten des Strafrechts nicht möglich. Neben den Schwierigkeiten, die qualitativ sehr verschiedenen Beeinträchtigungen repressiv und präventiv ausgestalteter Systeme sozialer Kontrolle in ein Verhältnis zueinander zu setzen, stellt sich das Problem, dass Kriterien und Maßstäbe festgelegt werden müssen, um zu beurteilen, wann ein präventives Normsystem einen ausreichenden Grad an Rechtsgüterschutz gewährleistet.[903]

Betrachtet man diese Ausführungen, lässt sich feststellen, dass ein Verständnis des Grundsatzes des Strafrechts als „ultima ratio", nach dem die Strafe immer zurücktreten muss, weil sie sich als härteste unter mehreren möglichen Reaktionsformen darstellt, in dieser Absolutheit nicht haltbar ist. Dies liegt auch daran, dass es an einer generellen Vergleichbarkeit zwischen den Wirkungen einer Strafnorm und den der alternativen Instrumenten des Rechtsgüterschutzes fehlt.[904] Es bleibt die Erkenntnis, dass die Wahl einer strafrechtlichen Reaktion nicht schon abzulehnen ist, nur weil im konkreten Fall andere Möglichkeiten, wie insbesondere der Einsatz anderer staatlicher Normsysteme, in Betracht kommen. Es bedarf im Einzelfall eines differenzierten Vergleichs zwischen den strafrechtlichen und anderen staatlichen Handlungsoptionen des Gesetzgebers. Der Grundsatz der Subsidiarität des Strafrechts ist in diesem Kontext dennoch zu beachten, allerdings eben nicht in Form einer absoluten „ultima ratio".

900 *Wohlers*, Mediating Principles, S. 54 (64).
901 *Wohlers*, Mediating Principles, S. 54 (64).
902 MK-StGB-*Radtke* Bd. 2 Vor § 38 Rn. 4.
903 *Wohlers*, Mediating Principles, S. 54 (65).
904 *Seher*, Mediating Principles, S. 70 (71 f.).

bb) Strafwürdigkeit und Strafbedürftigkeit

Auch in der Literatur findet sich ein differenzierteres Verständnis des Grundsatzes der Subsidiarität. Aus dem Verfassungsprinzip der Verhältnismäßigkeit als Schranke des gesetzgeberischen Handelns ergibt sich nach *Krey/Eser* für das Strafrecht, dass das rechtsgutsverletzende Verhalten auch strafwürdig und strafbedürftig sein muss.[905] Auch nach dem materiellen Verbrechensbegriff sei der Einsatz von Strafe „auf den Kreis jener Verhaltensweisen beschränkt, die strafwürdig und strafbedürftig sind – nur was wirklich strafwürdig und strafbedürftig ist, darf in dieser Sicht zur Straftat erklärt werden."[906] Zusammengefasst sei Strafe „auf den Schutz von Rechtsgütern vor bestimmten Beeinträchtigungen begrenzt und nur insoweit legitimierbar, als dass es sich um mit Bezug auf diese Güter strafwürdige und strafbedürftige Verhaltensweisen handelt."[907] Der Begriff der „ultima ratio" wird dabei auch wieder genannt, allerdings im Zusammenhang mit dem Unterpunkt der „Strafbedürftigkeit".[908]

Um das so verstandene Subsidiaritätsprinzip als Einschränkungskriterium handhabbar zu machen, ist wiederum zu klären, was unter den Begriffen „strafwürdig" und „strafbedürftig" genau zu verstehen sein soll. Zunächst kann dabei festgestellt werden, dass diese Begriffe nicht einheitlich gebraucht werden. Sie tauchen einmal als Kriterien zur Beantwortung der Frage auf, wann ein bestimmtes Verhalten eine strafrechtliche Reaktion erfordert. Andere verwenden diese Begriffe im Zusammenhang mit einer Beurteilung des allgemeinen Deliktsaufbaus.[909] Letztere befassen sich mit dem Problem, inwiefern Strafwürdigkeit und Strafbedürftigkeit in die herkömmlichen Deliktskategorien Tatbestandsmäßigkeit, Rechtswidrigkeit und Schuld zu integrieren sein sollen.[910] Die dabei anzutreffenden Feststellungen, dass eine Trennung zwischen Strafwürdigkeit und Strafbedürftigkeit nicht notwendig sei[911] bzw. der Strafbedürftigkeit keine

---

905 *Krey/Esser*, Strafrecht AT, Rn. 16 ff; vgl. auch *Baumann/Weber/Mitsch*, Strafrecht AT, § 3 Rn. 19, die das Subsidiaritätsprinzip ebenfalls mit Strafwürdigkeitskriterien und der Strafbedürftigkeit in Verbindung bringen.

906 *Frisch*, FS Stree/Wessels, S. 69 (69) m.w.N.

907 *Frisch*, FS Stree/Wessels, S. 69 (70).

908 *Krey/Esser*, Strafrecht AT, Rn. 17 f. (Überschrift); *Frisch*, FS Stree/Wessels, S. 69 (70). Dazu auch unten 4. Kapitel II. 1. a) bb) (3) (ab S. 203).

909 *Altpeter*, Strafwürdigkeit und Strafsystem, S. 8; *Otto*, GS Schröder, S. 53 (57 ff.); *Langer*, FS Otto, S. 107 ff; krit. in Bezug auf die Einordung der Strafwürdigkeit als eigenständige Deliktkategorie NK-StGB-*Hassemer/Neumann* Vorbemerkungen zu § 1 Rn. 54 ff.

910 *Altpeter*, Strafwürdigkeit und Strafsystem, S. 3 ff.

911 *Altpeter*, Strafwürdigkeit und Strafsystem, S. 44 ff.

eigenständige Bedeutung zukomme,[912] sind ebenfalls vor dem Hintergrund der strafsystematischen Einordung dieser Begriffe zu sehen. Nach *Altpeter* führe die Trennung von „Strafwürdigkeit“ und „Strafbedürftigkeit“ in strafsystematischer Hinsicht nur zu sprachlicher Verwirrung[913] und laut *Otto* fehle der Strafbedürftigkeit die eigenständige Bedeutung als selbständiges Verbrechenselement.[914] Allerdings ergibt sich ein anderer Bedeutungsgehalt der Begriffe, wenn sie nicht zur strafsystematischen Einordnung in die Deliktskategorien, sondern im Zusammenhang mit den Voraussetzungen für die Schaffung einer Strafnorm gebraucht werden. Auch Otto stellt ausdrücklich fest, dass der Strafwürdigkeit bei den Überlegungen des Gesetzgebers hinsichtlich der Pönalisierung eines Verhaltes durchaus eine eigenständige Bedeutung zukommt.[915] Damit ist eine Trennung der Begriffe „strafwürdig“ und „strafbedürftig“ im Rahmen der in dieser Arbeit zu erörternden Frage weiterhin angebracht.

(1) Strafwürdigkeit

Unter „strafwürdig“ wird ein Verhalten verstanden, „dass deshalb sozialethisch zu missbilligen ist, weil es geeignet ist, die sozialen Beziehungen innerhalb der Rechtsgemeinschaft erheblich zu gefährden oder zu schädigen. Bloß lästige oder unerwünschte Verhaltensweisen erreichen diesen Grad der Sozialgefährlichkeit oder Sozialschädlichkeit nicht, es muss sich vielmehr um gravierende Rechtsgutsbeeinträchtigungen handeln.“[916] Dies lasse sich aus dem nach dem Bundesverfassungsgericht in der in der Strafnorm zum Ausdruck kommenden „sozialethischen Unwerturteil“ über die pönalisierte Handlungsweise folgern.[917] Nur wenn ein Verhalten den sozialen Beziehungen der Rechtsgemeinschaft gefährlich werden kann, rechtfertige es die durch die Kriminalstrafe zum Ausdruck kommende bewusste und gewollte Missbilligung der Tat und des Täters.[918] Damit muss der Begriff der „Sozialgefährlichkeit“ bzw. der „Sozialschädlichkeit“ näher bestimmt werden. Hierunter werden von *Otto* solche Verhaltensweisen verstanden, welche die durch Rechtsgüter innerhalb der Gesellschaft anerkannten Beziehungen gefährden oder verletzen und dadurch

912 *Otto*, GS Schröder, S. 53 (68).
913 *Altpeter*, Strafwürdigkeit und Strafsystem, S. 45.
914 *Otto*, GS Schröder, S. 53 (68).
915 *Otto*, GS Schröder, S. 53 (68).
916 *Otto*, Grundkurs Strafrecht AT, § 1 Rn. 49.
917 BVerfGE 27, 1 (29); vgl. auch *Seher*, Mediating Principles, S. 70 (79 f.).
918 *Otto*, GS Schröder, S. 53 (54).

das soziale Miteinander gravierend stören oder in Frage stellen.[919] Diese werthaften Beziehungen, die durch Rechtsgüter begründet werden, können wohl schon als verletzt gelten, wenn auch das Rechtsgut selbst verletzt wird. Eine gravierende Störung des sozialen Miteinanders wird dadurch aber erst auftreten, wenn eine Rechtsgutsverletzung in ausreichendem Maße, demnach eine gravierende Rechtsgutsverletzung vorliegt. Dies wurde oben schon als Voraussetzung für die Strafwürdigkeit genannt, womit ein so verstandener Begriff der Sozialschädlichkeit an sich keinen weiteren Erkenntnisgewinn für die Konkretisierung des Strafwürdigkeitskriteriums birgt. Wie *Otto* selbst feststellt, bedarf es für die Ermittlung der Sozialschädlichkeit des Verhaltens bzw. der Klassifizierung der Verletzung eines Rechtsguts als „gravierend" eines Beurteilungsverfahrens, „das sich mit den sozialethischen Grundentscheidungen der Gesellschaft und kriminologisch-empirischen Untersuchungen über die realen Möglichkeiten der Realisierungen dieser Entscheidungen in konkreten Konfliktsituationen bewertend auseinandersetzt."[920] Die Entwicklung bzw. Auswertung eines solchen Beurteilungsverfahrens gehört eher in den kriminologischen bzw. sozialwissenschaftlichen Bereich und soll nicht Inhalt dieser Arbeit sein.

Auch *Momsen-Pflanz* beschäftigt sich mit dem Topos der Sozialschädlichkeit, allerdings stehen ihre Ausführungen im Zusammenhang mit der Frage, inwieweit der Begriff einen Erkenntniswert für die Konkretisierung von Rechtsgütern liefert.[921] Sie stuft diesen als gering ein, gesteht dem Begriff der Sozialschädlichkeit allerdings bei der Betrachtung als verallgemeinerbares Kriterium eine für die Konkretisierung von Strafrechtsgütern bedeutsame Grundaussage zu: „Zum Rechtsgut können nur solche Werte und Interessen erhoben werden, deren Verhaltensweisen im Falle ihrer Verallgemeinerung im Sinne einer Potenzierung des konkreten Verhaltens die Funktion einer Gesellschaft oder eines Sozialsystems als solches in Mitleidenschaft ziehen würde."[922] Diese aus dem Begriff der Sozialschädlichkeit gefolgerte Grundaussage könnte auf den hier betrachteten Bereich der Strafwürdigkeit eines Verhaltens, das ein schon gefundenes Rechtsgut beeinträchtigt, übertragen werden. Als sozialschädlich können demnach solche rechtsgutsverletzenden Verhaltensweisen angesehen werden, die geeignet sind, gesellschaftlich elementare Aspekte des Sozialsystems zu erschüttern, wenn

---

919 *Otto*, GS Schröder, S. 53 (55).

920 *Otto*, GS Schröder, S. 53 (55); *Altpeter*, Strafwürdigkeit und Strafsystem, S. 33.

921 *Momsen-Pflanz*, Die sportethische und strafrechtliche Bedeutung des Dopings, S. 140 ff: Zum kritischen Potential des Topos der Sozialschädlichkeit.

922 *Momsen-Pflanz*, Die sportethische und strafrechtliche Bedeutung des Dopings, S. 142.

sie zu alltäglichen Verhaltensweisen, also ubiquitär würden.[923] Ein solches Kriterium könnte in einer Gesamtabwägung einen auf die Handlung fokussierten Beurteilungsschritt ergänzen.

Von *Günther* und *Jescheck/Weigend* wird zur Beurteilung der Strafwürdigkeit anhand verfassungsrechtlicher Maßstäbe zunächst der Wert des geschützten Rechtsguts im Sinne der Bedeutung, die das beeinträchtigte ideelle Interesse für das Zusammenleben in der Gemeinschaft besitzt, herangezogen.[924] Bei der Beantwortung der Frage nach dem Wert, der auch mit dem Rang des geschützten Rechtsguts zusammen hängt, komme der Grundrechtsordnung des Grundgesetzes entscheidende Bedeutung zu.[925] Dem Bundesverfassungsgericht zufolge verkörpere sich „in den Grundrechtsvorschriften der Verfassung [...] eine objektive Wertordnung, „in der eine prinzipielle Verstärkung der Geltungskraft der Grundrechte zum Ausdruck kommt“ und die als verfassungsrechtliche Grundentscheidung für alle Bereiche des Rechts gilt.“[926] „Dieses Wertesystem, das seinen Mittelpunkt in der innerhalb der sozialen Gemeinschaft sich frei entfaltenden menschlichen Persönlichkeit und ihrer Würde findet, muß als verfassungsrechtliche Grundentscheidung für alle Bereiche des Rechts gelten.“[927] Aus diesen Prämissen ergebe sich für die Strafwürdigkeitsbeurteilung, dass ein umfassender Schutz eines Rechtsguts vor Verletzung oder Gefährdung umso stärker in Betracht kommt, je höher der Rang des in Frage stehenden Rechtsguts innerhalb der Werteordnung des Grundgesetzes anzusetzen ist.[928] Demgegenüber soll bei einem Rechtsgut geringeren Ranges eine strafrechtliche Ahndung nur einzelner, ein besonderes Maß an sozialem Unwert beinhaltender Angriffe angemessen sein.[929] Die Strafwürdigkeit eines Verhaltens auch nach dem Rang des betroffenen Rechtsguts innerhalb der grundgesetzlichen Werteordnung zu beurteilen, dürfte allgemein konsensfähig sein. Inwieweit sich dort Anhaltspunkte für die Wertigkeit der hier in Rede stehenden Rechtsgüter finden lassen, wird später anhand der konkreten Rechtsgüter erörtert werden.[930]

---

923 Vgl. zum Ausgangspunkt aus dem die Parallele zum hier betrachteten Bereich der Strafwürdigkeit gezogen wurde *Momsen-Pflanz*, Die sportethische und strafrechtliche Bedeutung des Dopings, S. 143.

924 *Jescheck/Weigend*, Strafrecht AT, S. 51; *Günther* JuS 1978, 8 (13).

925 *Otto*, GS Schröder, S. 53 (55 f.).

926 BVerfGE 35, 79 (114) mit Verweis auf weitere Entscheidungen.

927 BVerfGE 7, 198 (205).

928 BVerfGE 39, 1 (42); *Otto*, GS Schröder, S. 53 (56); *Günther* JuS 1978, 8 (13).

929 *Otto*, GS Schröder, S. 53 (56); *Günther* JuS 1978, 8 (13); *Peters* ZStW 77 (1965), 470 (475).

930 Unten 4. Kapitel II. 2. a) (ab S. 212).

(2) Handlungsunwert und Erfolgsunwert

Im Zusammenhang mit den eben beschriebenen Kriterien sprechen *Günther* und *Otto* davon, dass es bei der Bestimmung der Strafwürdigkeit einer Verhaltensweise auf deren Handlungs- und Erfolgsunwert ankomme.[931] Dabei sei für den „Erfolgsunwert" die Verletzung oder Gefährdung eines Rechtsgutes entscheidend, während sich der „Handlungsunwert" mit der Art und Weise der Rechtsgutsverletzung oder -gefährdung beschäftige.[932] Beide Komponenten sollen dabei in einer Wertebeziehung zueinander stehen, je höher der Erfolgsunwert einzuschätzen ist, desto geringere Anforderungen können an den Handlungsunwert gestellt werden, während umgekehrt bei sinkendem Erfolgsunwert das Ausmaß des Handlungsunwerts entsprechend zunehmen müsse.[933]

Diese von *Günther* und *Otto* eingeführten Begriffe scheinen auf den ersten Blick gute Schlagworte für die weitere Einordung eines Verhaltens zu sein, allerdings stellt sich wieder die Frage, welche konkreten Bezugs- und Beurteilungskriterien daraus resultieren und vor allem, welchen neuen Erkenntnisgewinn sie für die immer noch im Raum stehende Frage nach einer Konkretisierung der „Strafwürdigkeit" bieten.

Was den „Erfolgsunwert" angeht fällt auf, dass in seiner Beschreibung zunächst auf das Vorhandensein eines (verletzten) Rechtsguts abgestellt wird,[934] was in der hier vorliegenden Arbeit aber schon in einem vorherigen Schritt geschehen ist.[935] Das „Betroffensein" eines Rechtsguts wurde schon als Grundkriterium für eine Strafbarkeit einer Verhaltensweise genannt, an dieser Stelle sollen gerade weitere, hinzutretende Kriterien gefunden werden. Damit kommt es für eine weitere Nutzbarmachung des Begriffs vor allem auf die zusätzlich damit verbunden Kriterien an, für den „Erfolgsunwert" also den Wert, der dem angegriffenen Rechtsgut in der Gesellschaft zugesprochen wird.[936] Die Idee, zur Beurteilung der Strafwürdigkeit den Rang, den das Rechtsgut innerhalb der durch das Grundgesetz vorgegebenen Wertordnung einnimmt, hinzu zu ziehen,[937] findet sich

931 *Otto*, GS Schröder, S. 53 (56); *Günther* JuS 1978, 8 (13).

932 *Günther* JuS 1978, 8 (13).

933 *Günther* JuS 1978, 8 (13); *Momsen-Pflanz*, Die sportethische und strafrechtliche Bedeutung des Dopings, S. 176.

934 *Günther* JuS 1978, 8 (13); *Otto*, Grundkurs Strafrecht AT, § 8 Rn. 219; vgl. auch *Achenbach*, Strafrechtlicher Schutz des Wettbewerbs, S. 51 ff.

935 Oben 2. Kapitel II. 4. e) (ab S. 132).

936 *Günther* JuS 1978, 8 (13 f), der dies am Beispiel „Leben" in Gegenüberstellung mit dem Beispiel „Eigentum" näher ausführt.

937 Zur weiteren Auswirkung des Rangs des Rechtsguts auf die Frage nach der Strafbarkeit 4. Kapitel II. 1. b) aa) (S. 208).

allerdings schon oben im Zusammenhang mit den allgemeinen Ausführungen zur „Strafwürdigkeit".[938] Dort wurde schon herausgestellt, welche Folgen sich aus dem Rang des Rechtguts ergeben. Je höher dieser einzuschätzen ist, desto umfassender kann der ihm gewährte Schutz sein, je niedriger das Gut eingestuft wird, desto höher sind die Anforderungen an eine strafrechtliche Reaktion auf ein schädigendes Verhalten. Diese bedarf dann eines großen Begründungsaufwandes. Extrahiert man dieses zuvor schon als eigenständig angesprochene Kriterium des Wertes des Gutes aus dem Begriff des „Erfolgsunwerts", so kommt ihm nur noch ein aus der vorherigen Bestimmung eines Rechtsguts abzuleitender Erklärungswert zu. Somit ergibt sich für diese Arbeit aus der Benennung eines „Erfolgsunwerts" kein neues bzw. eigenständiges Beurteilungskriterium.

Anders könnte das beim Begriff des „Handlungsunwerts" aussehen. Ein Kriterium, das auf die Bewertung der Handlung an sich und deren „Unwert" abstellt, wurde bisher noch nicht in die Betrachtung einbezogen.[939] Allerdings stellt sich wieder die Frage, nach welchen Voraussetzungen der „Unwert" eines Verhaltens zu bestimmen sein solle. Vielfach wird der Begriff des Handlungsunwerts, und damit auch der des Erfolgsunwerts, im Zusammenhang mit dem umstrittenen strafrechtlichen Unrechtsbegriff diskutiert.[940] Danach spielt der „Handlungsunwert" für die Beurteilung einer Verhaltensweise in Bezug auf ein schon bestehendes Verbot eine entscheidende Rolle,[941] verbunden mit dem Problem, ob daneben ein Erfolgsunwert erforderlich ist und wenn ja, inwieweit beide gegeneinander abzugrenzen sind. Die Differenzen hierüber zeigen

---

938 Oben 4. Kapitel II. 1. a) bb) (1) (ab S. 197).

939 Die obigen (4. Kapitel II. 1. a) bb) (1) (ab S. 197)) Überlegungen zur Sozialschädlichkeit einer Verhaltensweise stellen zwar auch auf das Verhalten ab. Allerdings handelt es sich dabei im Ausgangspunkt um Gedanken zur Sozialschädlichkeit im Zusammenhang mit der Bestimmung eines Rechtsguts. An dieser Stelle geht es jedoch um die Frage, ob ein zuvor schon bestimmtes Rechtsgut strafrechtlich relevant beeinträchtig ist. Um hierfür Anhaltspunkte zu finden, ist die Übertragung der Gedanken zur Sozialschädlichkeit auf den „Unwert" einer Handlung an sich ein neues Kriterium.

940 *Gallas*, FS Bockelmann, S. 155 ff; *Roxin* ZStW 116 (2004), S. 929 ff.; *Otto*, Grundkurs Strafrecht AT, § 8 Rn. 217 ff.

941 *Otto* definiert den Handlungsunwert als „Unwert des Verhaltens, mit dem der Täter das verbotene Ziel verfolgt" (*Otto*, Grundkurs Strafrecht AT, § 8 Rn. 218); *Gallas* spricht von einer „deliktischen Handlung" und einem „verbotswidrigen Akt" (*Gallas*, FS Bockelmann, S. 155); Roxin verbindet die Problematik mit der Lehre von der objektiven Zurechnung, womit die verbotswidrige Verwirklichung von unerlaubten Risiken für den Bestand der Rechtsgüter ins Zentrum rückt (*Roxin* ZStW 116 (2004), S. 930).

entscheidende Bedeutung im Zusammenhang mit der Lehre von den Rechtfertigungsgründen,[942] oder bei der Beantwortung der Frage, ob ein konkretes Verhalten, das unter einen bestehenden Tatbestand subsumierbar ist, auch von der Norm umfasst werden soll, was vor allem bei Fahrlässigkeitsdelikten problematisch sein kann.[943] Diese betrifft Schwierigkeiten, die aufgrund der Abstraktheit einer strafrechtlichen Norm entstehen und für den konkreten Fall auf unterschiedlichen Ebenen zur Eingrenzung der Strafbarkeit notwendig sind. An dieser Stelle der Arbeit kommt es jedoch darauf an, zu beurteilen, ob überhaupt eine strafrechtliche Norm geschaffen werden soll oder nicht.

Hierfür kann von der Idee des Handlungsunwerts zunächst die Blickrichtung übernommen werden: Für die Frage der „Strafwürdigkeit" einer Verhaltensweise könnte es auch aufschlussreich sein, die Handlung an sich zu betrachten. *Jescheck/Weigend* sprechen in diesem Zusammenhang vom „Handlungsunrecht" der Tat, welches in der Art und Weise des Angriffs auf das Handlungsobjekt liegen soll.[944] Sollen aufgrund des hohen Wertes des Rechtsgutes nicht jegliche Beeinträchtigungen strafrechtlich erfasst sein (wie bei Leben und Körperintegrität), müsse für die Beurteilung der Strafwürdigkeit zu dem Wert des geschützten Rechtsguts die besondere Gefährlichkeit des Angriffs hinzukommen, die das gesteigerte Schutzbedürfnis der Gemeinschaft auslöse.[945] Die Fokussierung auf die Verhaltensweise, verbunden mit der Beantwortung der Frage, inwieweit zunächst eine Handlung an sich, noch nicht deren Ergebnis, sozialethisch zu missbilligen ist, kann zumindest gute Anhaltspunkte für die Beurteilung der Strafwürdigkeit bieten. Dabei ist allerdings immer zu beachten, dass Handlung und daraus resultierender Erfolg in einem unmittelbaren Zusammenhang stehen, womit eine abschließende Beurteilung wieder erst auf Grund einer Gesamtwürdigung der verschiedenen bisher genannten Voraussetzungen erfolgen kann.

Schließlich betonen *Hassemer/Neumann* im Zusammenhang mit der Strafwürdigkeit den Spielraum, der dem Gesetzgeber an den Grenzen des Strafrechts verbleibt.[946] Die Existenz eines solchen beachtenswerten Ermessensspielraums wurde vom Bundesverfassungsgericht ausdrücklich für die Abgrenzung des Strafrechts zum Ordnungswidrigkeitenrecht festgestellt.[947] Dieser Entscheidungsspielraum begründet sich damit, dass die in der Rechtsgemeinschaft

942 *Gallas*, FS Bockelmann, S. 156.
943 Vgl. *Roxin* ZStW 116 (2004), S. 930 ff.
944 *Jescheck/Weigend*, Strafrecht AT, S. 51.
945 *Jescheck/Weigend*, Strafrecht AT, S. 51.
946 Vgl. auch NK-StGB-*Hassemer/Neumann* Vorbemerkungen zu § 1 Rn. 85 ff.
947 BVerfGE 27, 1 (29 f.).

herrschenden Anschauungen über die Bewertung des Unrechtsgehalts einzelner Verhaltensweisen gerade in diesem Grenzbereich in besonderem Maße dem Wechsel unterworfen sind.[948] Die Bezugnahme auf den Spielraum des Gesetzgebers bezüglich der Wahl einer angemessenen Reaktion gegenüber dem rechtsgutsverletzenden Verhalten betrifft allerdings nach der oben zugrunde gelegten Definition nicht mehr nur die Frage der Strafwürdigkeit, sondern schon die der Strafbedürftigkeit.

(3) Strafbedürftigkeit

„Strafbedürftigkeit bedeutet, dass die Strafe unerlässliches Mittel ist, um die Gesellschaft vor strafwürdigen Rechtsbedrohungen oder -verletzungen zu schützen und die Rechtsordnung zu bewähren. Während die Strafwürdigkeit wesentlich durch die Wertung der Sozialschädlichkeit bestimmt wird, umfasst die Strafbedürftigkeit daher vorrangig das Zweckmoment staatlicher Strafe.“[949] Diese Ausführungen *Ottos* zur Strafbedürftigkeit stellen die Frage nach der Zweckmäßigkeit einer Strafrechtsnorm und bemühen damit auch die Notwendigkeit eines Vergleichs dieser mit anderen Eingriffsmöglichkeiten des Gesetzgebers. An dieser Stelle wird auch wie oben schon angedeutet die Formulierung des Strafrechts als „ultima ratio“ wieder aufgegriffen.[950] Die Strafnorm soll nur eingesetzt werden, „wenn andere, weniger gravierende Eingriffe als die Pönalisierung des Verhaltens, die einen besseren oder zumindest gleichen Erfolg versprechen, zur Verfügung stehen.“[951] Wichtig ist dabei, dass auch die Eingriffsintensität des Alternativverhaltens beachtet wird. Es ist ein echter Vergleich notwendig. Eine Vorentscheidung, wie sie in den oben angeführten Stimmen zur „ultima ratio“ anklingt, die immer zugunsten des „alternativen Mittels“ ausfällt und die Strafnorm ausschließt, sobald sich ein solches nur irgendwie auftut, darf nicht getroffen werden. Die Bestimmung der „Strafbedürftigkeit“ erfordert eine offene Betrachtung, in die Eingriffsintensität und Erfolgsaussichten beider Handlungsmöglichkeiten, die einer strafrechtlichen Norm und die einer sonstigen gesetzgeberischen Maßnahme, zunächst wertungsfrei einfließen müssen, um dann nach der Würdigung im Einzelfall eine Entscheidung über die angemessenere Reaktion zu treffen. Das Ganze ist zwar vor dem Hintergrund zu sehen, dass das Strafrecht mit der Freiheitsstrafe potentiell die eingriffsintensivsten staatlichen

---

948 BVerfGE 27, 1 (29 f.).

949 *Otto*, Grundkurs Strafrecht AT, § 1 Rn. 50.

950 *Otto*, Grundkurs Strafrecht AT, § 1 Rn. 49 a.E.; *Günther* JuS 1978, 8 (11).

951 *Otto*, Grundkurs Strafrecht AT, § 1 Rn. 50; so auch *Günther* JuS 1978, 8 (11).

Handlungsmöglichkeiten beinhaltet und grundsätzlich zurückhaltend angewandt werden sollte, dies darf aber trotzdem nicht zu einer vorschnellen Ablehnung führen.

Auch *Hassemer/Neumann* äußern sich zu einem neben der Strafwürdigkeit stehenden weiteren Korrektiv der „Strafbedürftigkeit", denn nicht in allem, was normwidrig ist, was (eigentlich) „Strafe verdient", könne schon allein aus diesem Grund einen tauglicher Gegenstand eines Strafrechtssystems gesehen werden.[952] Dies soll in dem Umstand begründet liegen, „dass das Strafrecht nicht die einzige Institution sozialer Kontrolle ist [...], sondern umgeben von anderen Einflussinstanzen, welche auf die Normverletzung tauglicher oder doch milder reagieren könnten."[953] Das hinter der „Strafbedürftigkeit" stehende Prinzip der Zweckmäßigkeit habe zum Ziel, die Strafwürdigkeitsbestimmung des materiellen Strafrechts zeitgerecht zu machen und sie an der Frage zu überprüfen, ob sie sich unter den derzeitigen realen Bedingungen der Strafrechtspflege verwirklichen lassen.[954] An Beispielen führen *Hassemer/Neumann* aus, was eine zeitgerechte Strafwürdigkeitsbestimmung bedeuten kann;[955] eindeutige Kriterien, die im Einzelfall eine klare Beantwortung der Zweckmäßigkeitsfrage möglich machen könnten, formulieren auch sie allerdings nicht.

(4) Das Verhältnis von Strafwürdigkeit und Strafbedürftigkeit

Dafür stellen *Hassemer/Neumann* das enge Verhältnis zwischen „Strafwürdigkeit" und „Strafbedürftigkeit" heraus.[956] Genauer sprechen sie von einer „Strafwürdigkeit im weiteren Sinne", die sich in eine Gerechtigkeitskomponente, die Strafwürdigkeit im engeren Sinne, und eine Zweckmäßigkeitskomponente, die Strafbedürftigkeit, unterteilen lässt. Unter den Kriterien, die sie aus dem Gedanken der Gerechtigkeit ziehen, finden sich allerdings keine neuen Ideen sondern

---

952 NK-StGB-*Hassemer/Neumann* Vorbemerkungen zu § 1 Rn. 52.

953 NK-StGB-*Hassemer/Neumann* Vorbemerkungen zu § 1 Rn. 52.

954 NK-StGB-*Hassemer/Neumann* Vorbemerkungen zu § 1 Rn. 80.

955 NK-StGB-*Hassemer/Neumann* Vorbemerkungen zu § 1 Rn. 81: „Dies bedeutet beispielsweise positiv, dass der Strafgesetzgeber die Herausforderungen aus dem Drogenmissbrauch, der Umweltverschmutzung, dem Terrorismus oder der Übertragung des tödlichen Aids-Virus aufgreifen muss (wobei über das Wie noch nichts gesagt ist; dazu unten Rn 85 ff). Dies bedeutet beispielsweise negativ, dass in einer Kultur wie der unseren dem Kannibalismus – trotz eines aufsehenerregenden Falles in neuerer Zeit (BGHSt 50, 80) – nicht und der Staatskorruption nur mit vergleichsweise zurückhaltenden Strafwürdigkeitsbestimmungen begegnet werden muss".

956 NK-StGB-*Hassemer/Neumann* Vorbemerkungen zu § 1 Rn. 50–53.

die oben schon angesprochenen Punkte wie das Erfordernis eines Rechtsgutes, die Beachtung der verfassungsrechtlich verankerten Grundsätze wie den der Subsidiarität und das Merkmal der Sozialschädlichkeit.[957] Was nun die Beziehung zwischen der Gerechtigkeit und der Zweckmäßigkeit angeht, bedürfe die Gerechtigkeit als notwendige, aber nicht hinreichende Bedingung der Strafwürdigkeitsbestimmung im weiteren Sinne „der Ergänzung durch die kritische Prüfung, ob, inwieweit und mit welchen Nebenfolgen die praktische Strafrechtspflege die kriminalpolitischen Entscheidungen zur Strafwürdigkeit übernehmen und ausführen kann."[958] Diese Prinzipien der Gerechtigkeit und Zweckmäßigkeit sollen demnach nicht unverbunden nebeneinander stehen, sondern einander in einem Spannungsverhältnis befruchten und begrenzen, weshalb die Kriterien zu deren Bestimmung nicht immer trennscharf zugeordnet werden können.[959] *Hassemer/Neumann* bleiben damit im Ergebnis bei einer Trennung der Begriffe, auch wenn sie „Gerechtigkeit" statt „Strafbedürftigkeit" und „Zweckmäßigkeit" statt „Strafwürdigkeit" sagen, betonen aber, dass die beiden Prinzipien einander wechselseitig voraussetzen.[960] Die Hervorhebung des engen Verhältnisses zwischen den Prinzipien, die die Strafbarkeitsüberlegungen begrenzen sollen, ist in der Tat wichtig. Nur im Zusammenspiel der sich oft wechselseitig beeinflussenden Voraussetzungen und aus der Gesamtschau aller Grundsätze lässt sich die Frage, „ob ein Verhalten durch eine Strafnorm sanktioniert werden soll" abschließend beantworten. Wirklich griffige, sich hinter den Begriffen verbergende konkrete Kriterien, die sich zur eindeutigen Beantwortung einer wie in dieser Arbeit herausgearbeiteten Fragestellung eignen, nämlich ob das Verhalten „Einnahme von Neuroenhancement-Mitteln" in Bezug auf die gefundenen betroffenen Rechtsgüter strafwürdig und strafbedürftig ist, liefern allerdings auch *Hassemer/Neumann* nicht.

Vielleicht zeigt die allgemeine Verwendung solch unscharfer Begriffe aber auch, dass der Versuch, feste und griffigere Kriterien zu finden, im Ergebnis nicht zielführend bzw. zweckmäßig ist. Mit der Benennung nur solch offener Kriterien bleiben dem Strafgesetzgeber im Prozess ihrer konkreten Verwirklichung zahlreiche Optionen, er hat dadurch einen erheblichen Entscheidungsspielraum bei der Definition kriminellen Verhaltens.[961] Die Frage ist nun, ob

---

957 NK-StGB-*Hassemer/Neumann* Vorbemerkungen zu § 1 Rn. 62 ff.

958 NK-StGB-*Hassemer/Neumann* Vorbemerkungen zu § 1 Rn. 77.

959 NK-StGB-*Hassemer/Neumann* Vorbemerkungen zu § 1 Rn. 58; *Radbruch*, Rechtsphilosophie, § 4 Der Begriff des Rechts und § 9 Antinomien der Rechtsidee.

960 NK-StGB-*Hassemer/Neumann* Vorbemerkungen zu § 1 Rn. 58.

961 NK-StGB-*Hassemer/Neumann* Vorbemerkungen zu § 1 Rn. 85.

dies auch so gewollt und sinnvoll ist. Wie *Hassemer/Neumann* es treffend ausdrücken, ist „Strafgesetzgebung politisches Handeln und nicht die schlichte Abbildung natur- oder verfassungsrechtlicher Grundsätze im StGB.“[962] Wenn man sich diese Aussage in ihrer Konsequenz vor Augen führt, kann man zu dem Ergebnis kommen, dass der mit den vagen Kriterien einhergehende Gestaltungsspielraum des Gesetzgebers erforderlich und damit eine Aufstellung endgültiger bzw. allgemeingültiger Entscheidungskriterien nicht notwendig ist. Bei den gravierenden Fragen des Kernstrafrechts, wie nach dem Bedürfnis eines strafrechtlichen Schutzes vor lebens- oder gesundheitsschädigenden Handlungen, besteht Einigkeit darüber, dass ein solcher Schutz auf jeden Fall geboten ist. Dies ergibt sich auch schon aus der Stellung dieser Rechtgüter in der Verfassung. Ebenfalls Übereinstimmung herrscht in Bezug auf den eindeutig straffreien Bereich: Es mag zwar Handlungen gegeben, die zwar individuell bzw. psychisch zum Teil genauso „schmerzhaft“ sind wie eine Körperverletzung und daher auf gewisser Ebene im Hinblick auf das Ergebnis bzw. die Auswirkungen schon mit dieser verglichen werden können, wie z.B. das Beenden einer Beziehung. Für solche wird aber niemand ernsthaft fordern, dass sie strafrechtlich geahndet werden sollten. An den Grenzen des Strafrechts, um die es auch in dieser Arbeit geht, wird man allerdings irgendwann an einen Punkt gelangen, an dem es kein allgemeingültiges „Richtig oder Falsch“ mehr gibt. Die Entscheidung, eine bestimmte Verhaltensweise mit Hilfe einer Strafnorm zu sanktionieren oder nicht, wird zu einer politischen Überzeugungsfrage. Solange gewisse „Grundvoraussetzungen“ gegeben sind, wie z.B. das Vorhandensein eines schützenswerten Rechtsguts und eine ausreichende Betroffenheit dieses durch die Verhaltensweise, werden sich sowohl für als auch gegen eine strafrechtliche Reaktion gute Argumente finden lassen. Welche man am Ende für überzeugender hält, ist auch auf Grund der immer vorhandenen Unsicherheiten[963] bei der Frage, ob die gewählte Reaktion die an sie gerichteten Erwartungen erfüllen wird und damit im Ergebnis die „bessere“ ist, eine politische, eigentlich eine ganz individuelle Frage. Diese kann je nach aktuellen politischen Machtverhältnissen oder genereller Stimmungslage in der Gesellschaft[964] unterschiedlich beantwortet werden.

---

962 NK-StGB-*Hassemer/Neumann* Vorbemerkungen zu § 1 Rn. 86.

963 Vgl. NK-StGB-*Hassemer/Neumann* Vorbemerkungen zu § 1 Rn. 88.

964 Bei gefühlt hoher Bedrohungslage wird eher mit Strafnormen auf eine solche reagiert, in anderen Zeiten ließ sich eher eine Entkriminalisierungstendenz ausmachen, vgl. auch NK-StGB-*Hassemer/Neumann* Vorbemerkungen zu § 1 Rn. 86. Dies zeigt sich auch am Beispiel der Zoophilie, nachdem die „Unzucht mit Tieren“ 1969 aus dem StGB gestrichen wurde, findet sie sich jetzt als Ordnungswidrigkeit im Tierschutzgesetz

cc) Ergebnis

Insgesamt ist nach dem bisher Gesagten festzustellen, dass sich die Ermittlung auf eine konkrete Fragestellung abwendbarer Voraussetzungen für die Beurteilung der strafrechtlichen Relevanz einer Verhaltensweise als schwierig erweist. Was genau neben das Erfordernis eines beeinträchtigten strafrechtlichen Rechtsguts treten soll, wird von der Literatur unter verschiedenen Kriterien geführt, die eine Einteilung zwar auf den ersten Blick hätten erleichtern können, sich dann aber als unscharf erwiesen haben. Die dabei verwendeten Begriffe wie „Strafwürdigkeit", „Strafbedürftigkeit", „Handlungsunwert" und „Erfolgsunwert" oder auch „Sozialschädlichkeit" sind, wie *Hassemer/Neumann* es selbst ausdrücken, allesamt ebenso fundamental wie vage und komplex,[965] was ihre Handhabung zusätzlich erschwert. Zudem werden die Begriffe nicht einheitlich gebraucht, sie werden zur Erklärung unterschiedlicher Zusammenhänge verwendet und finden sich in verschiedenen Problembereichen der Strafrechtsdogmatik wieder. Daraus folgt als Erkenntnis für die vorliegende Arbeit, dass die Festlegung auf solche Begrifflichkeiten zur Lösung des hier aufgeworfenen Problems nicht zielführend ist. Letztlich betreffen alle Kriterien dieselbe Fragestellung aus mehr oder weniger unterschiedlichen Perspektiven. Die sich hinter den verschiedenen Bezeichnungen verbergenden einzelnen Kriterien selbst sind offen und ausfüllungsbedürftig genug. Sie unter den angesprochenen Oberbegriffen wie „ultima-ratio-Grundsatz, Strafwürdigkeit und Strafbedürftigkeit" einordnen zu wollen, die in ihrer Bedeutung unklar und meist ebenso vage sind, hat sich auch in Bezug auf die gegebene Problemstellung als nicht besonders hilfreich erwiesen. Zudem weisen sie oft einen ähnlichen Aussagegehalt auf. Meiner Ansicht

---

wieder (§ 3 S. 1 Nr. 13 i.V.m. § 18 Abs. 1 Nr. 4 TierSchG). Grund für die Einführung war eine Anregung des Bundesrates, der diese u.a. mit angeblich auch in Deutschland aufkommenden „Tierbordellen" begründete (BR-Drs. 300/1/12 S. 48; BT-Drs. 17/11811 S. 28). Ob es diese tatsächlich gibt und sich die Gefährdungslage tatsächlich geändert hat oder nur gefühlt, blieb fraglich (*Meyer, Katharina* Gibt es Tierbordelle in Deutschland, in: Badische Zeitung online, 28.09.2012, http://www.badische-zeitung.de/deutschland-1/gibt-es-tierbordelle-in-deutschland--64112664.html (zuletzt abgerufen am 01.10.2017)). *Hassemer* kritisiert diese Entwicklung einer zunehmend moralisierenden Strafrechtsauslegung in einem Interview (*Theile, Charlotte* Ehemaliger Verfassungsrichter Hassemer zum Zoophilie-Verbot – „Nicht alles Widerliche verdient staatliche Strafe", Süddeutsche.de, 13.12.2012, http://www.sueddeutsche.de/politik/ehemaliger-verfassungsrichter-hassemer-zum-zoophilie-verbot-nicht-alles-widerliche-verdient-staatliche-strafe-1.1548925 (zuletzt abgerufen am 01.10.2017).

965 NK-StGB-*Hassemer/Neumann* Vorbemerkungen zu § 1 Rn. 85.

nach sollten neben das Erfordernis eines Rechtsguts tretende Kriterien gefunden werden, die eine Beantwortung der Frage möglich machen, ob eine bestimmte rechtsgutsbeeinträchtigende Verhaltensweise eine strafrechtliche Sanktion erfordert. Hinter den dafür in der Literatur angeführten Prinzipien verbergen sich solche Kriterien, allerdings verhindern wechselseitige Einflüsse eine feste Grenzziehung, die Übergänge zwischen den Kriterien sind zum Teil fließend und ein abschließendes Ergebnis, was die Frage nach dem Straferfordernis betrifft, lässt sich erst nach einer Gesamtabwägung treffen. Es kommt nun darauf an, die hinter den betrachteten Schlagwörtern stehenden Kriterien zu benennen. Danach kann anhand dieser überprüft werden, ob auf die Verhaltensweise „Einnahme von Neuroenhancement-Mitteln", welche die gefundenen Rechtsgüter beeinträchtigt, eine strafrechtliche Reaktion notwendig ist.

b) modifizierte Kriterien

Aus den oben genannten Grundsätzen und Prinzipien lassen sich folgende Kriterien herausfiltern, die die Voraussetzung des schützenswerten strafrechtlichen Rechtsguts ergänzen sollen:

aa) Wertigkeit des betroffenen Rechtsguts

Der Wert des betroffenen Rechtsguts spielt bei der Frage nach der Notwendigkeit einer strafrechtlichen Reaktion zur Verhinderung von Beeinträchtigungen eine wichtige Rolle. Wie das Bundesverfassungsgericht betont, kommt der in der Verfassung verkörperten objektiven Werteordnung eine entscheidende Bedeutung für alle Bereiche des Rechts zu.[966] Der Wert eines Rechtsguts bemisst sich dabei nach dem Rang, dem es im verfassungsrechtlichen Gebilde zukommt. Auch in der Literatur wird dieses Kriterium anerkannt, der Wert des Rechtsguts ist dort ein wichtiges Indiz für die Frage nach der Strafwürdigkeit.[967] Die Wertordnung des Grundgesetzes spielt damit eine wichtige Rolle hinsichtlich einer ersten Orientierung, was die Notwendigkeit eines strafrechtlichen Schutzes des Rechtsguts angeht. Je höher der Rang des Rechtsguts in der Verfassung angesiedelt ist, desto mehr ist ein umfassender strafrechtlicher Schutz geboten. Stuft das Grundgesetz das betroffene Rechtsgut nur sehr gering ein, kann dies ein Anzeichen dafür sein, dass es nur gegen einzelne Angriffe zu schützen sein soll, es kommt somit umso mehr auf die weiteren Kriterien an.

---

966 BVerfGE 35, 79 (114).

967 *Otto*, GS Schröder, S. 53 (56); *Günther* JuS 1978, 8 (13); *Momsen-Pflanz*, Die sportethische und strafrechtliche Bedeutung des Dopings, S. 176.

bb) Soziale Bewertung der Verhaltensweise

Als weiteres Indiz kann die soziale Bewertung der Verhaltensweise dienen, die sich an die in der Literatur auch aufgeworfene Frage nach der Sozialschädlichkeit anlehnt.[968] Dabei soll zunächst nur überprüft werden, inwieweit die vorgenommene Handlung sozialadäquat ist, also ob sie gesellschaftlich akzeptiert wird oder ob sie soziale Konventionen verletzt. Ein solches Kriterium ist in der Literatur bisher selten zu finden, nur *Momsen-Pflanz* nimmt an verschiedenen Stellen ihrer Arbeit eine ähnliche Blickrichtung ein.[969] Auch wenn fehlende gesellschaftliche Akzeptanz in einem modernen Strafrecht kein alleiniger Grund für eine Sanktionierung sein kann, als ergänzendes Kriterium zu dem Vorliegen einer Rechtsgutsverletzung kann der gesellschaftlichen Ablehnung oder Billigung einer Verhaltensweise eine gewisse richtungsweisende Wirkung zukommen. Ist eine Handlung als sozialadäquat anerkannt, wird sich eine Strafbewehrung dieser schwerer begründen lassen als bei einer Handlung, die von der sozialen Gemeinschaft schon grundsätzlich missbilligt bzw. negativ beurteilt wird. Die zunächst vorzunehmende Konzentration auf die Handlung an sich rechtfertigt sich mit Blick auf bestehende Strafrechtsnormen, bei denen ebenfalls die Sozialüblichkeit der Handlungsweise an sich eine Rolle spielt.

Auf der einen Seite stehen dabei Handlungen, die von vornherein durch die Gesellschaft missbilligt werden. So ist es nicht sozialkonform, einen anderen Menschen zu verletzen (Körperverletzung, § 223 StGB) oder dessen Eigentum zu beschädigen (Sachbeschädigung, § 303 StGB). Solche Handlungen, die gegen eine andere Person bzw. deren Sachen gerichtet sind, bedürfen zur Straflosigkeit etwa das Einverständnis des anderen.[970] Die Handlung an sich, beispielsweise der Schlag gegen den Körper oder den Gegenstand, wird objektiv betrachtet als Verletzung sozialer Konventionen angesehen. Erst durch hinzutretende Umstände, wie die Einwilligung des Betroffenen, ergibt sich ein differenzierteres Bild.

Auf der anderen Seite zeigt sich, dass bei Strafnormen, die eine für sich genommen grundsätzlich neutrale Handlung unter Strafe stellen, der Handlungszusammenhang bzw. sonstige Umstände schon bei der tatbestandlichen

---

968 Oben 4. Kapitel II. 1. a) bb) (1) (ab S. 197).

969 *Momsen-Pflanz*, Die sportethische und strafrechtliche Bedeutung des Dopings, S. 198 ff, 142.

970 Sowohl bei der Sachbeschädigung als auch bei der Körperverletzung ist dabei umstritten, ob eine Einwilligung bereits den Tatbestand entfallen lassen kann, oder erst auf der Ebene der Rechtswidrigkeit greift, vgl. *Fischer* § 303 Rn. 16 f., § 223 Rn. 16 ff., 23 ff. m.w.N. Bei der Körperverletzung ist zudem die Regelung des § 228 StGB zu beachten.

Bewertung eine wichtige Rolle spielen. Beispielsweise beim Erwerb bzw. Verkauf von Wertpapieren, einem täglich unzählige Male vorgenommenen Geschäft, führt die Verwendung von Insiderinformationen hierbei zu einer Strafbarkeit dieser Handlung nach § 38 Abs. 1 Nr. 1 WpHG.[971] Strafrechtliche Relevanz beim objektiv neutralen bzw. sozialkonformen Verhalten des Handels mit Wertpapieren entfalten dabei die Umstände, also etwa ein ungerechtfertigter Wissensvorsprung durch eben die Verwendung von Insinderinformationen. Noch deutlicher wird dies beim Hausfriedensbruch, was Geschäftsräume angeht, § 123 StGB. Das Betreten eines Geschäfts während der Öffnungszeiten ist ebenfalls eine neutrale Handlung, die grundsätzlich vom der generellen Eintrittserlaubnis gedeckt ist.[972] Die Sozialüblichkeit dieser Verhaltensweise entfällt damit erst, wenn weitere Umstände hinzukommen, etwa eine Maskierung oder offene Bewaffnung, die dazu führen, dass das Betreten nach seinem äußeren Erscheinungsbild offenkundig von dem allgemein erlaubten Verhalten abweicht.[973] Allein das nach außen hin unauffällige Betreten des Geschäfts in der Absicht, dort etwas zu stehlen, kann trotz des entgegenstehenden Willens des Geschäftsinhabers, dass zu Diebstählen bereite Personen sein Geschäft gerade nicht betreten sollen, nicht zu einer Strafbarkeit nach § 123 StGB führen.[974]

Häufiger als eine losgelöste Betrachtung der Verhaltensweise an sich findet man in der Literatur eine Gesamtbetrachtung der Sozialschädlichkeit, bei der die Verhaltensweise im Hinblick auf den durch sie verursachten Erfolg bewertet wird.[975] Voraussetzung für das sozialethische Unwerturteil ist danach, dass das Verhalten durch Gefährdung oder Verletzung der Werte innerhalb einer Gesellschaft das soziale Miteinander gravierend stört oder in Frage stellt.[976]

Eine solche Bewertung der Sozialschädlichkeit eines Verhaltens im Hinblick auf den durch dieses verursachten Erfolg findet sich beispielsweise im Bereich der Umweltdelikte. Das unsachgemäße Entsorgen von Abfällen in der Umgebung, etwa das Wegwerfen leerer Flaschen, Zigarettenschachteln oder Ähnlichem im Wald, wird grundsätzlich als sozial unerwünschtes Verhalten angesehen. Strafrechtliche Relevanz entfaltet es allerdings erst, wenn es sich

---

971 MK-StGB-*Pananis* Bd. 7 § 38 WpHG Rn. 27 ff.; *Momsen*, FS Maiwald, S. 561 (575 ff.).

972 *Fischer* § 123 Rn. 18; NK-StGB-*Ostendorf* § 123 R. 29.

973 *Fischer* § 123 Rn. 18; NK-StGB-*Ostendorf* § 123 R. 29.

974 *Fischer* § 123 Rn. 17; SSW-StGB-*Fahl* § 123 Rn 7; Schönke/Schröder-*Sternberg-Lieben/Schittenhelm* § 123 Rn. 26.

975 *Otto*, GS Schröder, S. 53 (55); *Günther* JuS 1978, 8 (12); ähnlich auch NK-StGB-*Hassemer/Neumann* Vorbemerkungen zu § 1 Rn. 70.

976 *Otto*, GS Schröder, S. 53 (55).

dabei um bestimmte gefährliche Abfälle handelt, § 326 Abs. 1 StGB. Nur dann ist die potentielle Gefährdung der sozialen Werte – Gesundheit des Menschen und Qualität der Umwelt – gravierend genug, um mit strafrechtlichen Mitteln zu reagieren. In den übrigen Fällen, wie in dem Beispiel mit den Flaschen und Zigarettenschachteln, handelt es sich lediglich um eine Ordnungswidrigkeit.[977]

Auch in der vorliegenden Arbeit wird nach der Betrachtung der Verhaltensweise an sich in einem nächsten Schritt auch wieder der mögliche „Erfolg" der Handlung in den Blick zu nehmen und die Sozialschädlichkeit der Verhaltensweise nach den potentiellen Auswirkungen der Handlung auf die Gesellschaft zu beurteilen sein.

cc) alternative Maßnahmen der Verhaltenssteuerung

Schließlich kommt man nicht umhin, sich die alternativen Handlungsmöglichkeiten des Staates vor Augen zu führen und, soweit dies möglich ist, deren Auswirkungen und Erfolgsaussichten mit denen einer potentiellen strafrechtlichen Reaktion zu vergleichen. Zu fragen bleibt, inwieweit ein Nichtstun des Staates die Situation verändern würde und ob ein weiteres Beobachten der Gegebenheiten dem Ergreifen staatlicher, möglicherweise strafrechtlicher Mittel vorgezogen werden könnte. Dies gebietet schon das rechtstaatliche Prinzip der Verhältnismäßigkeit, wonach der Gesetzgeber vom Instrument der Strafnorm nur behutsam und zurückhaltend Gebrauch machen darf.[978] Erscheint ein anderes Mittel insgesamt gleich geeignet zum Rechtsgüterschutz und dabei weniger eingriffsintensiv, wäre es der Strafnorm vorzuziehen. Da sich darüber aufgrund der bestehenden Unsicherheiten aber wohl nur selten eindeutige Prognosen treffen lassen, wird es in vielen Fällen grundsätzlich Sache des Gesetzgebers bleiben zu entscheiden, ob er ein bestimmtes Rechtsgut, dessen Schutz ihm wesentlich erscheint, gerade mit den Mitteln des Strafrechts verteidigen will, oder ob er sich für andere Alternativen entscheidet.[979] Trotzdem soll bei der Betrachtung der Alternativen eine Einschätzung dahingehend erfolgen, ob eine strafrechtliche Reaktion die bessere Wahl wäre, oder andere Maßnahmen die geeignetere Reaktion darstellen würden.

---

977 § 69 KrWG und die Bußgeldkataloge der Bundeländer.

978 BVerfGE 39, 1 (47).

979 Vgl. BVerfGE 120, 224 (240).

dd) Gesamtabwägung

Der eben angesprochene Punkt der Betrachtung von Alternativmaßnahmen, inklusive eines Vergleichs von deren Auswirkungen mit denen einer Strafnorm, nimmt die vorzunehmende Abwägung in großen Teilen schon vorweg. Der Übergang zwischen beiden Kriterien wird oft fließend sein. Trotzdem ist es wichtig noch einmal in einem gesonderten Punkt zu betonen, dass für die Entscheidung auch die Wechselwirkungen und der gegenseitige Einfluss der Kriterien untereinander von großer Bedeutung sind. Erst in einer Gesamtbetrachtung aller Punkte lässt sich feststellen, ob die Gründe für oder gegen eine strafrechtliche Reaktion überwiegen.

2. Vorliegen der Voraussetzungen für den sportlichen Wettbewerb mit Vermögensrelevanz

a) Wertigkeit des Rechtsguts

Das Grundgesetz selbst kennt kein Rechtsgut des „Sportlichen Wettbewerbs mit Vermögensrelevanz". Somit muss die Betrachtung auf die einzelnen Bestandteile des neuen Rechtsguts ausgeweitet werden. Zunächst ist also festzustellen, inwieweit der Wettbewerbsschutz in der Verfassung verankert ist. Die Komponente des „Wettbewerbs" stellt den Grundanker bzw. die Basis des Rechtsguts dar, wobei die Betrachtung sich auf den Teilbereich des „sportlichen" Wettbewerbs begrenzt. Dieser wird in seiner Weite durch die zusätzliche Voraussetzung der „Vermögensrelevanz" wieder eigeschränkt. Aber auch der Wettbewerb an sich wird in der deutschen Verfassung nicht erwähnt. Dies hätte man zumindest im Hinblick auf den „wirtschaftlichen Wettbewerb" erwarten können. Obwohl auf staatsrechtlicher Ebene die Frage nach einer im Grundgesetz verankerten Wirtschaftsverfassung immer wieder aufkommt,[980] hat das Bundesverfassungsgericht selbst mehrfach festgestellt, dass das Grundgesetz wirtschaftlich neutral ist und die Wirtschaftspolitik grundsätzlich dem gesetzgeberischen Ermessen überlässt.[981] „Anders als die Weimarer Reichsverfassung (Art. 151 ff) normiert es auch nicht konkrete verfassungsrechtliche Grundsätze der Gestaltung des Wirtschaftslebens."[982] Der freie Wettbewerb ist demnach nicht grundgesetzlich abgesichert.[983] Die „Basis" des Rechtsguts, der Wettbewerb, ist damit im Vergleich mit

980 *Tettinger* DVBl 1999, 679.

981 BVerfGE 4, 7 (17 f); BVerfGE 50, 290 (337).

982 BVerfGE 50, 290 (337).

983 *Achenbach*, Strafrechtlicher Schutz des Wettbewerbs, S. 82 f.

den im Grundgesetz ausdrücklich verankerten strafrechtlichen Rechtsgütern, wie Leben und Gesundheit, in seinem Wert als deutlich geringer zu erachten. Dies spricht, wie oben festgestellt,[984] schon von Beginn an dafür, wenn überhaupt nur einzelne gravierende Angriffe gegen das Rechtsgut strafrechtlich zu ahnden. Auch die Verengung des Wettbewerbs auf den Bereich des „sportlichen" Wettbewerbs ändert an dieser ersten Beurteilung des Werts zunächst nichts, auch der Schutz bzw. die Förderung des Sports ist (noch) kein Bestandteil der Verfassung. Es gibt allerdings durchaus ernsthafte Bestrebungen, den Sport als wesentliches Element der Gesellschaft ins Grundgesetz aufzunehmen. Die SPD-Fraktion hatte am 11.09.2012 einen Gesetzentwurf in den Bundestag eingebracht, der eine Erweiterung von Artikel 20a des Grundgesetzes um die Staatsziele Kultur und Sport vorsah.[985] Auch in den meisten Landesverfassungen ist zumindest die Sportförderung verankert.[986] Damit erfährt der Wettbewerb durch die Verengung auf den Aspekt „Sport" eine Aufwertung. Die Pläne, den Sport als wichtiges Anliegen in die Verfassung zu schreiben, und sein Auftauchen in den Landesverfassungen geben ihm eine höhere Wertigkeit als beispielsweise der wirtschaftliche Wettbewerb für sich beanspruchen kann.

Schließlich stellt sich die Frage, ob sich an den obigen Feststellungen zum bisher als dennoch nicht allzu hoch einzuschätzenden Rang des Rechtsguts durch den Zusatz „mit Vermögensrelevanz", der das Gut erst zu einem strafrechtlich schützenswerten Rechtsgut macht,[987] etwas ändert. Dafür ist zu klären, inwieweit das „Vermögen" verfassungsrechtlichen Schutz genießt. Der Artikel 14 des Grundgesetzes gewährleistet den Schutz des Eigentums. Ob auch das Vermögen als solches dem Eigentumsschutz unterfällt, ist allerdings umstritten.[988] Das Bundesverfassungsgericht selbst lehnte es bislang ab, das Vermögen als solches unter den Begriff des Eigentums im Sinne des Art. 14 GG zu fassen.[989] In einer neueren Entscheidung lässt es jedoch die Frage eines Vermögensschutzes durch Art. 14 GG offen,[990] was in der Literatur zu neuen Überlegungen führt,

---

984 Oben 4. Kapitel II. 1. (ab S. 190).

985 Dazu BT-Drs. 17/10644; Vgl. auch schon *Steiner* NJW 1991, 2729 (2730).

986 Z.B. Artikel 6 Niedersächsische Verfassung: „Das Land, die Gemeinden und die Landkreise schützen und fördern Kunst, Kultur und Sport." Zu anderen Landesverfassungen Fritzweiler/Pfister/Summerer-*Fritzweiler/von Coelln* 1. Teil Kap. 1. Rn. 4 ff.

987 Oben 2. Kapitel 4. d) bb) (ab S. 129).

988 BeckOK-GG-*Axer* Art. 14 Rn. 55; *Stern*, Das Staatsrecht der Bundesrepublik Deutschland Band IV/1, S. 2203 ff.; ausführlich auch Dreier-*Wieland* Art. 14 Rn. 53 ff.; BK-*Kimminich* Art. 14 Rn. 50 ff.

989 BVerfGE 95, 267 (300); 65, 196 (209); BeckOK-GG-*Axer* Art. 14 Rn. 55.

990 BVerfGE 115, 97 (110 ff.).

letztlich auch das Vermögen als Eigentum im Sinne des Art. 14 GG anzusehen.[991] Andere sind hingegen weiter der Ansicht, dass das Vermögen und Erwerbschancen keine Rechtspositionen im Sinne der Eigentumsgarantie seien.[992] Dies bezieht sich aber, wie auch die Rechtsprechung des Bundesverfassungsgerichts, auf eine Eigentumsgarantie im Sinne eines Abwehrgrundrechts gegen eine Vermögensminderung durch staatliche Eingriffe wie Steuern, Abgaben oder sonstige staatliche Geldleistungspflichten. Auch in der Literatur wird anerkannt, dass Art. 14 GG über den „Eigentums"-Schutz auch einen grundrechtlichen Vermögensschutz gewährleistet.[993] In der staatsrechtlichen Diskussion geht es damit um den Umfang des durch Art. 14 GG innerhalb der Eigentumsgarantie gewährleisteten Vermögensschutzes. Daraus lässt sich aber schließen, dass das „Vermögen", abseits der Streitigkeiten um die konkrete Ausprägung dieses Schutzes, auch als ein von Art. 14 GG zumindest in Teilen mitumfasstes Rechtsgut angesehen werden kann. Für die hier aufgeworfene Frage nach dem Rang des Rechtsguts „sportlicher Wettbewerb mit Vermögensrelevanz" bestätigt das die schon bei der Rechtsgutsdiskussion gewonnene Erkenntnis, dass gerade die weitere Einschränkung auf den Bereich der Wettkämpfe mit Vermögensrelevanz erst dazu führt, dass es sich um ein schutzwürdiges Strafrechtsgut handelt. Erst die Bezugnahme auf den auch nach Maßstäben der grundrechtlichen Ordnung werthaltigen Bestandteil „Vermögen" lässt das gefundene Rechtsgut einen Rang annehmen, der die Erforderlichkeit einer strafrechtlichen Reaktion gegen das dieses beeinträchtigende Verhalten „Einnahme von Neuroenhancement-Mitteln" tatsächlich realistisch erscheinen lässt.

Das Vermögen genießt nicht nur verfassungsrechtlichen Schutz, sondern ist auch ein Schutzgut des Strafrechts selbst. Das Rechtsgut „Vermögen" ist dort beispielsweise über den Betrug, § 263 StGB, unmittelbar geschützt,[994] daneben auch in zahlreichen anderen Delikten wie bei der Erpressung, § 253 StGB,[995] und der Untreue, § 266 StGB.[996] Über einen Schutz in Verbindung mit dem

---

991 BeckOK-GG-*Axer* Art. 14 Rn. 55 a.E.; *Stern*, Das Staatsrecht der Bundesrepublik Deutschland Band IV/1, S. 2203 ff. mwN.

992 ErfK/*Schmidt* Art. 14 GG Rn. 5; Schmidt-Bleibtreu/Hofmann/Hopfauf-*Hofmann* GG Art. 14 Rn. 11; Münch/Kunig-*Bryde* Art. 14 Rn. 23; Mangoldt/Klein/Starck-*Depenheuer* GG Art. 14 Rn. 160; vgl. auch Maunz/Dürig-*Papier* GG Art. 14 Rn. 160.

993 Maunz/Dürig-*Papier* GG Art. 14 Rn. 160 mwN; BK-*Kimminich* Art. 14 Rn. 61 f.

994 Oben 3. Kapitel II. 1. a) (S. 157).

995 *Fischer* § 253 Rn. 2, 19.

996 *Fischer* § 266 Rn. 2.

wirtschaftlichen Wettbewerb durch §§ 289, 299 StGB wird zumindest diskutiert.[997] Damit erscheint es zumindest nicht völlig ausgeschlossen, dass auch das neue Rechtsgut, das ja ebenfalls einen bestimmten Bereich des Wettbewerbs mit einer Vermögenskomponente verbindet, zumindest gegen bestimmte Angriffe strafrechtlichen Schutz erlangen kann. Dass es dabei wirklich nur um einen Schutz gegenüber einzelnen expliziten und besonders schwerwiegenden bzw. schädigenden Verhaltensweisen gehen kann, zeigt dieser vergleichende Blick zu bestehenden Strafrechtsnormen allerdings auch. Selbst die strafrechtliche Norm mit der größten Reichweite, § 263 StGB, schützt das Vermögen nur gegen eine ganz bestimmte Angriffsmethode, nämlich „gegen die zur Selbstschädigung veranlassende Täuschung".[998] Das muss als Maßstab für einen Schutz des im Rang niedriger stehenden Rechtsguts[999] sportlicher Wettbewerb mit Vermögensrelevanz immer im Auge behalten werden.

Insgesamt ist die Auswertung des ersten Kriteriums für sich alleine genommen noch nicht sehr ergiebig. Den Rang festzustellen, den das Rechtsgut in der verfassungsrechtlichen Werteordnung einnimmt, war nur insoweit möglich, als dass sich das Rechtsgut als solches nicht in der Verfassung wiederfindet, allerdings einzelne Komponenten zumindest mittelbaren Bezug zu verfassungsrechtlichen Schutzgütern haben. Klar ist, dass der „sportliche Wettbewerb mit Vermögensrelevanz" als Rechtsgut mit geringem Rang nur gegen einzelne Angriffe strafrechtlich geschützt werden darf. Ob aber die Verhaltensweise „Anwendung von Neuroenhancement-Mitteln" einen solchen Angriff darstellt, der eine strafrechtliche Reaktion rechtfertigt, kann erst die Gesamtbetrachtung nach einer Anwendung der übrigen Kriterien zeigen.

---

997 Für § 298 sieht die herrschende Meinung das Vermögen als mitgeschütztes Rechtsgut an (NK-StGB-*Dannecker* § 298 Rn. 13 mwN; Lackner/Kühl-*Heger* § 298 Rn. 1; BeckOK-StGB-*Momsen/Laudien* § 298 Rn. 3), andere lehnen dies ab (MK-StGB-*Hohmann* Bd. 5 § 298 Rn. 4; Schönke/Schröder-*Heine/Eisele* § 298 Rn. 1). Dazu auch ausführlich *Momsen-Pflanz*, Die sportethische und strafrechtliche Bedeutung des Dopings, S. 178 ff. Auch bei § 299 wird von Vielen zumindest ein teilweiser Schutz von individuellen Vermögensinteressen angenommen (NK-StGB-*Dannecker* § 299 Rn. 11 f.; BeckOK-StGB-*Momsen/Laudien* § 299 Rn. 4 ff.; Lackner/Kühl-*Heger* § 299 Rn. 1; Schönke/Schröder-*Heine/Eisele* § 299 Rn. 3).

998 Schönke/Schröder-*Perron* § 263 Rn. 3; *Wimmer* DRZ 1948, 116 (118, Anm. 6).

999 Oben 4. Kapitel II. 2. a) (ab S. 212).

b) *Sozialschädlichkeit der Verhaltensweise*

In Bezug auf dieses Kriterium soll zunächst nur die in Rede stehende Verhaltensweise betrachtet werden: Die Einnahme von Neuroenhancement-Mitteln im Zusammenhang mit der Teilnahme an einem sportlichen Wettbewerb mit Vermögensrelevanz. Mit Blick auf die reine Handlung an sich, die Einnahme des entsprechenden Neuroenhancement-Mittels, kann festgestellt werden, dass es sich um eine neutrale Verhaltensweise handelt.[1000] Die Einnahme von Medikamenten in Tablettenform, wie bei Ritalin und Modafinil üblich, ist eine sozial geläufige bzw. unauffällige Verhaltensweise. Viele Menschen nehmen täglich zuhause notwendige Mittel gegen alle möglichen Krankheiten wie Bluthochdruck, Diabetes zu sich. Aber auch in der Öffentlichkeit ist die Einnahme irgendwelcher Tabletten nicht ungewöhnlich, sei es gegen Kopfschmerzen oder die Pille zur Verhütung. Eine Ausnahme stellt dabei das auch betrachtete Amphetamin dar, wenn es in Pulverform durch die Nase konsumiert wird. Diese Verhaltensweise lässt sich eher selten beobachten, die Aufnahme des Stoffes erfolgt im privaten Bereich oder zumindest in der relativen Abgeschiedenheit einer Toilette, aber nicht in der Öffentlichkeit. Zumindest würde sie dort für gewisses Aufsehen sorgen und damit nicht mehr als sozial geläufige Verhaltensweise gelten. Jedoch wird es zu Leistungssteigerungszwecken eher üblich sein, auch Amphetamin in Tablettenform einzunehmen.[1001] Ist bei der Anwendung von Neuroenhancement-Mitteln die Einnahme zum größten Teil unauffällig und gesellschaftlich kompatibel, sieht das bei einer umfassenderen Betrachtung des Dopings im Sport anders aus. Viele der dort verwendeten anderen leistungssteigernden Mittel sind, was ihre Einnahmeform angeht, auffälliger als es das Schlucken einer Tablette ist. Die Dopingmittel werden dort oft über Spritzen oder Infusionen zugeführt, was schon aus logistischen Gründen nicht gut in der Öffentlichkeit durchführbar ist. Zudem handelt es sich dabei auch nicht mehr um eine „unauffällige“ Handlung. Während die Einnahme einer Tablette von Außenstehenden nicht einmal unbedingt bemerkt werden muss und so auch die unerlaubte Einnahme praktisch

---

1000 Die Einnahme von Koffein in Form von Kaffee oder Energy-Drinks ist als absolut sozialübliche, in weiten Teilen positiv besetzte Handlung anzusehen. Es ist gesellschaftlich voll und ganz anerkannt, in der Öffentlichkeit Koffein in Form von verschiedenen Getränken zu sich zu nehmen. Auf das Neuroenhancement mittels Koffein wird deshalb nicht mehr näher eingegangen, weil der Stoff nicht unter die im sportlichen Wettbewerb verbotenen Wirkstoffe und Methoden fällt, oben 2. Kapitel II. 3. e) cc) (S. 106 Fn. 540).

1001 *Lieb*, Hirndoping, S. 65, 67 ff.

ohne großen Aufwand verheimlicht werden kann, ist dies z.B. beim Setzen einer Spritze oder gar einer Eigenbluttransfusion nur schwer denkbar. Im Gegensatz zum Neuroenhancement, klassischerweise mit Medikamenten in Tablettenform, werden viele Dopinghandlungen im Verborgenen vorgenommen, weil sie schon von der äußeren Handlung her als sozial auffällig angesehen werden können. Verengt man die Betrachtung auf den rechtsgutsrelevanten Bereich des sportlichen Wettbewerbs, ergibt sich kein wesentlich anderes Bild. Auch wenn es gerade im Spitzensport eher zum gewohnten Bild gehört, dass die Sportler vor oder auch während des Wettkampfs ärztlich betreut und behandelt werden, lässt sich die schnelle Einnahme einer Tablette unauffälliger gestalten und auch eher mit der durchaus üblichen Einnahme eines Schmerzmedikaments begründen,[1002] als die auffälligere Injektion einer Substanz mittels einer Spritze. Letztere wird wohl aufgrund der allgegenwärtigen Dopingproblematik kritischer beäugt werden. Im Ergebnis kann festgehalten werden, dass die Einnahme von Neuroenhancement-Mitteln in den meisten Fällen als sozial unauffällige Verhaltensweise zu bewerten ist, während die Zuführung von Dopingmitteln gerade über Spritzen und Infusionen in einem weiteren Bereich als zumindest sozial unübliche Verhaltensweise angesehen werden kann. Als sozialschädlich können jedoch beide nicht klassifiziert werden. Hierunter würden Handlungen fallen, die schon „auf den ersten Blick“, also ohne die Bewertung des konkreten eingetretenen Erfolgs nicht nur als unüblich, sondern auch als negativ und schädlich bewertet werden können. Hierunter fallen beispielsweise Verhaltensweisen, die sich in aggressiver Weise gegen eine andere Person oder einen Gegenstand richten, also das Ausholen zu einem Schlag oder einem Tritt. Diese Handlungen sind schon aus sich heraus als sozialschädlich zu bewerten, was auf die für Neuroenhancement in Betracht kommenden Verhaltensweisen nicht zutrifft. Zwar ist auch die Verabreichung eines Dopingmittels mittels einer Spritzen- oder Infusionsnadel eine gegen den Körper gerichtete Handlung. Allerdings kann eine solche Handlung auch mit einer Heilbehandlung assoziiert werden. Während etwa ein Tritt grundsätzlich sozial missbilligt wird, würde einer Dopinghandlung, die nicht direkt als solche zu erkennen ist, aufgrund des dahinter stehenden, an eine

1002 Die Einnahme von Schmerzmitteln gehört nicht zum Doping, ist aber dennoch kritisch zu sehen. Dazu ein Interview mit Tim Meyer, Teamarzt der DFB-Elf: *Fritsch, Oliver* DFB-Arzt – „Mich hat noch kein Sportler nach Dopingmitteln gefragt“, in: Zeit.online, 27.08.2012, http://www.zeit.de/sport/2012-08/meyer-dfb-schmerzmittel-actovegin (zuletzt abgerufen am 01.10.2017) und *Graf-Baumann*, FS Röhricht, S. 1115 (1133 ff.).

ärztliche Heilbehandlung erinnernden Charakters von der Sozialgemeinschaft kein solch negatives Gewicht zugemessen.

Nach der Feststellung, dass die Einnahme von Neuroenhancement-Mitteln als sozialübliche bzw. neutral einzuschätzende Verhaltensweise gewertet werden kann, während einige Dopinghandlungen durchaus als sozial auffällig, wenn auch nicht schädlich, angesehen werden können, ist nun der Blick auf den Kontext und die Wirkung der Handlung zu lenken.

Zunächst soll dabei betrachtet werden, wie wahrscheinlich eine Rechtsgutsverletzung ist, wenn die Handlung vorgenommen wurde, bzw. wovon sie abhängt. Der sportliche Wettbewerb mit Vermögensrelevanz ist schon durch die Handlung an sich, die Teilnahme eines Sportlers unter Einfluss von Neuroenhancement- oder anderen Dopingmitteln, betroffen. Der Sportler, der verbotene Mittel und Methoden einnimmt bzw. anwendet und dann am sportlichen Wettkampf teilnimmt, verletzt die diesen konstituierenden Regeln. Die an sich eher neutrale Handlung der Einnahme von Medikamenten bekommt durch den Zusatz „im Wettbewerb", wo sie in Dopingfällen einen Regelbruch darstellt, einen negativen Kontext. Es spielt dabei keine Rolle, welche Platzierung der Athlet einnimmt und ob diese nur mit Hilfe des Neuroenhancements bzw. Dopings erreicht werden konnte oder davon unabhängig war. In der nicht den Wettbewerbsregeln entsprechenden Teilnahme liegt schon eine Beeinträchtigung des Rechtsguts. Ob sich die Einnahme des Neuroenhancement- bzw. Dopingmittels positiv auf den im Wettkampf erreichten Erfolg ausgewirkt hat oder nicht, lässt sich im Nachhinein nicht sicher feststellen. Aufgrund dieser Unmöglichkeit, den Einfluss der Handlung auf den Ausgang des Wettbewerbs und damit auf das zu erreichende Ziel zu bestimmen, kann dies nicht als Kriterium der Bewertung diesen. Damit ist ein bestimmter, über die Verhaltensweise „Teilnahme am Wettbewerb unter Dopingeinfluss" hinausgehender „Erfolg" im Sinne einer auf der verbotenen Mittelanwendung basierenden besseren Platzierung nicht erforderlich. Für eine mögliche Strafnorm bedeutet dies, dass eine solche als Gefährdungsdelikt konstruiert werden müsste.[1003] Die Handlung an sich beinhaltet damit schon die schädliche Wirkung. Eine Verletzung des Rechtsgutes „sportlicher Wettbewerb mit Vermögensrelevanz" kann durch sie angenommen werden, auch ohne dass es im Nachhinein zu einem nachweisbaren Erfolg im Sinne eines Schadens für eine andere Person gekommen sein muss. Die Sozialschädlichkeit

---

1003 Ausführlich zur Strafwürdigkeit von Doping vor dem Hintergrund der Deliktsstruktur des abstrakten Gefährdungsdelikts *Momsen-Pflanz*, Die sportethische und strafrechtliche Bedeutung des Dopings, S. 194 ff.

der Verhaltensweise ergibt sich aus dem damit einhergehenden Gefährdungspotential in Bezug auf das Vermögen der Beteiligten. Am deutlichsten wird das bei der Betrachtung des Preisgeldes für einen Sieg. Hat der Erstplatzierte verbotene Doping- bzw. Neuroenhancement-Mittel eingenommen, ist der Zweitplatzierte potentiell dadurch geschädigt worden, wenn man annimmt, dass er ohne die verbotene Leistungssteigerung des Ersten selbst Sieger geworden wäre. Zwar lässt sich das, wie schon wiederholt festgestellt, nicht sicher nachweisen, diese Zweifel gehen aber zu Lasten des sich regelwidrig Verhaltenden. Sein Verhalten schädigt im Ergebnis die anderen Teilnehmer. Aber auch abseits des direkten, durch die Siegprämie vermittelten Vermögensbezugs, kann sich die Einnahme verbotener Mittel und die damit verbundene potentiell bessere Listung in der Wettkampfrangfolge schädlich auswirken.

Die Beziehung zwischen der Platzierung in einem sportlichen Wettbewerb und den davon abhängenden Vermögensinteressen ist neben den deutlichen Vermögenszuwächsen durch ausgelobte Prämien für den Gewinner (bzw. oft auch noch den Zweiten und Dritten) zwar weniger direkt, aber durchaus noch vorhanden. Das möglichst dauerhafte gute Abschneiden in solchen Wettkampf-Rankings führt auch unabhängig von einer Platzierung unter den „ersten Drei" zu einem Vermögensvorteil, beispielsweise im Sinne von Sponsorenverträgen und der Möglichkeit, sich für weitere Wettkämpfe zu qualifizieren. Erreicht man dies durch die Anwendung von Neuroenhancement- bzw. Dopingmitteln, geht damit eine schädliche Wirkung für diejenigen einher, die regelkonform teilnehmen und damit möglicherweise eine schlechtere Platzierung erreichen als der Dopende. Aber auch über benachteiligte andere Wettkampfteilnehmer hinaus kann die Teilnahme am sportlichen Wettbewerb mit Vermögensrelevanz unter Einfluss von Neuroenhancement- oder Dopingmitteln eine sozialschädliche Wirkung für den Wettbewerb an sich haben. Als Beispiel kann hierfür der Radsport dienen, der besonders in Deutschland aufgrund der massenhaften Dopingfälle einen unglaublichen Imageschaden erlitten hat. Als Konsequenz dessen konnte ein Rückzug der Sponsoren aus dem Radsport festgestellt werden, was wiederum zu finanziellen Einbußen bei den teilnehmenden Teams und damit auch bei den Fahrern als Wettkampfteilnehmern geführt hat. Auch diese negative Folge trat unabhängig von der konkreten Platzierung eines gedopten Sportlers oder der Frage, ob auch im konkreten Wettkampf gedopt wurde, auf. Allein das zu oft bestätigte Vorurteil, dass es sich bei dieser Sportart generell um einen „dopingverseuchten Bereich" handelt, hat zu den für diesen Bereich sozialschädlichen Vermögenseinbußen geführt.

Mit Blick auf die Wahrscheinlichkeit einer Rechtsgutsverletzung bzw. der Frage, wovon sie abhängt, kann aus dem bisher Gesagten Verschiedenes gefolgert werden: Das Rechtsgut ist schon durch die Vornahme der relevanten Handlung, also der Teilnahme am Wettbewerb nach Einnahme von Neuroenhancement- bzw. Dopingmitteln, verletzt. Die Rechtsgutsverletzung hängt von keinen weiteren externen Faktoren ab. Die Handlung kann allerdings weiterreichendere, über die Verletzung des Rechtsguts im konkreten Fall hinausgehende Folgen haben.

Für eine weitere Bewertung der Sozialschädlichkeit der Verhaltensweise stellt sich noch die Frage, ob der Handelnde selbst von einer Ungefährlichkeit seines Verhaltens ausgehen könnte.[1004] Der die verbotenen Mittel Einnehmende muss aufgrund der oben geschilderten Unsicherheiten über die Wirkung immer damit rechnen, dass sein Verhalten sich für ihn positiv auf den Ausgang des Wettkampfs auswirkt und er sich damit im Ergebnis einen unerlaubten Vorteil verschafft. Genau das ist ja auch das Ziel seiner Handlung. Wie *Momsen-Pflanz* es ausdrückt ist die Gefährdung fremder Interessen gerade der angestrebte Erfolg dopingtypischen Verhaltens.[1005] Im Vergleich zu anderen abstrakten Gefährdungsdelikten kann damit die Einstufung der Handlung als sozialschädlich nicht durch die Vorstellung des Täters von der Ungefährlichkeit seines Verhaltens eliminiert bzw. minimiert werden.[1006]

Auch die Art und Weise der Ausführung kann ein Indiz für die Beurteilung der Sozialschädlichkeit der Verhaltensweise darstellen. Wie verschiedentlich oben schon angedeutet wurde, macht die Einnahme von Doping- bzw. Neuroenhancement-Mitteln im sportlichen Wettbewerb nur Sinn, wenn sie unbemerkt, also heimlich geschieht. Wenn die Anwendung verbotener Substanzen bemerkt wird, folgt der sofortige Ausschluss vom Wettbewerb. Der Sportler, der vor der Teilnahme am Wettkampf verbotene Mittel einnimmt, muss zur Erreichung seines Ziels, der erfolgreichen Teilnahme am Wettbewerb, den Eindruck erwecken, er bestreite den Wettkampf ordnungsgemäß bzw. regelkonform, also gerade ohne den Einsatz von Doping bzw. Neuroenhancement. Die Teilnahme am Wettbewerb unter Einfluss von verbotenen Mitteln hat damit einen täuschungsähnlichen Charakter.[1007] Nach Ansicht von *Momsen-Pflanz* begründet

---

1004 Vgl. *Momsen-Pflanz*, Die sportethische und strafrechtliche Bedeutung des Dopings, S. 199 f.

1005 *Momsen-Pflanz*, Die sportethische und strafrechtliche Bedeutung des Dopings, S. 200.

1006 *Momsen-Pflanz*, Die sportethische und strafrechtliche Bedeutung des Dopings, S. 200.

1007 Oben 3. Kapitel II. 1. a) aa) (2) (S. 166 f. Fn. 757) und bb) (1) (S. 169 f. Fn. 781) und *Momsen-Pflanz*, Die sportethische und strafrechtliche Bedeutung des Dopings, S. 200 f.

dieses Täuschungspotential von dopingspezifischem Verhalten einen erheblichen Handlungsunwert.[1008] Dem ist insoweit zuzustimmen, als dass Handlungen, die sich dem Element der Täuschung bedienen, von der Sozialgemeinschaft grundsätzlich negativ bewertet werden.

Schließlich kann zur Beurteilung der Sozialschädlichkeit einer Verhaltensweise auch das Bild herangezogen werden, welches in der Gesellschaft von dieser besteht. Dazu soll die Berichterstattung in den Medien, insbesondere in Zeitungen, zum Thema Doping betrachtet werden. Die dortige Bewertung des Verhaltes ist geeignet, hieraus Rückschlüsse auf das Stimmungsbild in der Bevölkerung zu ziehen. Schon aus den Überschriften bzw. Einleitungen diverser Artikel lässt sich die negative Bedeutung des Dopings im Sport herauslesen. So wird Doping sehr oft mit „Betrug" in Verbindung gebracht,[1009] auch wenn die strafrechtlichen Voraussetzungen des Betrugstatbestands § 263 StGB nur selten erfüllt sind.[1010] Das Wort „Betrug" ist daher nicht im rein juristischen Zusammenhang zu verstehen, sondern als Ausdruck einer betrügerischen Handlungsweise, eben auf Verdeckung der wahren Situation, der Einnahme verbotener Mittel gerichtet und geeignet, die ehrlichen, also dopingfreien Konkurrenten zu schädigen. Auch die Bezeichnung der Handelnden als „Doping-Sünder"[1011] bzw. ihrer Angaben als

1008 *Momsen-Pflanz*, Die sportethische und strafrechtliche Bedeutung des Dopings, S. 201.

1009 *Schmitt*, *Stefan* Sport-Betrug: Mediziner entwickeln Test für Gendoping, in: Spiegel.online, 26.07.2010, http://www.spiegel.de/wissenschaft/mensch/sport-betrug-mediziner-entwickeln-test-fuer-gendoping-a-496456.html (zuletzt abgerufen am 01.10.2017); *Hecker*, *Anno* Betrug und Selbstbetrug – Gesamtdeutsches Dopen, in: FAZ.net, 30.09.2011, http://www.faz.net/aktuell/sport/sportpolitik/doping/betrug-und-selbstbetrug-gesamtdeutsches-dopen-11410845.html (zuletzt abgerufen am 01.10.2017); *Catuogno*, *Claudio* Nüchterner Blick auf eine mafiöse Parallelwelt, in: Süddeutsche.de, 13.10.2012, http://www.sueddeutsche.de/sport/doping-im-spitzensport-nuechterner-blick-auf-eine-mafioese-parallelwelt-1.1494913 (zuletzt abgerufen am 01.10.2017): „Fassungslos betrachtet die Sportwelt den Betrug von Lance Armstrong…".

1010 Oben 3. Kapitel II. 1. c) (S. 177).

1011 *Schallenberg*, *Jörg* Dopingsünder Zabel: Amnestie durch die Hintertür, in: Spiegel.online, 29.05.2007, http://www.spiegel.de/sport/sonst/dopingsuender-zabel-amnestie-durch-die-hintertuer-a-485426.html (zuletzt abgerufen am 01.10.2017); *Lehmkuhl*, *Frank* / *Spilcker*, *Axel* Dopingsünder Bernhard Kohl „Es tut mir außerordentlich leid", in: Focus.online, 25.10.2008, http://www.focus.de/sport/mehrsport/dopingsuender-bernhard-kohl-es-tut-mir-ausserordentlich-leid_aid_343253.html (zuletzt abgerufen am 01.10.2017).

„Geständnis“[1012] unterstreicht die negative Wertung, die der betreffenden Verhaltensweise im sozialen Kontext eingeräumt wird. Schließlich weist die Einstufung der Arbeit zur Aufklärung bzw. Verhinderung des Phänomens Doping im Sport als „Kampf“[1013] auf die Sozialschädlichkeit des zu bekämpfenden Gegenstandes hin. Die Artikel sind auch inhaltlich dem Doping gegenüber ablehnend eingestellt, die Auswertung der Berichterstattung über den Gegenstand lässt auf ein negatives Stimmungsbild in der Bevölkerung diesbezüglich schließen.

Damit bestätigt sich insgesamt die Erkenntnis, dass die Verhaltensweise als sozialschädlich bewertet werden kann. Hieraus kann sich die Forderung nach einer Ahndung derselben mittels einer strafrechtlichen Norm ableiten, sie ist jedoch nicht zwingend. Die Klassifizierung der Einnahme von Doping- bzw. Neuroenhancement-Mitteln im sportlichen Wettbewerb als sozialschädlich

1012 Vgl. *Sachse*, *Jonathan* Doping-Interview – Armstrongs Geständnis ohne Reue, in: Zeit.online, 18.01.2013, http://www.zeit.de/sport/2013-01/lance-armstrong-winfrey-oprah (zuletzt abgerufen am 01.10.2017); *Hamann*, *Birger* Doping-Geständnis: Diese Männer müssen Armstrong fürchten, in: Spiegel.online, 15.01.2013, http://www.spiegel.de/sport/sonst/doping-gestaendnis-diese-maenner-muessen-vor-lance-arsmtrong-zitern-a-877596.html (zuletzt abgerufen am 01.10.2017); *Rilke*, *Lukas* Dopingbeichte bei Oprah Winfrey: Armstrongs eiskaltes Geständnis, in: Spiegel.online, 18.01.2013, http://www.spiegel.de/sport/sonst/armstrong-im-interview-dopinggestaendnis-bei-oprah-winfrey-a-878273.html (zuletzt abgerufen am 01.10.2017); *Schmieder*, *Jürgen* Doping-Geständnis von Lance Armstrong – So viel wie nötig, so sentimental wie möglich, in: Süddeutsche.de, 15.01.2013, http://www.sueddeutsche.de/sport/doping-gestaendnis-von-lance-armstrong-so-viel-wie-noetig-so-sentimental-wie-moeglich-1.1573242 (zuletzt abgerufen am 01.10.2017); *Siemes*, *Christof* Jan Ullrich – reden Sie!, in: Zeit.online, 25.10.2012, http://www.zeit.de/2012/44/Jan-Ullrich-Doping-Gestaendniss (zuletzt abgerufen am 01.10.2017): „Nur Geständnisse können die dunkle Ära des Radsports wirklich beenden.“; *Gertsch*, *Christof* Lance Armstrongs Geständnis – «Ja. Ja. Ja. Ja. Ja.», in: NZZ.online, 18.01.2013, http://www.nzz.ch/aktuell/sport/uebersicht/lance-armstrongs-gestaendnis-1.17947591# (zuletzt abgerufen am 01.10.2017).

1013 *Schenk*, *Sylvia* Anti-Doping-Kampf nach der Ära Armstrong – Runter vom Sattel, in: Süddeutsche.de, 24.10.2012, http://www.sueddeutsche.de/sport/anti-doping-kampf-nach-der-aera-armstrong-runter-vom-sattel-1.1505491 (zuletzt abgerufen am 01.10.2017); *Kistner*, *Thomas* Verlorener Kampf gegen das Doping, in: Süddeutsche.de, 17.05.2010, http://www.sueddeutsche.de/sport/doping-im-sport-verlorener-kampf-gegen-das-doping-1.412808 (zuletzt abgerufen am 01.10.2017); *Völker*, *Markus* Probleme im Anti-Doping-Kampf – Die deutsche Dopinglüge, in: taz.de, http://www.taz.de/!62608/ (zuletzt abgerufen am 01.10.2017).

macht eine Reaktion mittels einer Strafsanktion möglich, aber noch nicht erforderlich.

c) Alternative Regelungskonzepte

Gerade weil die ersten beiden Kriterien für die hier betrachtete Verhaltensweise noch kein klares Ergebnis hinsichtlich der Frage nach der Erforderlichkeit einer strafrechtlichen Reaktion liefern, ist die Betrachtung alternativer staatlicher Handlungsmöglichkeiten und die Einschätzung deren potentieller Wirksamkeit umso wichtiger.

aa) Ordnungswidrigkeitenrechtliche Ansätze

Auf den ersten Blick könnte man schnell zu dem Ergebnis kommen, dass anstelle einer Strafnorm eine ordnungswidrigkeitenrechtliche Sanktion eine bessere Alternative wäre. Nach Roxin liegt auch dem Ordnungswidrigkeitenrecht der Rechtsgüterschutzgedanke zu Grunde,[1014] und der Gesetzgeber solle zur Beachtung des Subsidiaritätsgrundsatzes die Ordnungswidrigkeit einer strafrechtlichen Sanktion vorziehen, wenn eine nicht strafrechtliche Sanktion zur Sicherung des von ihm verfolgten Zweckes ausreiche.[1015] Allerdings müsste in diesem Zusammenhang zunächst eine genauere Abgrenzung zwischen Ordnungswidrigkeit und Straftat vorgenommen werden. Die Rechtspraxis nimmt eine Unterscheidung der beiden Sanktionensysteme anhand der Rechtsfolge, also eines formalen Kriteriums vor.[1016] Für die Gesetzgebung muss es jedoch Kriterien zur Einordnung in die Kategorien „Ordnungswidrigkeit" und „Straftat" geben, die dem positiven Recht vorgelagert sind.[1017] Die genauen Abgrenzungskriterien zwischen beiden Sanktionen sind jedoch umstritten. Nach der früheren Ansicht herrschte eine qualitative Unterscheidung, wonach das Strafrecht vorgegebene Rechtsgüter zu schützen habe, während Ordnungswidrigkeitenrecht nur Verstöße gegen staatliche Verwaltungstätigkeit ahnden sollte.[1018]

1014 *Roxin*, Strafrecht AT I, § 2 Rn. 62.

1015 *Roxin*, Strafrecht AT I, § 2 Rn. 99.

1016 *Mitsch*, Recht der Ordnungswidrigkeiten § 3 Rn. 4. Die „Geldbuße" ist den Ordnungswidrigkeiten zugeordnet, andere Sanktionen wie Geldstrafe oder Freiheitsstrafe kennzeichnen eine Strafnorm.

1017 *Mitsch*, Recht der Ordnungswidrigkeiten, § 3 Rn. 6; *Jescheck/Weigend*, Strafrecht AT, S. 58 f.; *Maurach/Zipf*, Strafrecht AT I, § 1 Rn. 33.

1018 *Roxin*, Strafrecht AT I, § 2 Rn. 60; *Mitsch*, Recht der Ordnungswidrigkeiten, § 3 Rn. 8 f.

Die Ordnungswidrigkeit war danach nur als „verwaltungsschädlich", nicht wie die Straftat als „sozialschädlich" zu charakterisieren.[1019] Im Zuge der starken Ausdehnung des Ordnungswidrigkeitenrechts auf viele Lebensbereiche war dieses Unterscheidungskriterium jedoch nicht mehr haltbar,[1020] denn auch das Ordnungswidrigkeitenrecht bezweckt den Rechtsgüterschutz.[1021] Daher führt die herrschende Ansicht heute einen quantitativen Ansatz zur Unterscheidung beider Sanktionen an.[1022] Normübertretungen des Ordnungswidrigkeitenrechts haben danach einen geringeren Unrechts- und Schuldgehalt als Straftaten, auch ihre Begehungsweise hat einen niedrigeren Verwerflichkeitsgrad.[1023] Ein geringer Wertgehalt des zu schützenden Rechtsguts oder eine geringe tatbestandsmäßige Eingriffsintensität können für die Einordung als Ordnungswidrigkeit sprechen.[1024] Die genaue Grenzziehung zwischen der Strafwürdigkeit und der Bußgeldwürdigkeit, lässt sich abstrakt jedoch nicht eindeutig, sondern nur annäherungsweise bestimmen.[1025] Dabei tauchen die gleichen Probleme auf, die oben schon bei der Debatte zur Subsidiarität des Strafrechts erörtert wurden. Insbesondere sei nochmals auf den vom Bundesverfassungsgericht ausdrücklich für die Grenzziehung zwischen Strafrecht und Ordnungswidrigkeitenrecht festgestellten Entscheidungsspielraum des Gesetzgebers verwiesen.[1026] Erst,

1019 *Mitsch*, Recht der Ordnungswidrigkeiten, § 3 Rn. 8.

1020 *Mitsch*, Recht der Ordnungswidrigkeiten, § 3 Rn. 9; *Roxin*, Strafrecht AT I, § 2 Rn. 61 f.

1021 *Mitsch*, Recht der Ordnungswidrigkeiten, § 3 Rn. 9; *Sax* JZ 1957, 1 (6); *Jescheck* JZ 1959, 457 (461); *Tiedemann* AöR 89 (1964), S. 56 (72); *Göhler* JZ 1968, 583 (583 Fn. 6); *Weber* ZStW 92 (1980), 313 (315); *Meyer* JuS 1983, 513 (514); *Cramer*, Grundbegriffe des Rechts der Ordnungswidrigkeiten, S. 17; *Schmitt*, Ordnungswidrigkeitenrecht, S. 14.

1022 *Mitsch*, Recht der Ordnungswidrigkeiten, § 3 Rn. 10; *Sax* JZ 1957, 1 (6); *Jescheck* JZ 1959, 457 (461); *Tiedemann* AöR 89 (1964), S. 56 (72, 79); *Göhler*, JZ 1968, 583 (583 Fn 6); *Weber* ZStW 92 (1980), 313 (316); *Meyer* JuS 1983, 513 (514); *Cramer*, Grundbegriffe des Rechts der Ordnungswidrigkeiten, S. 17; *Schmitt*, Ordnungswidrigkeitenrecht, S. 14.

1023 *Mitsch*, Recht der Ordnungswidrigkeiten, § 3 Rn. 10.

1024 *Mitsch*, Recht der Ordnungswidrigkeiten, § 3 Rn. 10.

1025 *Mitsch*, Recht der Ordnungswidrigkeiten, § 3 Rn. 13. Gerade auch im Wirtschaftsstrafrecht zeigt sich, dass aufgrund der immer wieder erhöhten Obergrenze der zulässigen Geldbuße auf bis zu 10 Millionen Euro (§ 30 Abs. 2 OWiG) die ordnungswidrigkeitsrechtliche Sanktion gegen eine juristische Person deutlich höher liegen kann, als die Strafe für die daran beteiligte natürliche Person (vgl. dazu *Müller-Gugenberger*, Wirtschaftsstrafrecht, § 1 Rn. 119 ff.

1026 BVerfGE 27, 1 (29 f.).

wenn andere Handlungsmöglichkeiten ausscheiden, aber ein sanktionierendes Handeln des Staates erforderlich erscheint, kann am Ende der Gesamtabwägung noch zwischen „strafrechtlicher“ oder „ordungswidrigkeitenrechtlicher“ Form entscheiden werden. Damit ist die Ordnungswidrigkeit an dieser Stelle der Betrachtung zunächst noch kein qualitativ unterschiedliches Alternativkriterium zum Strafrecht.

bb) Verbandsrechtliche Ansätze

Unter der Überschrift „verbandsrechtliche Ansätze“ lässt sich die privatrechtlich organisierte Dopingbekämpfung zusammenfassen, die sich im Laufe der Jahre auf nationaler und internationaler Ebene herausgebildet hat. Dabei ist zunächst zu klären, welche verbandsrechtlichen Maßnahmen es gegen Doping gibt, wie wirkungsvoll diese sind und wie sie gegebenenfalls von staatlicher Seite weiter unterstützt bzw. erweitert werden könnten.

(1) Übersicht über die nicht strafrechtliche Dopingbekämpfung und deren Sanktionen

Die nicht strafrechtliche Dopingbekämpfung liegt zunächst in der Hand der Sportverbände. Das internationale Sportverbandswesen gliedert sich in regionale, nationale und internationale Vereinsverbände, wobei letztere die organisatorischen Vorgaben liefern.[1027] Dadurch wird die Einheitlichkeit der zu befolgenden Wettkampfregeln und somit die Möglichkeit eines internationalen Leistungsvergleichs gewährleistet. Die Festlegung von Dopingverboten und die Entwicklung von Sanktionskatalogen erfolgen parallel zu diesen Strukturen zum Großteil durch die internationalen Fachsportverbände bzw. durch neben den Verbänden stehenden private Organisationen.[1028] Die zentrale Rolle spielt dabei die Welt-Anti-Doping-Agentur (WADA), eine Stiftung nach schweizerischem Recht „mit dem Ziel der Vereinheitlichung und Harmonisierung der bestehenden Anti-Doping-Regelungen sowie der Förderung und Koordination des Kampfes gegen Doping auf internationalem Niveau“.[1029] Wichtigstes Regelwerk

---

1027 *Reissinger*, Staatliche Verantwortung zur Bekämpfung des Dopings, S. 181 f.

1028 *Reissinger*, Staatliche Verantwortung zur Bekämpfung des Dopings, S. 183; *Kotzenberg*, Die Bindung des Sportlers an private Dopingregeln und private Schiedsgerichte, S. 24.

1029 *Glocker*, Die Strafrechtliche Bedeutung von Doping, S. 42; *Haas/Prokop* SpuRt 200, 5 (6); vgl. auch *Reissinger*, Staatliche Verantwortung zur Bekämpfung des Dopings, S. 183; *Kern*, Internationale Dopingbekämpfung, S. 153.

ist Welt-Anti-Doping-Code,[1030] der neben der international entscheidenden Definition von Doping- und Dopingverstößen (Artikel 1 und 2) auch weitere grundlegende Bestimmungen zum Verfahren und Sanktionen bei Dopingverstößen enthält (insbesondere Artikel 8, 10, 11, 12 und 13).[1031] Als direkteste Sanktion wird durch Artikel 9 des Welt-Anti-Doping-Codes festgesetzt, dass bei einem Doping-Verstoß die in dem entsprechenden Wettkampf erzielten Einzelergebnisse automatisch annulliert werden, mit allen daraus entstehenden Konsequenzen, einschließlich der Aberkennung von Medaillen, Punkten und Preisen. Der Code enthält aber auch weitreichendere Sanktionen wie eine Sperre für nachfolgende Wettbewerbe oder die Verhängung finanzieller Sanktionen (Artikel 10 Welt-Anti-Doping-Code).[1032] In Deutschland wurde der Welt-Anti-Doping-Code von der Nationalen Anti-Doping Agentur (NADA) unter Beachtung des deutschen Rechtssystems und der spezifischen Begriffe in die deutsche Sprache übertragen.[1033]

Diese verbandsrechtlichen Maßnahmen sind grundsätzlich durchaus geeignet, das Dopingproblem anzugehen. Wie oben angesprochen[1034] sind alle Teilnehmer an Wettkämpfen, die den verbandsrechtlichen Regeln unterliegen, auch diesen Sanktionen unterworfen. Die Frage ist nun, ob als mittelbare Auswirkung dieser privaten Anti-Doping-Maßnahmen ein ausreichender Rechtsgüterschutz anzunehmen ist, der eine weitere staatliche Reaktion überflüssig macht, und wenn nein, ob und wie der Staat durch weitere Einwirkung auf diesen Bereich daran etwas ändern könnte.

Was den Strafzweck angeht, sollen die privatrechtlichen Dopingsanktionen vor allem die Befolgung der verbandsinternen Regeln, zu denen auch die Anti-Doping-Vorschriften gehören, sicherstellen.[1035] Dabei werden nach *Lüer* auch die Chancengleichheit, die Gesundheit des Sportlers und das Ansehen der Sportart in der Öffentlichkeit geschützt.[1036] Ob mit der Vereinsstrafe aber auch

---

1030 Abrufbar über die Webseite der WADA (https://www.wada-ama.org/sites/default/files/resources/files/wada-2015-world-anti-doping-code.pdf) (zuletzt abgerufen am 01.10.2017).

1031 Noch zum alten Code *Reissinger*, Staatliche Verantwortung zur Bekämpfung des Dopings, S. 183.

1032 Noch zum alten Code *Reissinger*, Staatliche Verantwortung zur Bekämpfung des Dopings, S. 210 ff.

1033 NADC 2015, S. 7; NADC 2009, S. 5 f; *Singer*, Anti-Doping-Strategien im internationalen Vergleich, WD 10 – 3000 – 004/10, S. 22 ff.

1034 Oben 2. Kapitel II. 3. e) cc) (ab S. 104).

1035 *Lüer*, Dopingstrafen im Sport und der Grundsatz „Ne bis in idem“, S. 69 f.

1036 *Lüer*, Dopingstrafen im Sport und der Grundsatz „Ne bis in idem“, S. 71 f. mwN.

ein sozialethisches Unwerturteil ausgesprochen werden kann, ist umstritten.[1037] Jedenfalls kann die privatrechtliche Dopingstrafe keinen direkten Rechtsgüterschutz im strafrechtlichen Sinne gewährleisten. Es bleibt auch im Bereich des Sports das Monopol des Staates, „beeinträchtigte Interessenssphären seiner Bürger – ggf. auch unter Anwendung von Strafrecht – zu schützen."[1038] Daher besteht auch trotz der durch Art. 9 GG verbürgten Verbandsautonomie keine Subsidiarität des Strafrechts.[1039] Vielmehr besteht ein Nebeneinander von verbandsrechtlicher und staatlicher Dopingbekämpfung.[1040]

Auch die Neuregelung im Anti-Doping-Gesetz hat hieran nichts geändert, nach der Begründung schließen die beiden Sanktionsregime einander nicht aus, sondern stehen vielmehr nebeneinander und ergänzen einander.[1041]

Es wird dabei auch von einem „dualen System" im Umgang mit Doping gesprochen, „das durch ein komplementäres System von zivilgesellschaftlichen Domänen und staatlich-hoheitlichen Instanzen geprägt ist."[1042]

Falls aber durch effektive verbandsrechtliche Verfahren und Sanktionen ein ausreichender Rechtsgüterschutz mittelbar mitgewährleistet wird, könnte dies eine neue strafrechtliche Verbotsnorm überflüssig machen. *Momsen-Pflanz* spricht in diesem Sinne von einer faktischen Abhängigkeit zwischen verbandsrechtlicher und staatlicher Dopingbekämpfung.[1043]

1037 *Lüer*, Dopingstrafen im Sport und der Grundsatz „Ne bis in idem", S. 73 ff. mwN.

1038 *Momsen-Pflanz*, Die sportethische und strafrechtliche Bedeutung des Dopings, S. 246.

1039 *Momsen-Pflanz*, Die sportethische und strafrechtliche Bedeutung des Dopings, S. 244 ff.

1040 Das in diesem Zusammenhang zu beachtende Problem der Geltung des Grundsatzes „ne bis in idem" in Verbindung mit einer möglichen mehrfachen Bestrafung wurde ausführlich von *Lüer* in seiner Dissertation „Dopingstrafen im Sport und der Grundsatz „Ne bis in idem" behandelt, auf die an dieser Stelle verwiesen wird.

1041 BT-Drs. 18/4898, S. 19; dazu auch: *Steiner* SchiedsVZ 2013, S. 15 ff.

1042 *Singer*, Anti-Doping-Strategien im internationalen Vergleich, WD 10 – 3000 – 004/10, S. 19: „Zum Ausdruck kommt dies in den jeweiligen – nicht leicht durchschaubaren – Anti-Doping-Systemen auf nationaler Ebene mit einer Verschränkung von Anti-Doping-Vorschriften der nationalen bzw. internationalen Sportfachverbände, sportartübergreifenden Regeln der World Anti-Doping Agency (WADA) sowie Gesetzen und Verordnungen, die Doping verbieten bzw. sonst irgendeine Relevanz für das Thema Doping haben" (m.w.N.).

1043 *Momsen-Pflanz*, Die sportethische und strafrechtliche Bedeutung des Dopings, S. 247.

Bisher ist es allerdings nicht gelungen, trotz des jahrelangen verbandsrechtlichen Anti-Doping-Kampfes, die Einnahme verbotener Mittel im sportlichen Wettbewerb derart einzudämmen, dass es eine weitere strafrechtliche Reaktion ausschließen würde. Es gibt immer wieder spektakuläre Fälle, die darlegen, dass Doping gerade an der Spitze des modernen Leistungssports ein nicht zu vernachlässigendes Problem ist. Ein prominentes Beispiel ist das Doping-Geständnis von Radprofi Lance Armstrong, der zugegeben hat, bei seinen Tour-de-France-Siegen 1999 bis 2005 unter Einfluss des verbotenen Mittels Epo und anderer Substanzen gestanden zu haben.[1044] Dieser Fall ist zwar wenig überraschend, es wurde schon länger gemutmaßt, dass Leistungen wie bei der Tour-de-France von den siegreichen Sportlern erbracht, ohne zu Hilfenahme von verbotenen Dopingmitteln oder -Methoden fast nicht möglich seien,[1045] allerdings erschreckt der Umfang des Dopings und das dahinter stehende System. Darüber hinaus ist das „Geständnis“ vor dem Hintergrund einer erdrückenden Beweislast aufgrund von Dokumenten, die die amerikanische Anti-Doping-Agentur USADA zuvor veröffentlicht hatte,[1046] und einer drohenden strafrechtlichen, also staatlichen Anklage, mehr als taktischer Schachzug, denn als Aufklärungsbeitrag zu werten.[1047] Vorangegangene durch das radsportinterne System geprüfte und bearbeitete Dopingverdachtsfälle gegen Armstrong wurden abgewiesen oder konnten nicht bestätigt werden; das verbandssportinterne

---

1044 *Gertsch, Christof* Lance Armstrongs Geständnis – «Ja. Ja. Ja. Ja. Ja.», in: NZZ.online, 18.01.2013, http://www.nzz.ch/aktuell/sport/uebersicht/lance-armstrongs-gestaendnis-1.17947591# (zuletzt abgerufen am 01.10.2017).

1045 Dazu *Hess, Jutta* Dopingfahnder – Das Gebot des Schweigens, in: Zeit.online, 15.07.2004, http://www.zeit.de/2004/30/Sport_2fDoping_30/seite-1 (zuletzt abgerufen am 01.10.2017): Interview mit dem belgischen Anti-Doping-Fahnder Hans Cooman; *Kistner, Thomas* Die letzte Freakshow, in: Süddeutsche.de, 09.06.2010, http://www.sueddeutsche.de/sport/radsport-tour-de-france-die-letzte-freakshow-1.972330 (zuletzt abgerufen am 01.10.2017).

1046 Presseerklärung der Usada vom 12.10.2012, abzurufen im Internet auf der Website der Usada unter „media“, unter „cycling investigation full decision“ http://cyclinginvestigation.usada.org/ (zuletzt abgerufen am 01.10.2017). Vgl. *Haman, Birger* Fall Armstrong: Der größte Dopingskandal der Sportgeschichte, in: Spiegel.online, 11.01.2012, http://www.spiegel.de/sport/sonst/fall-lance-armstrong-das-steht-in-dem-anti-doping-bericht-der-usada-a-860690.html (zuletzt abgerufen am 01.10.2017).

1047 *Sachse, Jonathan* Eine Milieustudie des kranken Radsports, in: Zeit.online, 11.10.2012, http://www.zeit.de/sport/2012-10/armstrong-doping-usada-bruyneel (zuletzt abgerufen am 01.10.2017).

Verfahren gegen Doping scheint in diesem Fall sogar besonders kläglich versagt zu haben.[1048]

Daneben gibt es auch andere Bereiche des Spitzensports, in denen Doping dauerhaft ein Thema ist. Insbesondere die Leichtathletik kommt zu Großereignissen wie Olympia oder der WM immer wieder mit dieser Problematik in die Schlagzeilen[1049] und sogar im Fußball gibt es neue Verdachtsmomente zur Verwendung von Dopingmitteln, die allerdings von Verbandsseite bisher nur zu eher halbherzigen Reaktionen führen.[1050]

Gerade aus dem Fall Armstrong könnte man aber auch schließen, dass es zwar bei sportartinternen Verfahren Probleme hinsichtlich einer effektiven Verfolgung des Dopings gibt, bei Verfahren durch nationale Anti-Doping-Agenturen allerdings durchaus Erfolge im Kampf gegen Doping zu verzeichnen sind. Erklärbar wäre dies durch den Interessenkonflikt,[1051] in dem sich der Fachsportverband – in Fall Armstrong der für den Radsport – befindet. Einerseits ist der Verband natürlich einer effektiven Dopingbekämpfung verpflichtet, andererseits hat er auch das Ansehen der Sportart zu wahren und könnte daher geneigt sein,

---

1048 Nach einem Bericht soll Armstrong vor Dopingkontrollen über diese informiert worden sein: *Burkert, Andreas* 20 Minuten, um den Schwindel zu vertuschen, in: Süddeutsche.de, 27.08.2012 http://www.sueddeutsche.de/sport/dopingvorwuerfe-gegen-lance-armstrong-minuten-um-den-schwindel-zu-vertuschen-1.1450756 (zuletzt abgerufen am 01.10.2017); auch bei auffälligen Testergebnissen soll Armstrong von der UCI gewarnt anstatt schärfer kontrolliert worden sein: *Kistner, Thomas* Vorwarn-System bei Dopingkontrollen -Armstrong genoss wertvolle Tipps von oben, in: Süddeutsche.de Zeitung, 24.01.2013, http://www.sueddeutsche.de/sport/vorwarn-system-bei-dopingkontrollen-armstrong-genoss-wertvolle-tipps-von-oben-1.1581674 (zuletzt abgerufen am 01.10.2017).

1049 *Fritsch, Oliver* Olympische Spiele: Doping tötet, doch das ist Nebensache, in: Zeit.online, 05.08.2016, http://www.zeit.de/sport/2016-08/doping-sport-olympia-olympische-spiele-rio (zuletzt abgerufen am 01.10.2017); *Knuth, Johannes* Doping in der Leichtathletik – Schatten über dem Sport, in: sueddeutsche.de, 2.08.2015, http://www.sueddeutsche.de/sport/doping-in-der-leichtathletik-schatten-ueber-dem-sport-1.2592288 (zuletzt abgerufen am 01.10.2017).

1050 *Hecker, Anno* Doping im Fußball – Die große Verblendung, in: FAZ.net, 10.03.2015, http://www.faz.net/aktuell/sport/fussball/doping-im-fussball-die-grosse-verblendung-13470105.html (zuletzt abgerufen am 01.10.2017); *Kistner, Thomas* Doping im Fußball: Dutzende Hinweise, eisernes Schweigen, in sueddeutsche.de, 02.06.2016, http://www.sueddeutsche.de/sport/fussball-doping-im-fussball-dutzende-hinweise-eisernes-schweigen-1.3059831 (zuletzt abgerufen am 01.10.2017).

1051 Dazu auch ausführlich *Momsen-Pflanz*, Die sportethische und strafrechtliche Bedeutung des Dopings, S. 248 ff.

eigene Sportler, insbesondere sehr populäre und vermeintlich herausragende, wie es Armstrong als mehrmaliger Toursieger war, zu schützen. Im Zusammenhang mit dem Dopingsystem von und um Lance Armstrong kann man durchaus den Verdacht bekommen, dass zugunsten des Erhalts eines großen Idols des Radsports und der Vermeidung eines imageschädigenden Skandals der internationale Radsportverband UCI kein allzu großes Interesse an einer strikten Dopingverfolgung hatte. Dass eine solche konsequente Verfolgung und Unterbindung von Dopingvergehen bei anderen Fachverbänden erfolgt, scheint angesichts der vergleichbaren Interessenlage, wonach mehr auf den Schutz der sportlichen Höchstleistungen und des Ansehens der Sportart als der teilnehmenden Sportler geachtet wird, ebenfalls eher unwahrscheinlich. Daher würde der Gewährleistung der Unabhängigkeit der nationalen Anti-Doping-Agenturen von einzelnen Sportverbänden eine entscheidende Bedeutung zukommen, möglicherweise könnten diese, abseits der Verbandsinteressen, einen effektiveren Anti-Doping-Kampf gewährleisten.

Der „status quo" der verbandsrechtlichen Dopingbekämpfung scheint demnach nicht ausreichend, um eine strafrechtliche Reaktion überflüssig zu machen. Allerding gibt es auf privatrechtlicher Ebene durchaus wirksame Sanktionen gegen Doping, die durch nationale Anti-Doping-Organisationen auch effektiv umgesetzt werden können oder zumindest potentiell könnten. Daher sind nun diese im verbandsrechtlichen Verfahren verhängbaren Sanktionen genauer zu betrachten und in ihren Auswirkungen und Belastungen mit möglichen strafrechtlichen Sanktionen zu vergleichen. Als Prämisse ist dabei zu Grunde zu legen, dass es im Falle der Existenz ausreichender verbandsrechtlicher Maßnahmen vorzuziehen sein kann, deren Durchsetzung zu stärken, anstatt eine neue strafrechtliche Norm einzuführen.

Die härteste Sanktion nach dem Anti-Doping-Code ist die Sperre des Sportlers. Dabei kann die Sperre je nach Verstoß 2 Jahre, 4 Jahre oder sogar lebenslänglich betragen,[1052] wobei die Sperren aufgrund außergewöhnlicher Gründe herabgesetzt bzw. aufgehoben werden können.[1053] Was die rechtsstaatliche Beurteilung dieser Sperren angeht, ist nach einhelliger Meinung in Lehre und

---

1052 Artikel 10.2.1, 10.2.1., 10.3.3 NADC 2015, S. 61 ff.; Artikel 10.2, 10.3 NADC 2009, S. 38 f.

1053 Artikel 10.4, 10.5., 10.6 NADC 2015, S. 64 ff. Im NADC 2009 bestand aufgrund einer anderen Abstufung und der grundsätzlich geringeren Strafe für einen ersten Versuch noch die Möglichkeit der Heraufsetzung wegen erschwerender Gründe, vgl. Artikel 10.4, 10.5, 10.6, 10.7 NADC 2009, S. 39 ff; vgl. auch *Reissinger*, Staatliche Verantwortung zur Bekämpfung des Dopings, S. 210 ff.

Rechtsprechung anerkannt, dass eine Sperre von 2 Jahren den verfassungsrechtlichen Mindeststandards genügt.[1054] Damit war schon unklar, ob die mögliche Heraufsetzung einer erstmaligen Sperre auf 4 Jahre bei dem alten Artikel 10.6 NADC 2009[1055] ebenfalls mit der Verfassung in Einklang zu bringen war.[1056] Im Zusammenhang mit einer früheren Regel der IAAF, die Dopingverstöße des Athleten auch bei Erstvergehen mit einer vierjährigen Sperre ahndete,[1057] wurde die erstmalige Regelsperre von 4 Jahre von vielen als Verstoß gegen Art. 12 Abs. 1 GG gewertet und für verfassungswidrig erklärt.[1058] Hierbei war es für die Beurteilung der Verfassungsmäßigkeit entscheidend, ob zwischen dem von Art. 9 Abs. 1 GG geschützten Interesse des privaten Sportverbandswesens, die eigenverantwortlich geschaffenen Dopingbestimmungen durch Ordnungsgewalt auch durchzusetzen, und der Berufsfreiheit der Athleten ein angemessener Ausgleich besteht.[1059] Aufgrund der oft starken körperlichen Belastung ist der Sportler in seiner meist kurzen Karriere gezwungen, in diesem Zeitraum eine möglichst hohe Leistung zu erbringen. Diese Besonderheit des Sportberufs führt dazu, dass eine 4-jährige Sperre in den meisten Sportarten

---

1054 *Reissinger*, Staatliche Verantwortung zur Bekämpfung des Dopings, S. 213; *Pfister* SpuRt 1995, S. 250 (251); *Prokop* SpuRt 1998, S. 24 f.; *Steiner* NJW 1991, S. 2729 (2736); *Nolte/Polzin* NZG 2001, 838 (840); OLG München SpuRt 1996, 133 (166).

1055 NADC 2009, S. 42.

1056 *Reissinger*, Staatliche Verantwortung zur Bekämpfung des Dopings, S. 213. Zwar findet sich auch in Art. 10.3.2 NADC 2009 eine vierjährige Erstsperre, die Sanktion richtet sich jedoch gerade nicht gegen die Einnahme verbotener Mittel oder den Einsatz verbotener Methoden durch den Athleten, sondern gegen das Inverkehrbringen und die Verabreichung solcher an den Athleten durch Dritte. Somit handelt es sich bei den Adressaten der Vorschrift regelmäßig um Betreuer oder Ärzte, und wohl nur in äußerst seltenen Fällen um die Sportler selbst. Für die Hauptadressaten der Vorschrift bestehen allerdings auch andere Berufsmöglichkeiten, im Gegensatz zu einem Leistungssportler können sie ihren Beruf viel länger ausüben bzw. leichter auf andere Betätigungsfelder ausweichen. Durch eine auch langjährige Sperre wird ihre Berufsfreiheit weniger beeinträchtigt, als dies bei den Athleten selbst der Fall ist. Damit greifen die unten vorgebrachten Argumente in Bezug auf die vierjährige Erstsperre bei Artikel 10.3.2 NADC 2009 nicht.

1057 Die IAAF-Regel 60.2. a) aa) a.F. beinhaltete eine vierjährige Wettkampfsperre bei („echten") Dopingvergehen, die IAAF beschloss im Juli 1997 die Reduzierung der 4-Jahres- auf eine 2-Jahressperre. Vgl. *Prokop* SpuRt 1998, S. 24 f; *Nolte/Polzin* NZG 2001, 838 (840).

1058 *Prokop* SpuRt 1998, S. 24 f; LG München SpuRt 1995, 161 (166); *Nolte/Polzin* NZG 2001, 838 (840); *Vieweg* NJW 1992, 2539 (2540).

1059 *Reissinger*, Staatliche Verantwortung zur Bekämpfung des Dopings, S. 213 mwN.

als erhebliche Beeinträchtigung der Berufsfreiheit angesehen werden muss, die sogar das faktische Ende einer Laufbahn bedeuten kann.[1060] In Anbetracht dessen war anzunehmen, dass die verfassungsrechtlichen Bedenken hinsichtlich einer vierjährigen Sperre für einen Erstverstoß durch einen Athleten bei erstmaligem „echten" Doping[1061] auch gegenüber dem alten Artikel 10.6 NADC 2009 bestanden. Allerdings machte *Reissinger* zu Recht darauf aufmerksam, dass es sich bei Verstößen gegen den alten Artikel 10.6 NADC 2009 um ein Verhalten handelte, das „die Verwerflichkeit eines „einfachen" Dopingvergehens in weitem Maße übersteigt".[1062] Dies verdeutlichten die Beispiele, die in der dem alten NADC 2009 immanenten Kommentierung zu der betreffenden Norm aufgeführt wurden: Systematischer Dopingverstoß bzw. als Teil einer Dopingverschwörung, Gebrauch mehrerer unterschiedlicher Substanzen oder Methoden, Täuschung bzw. Behinderung der Aufklärung.[1063] Den, allerdings nicht abschließend, genannten Fällen war nach *Reissinger* gemein, dass sie „ein beachtlich unfaires – meist auch kriminelles – Verhalten darstellen, das aufgrund seiner Professionalisierung die Aufdeckungswahrscheinlichkeit erheblich mindert und deswegen eine besondere Gefährlichkeit für ein funktionierendes Sportwesen bedeutet."[1064] Dies konnte in Ausnahmefällen die durch den alten Artikel 10.6 NADC 2009 hervorgerufene erhebliche Beeinträchtigung der Berufsfreiheit des Einzelnen rechtfertigen, womit auch diese Norm als angemessene Sanktionsvorschrift beurteilt werden konnte. In diesem Zusammenhang war auch zu berücksichtigen, dass der Betroffene selbst die Heraufsetzung der Sperre durch ein Geständnis verhindern konnte.[1065]

Vor diesem Hintergrund ist allerdings fraglich, wie die Neuregelung im NADC 2015 zu beurteilen ist. Im neuen Artikel 10.2 wurde die Sperre für einen Erstverstoß grundsätzlich von 2 auf 4 Jahre heraufgesetzt,[1066] erst in Zusammenhang mit dem Nachweis einer nicht absichtlichen Begehung bzw. in anderer Variante mit dem nicht erbrachten Nachweis der absichtlichen Begehung (Artikel 10.2.2.) liegt die Strafe bei nur 2 Jahren.[1067] Die verfassungsrechtlichen Bedenken gegenüber

---

1060 *Reissinger*, Staatliche Verantwortung zur Bekämpfung des Dopings, S. 213.

1061 *Nolte/Polzin* bezeichnen „die Nutzung der nach den Verbandssatzungen verbotenen Substanzen" als „echtes Doping", *Nolte/Polzin* NZG 2001, 838 (840).

1062 *Reissinger*, Staatliche Verantwortung zur Bekämpfung des Dopings, S. 213.

1063 NADC 2009, S. 117 f.

1064 *Reissinger*, Staatliche Verantwortung zur Bekämpfung des Dopings, S. 214.

1065 NADC 2009, S. 117 f.; *Reissinger*, Staatliche Verantwortung zur Bekämpfung des Dopings, S. 214.

1066 NADC 2015, S. 61.

1067 NADC 2015, S. 62.

dieser langen Einschränkung der Berufsfreiheit werden wohl auch gegenüber der Neuregelung bestehen bleiben. Hierbei sind die neuen Beweislastregeln zu beachten. In Bezug auf spezifische Substanzen, bei denen die Wahrscheinlichkeit höher ist, dass ein Athlet sie für andere Zwecke als zur Leistungssteigerung konsumiert,[1068] hat die Anti-Doping-Organisation nachzuweisen, dass der Verstoß absichtlich begangen wurde.[1069] Gelingt ihr das nicht, beträgt die Sperre nur zwei Jahre,[1070] wie in der alten Regelung zu Erstverstößen auch.[1071] Umgekehrt liegt in den Fällen, in denen eine nicht spezifische Substanz und damit ein Stoff nachgewiesen werden konnte, für den die Wahrscheinlichkeit hoch ist, dass er zu Dopingzwecken eingenommen wurde, die Beweislast beim Athleten. Kann er den Nachweis erbringen, dass der Verstoß nicht absichtlich begangen wurde, ist die Sperre ebenfalls auf zwei Jahre beschränkt.[1072] Die Beweislastverteilung hängt damit mit dem sich aus der Substanz ergebenden Anschein zusammen, der je nach Art und sonstiger Verwendungsmöglichkeit des Stoffes mal mehr, mal weniger für den Zweck der Leistungssteigerung spricht. Die Differenzierung erscheint insgesamt sachgerecht, so dass vor dem Hintergrund der Möglichkeit des Sportlers, die Höhe der Sperre mit zu beeinflussen, und der Aussicht, bei Erstverstößen mit dem entsprechenden Nachweis bei einer Sperre von 2 Jahren bleiben zu können, auch die Neuregelung wohl als noch verfassungsgemäß angesehen werden kann.

Interessant ist auch die Betrachtung der jeweiligen Beweislast für die vorliegend untersuchten Neuroenhancement-Mittel: Während Methylphenidat, also Ritalin in der NADA-Verbotsliste 2016 unter den „spezifischen Stimulanzien" geführt wird, zählen Modafinil und Amphetamin zu den nicht-spezifischen Stimulanzien.[1073] Damit muss im Falle des Nachweises einer Einnahme von Ritalin der Athlet selbst beweisen, dass diese nicht absichtlich erfolgte, um in den „Genuss" der nur zweijährigen Sperre zu kommen. Wird hingegen Modafinil oder Amphetamin nachgewiesen, muss die Anti-Doping-Organisation die Absichtlichkeit des Verstoßes nachweisen, um eine vierjährige Sperre verhängen zu können.

1068 Kommentar zu Artikel 4.2.2 NADC 2015, S. 26.

1069 Artikel 10.2.1.2 NADC 2015, S. 61.

1070 Artikel 10.2.2 NADC 2015, S. 62.

1071 Artikel 10.2 NADC 2009, S. 38.

1072 Artikel 10.2.2 NADC 2015, S. 62.

1073 Verbotsliste der WADA 2016 – informatorische Übersetzung der NADA, S. 8, http://www.nada.de/fileadmin/user_upload/nada/Medizin/160620_Verbotsliste_2016.pdf (zuletzt abgerufen am 01.10.2017).

Neben einer Sperre ist auch die Verhängung finanzieller Sanktionen möglich, Artikel 10.10. NADC 2015.[1074] Die Sperre stellt allerdings die vorrangige Sanktion dar, eine finanzielle Sanktion darf nur verhängt werden, wenn bereits die Höchstdauer der ansonsten zu verhängenden Sperre verhängt wurde.[1075] Zu beachten ist, dass die Sanktionen vom Verschulden des Athleten abhängen, wobei hier auch nach Grad des Verschuldens differenziert wird.[1076]

Die bei einer positiven Probe vorzunehmende „vorläufige Suspendierung" nach Artikel 7.8 NADC 2015[1077] kann aufgrund ihres nur vorläufigen Charakters nicht als eigene Sanktion angesehen werden. Sie stellt nur eine „Übergangsmaßnahme" dar, bis die endgültige Entscheidung nach einem gemäß Artikel 12 NADC 2015 durchzuführenden Verfahren gefällt wird.[1078] In Bezug auf strafrechtliche Maßnahmen könnte die vorläufige Suspendierung am ehesten mit einem vorläufigen Berufsverbot nach § 132a StPO verglichen werden. Das in § 70 StGB geregelte Berufsverbot gehört zu den Maßregeln der Sicherung und Besserung, die neben den eigentlichen Strafen verhängt werden können, weshalb man auch von einem zweispurigen System der Rechtsfolgen im StGB spricht.[1079] Es ist wegen des reinen Sicherungszwecks nur auf spezialpräventive Gesichtspunkte zu stützen[1080] und kann auch vor seiner endgültigen Anordnung im Urteil vorläufig verhängt werden, gemäß § 132a StPO.[1081] Sowohl bei der Suspendierung als auch bei dem vorläufigen Berufsverbot handelt es sich um vorgezogene Maßnahmen, die angeordnet werden können, wenn zu erwarten ist, dass im Ergebnis an das anschließende Verfahren die entsprechende Sanktion verhängt wird. Von der Idee her ähneln sich die beiden, sie sind präventiv gedacht, im strafrechtlichen bzw. strafprozessualen Rahmen zum Schutz der Allgemeinheit, im verbandsrechtlichen Kontext zum Schutz der anderen Athleten und

---

1074 NADC 2015, S. 76; vgl. auch Artikel 10.12 NADC 2009, S. 51.

1075 NADC 2015, S. 76; vgl. auch die immanente Kommentierung zu Artikel 10.12 NADC 2009, S. 121 f., wonach damals schon eine höhere Geldstrafe nicht zur Herabsetzung der Sperre führen durfte.

1076 Artikel 10.4, 10.5 NADC 2015, S. 64 f.; vgl. auch Artikel 10.5, 10.12 NADC 2009, S. 39, 51.

1077 NADC 2015, S. 50 f.; vgl. auch Artikel 7.5 NADC 2009, S. 32 f.

1078 NADC 2015, S. 85 ff.; vgl. auch NADC 2009, S. 52 ff.

1079 MK-StGB-*Radtke* Bd. 2 Vor § 38 Rn. 83 ff.; Schönke/Schröder-*Kinzig* Vorbemerkung zu §§ 38 ff. Rn. 22; BeckOK-StGB-*von Heintschel-Heineck* § 38 Rn. 1; Lackner/Kühl-*Kühl* Vorbemerkung zu §§ 38 ff. Rn. 1; Schäfer/Sander/van Gemmeren Rn. 27, 521 ff.

1080 Schönke/Schröder-*Kinzig* § 70 Rn. 1; MK-StGB-*Bockemühl* Bd. 2 § 70 Rn. 2.

1081 KK-StPO-*Schultheis* StPO § 132a Rn. 1.

am Wettbewerb Beteiligten davor, dass der wegen der positiven Probe auffällige Sportler gedopt an weiteren Wettbewerben teilnimmt. Die Maßnahmen verfolgen somit eine vergleichbare Intention, sie wollen weitere Verstöße oder Gefährdungen verhindern. Sie sind aber nicht als eigenständige Sanktionen zu sehen, sondern mehr als Vorwegnahme der im Anschluss an das verbandsrechtliche oder strafrechtliche Verfahren verhängten Maßnahme, also der Sperre oder des Berufsverbots. Hierfür spricht auch, dass sowohl die vorläufige Suspendierung auf die Zeit der Sperre anzurechnen ist,[1082] als auch das vorläufige Berufsverbot für die spätere Dauer des Berufsverbots[1083] zu berücksichtigen ist.

Auch die vorgesehene automatische Annullierung der Ergebnisse nach Artikel 9 NADC 2015 stellt schon von der Überschrift her keine Sanktion dar,[1084] sondern ist mehr eine logische Konsequenz aus der nicht regelkonformen Teilnahme am Wettkampf. Ergebnisse, die unter Missachtung der Wettkampfregeln, in diesem Fall durch die Einnahme von verbotenen Mitteln, zustande gekommen sind, dürfen, wenn dies bekannt wird, nicht bestehen bleiben.[1085] Eine folgerichtige Weiterführung der Wettkampfregeln, nach denen nur derjenige teilnehmen darf, der sich an die Vorgaben hält, muss in dem Fall, dass die Missachtung dieser erst im Nachhinein offenbar wird, dazu führen, dass das regelwidrig zustande gekommene Ergebnis gestrichen wird. Dies kann zwar für den betroffenen Sportler wie eine ideelle Sanktion wirken, beinhaltet aber streng genommen noch kein Unwerturteil, da nichts darüber ausgesagt wird, ob die zur Annullierung führende Regelverletzung absichtlich oder unbeabsichtigt zustande gekommen ist. Eine wirkliche Sanktion wird erst nach Abschluss des Verfahrens verhängt in Form der Sperre, einer finanziellen Sanktion oder sogar durch die Annullierung weiterer Ergebnisse, die innerhalb der Wettkampfveranstaltung, bei der ein Verstoß gegen Anti-Doping-Bestimmungen erfolgt ist, erzielt wurden.

Die erweiterte Form der Annullierung nach Artikel 10.1 NADC[1086] stellt im Gegensatz zu der Annullierung nach Artikel 9 keinen Automatismus dar und ist

---

1082 Artikel 10.11.3 NADC 2015, S. 78; vgl. auch Artikel 10.9 NADC 2009, S. 47.

1083 § 70 Abs. 4 S. 2 StGB; Näheres bei Schönke/Schröder-*Kinzig* § 70 Rn. 25; MK-StGB-*Bockemühl* Bd. 2 § 70 Rn. 30.

1084 NADC 2015, S. 59; vgl. auch Artikel 10.9 NADC 2009, S. 37.

1085 Wie die interne Kommentierung zum NADC 2009 ausführte, wäre dies „unfair gegenüber den anderen Athleten in diesem Wettkampf, unabhängig davon, ob der Gewinner […] schuldhaft handelte. Nur „sauberen" Athleten sollte es erlaubt sein, von ihren Wettkampfergebnissen zu profitieren." Artikel 9 NADC 2009, S. 102.

1086 Artikel 10.1 NADC 2015, S. 60; vgl. auch Artikel 10.1 NADC 2009, S. 37.

schon von der Überschrift her als eigenständige Sanktion anzusehen. Hiernach können alle Ergebnisse eines Athleten, die bei einer Wettkampfveranstaltung, wie z.B. der FINA-Schwimm-Weltmeisterschaft, erzielt wurden, mit allen Konsequenzen annulliert werden.[1087] Dabei muss für diese Einzelergebnisse keine positive Dopingprobe vorliegen. Diese Sanktion ist direkt vom Verschulden des Athleten abhängig,[1088] in die Erwägungen bezüglich ihrer Verhängung fließt u.a. die Schwere des Verstoßes gegen Anti-Doping-Bestimmungen durch den Athleten mit ein.[1089]

Schließlich gibt es darüber hinaus auch eine besondere Regel für Konsequenzen gegen Mannschaften,[1090] welche eine zusätzliche, zu der Maßnahme gegen die einzelnen Sportler zu verhängende Sanktion gegen die Mannschaft als solche vorsieht. Diese steht im Ermessen des Wettkampfveranstalters und kann bei Mannschaftssportarten einen Punkteverlust oder sogar die Disqualifizierung der Mannschaft bedeuten. Da aber der einzelne Wettkampfveranstalter die angemessene Sanktion festlegt und diese nicht bindend durch den NADC 2015 vorgegeben ist, soll auf sie nicht gesondert eingegangen werden.

Damit verbleiben als echte verbandsrechtliche Sanktionen die erweiterte Annullierung, die Sperre und eine finanzielle Sanktion. Auf die letzten beiden soll sich der Vergleich mit Maßnahmen des Strafrechts hauptsächlich beschränken, da die erweiterte Annullierung aufgrund ihres eigenen Charakters schwer mit strafrechtlichen Sanktionen verglichen werden kann. Bei der Gesamtabwägung ist dann wieder zu beachten, dass die verbandsrechtliche Dopingbekämpfung diese zusätzliche Sanktionsmöglichkeit bietet.

(2) Vergleich der Sanktionen

Bei einer Bewertung der Auswirkungen verbandsrechtlicher Sanktionen und ihrem Vergleich zu strafrechtlichen Sanktionen wird die Einnahme der speziellen Perspektive des Berufssportlers eine wichtige Rolle spielen. Wie schon oben beschrieben stellt die härteste verbandsrechtliche Sanktion „Sperre“ für ihn einen zwar verfassungsmäßigen, aber in seiner Intensität durchaus bedeutsamen Eingriff in die Berufsfreiheit dar. Im Vergleich dazu könnten staatliche Strafen,

---

1087 Kommentar zu Artikel 10.1 NADC 2015, S. 60 f.; vgl. auch den Kommentar zu Artikel 10.1 NADC 2009, S. 103.

1088 Artikel 10.1.1. NADC 2015, S. 61; vgl. auch Artikel 10.1.1. NADC 2009, S. 37 f.

1089 Artikel 10.1. NADC 2015, S. 60; vgl. auch den Kommentar zu Artikel 10.1 NADC 2009, S. 103.

1090 Artikel 11 NADC 2015, S. 84 f.; vgl. auch Artikel 11 NADC 2009, S. 51 f.

die für den Normalbürger eine erhebliche Nachteilszufügung bedeuten, aus Sicht des Berufssportlers den weniger intensiven Grundrechtseingriff darstellen.

Die sanktionierenden verbandsrechtlichen Maßnahmen, insbesondere Sperre und finanzielle Sanktionen, sind nun mit den strafrechtlichen Sanktionen zu vergleichen, die für einen neuen Tatbestand in Betracht kommen: Mit der Freiheitsstrafe und der Geldstrafe als Hauptstrafen des Strafgesetzbuchs.

Die Freiheitsstrafe bildet dabei die schärfste Sanktion, das Strafübel besteht in der Entziehung der Fortbewegungsfreiheit.[1091] Dies stellt nicht nur einen Eingriff in die grundrechtlich durch Artikel 2 Abs. 2 Satz 2 GG geschützte Freiheit der Person dar,[1092] sondern führt aufgrund der mit ihr einhergehenden desintegrativen Wirkung zum zumindest vorübergehenden, aber meist dauerhaften Verlust des Arbeitsplatzes.[1093] Daneben werden auch andere innere und äußere Bindungen, die bisher das Leben des Täters geprägt und gestützt haben, wie Familie, Freunde und Wohnung, aufgehoben und nicht selten auf Dauer zerstört.[1094]

Damit ist die Freiheitsstrafe von außen betrachtet grundsätzlich der intensivere Eingriff. Dem Sportler wird bei der verbandsrechtlichen Sperre „nur" die Ausübung seines Berufes unmöglich gemacht, er kann sich aber ansonsten frei am Gemeinschaftsleben beteiligen. Die Freiheitsstrafe entzieht dem strafrechtlich Verurteilten auch diese essentielle Möglichkeit der Lebensführung. Nimmt man eine mehr sportspezifische Sicht ein, sind die Unterschiede allerdings nicht mehr ganz so groß, wie sie zuerst schienen. Für den Berufssportler ist aufgrund der frühen Fixierung auf den Sport dieser oft der ganze Lebensinhalt, alle seine sozialen Bindungen finden sich in diesem Umfeld.[1095] Wird er nun mit einer Wettkampfsperre belegt, führt das häufig auch dazu, dass er aus dem sportlichen Bereich ausgeschlossen wird. Kaum ein Sportler kann es sich leisten, zwei Jahre oder länger einfach „nur" auf das Ende der Sperre zu trainieren. Ohne die direkten und indirekten Einnahmen aus Wettkämpfen sind Athleten oft gezwungen, sich auf einen anderen Beruf zu konzentrieren, was mit dem Verlust der Bindungen im Sportbereich einhergeht. Bei einer lebenslangen Sperre treten diese Folgen erst Recht auf. Mit dem Ausschluss aus dem Bereich des Wettkampfsports verliert der Berufssportler also auch häufig sein gesamtes soziales Umfeld. Die

---

1091 *Meier*, Strafrechtliche Sanktionen, S. 77; NK-StGB-*Dünkel* § 38 Rn. 23.

1092 Maunz/Dürig-*Di Fabio* Art. 2 Abs. 2 S. 2 Rn. 3; Dreier-*Schulze-Fielitz* Art. 2 II Rn. 107.

1093 *Meier*, Strafrechtliche Sanktionen, S. 77.

1094 *Meier*, Strafrechtliche Sanktionen, S. 77.

1095 Dieses Phänomen wird auch als „biographische Falle" bezeichnet, *Momsen-Pflanz*, Die sportethische und strafrechtliche Bedeutung des Dopings, S. 212.

verbandsrechtliche Sanktion kann damit für den Sportler ähnlich belastende Wirkungen haben wie eine Freiheitsstrafe für den Normalbürger.

Zwar fehlt bei einer verbandsrechtlichen Sperre das der strafrechtlichen Sanktion innewohnende sozialethische Unwerturteil,[1096] allerdings kann sie eine vergleichbare Stigmatisierung für den betroffenen Sportler entfalten. Zumindest in der allgemeinen Öffentlichkeit wird „Doping" oft als „Betrug" angesehen und damit schon sprachlich in die Nähe einer Straftat gerückt.[1097] Der betroffene Athlet verliert mit der Verkündung des Dopingvergehens und der Verhängung der Sperre nicht nur das Sportlern oft entgegengebrachte hohe öffentliche Ansehen, sondern auch seine Sponsoren und weitere Unterstützer, womit auch zusätzliche finanzielle Einbußen einhergehen.[1098] Hinzu kommen möglicherweise Schadensersatzzahlungen an frühere Sponsoren, wie etwa im Fall Armstrong, die auch nach Beendigung der aktiven Karriere noch erhebliche Vermögenseinbußen bedeuten können.[1099] Damit kann auch in Bezug auf die soziale Stigmatisierungswirkung zumindest von einer gewissen Vergleichbarkeit zwischen strafrechtlicher und verbandsrechtlicher Sanktion ausgegangen werden.

Die Geldstrafe gilt im Verhältnis zur Freiheitsstrafe als die minder schwere Sanktion,[1100] sie ist die mildeste Strafart des Kriminalrechts.[1101] Das dem Täter zugefügte Strafübel besteht bei der Geldstrafe in dem Entzug von Geldmitteln und dem hieraus folgenden Zwang zum zeitweisen Verzicht auf Konsum und Bedürfnisbefriedigung.[1102] In den praktischen Auswirkungen ist zwischen der staatlichen Geldstrafe und der finanziellen Sanktion nach dem NADC kein großer Unterschied zu erkennen. Ob der Sportler die finanzielle Einbuße als Folge der strafrechtlichen Verurteilung oder der verbandsrechtlichen Sanktionierung erleidet, ist im Ergebnis nicht ganz so bedeutend. Da der stigmatisierende Effekt der Geldstrafe, im Gegensatz zu dem einer Freiheitsstrafe, letztlich nur gering ist,[1103] sind beide Sanktionen auch in ihrer sozialen Wirkung vergleichbar. In

---

1096 Zum sozialethischen Unwerturteil *Meier*, Strafrechtliche Sanktionen, S. 16 f.; MK-StGB-*Radtke* Bd. 2 Vor § 38 Rn. 4 a.E.

1097 Oben. 4. Kapitel II. 2. b) (ab S. 221 Fn. 1009).

1098 Vgl. *Dury*, FS Röhricht, 1097 (1111).

1099 *Schmieder, Jürgen* Strafe für Armstrong – Doping kostet ein Vermögen, in: sueddeutsche.de, 17.02.2015, http://www.sueddeutsche.de/sport/strafe-fuer-armstrong-doping-kostet-ein-vermoegen-1.2355687 (zuletzt abgerufen am 01.10.2017).

1100 NK-StGB-*Albrecht* § 40 Rn. 7.

1101 Lackner/Kühl-*Kühl* § 40 Rn. 1.

1102 *Meier*, Strafrechtliche Sanktionen, S. 55 m.w.N.; MK-StGB-*Radtke* Bd. 2 § 40. Rn. 11 f.

1103 *Meier*, Strafrechtliche Sanktionen, S. 72 m.w.N.

Bezug auf die Vorgaben für die Verhängung und insbesondere die Höhe der finanziellen Sanktion, unterscheiden sich beide Maßnahmen jedoch erheblich. Während die Geldstrafe nach einem fest vorgeschriebenen Tagessatzsystem verhängt wird (§ 40 StGB), richtet sich die Höhe der finanziellen Sanktionen nach verbandseigenen Vorgaben und kann von einer geringen „Bearbeitungsgebühr" bis zu einer (fixen) empfindlichen Geldstrafe reichen. Das heißt für das gleiche Dopingvergehen, etwa die Einnahme des gleichen verbotenen Mittels, kann in verschiedenen Sportarten von den jeweiligen Fachverbänden eine ganz unterschiedlich hohe Geldstrafe verhängt werden. Während der Welt-Radsport-Verband UIC in seinem Regelwerk eine finanzielle Sanktion ausdrücklich vorsieht,[1104] verweist bspw. das Verbandsregelwerk der Ruderer, wie der allgemeine WDAC auch, nur auf die Möglichkeit, eine solche zusätzlich zu verhängen.[1105] Diese Ungleichbehandlung der finanziellen Sanktionen auf verbandsrechtlicher Ebene ist im Zusammenhang mit einem weiteren wichtigen Unterschied zu sehen: Die finanzielle Sanktion im verbandsrechtlichen Verfahren ist die nachrangige Sanktion, welche zusätzlich zu einer Sperre, aber nicht als einzige Maßnahme stattdessen verhängt werden kann.[1106] Die Geldstrafe im strafrechtlichen Verfahren stellt hingegen in den allermeisten Fällen die alleinige Sanktion dar, da sie grundsätzlich nicht neben einer Freiheitsstrafe angeordnet werden darf.[1107] Während Geldstrafe und Freiheitsstrafe demnach als Hauptstrafen im strafrechtlichen Verfahren selbständig nebeneinander stehen, ist die finanzielle Sanktion eher als „Nebenstrafe" anzusehen, die Sperre ist im verbandsrechtlichen System die Hauptsanktion. Daher ist die strafrechtliche Geldstrafe vorrangig mit der verbandsrechtlichen Sanktion „Sperre" zu vergleichen. Bei einer Gegenüberstellung dieser zwei Sanktionen ist die Geldstrafe als die weniger eingriffsintensive zu

1104 UCI cycling regulations, Part 14 Anti-Doping Rules (Version 01.01.2015), Article 10 Sanctions on Individuals, 10.10 Financial Consequences, S. 34 f.; http://www.uci.ch/mm/Document/News/Rulesandregulation/16/85/60/20150101UCIADRPart14-FINALversionenligne13.07.2016_English.pdf (zuletzt abgerufen am 01.10.2017).

1105 FISA Rules of Racing and related Bye-Laws, 2013 Edition, Part VII Anti-Doping, Appendices to the FISA Statutes and Rules of Racing, Appendix 8 Bye-Laws to Rule 100 of the FISA Rules of Racing – FISA Anti-Doping Bye-Laws, Article 10 – sanctions on individuals, 10.12 imposition of Financial Sanctions (http://www.worldrowing.com/mm/Document/General/General/11/28/66/FISArulebookENupdateapril2014complethyperlink_English.pdf (zuletzt abgerufen am 01.10.2017)).

1106 Artikel 10.12 NADC 2009, S. 51.

1107 *Meier*, Strafrechtliche Sanktionen, S. 58 f.

werten. Der mit der Geldstrafe verbundene Entzug von finanziellen Mitteln ist nicht so belastend wie die mit der Sperre verbundene Einschränkung der Berufsausübung für den Athleten und damit der Möglichkeit, durch die Bestreitung von Wettkämpfen den Lebensunterhalt zu verdienen. Aufgrund der oben schon erwähnten geringen Stigmatisierungswirkung der Geldstrafe führt auch das mit der Strafe verbundene Unwerturteil nicht zu einem anderen Ergebnis. Im Vergleich mit der verbandsrechtlichen Sperre ist die strafrechtliche Geldstrafe die weniger scharfe bzw. harte Sanktion.

Der Blick auf die bei einem Dopingvergehen realistischer Weise zu erwartenden Sanktionen bestätigt das bislang gewonnene Bild, dass die verbandsrechtliche Sanktion nicht unbedingt eine mildere Alternative zu einer staatlichen Strafe darstellt. Die älteren Vorschläge zu einer strafrechtlichen Dopingnorm sahen im Grundtatbestand eine Freiheitsstrafe bis höchstens 5 Jahre oder eine Geldstrafe als Strafrahmen vor. Im bayrischen Referentenentwurf eines Sportschutzgesetzes aus dem Jahr 2009 sah die einschlägige Norm – § 5 Sportbetrug – für die Teilnahme an einem sportlichen Wettkampf unter Einfluss von Dopingmitteln eine Freiheitsstrafe bis zu fünf Jahren oder eine Geldstrafe vor.[1108] Die Strafvorschrift im SPD-Entwurf für ein Anti-Doping-Gesetz von 2013 beinhaltete die gleiche Strafandrohung.[1109] In dem neusten Entwurf eines Gesetzes zur Bekämpfung von Doping im Sport war für das Selbstdoping eine Freiheitsstrafe bis zu 3 Jahren oder eine Geldstrafe vorgesehen.[1110]

In der Literatur wurde auch ein neuer Tatbestand im sechsundzwanzigsten Abschnitt „Straftaten gegen den Wettbewerb“ des StGB gefordert. *Fritzweiler* ließ in seinem Vorschlag eines neuen § 299a die Höhe der Freiheitsstrafe offen und legte sich nur auf „eine Freiheitsstrafe bis zu …oder Geldstrafe“ fest.[1111] Dagegen schlug *Hauptmann* in seiner Version eines neuen § 298a StGB „Wettbewerbsfälschungen im Sport“ eine Freiheitsstrafe bis zu 3 Jahren vor.[1112] Auch *Reissinger* führte als Beispiel eines neuen Straftatbestandes einen § 298a StGB an, der eine

1108 Sportschutzgesetz Referentenentwurf (Stand 30.11.2009) – Gesetz zur Bekämpfung des Dopings und der Korruption im Sport S. 7, im Internet abrufbar unter http://www.justiz.bayern.de/media/entwurf_sportschutzgesetz_30112009.pdf (zuletzt abgerufen am 01.10.2017)

1109 BT-Drs. 17/13468 S. 3: Entwurf eines Gesetzes zur Dopingbekämpfung im Sport, § 3 Abs. 1 Nr. 4 Anti-Doping-Gesetz.

1110 BT-Drs. 18/4898, S. 8: Entwurf eines Gesetzes zur Bekämpfung von Doping im Sport.

1111 *Fritzweiler* SpuRt 1998, 234 (235).

1112 *Hauptmann* SpuRt 2005, 239 (242); vgl. auch *Bannenberg* SpuRt 2007, 155 (156).

Freiheitsstrafe bis zu 5 Jahren vorsieht.[1113] Dass die beiden letztgenannten keine Geldstrafe erwähnten, ist auf den ersten Blick erstaunlich, allerdings wohl dem beispielhaften Charakter ihrer Vorschläge, bei dem es mehr auf die Fassung des Tatbestandes als die Bezeichnung der Rechtsfolgen ankommt, geschuldet. Ein Vergleich mit dem Strafrahmen ähnlicher Delikte wie §§ 298, 299 StGB oder auch dem Betrug nach § 263 StGB zeigt, dass dort immer eine Freiheitsstrafe oder eine Geldstrafe die Sanktion bildet.

Da es sich bei allen Vorschlägen um Vergehen handelte, die nicht mit einer im Mindestmaß erhöhten Freiheitsstrafe bedroht sind, war davon auszugehen, dass auch bei einer neu zu schaffenden Norm die Geldstrafe im Gesetz vorgesehen werden würde.[1114]

Die Strafvorschrift im neuen Anti-Doping-Gesetz sieht nun bei Eigendoping eine Freiheitsstrafe von 3 Jahren oder eine Geldstrafe vor, § 4 Abs. 1 Nr. 4 AntiDopG. Dies bildet hinsichtlich des Strafrahmens die jüngsten Entwürfe ab bzw. ist gegenüber der in früheren Vorschlägen angedachten Höchststrafe von 5 Jahren noch recht moderat.

Was die konkrete Straferwartung angeht, ist zumindest für einen Ersttäter gewöhnlich von einer Geldstrafe auszugehen, der im Bereich der kleinen und mittleren Kriminalität, um welche es sich beim Eigendoping handeln würde, grundsätzlich der Vorrang zukommt (§ 47 StGB).[1115] Diese würde für den Sportler im Vergleich zu den verbandsrechtlich vorgesehenen 2 oder 4 Jahren Sperre die mildere Sanktion darstellen. Auch eine Freiheitsstrafe auf Bewährung würde aufgrund der harten Auswirkungen einer Sperre wohl noch als faktisch milder angesehen werden. Bei einem jungen Sportler, der seine unterstellt lange und vielversprechende Karriere noch vor sich hat, könnte sogar selbst eine Freiheitsstrafe von wenigen Jahren gegenüber einer lebenslangen Sperre der gefühlt weniger einschneidende Eingriff sein. Damit ist der sportliche Wettbewerb einem Bereich zuzuordnen, in dem die Sanktionsordnung, die mit den für sich gesehen milderen Sanktionen arbeitet, also hier der WADC bzw. der NADC, im Ergebnis oft die repressivere Regelung darstellt. Gerade die Sperre als andere Rechtsfolge nicht strafrechtlicher Natur kann zumindest in ihrer faktischen Eingriffsintensität für den Betroffenen sogar über die strafrechtliche Sanktion hinausgehen.[1116]

1113 *Reissinger*, Staatliche Verantwortung zur Bekämpfung des Dopings, S. 293. Allerdings lehnt dieser eine solche Norm im Ergebnis mangels Erforderlichkeit bzw. Angemessenheit im Ergebnis ab (S. 295).

1114 *Meier*, Strafrechtliche Sanktionen, S. 57.

1115 *Meier*, Strafrechtliche Sanktionen, S. 40.

1116 Dazu nochmal oben 4. Kapitel II 2. c) bb) (1) (ab S. 230 a.E).

Allerdings ist bei diesen Ausführungen zu beachten, dass es sich wirklich nur um einen abstrakten Vergleich handelt. Es geht nicht darum, eine strafrechtliche Norm anstelle des Verbandsrechts zu etablieren, was auch wohl in der praktischen Umsetzung nicht möglich wäre. Der auch allen Vorschlägen gemeinsame Ansatz ist, zusätzlich zu den bestehenden verbandsrechtlichen Maßnahmen einen neuen Strafrechtstatbestand zu schaffen.[1117]

Was nun diesen Vergleich der verbandsrechtlichen Sanktionen mit den klassischen Strafen Freiheitsstrafe und Geldstrafe angeht, zeigt sich im Ergebnis kein eindeutiges Bild. Grundsätzlich ist vor allem die Freiheitsstrafe als einschneidendste, dem Staat zur Verfügung stehende Sanktion, schärfer als selbst eine lebenslange Sperre. Betrachtet man dies aber mit Blick auf den im konkreten Fall zu erwartenden Sanktionsrahmen, kann die verbandsrechtliche Maßnahme durchaus in einigen Fällen die härteren Auswirkungen für den Berufssportler haben.

Damit kann nicht eindeutig festgestellt werden, dass die verbandsrechtlichen Sanktionen für sich betrachtet die milderen Maßnahmen sind, womit die Schaffung einer strafrechtlichen Norm weiter möglich bleibt. Allerdings soll an dieser Stelle schon darauf aufmerksam gemacht werden, dass zu überlegen sein wird, ob eine Reaktion mit den Mitteln des Strafrechts wirklich notwendig ist, wenn einschneidendere verbandsrechtliche Sanktionen vorhanden sind. Vor diesem Hintergrund könnte eine bessere Durchsetzung derer vielleicht eine geeignetere Lösung sein. Dies ist allerdings erst in der Gesamtabwägung vertiefter zu betrachten.

Um die Abwägung später durchführen zu können, ist es jedoch notwendig, das verbandsrechtliche Verfahren zu betrachten und mit dem strafrechtlichen Verfahren zu vergleichen. Auch für das bisher gefundene Ergebnis könnte die Beurteilung des Verfahrens weitere Erkenntnisse bringen. Wie hart eine Sanktion für den Betroffen wirkt, hängt mittelbar auch von seiner Stellung im Verfahren, das zu ihrer Verhängung führt, bzw. seinen Rechtsschutzmöglichkeiten ab. Gerade im Hinblick auf den obigen Hinweis, dass möglicherweise eine Stärkung der verbandsrechtlichen Maßnahmen einer strafrechtlichen Reaktion vorzuziehen sein könnte, muss zunächst geklärt werden, ob das verbandsrechtliche Verfahren auch den rechtsstaatlichen Vorgaben entspricht. Wäre dies nicht der Fall, dürfte sich der Staat in seiner verfassungsrechtlichen Verantwortung nicht dahinter zurückziehen.

1117 Zu dem Problem der Doppelbestrafung sei wieder nur auf *Lüer*, Dopingstrafen im Sport und der Grundsatz „Ne bis in idem", verwiesen.

(3) Vergleich der Verfahren

Somit ist nun zunächst das Verfahren zur Durchsetzung des Anti-Doping-Codes zu betrachten. Der NADC 2015 enthält in Artikel 12 und 13 selbst die Regeln zum sogenannten „Disziplinarverfahren", das eingeleitet wird, wenn ein Verstoß gegen Anti-Doping-Bestimmungen nicht auszuschließen ist.[1118] Als hierfür zuständiges Disziplinarorgan kommt gemäß Artikel 12.1.3 NADC 2015 entsprechend der Schiedsvereinbarung das Deutsche Sportschiedsgericht, ein anderes Schiedsgericht oder ein Verbandsorgan in Betracht.[1119] Die Rolle des Anklägers im Verbandsgerichtsverfahren ist dabei mit der der Staatsanwaltschaft im staatlichen Strafprozess vergleichbar,[1120] er ist verantwortlich für die Einleitung des Verfahrens. Im privatrechtlichen Verfahren ist damit grundsätzlich eine (Anti-Doping-)Organisation zuständig, je nach Zusammenhang des potentiellen Verstoßes können das internationale Organisationen wie das IOC, die WADA bzw. internationale Sportfachverbände, die NADA und die nationalen Sportfachverbände sein.[1121] Allerdings besteht nach Artikel 12.1.2 für die NADA eine besondere Möglichkeit, das Verfahren an sich zu ziehen, wenn das Verfahren nicht innerhalb von zwei Monaten ab Kenntnis von dem möglichen Verstoß eingeleitet wird, oder zumindest die Rechtmäßigkeit der Nichteinleitung gerichtlich überprüfen zu lassen.[1122] Dies stellt die Durchsetzung des NADC auch im Falle eines Interessenkonflikts auf Verbandsseite durch eine unabhängige Instanz sicher.[1123] Weitere Maßnahmen zur Objektivierung des Verfahrens und der Einbindung der NADA als unabhängige Partei in dasselbe finden sich in Artikel 12.1.4 NADC 2015.[1124] Die NADA stellt damit auch nach den jetzigen Regelungen schon einen wichtigen Verfahrensbestandteil in vielen Disziplinarverfahren dar. Es gibt Sportverbände wie den Deutsche Leichtathletik Verband (DLV), die der NADA die Organisation und Durchführung des Ergebnismanagements bei Doping-Verfahren vertraglich übertragen haben. Dies betrifft Verstöße, die bei Trainings- und Wettkampfkontrollen festgestellt wurden.

1118 Artikel 12, 13 NADC 2015, S. 85 ff.; vgl. auch Artikel 12, 13 NADC 2009, S. 52 ff.

1119 NADC 2015, S. 86 f.; vgl. auch Artikel 12.1.3. NADC 2009, S. 53.

1120 *Rössner*, FS Meyer-Gossner, S. 741 (745).

1121 Anhang 1 zum NADC 2015, Begriffsbestimmungen, S. 113; vgl. auch Anhang 1 zum NADC 2009, Begriffsbestimmungen, S. 69.

1122 NADC 2015, S. 85 f.; vgl. auch Artikel 12.1.2. NADC 2009, S. 52 f.

1123 Noch zur alten Regelung *Reissinger*, Staatliche Verantwortung zur Bekämpfung des Dopings, S. 218.

1124 NADC 2015, S. 87 f.; vgl. auch Artikel 12.1.4. NADC 2009, S. 53; *Reissinger*, Staatliche Verantwortung zur Bekämpfung des Dopings, S. 218.

Darin eingeschlossen ist die Durchführung von Disziplinarverfahren im Namen der NADA vor dem Deutschen Sportschiedsgericht (DIS), sofern die betroffene Person dem Schiedsgericht unterworfen ist.[1125] Somit ist im Verantwortungsbereich des DLVs grundsätzlich gemäß NADC, Art. 12.1.1 erst einmal die NADA die für das Ergebnismanagement zuständige Anti-Doping-Organisation. Nur in den Fällen, in denen eine Entscheidung durch das DIS nicht in Betracht kommt, liegt die Disziplinarbefugnis beim Deutschen Leichtathletik-Verband,[1126] der dann die zuständige Anti-Doping-Organisation ist. Auch viele andere nationale Sportverbände haben mittlerweile eine Kooperationsvereinbarung nach § 20.2 DIS-SportSchO mit dem DIS geschlossen.[1127] Damit lässt sich eine Entwicklung zur Stärkung der NADA feststellen, die als neutrales, von den einzelnen Verbandsinteressen unabhängiges Organ immer öfter die Anklage in Doping-Verfahren übernimmt. Dies ist für die im Hintergrund stehende Frage, ob eine neue Strafnorm notwendig ist, oder ob vielleicht auch die bestehenden Strukturen auf Verbandsseite weiter gefördert und darüber mittelbar ausreichende Maßnahmen gegen Doping erreicht werden können, im Hinterkopf zu behalten.

Wichtiger Ansatzpunkt für eine Bewertung hinsichtlich der Rechtsstaatlichkeit des Verfahrens sind die in Artikel 12.2 NADC festgeschriebenen Verfahrensgrundsätze.[1128] Sie sollen einen hinreichenden Verfahrensstandart gewährleisten. Dies wird durch die vorgegebenen Minimal-Voraussetzungen wie die faire und unparteiische Besetzung des Disziplinarorgans, das Recht auf eine anwaltliche Vertretung, die rechtzeitige Information über den behaupteten Dopingverstoß und das Recht zur Stellungnahme erreicht.[1129] Sie stellen eine ausreichende Berücksichtigung des Prinzips des rechtlichen Gehörs dar, das auch von den Verbandsspruchkörpern beachtet werden muss.[1130] Daneben gibt es in Artikel 13 NADC auch Regelungen zur den möglichen Rechtsbehelfen gegen Entscheidungen des Disziplinarorgans.[1131] Rechtsbehelfe gegen Entscheidungen, die

1125 Umkehrschluss aus § 7.1 Anti-Doping-Codes (ADC) des DLV.

1126 § 7.1 Anti-Doping-Codes (ADC) des DLV.

1127 Auf der Website des DIS findet man eine Liste Nationaler Sportverbände, mit denen Kooperationsvereinbarungen nach § 20.2 DIS-SportSchO bestehen (http://www.dis-sportschiedsgericht.de/de/62/regelwerke/uebersicht-id0 (zuletzt abgerufen am 01.10.2017)); zum DIS selbst auch schon *Glocker*, Die Strafrechtliche Bedeutung von Doping, S. 263 f.; anders noch die pessimistische Prognose bei *Momsen-Pflanz*, Die sportethische und strafrechtliche Bedeutung des Dopings, S. 253 f.

1128 NADC 2015, S. 88 f.; vgl. auch Artikel 12.2. NADC 2009, S. 53 f.

1129 *Reissinger*, Staatliche Verantwortung zur Bekämpfung des Dopings, S. 219.

1130 *Glocker*, Die Strafrechtliche Bedeutung von Doping, S. 262.

1131 NADC 2015, S. 90 f.; vgl. auch Artikel 13 NADC 2009, S. 55 ff.

Athleten auf nationaler Ebene betreffen, können gemäß Artikel 13.2.2 NADC je nach Schiedsvereinbarung beim Deutschen Sportschiedsgericht als Rechtsmittelinstanz oder einem anderen Schiedsgericht eingelegt werden.[1132] Damit ist aufgrund der großen Zahl an Verbänden, die Kooperationsvereinbarungen nach § 20.2 DIS-SportSchO mit dem DIS geschlossen haben,[1133] spätestens in der Revisionsinstanz gewährleistet, dass die NADA am Verfahren beteiligt sein kann. Nach der Definition des NADC muss es sich bei diesen Schiedsgerichten um Gerichte im Sinne des 10. Buches der Zivilprozessordnung handeln.[1134] In den Fällen, in denen das DIS als Disziplinarorgan schon erste Instanz war, kann der Rechtsbehelf nur beim Internationalen Sportgerichtshof eingelegt werden.[1135] Damit ist sichergestellt, dass innerhalb des Instanzenzugs zumindest an einer Stelle der hohe Verfahrensstandart eines echten Schiedsgerichts i.S.d. §§ 1025 ZPO ff. erreicht wird.[1136] Allerdings gilt das nur für die nationale Ebene, in Fällen mit internationalem Bezug können nach Artikel 13.2.1 NADC Rechtsbehelfe gegen Entscheidungen letztinstanzlich ausschließlich vor dem CAS eingelegt werden.[1137] Interessant ist auch die Stellung der NADA in Bezug auf die Rechtsbehelfsbefugnis, sie kann sowohl auf nationaler als auch auf internationaler Ebene Rechtsbehelf einlegen, wenn der betroffene Athlet einen Bezug zu Deutschland hat, also durch seine Nationalität, seinen Wohnsitz oder eine hier ausgestellte Lizenz.[1138] Damit wird der NADA eine weitreichende Möglichkeit zugestanden, Entscheidungen des Disziplinarorgans überprüfen zu lassen und nach *Reissinger* „als unabhängige Partei des Dopingverfahrens Entscheidungen durch ein objektives Gericht herbei zu führen, das sich keinem Vorwurf einer

1132 Artikel 13.2.2 NADC 2015, S. 94; vgl. auch Artikel 13.2.2 NADC 2009, S. 57.

1133 Auf der Webseite des DIS findet man eine Liste Nationaler Sportverbände, mit denen Kooperationsvereinbarungen nach § 20.2 DIS-SportSchO bestehen (http://www.dis-sportschiedsgericht.de/de/62/regelwerke/uebersicht-id0 (zuletzt abgerufen am 01.10.2017)); zum DIS selbst auch schon *Glocker*, Die Strafrechtliche Bedeutung von Doping, S. 263 f.; anders noch die pessimistische Prognose bei *Momsen-Pflanz*, Die sportethische und strafrechtliche Bedeutung des Dopings, S. 253 f.

1134 Anhang 1 zum NADC 2015, Begriffsbestimmungen, S. 120; vgl. auch Anhang 1 zum NADC 2009, S. 83.

1135 Artikel 13.2.2 NADC 2015, S. 94; vgl. auch Artikel 13.2.2 NADC 2009, S. 57.

1136 *Reissinger*, Staatliche Verantwortung zur Bekämpfung des Dopings, S. 221.

1137 NADC 2015, S. 93 f.; vgl. auch Artikel 13.2.1. NADC 2009, S. 57; vgl. auch *Glocker*, Die Strafrechtliche Bedeutung von Doping, S. 264 f.

1138 Artikel 13.2.3.1.(d) NADC 2015, S. 95; vgl. auch Artikel 13.2.3.1.(d) NADC 2009, S. 58.

Interessenkollision ausgesetzt sieht".[1139] Der NADC räumt der NADA auch im Rechtsmittelverfahren eine wichtige Position ein. Die mittlerweile immer weiter fortschreitende Umsetzung der Vorgaben des NADC durch die Bundes- und Landessportverbände und die dadurch erreichte Unterwerfung und Bindung der Athleten stärkt die Stellung der NADA als wichtigen Akteur im Kampf gegen Doping.

Dass die einzelnen Sportverbände, entgegen der noch pessimistischen Einschätzung *Momsen-Pflanzs* diesbezüglich,[1140] die Vorgaben des NADC flächendeckend übernommen haben, liegt auch an den diese Entwicklung unterstützenden staatlichen Maßnahmen. Als wichtigste ist hierbei die Verknüpfung von staatlicher Sportförderung mit Auflagen zur Ergreifung von Anti-Doping-Maßnahmen zu nennen.[1141] Die Anti-Doping-Zuwendungsklausel für Sportfachverbände schreibt dies eindeutig fest: „Die Bundesförderung setzt die uneingeschränkte aktive Dopingbekämpfung des Zuwendungsempfängers voraus. Hierzu gehören insbesondere die Anerkennung und Umsetzung des NADA-Codes sowie die uneingeschränkte Teilnahme am Dopingkontrollsystem der Nationalen Anti-Doping Agentur (NADA)."[1142] Darüber hinaus bestehen ähnliche Vorgaben im Hinblick auf die Förderung der Olympiastützpunkte und Bundesleistungszentren[1143] und, zum Teil weniger detailliert bzw. pauschaler formuliert, auch Vorschriften auf Landesebene für die Landessportfachverbände und einzelne Vereine.[1144] Diese Verbindung staatlicher Zuwendungen an die Sportverbände mit der Verpflichtung zur Umsetzung der Anti-Doping-Vorgaben des NADC hat, auch mit der Hilfe von durch die NADA zur Verfügung

1139 *Reissinger*, Staatliche Verantwortung zur Bekämpfung des Dopings, S. 220.

1140 *Momsen-Pflanz*, Die sportethische und strafrechtliche Bedeutung des Dopings, S. 253 f.

1141 *Reissinger*, Staatliche Verantwortung zur Bekämpfung des Dopings, S. 237 f.

1142 Bundesministerium des Innern, Abschlussbericht Projektgruppe Sonderprüfung Doping, Stand 19. 12. 2007, Anhang 5, S. 83, für den Wortlaut der im Jahr 2007 verwendeten Anti-Doping-Klauseln Anhang 2, S. 78; im Internet abrufbar unter http://docplayer.org/42019591-Abschlussbericht-projektgruppe-sonderpruefung-doping-19-dezember-2007-bonn.html (zuletzt abgerufen am 01.10.2017).

1143 Bundesministerium des Innern, Abschlussbericht Projektgruppe Sonderprüfung Doping, Stand 19.12.2007, Anhang 5, S. 85 f. im Internet abrufbar unter http://docplayer.org/42019591-Abschlussbericht-projektgruppe-sonderpruefung-doping-19-dezember-2007-bonn.html (zuletzt abgerufen am 01.10.2017).

1144 *Reissinger*, Staatliche Verantwortung zur Bekämpfung des Dopings, S. 239 m.w.N.

gestellten Muster-Regelwerken,[1145] zu einer zügigen Realisierung und damit weiteren Stärkung der Position der NADA gegenüber den Verbänden geführt. Der finanzielle Hebel ist damit ein wichtiger Anknüpfungspunkt, von staatlicher Seite auf die Verbände einzuwirken und bleibt damit für die Gesamtbewertung als potentielle staatliche Alternativmaßnahme zu einer strafrechtlichen Reaktion zu berücksichtigen.

Nachdem oben festgestellt wurde, dass durch die Beteiligung eines Schiedsgerichts zumindest im Laufe des Instanzenzugs auf nationaler Ebene, auch die rechtsstaatlichen Verfahrensgrundsätze beachtet werden, ist zumindest eine, oft kritisierte Ausgestaltung des Verfahrens genauer zu betrachten, und zwar die Beweislastregelung. Nach Artikel 3 NADC tragen die Anti-Doping-Organisationen die Beweislast dafür, dass ein Verstoß gegen Anti-Doping-Bestimmungen vorliegt.[1146] Ein solcher Verstoß ist jedoch schon dann gegeben, wenn eine verbotene Substanz, ihre Metaboliten oder Marker in der Probe eines Athleten vorliegen, Artikel 2.1. NADC.[1147] Insbesondere ist der Verstoß unabhängig davon, ob Vorsatz, Verschulden, Fahrlässigkeit oder bewusster Gebrauch aufseiten des Athleten nachgewiesen wird, darauf kommt es nach Artikel 2.1.1. NADC für die Begründung eines Verstoßes nicht an.[1148] In dieser weitgehenden Beweislastumkehr könnte nach *Glocker* zusammen mit der umfassenden Mitwirkungspflicht des Athleten, vor allem im Hinblick auf die „freiwillige" Abgabe einer Dopingprobe, ein massiver Verstoß gegen den nemo-tenetur-Grundsatz gesehen werden.[1149] Allerdings weist er auch selbst darauf hin, dass hinsichtlich der Rechtsfolgen durchaus das Verschulden berücksichtigt wird.[1150] Die eigentliche Sanktion „Sperre" kann je nach Maß des Verschuldens verringert

---

1145 Vgl. die umfangreichen Muster für Verbände auf der Homepage der NADA, z.B. Muster eines Anti-Doping-Codes, https://www.nada.de/de/recht/anti-doping-regelwerke/der-nationale-anti-doping-code-nadc/muster-fuer-verbaende/ (zuletzt abgerufen am 01.10.2017), die auch aufgrund des Vorschlags im Abschlussbericht Projektgruppe Sonderprüfung Doping erstellt wurden (Bundesministerium des Innern, Abschlussbericht Projektgruppe Sonderprüfung Doping, Stand 19. 12. 2007, S. 35 f.; im Internet abrufbar unter http://docplayer.org/42019591-Abschlussbericht-projektgruppe-sonderpruefung-doping-19-dezember-2007-bonn.html (zuletzt abgerufen am 01.10.2017)).

1146 NADC 2015, S. 20; vgl. auch Artikel 3 NADC 2009, S. 16.

1147 NADC 2015, S. 10; vgl. auch Artikel 2.1 NADC 2009, S. 13.

1148 NADC 2015, S. 10 f.; vgl. auch Artikel 2.1.1 NADC 2009, S. 13.

1149 *Glocker*, Die Strafrechtliche Bedeutung von Doping, S. 260.

1150 *Glocker*, Die Strafrechtliche Bedeutung von Doping, S. 261; *Rössner*, FS Meyer-Gossner, S. 741 (743).

werden, Artikel 10.5 NADC, und muss bei Nachweis durch den Athleten, dass ihn kein Verschulden trifft, ganz erlassen werden, Artikel 10.4 NADC.[1151] Auch die Annullierung weiterer Ergebnisse nach Artikel 10.1 NADC als eigenständige Sanktion ist vom Verschulden des Athleten abhängig. Artikel 10.1.1 untersagt die Annullierung bei fehlendem Verschulden, außer es besteht die Wahrscheinlichkeit, dass die Ergebnisse durch den Verstoß gegen Anti-Doping-Bestimmungen beeinflusst worden sind.[1152] In einem solchen Fall ist die Annullierung jedoch mehr mit der automatischen Annullierung nach Artikel 9 zu vergleichen und wie diese nicht als Sanktion im eigentlichen Sinne anzusehen.[1153] Damit spielt im Ergebnis die Frage des Verschuldens für die Sanktionierung eine wichtige Rolle, was den rechtsstaatlichen Grundsätzen genügen kann. Dass für die reine Feststellung eines Verstoßes das Verschulden nicht berücksichtigt wird, liegt an der spezifischen beweisrechtlichen Ausgangslage in Dopingfällen. Dabei ist diese Regelung nach *Rössner* als „Anscheinsbeweis" durchaus auch mit einer dem Strafprozess immanenten Form, dem Indizienbeweis, z.B. beim objektiven Alkoholbefund zur Feststellung der Fahruntüchtigkeit in § 316 StGB, vergleichbar.[1154] Im Falle des für § 316 StGB festgestellten Alkoholbefundes entstehe beweisrechtlich regelmäßig der Anschein, dass der Beschuldigte den Alkohol zu sich genommen hat und fahruntüchtig ist.[1155] Was die verantwortliche Selbsteinnahme angehe, könne sich der Beschuldigte entlasten, indem er den Anschein durch Gegentatsachen (Dritte haben ihm Schnaps in das Bier geschüttet) wieder entkräftet.[1156] Diese Situation ist durchaus mit der eines objektiven Dopingbefundes und der damit zusammen hängenden Entlastungsmöglichkeit durch den Sportler vergleichbar. Auch würde das Erfordernis eines Verschuldensnachweises schon im Stadium des Verstoßes den Dopingkampf „ad absurdum führen, da ein solcher Nachweis in der Regel nicht zu führen sein wird, wenn der Beschuldigte Athlet jegliche Mitarbeit verweigert und lediglich aussagt, dass er nicht wisse, wie der Wirkstoff in seinen Körper gelangt sei."[1157] Aufgrund dieser besonderen Gegebenheit im Zusammenhang mit Doping ist die insoweit geltende Umkehr der Beweislast dadurch, dass der Athlet den Nachweis für sein

1151 NADC 2015, S. 64 ff.; vgl. auch Artikel 10.4, 10.5 NADC 2009, S. 39 f.

1152 NADC 2015, S. 61; vgl. auch Artikel 10.1.1 NADC 2009, S. 37 f.

1153 Oben 4. Kapitel II. 2. c) bb) (1) S. (235).

1154 *Rössner*, FS Meyer-Gossner, S. 741 (750).

1155 *Rössner*, FS Meyer-Gossner, S. 741 (750).

1156 *Rössner*, FS Meyer-Gossner, S. 741 (750).

1157 *Glocker*, Die Strafrechtliche Bedeutung von Doping, S. 260.

fehlendes Verschulden erbringen muss,[1158] hinzunehmen. Die Regelung trägt dabei sowohl den Grundrechten des Athleten, als auch der Effizienz des Kampfes gegen Doping hinreichend Rechnung.[1159] Der Athlet kann sich durch den Nachweis des fehlenden Verschuldens selbst entlasten und seine Sanktionierung verhindern, da ihm aber die Beweislast hierfür obliegt, wird wiederum die Effektivität des Anti-Doping-Kampfes nicht beeinträchtigt.[1160]

Zu beachten ist dabei auch, dass die im Strafrecht geltende strenge Unschuldsvermutung auch aus anderen Gründen nicht auf das verbandsrechtliche Doping-Verfahren übertragbar ist. Im Strafverfahren stehen dem Staat viel weiterreichendere Ermittlungsmöglichkeiten zur Verfügung, als dies im verbandsrechtlichen Verfahren der Fall ist. So sind die Maßnahmen, die die Strafprozessordung vorsieht, wie Durchsuchungen (§ 102 ff. StPO), das Abhören von Gesprächen (§ 100a ff. StPO) oder die Entnahme einer Blutprobe (§ 81a StPO) durchaus geeignet, auch in schwierigen Fällen die notwendigen Beweise für eine Verurteilung zu beschaffen, so dass die Beweislast zu Recht in Gänze beim Staat liegt und der Zweifel für den Angeklagten spricht. Solche Möglichkeiten stehen den Anti-Doping-Organisationen im verbandsrechtlichen Verfahren nicht zur Verfügung, allerdings auch wieder völlig zu Recht, da es sich um eine privatrechtliche Organisation handelt, welche niemals so grundrechtsintensive Eingriffsmaßnahmen durchführen dürfte. Zwar ist auch der faktische „Zwang" zur Mitwirkung bei Dopingkontrollen, der dadurch entsteht, dass eine Umgehung oder Verweigerung der Probeentnahme schon als Doping-Verstoß gewertet wird,[1161] durchaus auch in seiner Effektivität nicht zu unterschätzen. Allerdings ist er noch lange nicht so wirkungsvoll und eingriffsintensiv wie die genannten strafrechtlichen Maßnahmen. Damit wäre es, wie oben schon erwähnt, kontraproduktiv, auf der einen Seite an den privatrechtlichen Anti-Doping-Kampf die gleichen (hohen) verfahrensrechtlichen Maßstäbe anzulegen, wie an das strafprozessuale Verfahren, ohne dass auf der anderen Seite in diesem die gleichen Ermittlungsmöglichkeiten zu Verfügung stehen bzw. überhaupt stehen könnten. Die wesentlich geringere Grundrechtsbeeinträchtigung des verbandsrechtlichen Verfahrens rechtfertigt so auch die weniger strengen Ansprüche an Beweislastverteilung und Verfahrensregeln.

1158 Vgl. Artikel 10.1.1, 10.4, 10.5 NADC 2015, S. 61, 64, 65 ff., die alle den Nachweis des Athleten fordern, dass ihn kein Verschulden trifft.

1159 *Glocker*, Die Strafrechtliche Bedeutung von Doping, S. 261.

1160 *Glocker*, Die Strafrechtliche Bedeutung von Doping, S. 261.

1161 Artikel 2.3 NADC 2015, S. 14; vgl. auch Artikel 2.3 NADC 2009, S. 14.

Zusammengefasst entspricht das verbandsrechtliche Verfahren den verfassungsrechtlichen Anforderungen, es muss im Vergleich zum strafrechtlichen Verfahren zwar mit den geringeren Beweisermittlungsmöglichkeiten auskommen, profitiert aber im Gegenzug von einer Beweiserleichterung in Form einer gewissen Beweislastumkehr zu Lasten des Athleten. Insgesamt sind hierbei Rechtsstaatlichkeit und Effektivität des verbandsrechtlichen Verfahrens ausreichend gewährleistet.[1162]

Hinsichtlich der mit dem Verfahren einhergehenden Belastungen ist es schwierig zu bestimmen, welches für den Sportler die einschneidenderen Beeinträchtigungen mit sich bringt. Das verbandsrechtliche Verfahren baut schon im Vorfeld viele Einschränkungen auf. Die größten Beschwernisse für den Sportler stellen die Trainingskontrollen dar, welche mit strengen Melde- bzw. Bereithaltungspflichten,[1163] der damit verbundenen Einschränkung, vieles genau im Voraus planen zu und den Alltag danach ausrichten zu müssen, und dem faktischen Mitwirkungszwang einhergehen. Die Maßnahmen richten sich ja gegen alle Berufsathleten einer bestimmten Spitzengruppe bzw. Sportart und sind nicht, wie das strafrechtliche Verfahren, an einen konkreten Verdacht gebunden. Das eigentliche verbandsrechtliche Verfahren nach Bekanntwerden eines Anti-Doping-Verstoßes beinhaltet keine stärker belastenden Ermittlungsmöglichkeiten mehr, die vorläufige Suspendierung stellt allerdings einen weiteren möglichen Nachteil dar. Das staatliche Verfahren verfügt über viel schärfere Ermittlungsmaßnahmen, diese können aber erst nach dem Vorliegen eines konkreten Anfangsverdachtes für eine Straftat eingesetzt werden.[1164]Als weitere gravierende Erschwernis steht im Verfahren nach der Strafprozessordung die Möglichkeit der Untersuchungshaft, §§ 112 ff. StPO. Das strafrechtliche Ermittlungsverfahren an sich bringt damit größere Belastungen mit sich, während im verbandsrechtlichen Bereich die Beeinträchtigungen ins Vorfeld verlagert sind, dort aber dauerhaft jeden Athleten einer bestimmten Gruppe treffen. Damit ist eine Prognose dahingehend, welcher Nachteil der belastendere ist, nicht ohne weiteres möglich.

1162 Kritisch dazu der DIS Schiedsspruch vom 19.06.2012 (im Verhältnis eines einzelnen Sportlers zu einem sozialmächtigen Verband); kritisch auch *Bleistein/Degenhart* NJW 2015, 1353 ff.

1163 Ausführlich zu den Bereithaltungspflichten *Niewalda*, Akzente des Sportrechts, S. 9 ff.; vgl. auch *Steiner* ZRP 2015, 51 (52).

1164 *Beulke*, Strafprozessrecht, Rn. 311; KK-StPO-*Diemer* StPO § 152 Rn. 7 ff.; KK-StPO-*Griesbaum* StPO § 160 Rn. 7.

Was die Stellung des angeklagten Sportlers im verbandsrechtlichen Sanktions- bzw. strafrechtlichen Strafverfahren angeht, werden weitere Unterschiede deutlich. Im strafprozessualen Verfahren profitiert der Angeklagte von dem „in dubio pro reo“-Grundsatz[1165] und der Pflicht der Staatsanwaltschaft als Anklagebehörde, auch entlastende Beweise zu ermitteln, gemäß § 160 II StPO.[1166] Beim verbandsrechtlichen Anti-Doping-Verfahren befindet sich der Athlet in einer schlechteren Position, er unterliegt dem Entlastungszwang und muss den Nachweis erbringen, dass er an dem Anti-Doping-Verstoß kein Verschulden trägt. Betrachtet man allerdings das gesamte Verfahren inklusive der Ermittlungsmaßnahmen im Vorfeld, so relativiert sich diese unterschiedliche Stellung wieder. Im Ergebnis ist die Schwere der Belastungen wohl vergleichbar, wenn nicht besondere Maßnahmen wie die Untersuchungshaft im Strafprozess hinzukommen.

Hinsichtlich einer neuen Strafnorm ist allerdings zu beachten, dass das Strafverfahren dann nicht an die Stelle, sondern neben das verbandsrechtliche Verfahren tritt, so wie es jetzt schon beim neuen Anti-Doping-Gesetz der Fall ist. Dies führt zu der für den Sportler schwierigen Situation, dass er sich nach einer positiven Dopingprobe im Verbandsverfahren aufgrund des strict-liabilitiy-Grundsatzes selbst entlasten, also reden muss. Dadurch gefährdet er ein wichtiges strafprozessuales Verteidigungsmittel, sein Recht zu schweigen. Und trotz des faktischen Zwangs zur Aussage im verbandsrechtlichen Verfahren besteht im Strafverfahren kein Verwertungsverbot hinsichtlich dieser im anderen Verfahren unter Umgehung des nemo-tenetur-Grundsatzes gewonnen Aussagen des Sportlers.[1167]

In den meisten Fällen würden im Ergebnis Sanktionen aus beiden Verfahrensbereichen zur Anwendung kommen. Hierbei stellt sich noch einmal verstärkt die Frage nach einer Verfassungsmäßigkeit der Kombination der Strafen. Jedenfalls führt das strafrechtliche Verfahren damit zu einer erhöhten Belastung der betroffenen Athleten, die sich nicht nur mehr mit verbandsrechtlichen, sondern zusätzlich auch mit strafrechtlichen Sanktionen konfrontiert sehen. Dies schließt eine strafrechtliche Reaktion zwar nicht aus, da auch in anderen Berufszweigen ein parallel zum Strafrecht zum Zuge kommendes Standesrecht zusätzliche Sanktionen aussprechen kann. So ist etwa bei Rechtsanwälten nach § 14 Abs. 2 Nr. 2 BRAO die Zulassung zur Rechtsanwaltschaft zu widerrufen, wenn der Rechtsanwalt infolge strafgerichtlicher Verurteilung die Fähigkeit zur

1165 KK-StPO-*Fischer* Einleitung Rn. 62 ff.; *Eisenberg* Rn. 116 ff.

1166 KK-StPO-*Griesbaum* StPO § 160 Rn. 22; *Pfeiffer* StPO § 160 Rn. 5.

1167 *Steiner* ZRP 2015, 51 (52 a.E.) m.w.N.

Bekleidung öffentlicher Ämter verloren hat. Bei Ärzten kann die Approbation ruhend gestellt werden, wenn gegen den Arzt wegen des Verdachts einer Straftat, aus der sich seine Unwürdigkeit oder Unzuverlässigkeit zur Ausübung des ärztlichen Berufs ergeben kann, ein Strafverfahren eingeleitet ist, § 6 Abs. 1 Nr. 1 BÄO. In diesem Fall greift die berufsrechtliche Sanktion schon vor einer strafrechtlichen Verurteilung, mit dieser ist dann die Approbation nach § 5 Abs. 2 BÄO zu widerrufen. Die hierbei entstehende besondere Härte wird bei aufgrund der Verurteilung zusätzlich drohenden beruflichen Sanktionen im Wege der Strafzumessung als Nebenwirkung der Verurteilung berücksichtigt.[1168] Die Situation der Athleten könnte mit den bestehenden Doppelbelastungen dieser anderen Berufsgruppen vergleichbar sein. Eine verfassungsgemäße Ausgestaltung der Strafen für Sportler könnte damit trotz des Zusammenfallens mit verbandsrechtlichen Sanktionen möglich sein. Allerdings wird dieser Punkt in der Gesamtabwägung noch einmal aufzugreifen sein.[1169]

Insgesamt führt damit auch der Vergleich der Verfahren nicht zu einem eindeutigeren Ergebnis und damit auch nicht dazu, strafrechtliche Maßnahmen auszuschließen.

(4) Ergebnis zu verbandsrechtlichen Ansätzen

Verbandsrechtliche Maßnahmen können zwar in einiger Hinsicht mit den strafrechtlichen Maßnahmen verglichen werden und sind durchaus als Alternative zu einer strafrechtlichen Reaktion weiter zu beachten, allerdings lässt sich nicht eindeutig feststellen, dass sie wirklich ein „milderes" Mittel darstellen. Damit bleibt eine strafrechtliche Reaktion zunächst weiter möglich. Ob verbandsrechtliche Maßnahmen bzw. ihre Stärkung allerdings im Ergebnis doch die bessere Handlungsoption darstellen könnten, wird im Rahmen der Gesamtabwägung zu klären sein.

cc) Freigabe von Doping bzw. Neuroenhancement

Schließlich taucht gerade in der Dopingdebatte immer wieder die Frage auf, ob es angesichts der Hartnäckigkeit des Problems und der scheinbaren Erfolglosigkeit bisheriger Maßnahmen nicht auch eine Lösung sein könnte, das Dopingverbot zumindest zu lockern und Doping somit in kontrolliertem Maße freizugeben. Dabei handelt es sich genau genommen nicht um eine rein staatliche Handlungsmöglichkeit, da die Wettbewerbsregeln wie der WADA-Code, die bestimmte

1168 *Fischer* § 46 Rn. 9.

1169 Unten 4. Kapitel II. 2. d) (ab S. 263).

Mittel und Methoden verbieten, von den internationalen Sportverbänden, also privater und nicht staatlicher Seite, aufgestellt werden. Befürworter der Idee argumentieren, dass die kontrollierte Freigabe leistungssteigernder Substanzen und die Einnahme unter ärztlicher Aufsicht letztlich mehr Sicherheit für die Gesundheit der Sportler bieten würde.[1170] Die jetzige Verbotspraxis über eine Verbotsliste führe zu einem massiven Anreiz, neues zu entdecken und fördere die Intransparenz.[1171] Eine Freigabe mit der Pflicht, einen Medikamenten-Pass zu führen, solle dagegen mittels radikaler Transparenz die Anreize für Doping in der derzeitigen Form minimieren oder gar zerstören, da man nur noch dafür bestraft werden könnte, die Einnahme eines Mittels nicht eingetragen zu haben und nicht mehr für die Verwendung der Substanz an sich.[1172] Zumindest so lange man sich auf die Substanzen beschränkt, die dann freigegeben worden sind. Eine völlige Freigabe jeglicher Mittel fordern auch die Befürworter dieses Weges nicht und damit ist schon mehr als fraglich, inwieweit eine solche kontrollierte Freigabe die genannten Ziele erreichen können sollte. Denn einer kontrollierten, also beschränkten Freigabe ist immanent, dass es weiterhin Substanzen gibt, die etwa aufgrund zu großer Gesundheitsrisiken nicht freigegeben sein werden. Damit wäre auch nach diesem Modell ein Missbrauch mit den verbotenen, im Zweifel also gesundheitsschädlichsten Substanzen möglich und auch zu erwarten, allein die Anzahl dieser weiterhin illegalen Dopingmittel wäre gegenüber den heutigen Verbotslisten geringer. „Wer dopt, will sich insgeheim Vorteile gegenüber der Konkurrenz verschaffen, und die gibt es nur jenseits der Grenzen des Erlaubten. Nach einer begrenzten Freigabe von Doping würde sofort der Kampf an den neuen Grenzen eröffnet."[1173] Eine teilweise Legitimierung

---

1170 Vgl. *Becker, Markus* Spitzensport: Bioethiker fordert offenen Markt für Doping, in: Spiegel.online, 16.07.2012, http://www.spiegel.de/wissenschaft/mensch/bioethiker-savulescu-haelt-offenes-doping-fuer-fairer-und-gesuender-a-844578.html (zuletzt abgerufen am 01.10.2017).

1171 *Wagner, Gert G. / Castronova, Edward* Doping freigeben? Ja, jetzt und kontrolliert!, in: Zeit.online, 26.02.2013, http://www.zeit.de/sport/2013-02/doping-duell-freigabe-pro-missbrauch-wagner-philosophisches-armdruecken/seite-1 (zuletzt abgerufen am 01.10.2017).

1172 *Wagner, Gert G. / Castronova, Edward* Doping freigeben? Ja, jetzt und kontrolliert!, in: Zeit.online, 26.02.2013, http://www.zeit.de/sport/2013-02/doping-duell-freigabe-pro-missbrauch-wagner-philosophisches-armdruecken/seite-1 (zuletzt abgerufen am 01.10.2017).

1173 *Gebauer, Gunter* Doping jetzt freigeben? Nein, nie!, in: Zeit.online, 25.02.2013, http://www.zeit.de/sport/2013-02/doping-sport-freigabe-contra-missbrauch-gebauer-philosophisches-armdruecken/seite-1 (zuletzt abgerufen am 01.10.2017).

würde verbotenes Doping mit all seinen schädlichen Folgewirkungen nicht verhindern, sondern nur an andere Fronten jenseits der dann erlaubten Substanzen verlagern. Darüber hinaus würde es schwer zu bestimmen sein, welche Dopingmittel überhaupt freigegeben werden sollten. Die dabei genannten wie Epo, Betablocker und Modafinil[1174] können durchaus schwere Nebenwirkungen haben. Auch bei reguliertem Einsatz unter ärztlicher Aufsicht besteht bei den meisten gängigen Mitteln die Gefahr einer gesundheitsschädlichen Wirkung. Insbesondere der Drang zur Entwicklung neuerer, besserer, leistungssteigernderer Substanzen wird durch eine teilweise Freigabe nicht verringert. Wie damit in einem teilweise legalisierten Umfeld umzugehen sein wird, ist geeignet, neue Probleme aufzuwerfen. Hierfür klare Regeln zu finden erscheint schwierig, da die neuen Mittel ja unter Trainings- und Wettkampfbedingungen auf ihre Wirkung getestet werden müssten. Aber so lange sie noch nicht offiziell zugelassen wären, dürften sie auch nicht in einem Wettbewerb, bzw. beim konkreten Training auf einen solchen verwendet werden. Bezüglich erfolgsversprechender neuer Mittel besteht damit auch in einem teillegalisierten System die Gefahr einer verbotenen Einnahme, die Situation wäre die gleiche wie beim aktuellen regelwidrigen Doping. Eine unbeschränkte Zulassung noch in der Testphase befindlicher Mittel würde demgegenüber auch bei ärztlicher Aufsicht zu unkalkulierbaren Gefahren für die Gesundheit der Sportler führen, da anzunehmen ist, dass eine nicht unerhebliche Anzahl von Athleten auch bei potentiell starker Gefährlichkeit um der zu erwartenden Vorteile willen auch noch unsichere Mittel einnehmen würde.[1175] Das Argument, dass Leistungssport auch so schon gefährlich genug ist (etwa durch die Gefahr des plötzlichen Herztodes beim

---

1174 *Becker, Markus* Spitzensport: Bioethiker fordert offenen Markt für Doping, in: Spiegel.online, 16.07.2012, http://www.spiegel.de/wissenschaft/mensch/bioethiker-savulescu-haelt-offenes-doping-fuer-fairer-und-gesuender-a-844578.html (zuletzt abgerufen am 01.10.2017).

1175 Dieses als sog. „Goldman-Dilemma" bezeichnete Phänomen wurde in mehrfachen Studien nachgewiesen. Von den befragten Hochleistungssportlern wären dabei 50% bereit gewesen, ein Medikament einzunehmen, das sie nach 5 Jahren töten würde, wenn dieses ihnen eine Olympische Goldmedaille garantieren würde. Nach einer ergänzenden Studie australischer Sportmediziner wäre demgegenüber nur etwa 1 % von Nicht-Athleten bereit, einen solchen Preis für herausragenden beruflichen Erfolg zu zahlen. Dazu https://de.wikipedia.org/wiki/Goldman-Dilemma (zuletzt abgerufen am 01.10.2017); *Reynolds, Gretchen* Phys Ed: Will Olympic Athletes Dope if They Know It Might Kill Them?, in: NYtimes.com, 20.01.2010, http://well.blogs.nytimes.com/2010/01/20/phys-ed-will-olympic-athletes-dope-if-they-know-it-might-kill-them/?_r=0 (zuletzt abgerufen am 01.10.2017).

Höhentraining von Langstreckenläufern, oder in Form von Bergabfahrten mit mehr als 70km/h beim Radsport), und daher auch die vermeintlich geringeren Risiken einer kontrollierten und verantwortungsvollen Einnahme von gesundheitsschädlichen Medikamenten hingenommen werden könnte,[1176] überzeugt dabei nicht. Zunächst ist überhaupt nicht sicher, ob das Risiko einer kontrollierten Medikamenteneinnahme wirklich geringer ist als das den Sportarten an sich anhaftende. Gerade in Bezug auf die „äußere" Gefährlichkeit der einzelnen Sportarten wird immer mehr getan, um diese so weit wie möglich zu verringern. Dabei werden die Anforderungen an eine sichere Ausrüstung immer höher und sogar Regeländerungen vorgenommen, um einen größtmöglichen Schutz der Sportler zu gewährleisten. Die der Einnahme von leistungssteigernden Medikamenten anhaftende spezifische Gefahr ungewollter Wirkungen im „Inneren" des Körpers ist dagegen viel schwerer zu kalkulieren und damit auch, ihr zu begegnen. Die äußeren Bedingungen sind für alle Sportler gleich, womit auch auf die damit einhergehenden Gefahren, etwa die eines Sturzes oder der Verletzungen durch Sportgeräte, mit den gleichen äußerlichen Schutzmaßnahmen, wie etwa vorgeschriebener Schutzausrüstung, reagiert werden und diese auf ein akzeptables, aber für alle grds. gleiches Restrisiko minimiert werden können. Demgegenüber ist es individuell ganz verschieden, wie der Körper des Athleten auf bestimmte Medikamente reagiert. Hier ist es aufgrund der spezifischen Wirkmechanismen und der persönlichen genetischen Ausstattung nicht absehbar, wie groß das Risiko unerwünschter Nebenwirkungen bei dem jeweiligen Sportler überhaupt ist. Damit im Zusammenhang steht ein weiterer gravierender Unterschied, nämlich in der Abschätzbarkeit der mit Dopingmittel zusammenhängenden Gefahren. Während das der Sportart an sich, also „äußerlich" anhaftende Risiko abstrakt beurteilbar und dem Athleten auch bekannt ist, sind die Gefahren unerwünschter Nebenwirkungen von Dopingmitteln dagegen gerade nicht im Vorhinein einschätzbar. Diese Unterschiede sprechen klar gegen eine Vergleichbarkeit der Risiken. Auch die allgemein dem Leistungssport anhaftenden Gefahren für die körperliche Gesundheit des Athleten,[1177] die sich oft

---

1176 *Wagner, Gert G. / Castronova, Edward* Doping freigeben? Ja, jetzt und kontrolliert!, in: Zeit.online, 26.02.2013, http://www.zeit.de/sport/2013-02/doping-duell-freigabe-pro-missbrauch-wagner-philosophisches-armdruecken/seite-1 (zuletzt abgerufen am 01.10.2017).

1177 *Wagner, Gert G. / Castronova, Edward* Doping freigeben? Ja, jetzt und kontrolliert!, in: Zeit.online, 26.02.2013, http://www.zeit.de/sport/2013-02/doping-duell-freigabe-pro-missbrauch-wagner-philosophisches-armdruecken/seite-1 (zuletzt abgerufen am 01.10.2017).

in gerissenen Bändern, Sehnen und Verschleißerscheinungen in Gelenken und am Skelett äußern, sind nicht mit der Gefährlichkeit leistungssteigernder Substanzen zu vergleichen. Dopingmittel wirken wie Medikamente auf die inneren Organe ein und können von Herzschäden über Leberschäden bis hin zu psychischen Leiden die unterschiedlichsten Krankheiten hervorrufen.[1178] Bisher gibt es vor allem zu den Wirkungen der aktuell im Umlauf befindlichen Dopingmittel keine Langzeitstudien, die das Risiko der Einnahme für gesunde Athleten abbilden könnten. Allerdings deuten gerade bei Epo Studien mit Kranken darauf hin, dass die Einnahme das Herzinfarkt-Risiko erhöht.[1179] Die durch eine extensive Sportausübung zu erwartenden Schäden am Bewegungsapparat sind demgegenüber bekannt und damit auch wieder leichter abschätzbar. Sie sind daher bei einer bewussten Entscheidung für den Leistungssport eher in Kauf zu nehmen als die unkalkulierbaren Risiken, die durch die Einnahme von Dopingsubstanzen entstehen und für die man sich aufgrund der Unkenntnis ihrer Tragweite gar nicht so „bewusst" entscheiden könnte. Geht man davon aus, dass grundsätzlich der Schutz des Sportlers im Vordergrund steht, aber gewisse, mit der Leistungssportausübung verbundene, kalkulierbare Risiken für die Gesundheit hingenommen werden, so bedeutet das jedoch nicht, dass die schwer abschätzbaren Gefahren, die mit der Freigabe von Dopingmitteln einhergehen würden, auch noch dazu gehören sollten.

Ein weiteres Problem einer möglichen Dopingfreigabe ist auch, dass zu erwarten sein wird, dass sich dadurch ein größerer Druck auf die Athleten aufbaut, die bisher keine Mittel genommen haben. Wenn gewisse Dopingmittel und Medikamente von einigen Sportlern legal genommen werden dürfen und sogar eine Leistungssteigerung bewirken, führt das für andere zu dem Zwang, dies ebenfalls zu tun, um mithalten zu können. Auch wenn die Athleten eigentlich keine Dopingmittel einnehmen möchten, sei es aus Überzeugung oder aus Bedenken hinsichtlich der potentiell gesundheitsschädlichen Nebenwirkungen, könnten sie nach einer Freigabe diese Haltung nicht weiter einnehmen, ohne Nachteile gegenüber ihren legal gedopten Konkurrenten befürchten zu müssen.

1178 Zu den verschiedenen Doping-Mitteln und ihren Nebenwirkungen gibt es eine Übersicht von Planet Wissen, im Internet abrufbar über http://www.planet-wissen.de/gesellschaft/sport/doping_gefaehrliche_mittel/pwiemittelundmethoden100.html (zuletzt abgerufen am 01.10.2017).

1179 *Reynolds, Gretchen* Phys Ed: Will Olympic Athletes Dope if They Know It Might Kill Them?, in: NYtimes.com, 20.01.2010, http://well.blogs.nytimes.com/2010/01/20/phys-ed-will-olympic-athletes-dope-if-they-know-it-might-kill-them/?_r=0 (zuletzt abgerufen am 01.10.2017).

Die Lage der Sportler ist dabei auch nicht direkt mit anderen Lebenssituationen zu vergleichen, in denen die Einnahme leistungssteigernder Mittel nicht verboten bzw. sanktioniert ist.[1180] In vielen Bereichen werden Medikamente zur Verbesserung der Leistungsfähigkeit eingenommen, ob von Managern vor schwierigen Verhandlungen oder von Hausmännern und -frauen zur leichteren Bewältigung der Hausarbeit. Dieses Gehirndoping oder Neuroenhancement unterscheidet sich aber in einem erheblichen Punkt von der Situation der Athleten, die sich der Einnahme von Dopingmitteln durch Konkurrenten gegenüber sehen: In den anderen Bereichen ist kein direkter Leistungsvergleich gegeben – mit Ausnahme von Prüfungssituationen, die im Rahmen dieser Arbeit hervorgehoben betrachtet wurden und später in Bezug auf diese Problematik angesprochen werden – während genau dies das Wesen des sportlichen Wettbewerbs ausmacht. Im normalen gesellschaftlichen Bereich muss gewissermaßen jeder für sich selbst entscheiden, ob er sich mit Medikamenten zur Leistungssteigerung oder anderen Mitteln wie Drogen grundlos selbst schädigt, ohne dass dies eine direkte Außenwirkung auf andere entfaltet. Aber im Bereich des Leistungssports hat die Entscheidung zur Einnahme von Dopingmitteln direkte Auswirkungen auf die anderen Sportler. Diese stehen durch den Vergleich im Wettkampf unter ungleich größerem Zwang, sich ebenfalls leistungssteigernder Mittel zu bedienen um weiter mithalten zu können und dafür dann Gesundheitsschäden in Kauf nehmen zu müssen.

Das wichtigste Argument der Befürworter, dass der Spitzensport durch eine kontrollierte Freigabe fairer werden würde, trifft gleich in mehrerer Hinsicht nicht zu. Zum einen wird die bestehende Ungleichheit, dass einige verbotene Mittel nutzen und sich dadurch Vorteile verschaffen, durch eine teilweise Freigabe eben nicht aufgehoben. Wie oben schon geschildert ist im Gegenteil zu erwarten, dass eine regelwidrige Einnahme auch weiterhin, eben nur an anderen, verschobenen Grenzen geschieht. Die dadurch heute bestehende Ungleichheit wird sich nur durch die Freigabe einiger Mittel nicht verringern. Der Anreiz, auch im Zuge einer Teillegalisierung verbotene, aber vermeintlich wirkungsvollere Dopingmittel zu nutzen, bleibt weiter vorhanden. Darüber hinaus entsteht eine neue Ungleichheit dahingehend, dass es Menschen gibt, bei denen ein Mittel oder Medikament gut wirkt, und andere, bei denen sich nur eine geringe Verbesserung zeigt. Mit einer teilweisen Freigabe steht zu befürchten, dass derjenige gewinnt, dessen Körper das leistungssteigernde Mittel am besten verarbeitet,

1180 Dazu auch ausführlich *Momsen-Pflanz*, Die sportethische und strafrechtliche Bedeutung des Dopings, S. 206 ff.

und nicht der Talentierteste. Ob dies mit dem Gedanken des Sports vereinbar ist, lässt sich bezweifeln. Auch ist es hinsichtlich der Vorbildfunktion des Sports fraglich, ob die damit verbundene Botschaft sein sollte, dass derjenige gewinnt, welcher die besten Pillen schluckt. Gerade im Hinblick auf das hier behandelte Thema Neuroenhancement und die damit verbundenen Entwicklungen und gesellschaftlichen Herausforderungen wäre das bedenklich.

Zusammengefasst lässt sich feststellen, dass eine teilweise Freigabe von Dopingmitteln die bestehenden Probleme nicht lösen, sondern zusätzlich neue schaffen würde. Damit stellt sie keine taugliche Alternativmaßnahme gegenüber einer möglichen strafrechtlichen Reaktion dar.

dd) Ergebnis zu den alternativen Regelungskonzepten

Insgesamt führt also auch die Betrachtung möglicher Alternativmaßnahmen nicht zu einem klaren Ergebnis. Es lässt sich kein eindeutig milderes, gleich geeignetes Mittel feststellen, so dass erst eine Gesamtabwägung die Frage nach der Erforderlichkeit einer strafrechtlichen Reaktion auf die Doping- bzw. Neuroenhancement-Problematik im Bereich des sportlichen Wettbewerbs mit Vermögensrelevanz beantworten kann.

d) Gesamtabwägung

Innerhalb dieser Gesamtabwägung werden insbesondere die Vor- und Nachteile der Schaffung einer neuen strafrechtlichen Norm gegenüber der Stärkung der verbandsrechtlichen Anti-Doping-Maßnahmen die ausschlaggebenden Faktoren sein. Die Untersuchung der Voraussetzungen, die neben dem schützenswerten Rechtsgut zur Rechtfertigung einer neuen Strafrechtsnorm herangezogen werden sollen, hat bisher zu keinem eindeutigen Ergebnis geführt. Das ist aber gerade an den Grenzen des Strafrechts, an denen sich diese Betrachtung abspielt, nicht weiter überraschend. Der sportliche Wettbewerb mit Vermögensrelevanz ist zwar ein schützenswertes Rechtsgut, jedoch nicht von so bedeutendem Rang, dass ein strafrechtlicher Schutz zwingend notwendig wäre. Allerding ist dem Rechtsgut ein zumindest ausreichend hoher Stellenwert zuzuschreiben, so dass eine strafrechtliche Reaktion auf seine Gefährdung durch Neuroenhancement bzw. allgemeiner Doping grundsätzlich in Betracht kommen kann. Nach dem Blick auf die Sozialschädlichkeit der das Rechtsgut beeinträchtigenden Verhaltensweise bietet sich ein ähnliches Bild. Die Einnahme von verbotenen Neuroenhancement- bzw. Dopingmitteln in einem sportlichen Wettbewerb mit entsprechendem Vermögensbezug ist durchaus als sozialschädlich einzustufen. Allerdings hält das auch wieder weiter nur die Möglichkeit offen, dem mit Mitteln des Strafrechts entgegen zu treten, es gebietet es jedoch nicht zwingend. Bleibt also die vertiefte Betrachtung der Möglichkeiten hinsichtlich der Alternativmaßnahmen, namentlich einer Stärkung des verbandsrechtlichen Anti-Doping-Kampfes, um hierüber eine Verringerung des Dopings im sportlichen Wettkampf und dadurch mittelbar einen besseren Schutz des Rechtsguts zu erreichen. Zeigt sich dieser Ansatz in der Prognose gegenüber einer neuen Strafrechtsnorm als die effektivere Maßnahme, wäre er ihr vorzuziehen.

Auf den ersten Blick stimmt die Ausgangslage nicht sehr optimistisch: Obwohl im verbandsrechtlichen Bereich mit den Sperren, die bei „lebenslang" einem Berufsverbot gleichkommen, seit Jahren empfindliche Sanktionen verhängt werden, scheint dies in der Vergangenheit nicht geeignet gewesen zu sein, den Anti-Doping-Kampf der Vereine entscheidend voran zu bringen. Zumindest wird dies auch aufgrund der Medienberichterstattung in der Bevölkerung so wahrgenommen. Laut einer Umfrage von Zeit.online im Jahr 2013 hielten 79 Prozent der Befragten ein Anti-Doping-Gesetz für notwendig, womit die Bürger den Staat beim Kampf gegen Doping in der Pflicht sahen.[1181] Inwieweit das neue Anti-Doping-Gesetz diesen Erwartungen gerecht wird, lässt sich erst in einigen Jahren evaluieren. Dabei lässt der vermeintlich geringe Erfolg trotz harter Verbandsstrafen schon erahnen, dass die Probleme der privatrechtlichen Dopingbekämpfung nicht in den Strafen an sich, sondern eher in der Praxis der Dopingverfolgung, genauer in der immer noch zu geringen Gefahr, entdeckt bzw. sanktioniert zu werden, zu suchen sind. Gerade das schon oben erwähnte Beispiel der Dopingaffäre um Lance Armstrong und die mehr als unglückliche Rolle, die die UIC in diesem Zusammenhang anscheinend gespielt hat, zeigt deutlich, dass zumindest die Sportfachverbände mit der konsequenten Anwendung und Durchsetzung der bestehenden strengen Regeln Probleme zu haben scheinen.[1182] Im strafprozessualen Verfahren wird es zwar keinen Interessenkonflikt geben, der eine zielstrebige Verfolgung der Dopingfälle verhindert. Allerdings ist es trotzdem fraglich, ob die Schaffung eines noch spezifischer auf den Wettbewerb zugeschnittenen Straftatbestandes und die damit einhergehende staatliche Sanktionierung geeignet wären, bessere Resultate im Anti-Doping-Kampf zu erzielen und damit einen effektiven Rechtsgüterschutz zu gewährleisten. Wie oben gezeigt ist anzunehmen, dass die zu erwartenden strafrechtlichen Sanktionen von den Sportlern

---

1181 *Zeit.online* Vier von fünf Deutschen fordern Anti-Doping-Gesetz, in Zeit.online, 04.03.2013, http://www.zeit.de/sport/2013-03/anti-doping-gesetz-umfrage-doping-rente-freigabe (zuletzt abgerufen am 01.10.2017).

1182 Oben 4. Kapitel II. 2. c) bb) (1) (ab S. 228).

nicht unbedingt als härtere Strafe empfunden werden,[1183] und wohl schon aus diesem Grund nicht weiter abschreckend wirken würden. Anhaltspunkt für eine positive Prognose hinsichtlich der Effektivität einer neuen Strafrechtsnorm wäre damit, ob hierdurch auch eine bessere Verfolgung und Ahndung von Dopingvergehen erreicht werden würde. Abstrakt betrachtet hat der Staat, wie oben gezeigt, die besseren Ermittlungsmöglichkeiten. Ob diese aber bei einer Gesamtbetrachtung konkret eines Dopingverfahrens zum Tragen kommen, kann angezweifelt werden. *Dury* weist darauf hin, dass ein staatliches Ermittlungsverfahren nach §§ 152 Abs. 2, 160 StPO erst in Gang kommt, wenn die Strafverfolgungsbehörden auf Grund konkreter Umstände den Verdacht einer Straftat haben.[1184] Ein solcher Verdacht wird sich wohl beim Doping nur in seltenen Fällen auf konkrete Beschuldigungen durch Zeugen oder zufällige Kenntnisnahme stützen lassen,[1185] so dass im Ergebnis der Verdacht meist durch eine Benachrichtigung der verbandsrechtlichen Anti-Doping-Organisation von einem dort entdeckten Verstoß in Form einer positiven Probe zustande kommt. Dieses System, dass die NADA die Staatsanwaltschaft von einem Verstoß unterrichtet, ist schon etabliert und soll weiter ausgebaut werden.[1186] Damit hängt allerdings die strafrechtliche Dopingverfolgung am verbandsrechtlichen System, das eben den entscheidenden Hinweis liefert. Mit Blick auf einen neuen Tatbestand, der das Rechtsgut sportlicher Wettbewerb mit Vermögensrelevanz schützen sollte, ist aber fraglich, ob strafrechtliche Ermittlungen an diesem Punkt eine bessere bzw. weitere Aufklärung leisten könnten, als das verbandsrechtliche Verfahren.[1187] Der potentielle Verstoß, die Teilnahme am Wettkampf unter Einfluss verbotener Dopingmittel, liegt zum Zeitpunkt der Kenntniserlangung durch die Strafermittlungsbehörden meist schon so weit zurück, dass unmittelbare Beweise wie belastende Blut- oder Urinwerte nur noch sehr bedingt zu erlangen sind. Diese Stoffe werden vom

---

1183 Oben 4. Kapitel II. 2. c) bb) (2) (S. 241).

1184 *Dury* SpuRt 2005, 137 (139); vgl. auch *Jahn* SpuRt 2005, 141 (143): „Verdachtsunabhängige Kontrollen sind heute allein Aufgabe der Sportverbände" (mwN).

1185 *Dury* SpuRt 2005, 137 (139).

1186 Bundesministerium des Inneren / Bundesministerium für Gesundheit, Bericht der Bundesregierung zur Evaluation des Gesetzes zur Verbesserung der Bekämpfung des Dopings im Sport (DBVG), Stand September 2012, S. 39 f., http://www.bmi.bund.de/SharedDocs/Downloads/DE/Themen/Sport/bekaempfung_doping_sport.html (zuletzt abgerufen am 01.10.2017).

1187 Zu möglichen Nachteilen des staatlichen Ermittlungsverfahrens auch *Dury* FS Röhricht, 1097 (1106 ff.) und *Jahn* SpuRt 2005, 141 (143 f.).

Körper abgebaut, so dass die Erhebung eigener Beweise in Form des Nachweises der Substanz im Körper des Athleten durch die staatlichen Stellen nach einer relativ kurzen Zeitspanne nicht mehr möglich ist.[1188] Bei den durch den Verband erlangten Proben ist wiederum fraglich, ob diese aufgrund des faktischen Mitwirkungszwangs überhaupt als Beweis im Strafverfahren geeignet sein können, oder ob dem Beweiserhebungs- bzw. Beweisverwertungsverbote entgegenstehen.[1189]Die scharfe Ermittlungsmethode der Überwachung der Telekommunikation (§ 100a ff. StPO) ist wahrscheinlich eher ungeeignet, einen im sportlichen Wettbewerb begangenen Dopingverstoß durch den Athleten aufzudecken. Zum einen ist schon fraglich, ob sie für einfache Dopingfälle nach einer neuen Norm überhaupt angeordnet werden könnte, dies ist nämlich an strenge Voraussetzungen gebunden und beispielsweise auch für den Betrug nur in besonders schweren Fällen möglich (§ 100a Abs. 2 Nr. 1 n StPO i.V.m. § 263 Abs. 3 S. 2 StGB). Zudem zeigte der Bericht der Bundesregierung zur Evaluation des Gesetzes zur Verbesserung der Bekämpfung des Dopings im Sport, dass die vorhandene Möglichkeit einer Telekommunikationsüberwachung (TKÜ) bei den alten Anti-Doping-Normen wie § 95 Abs. 3 S. 2 Nr. 2 lit. b AMG (i.V.m. § 100a Abs. 2 Nr. 3 StPO), die mehr auf die Hintermänner abzielte und deshalb auch besser für eine TKÜ geeignet war, dort nicht sonderlich häufig genutzt wurde,[1190] was wohl auch an den mangelnden Erfolgsaussichten lag. Im Zuge der Einführung des neuen Anti-Doping-Gesetzes wurde § 100a StPO ebenfalls geändert. Eine Überwachung ist nach § 100a Abs. 2 Nr. 3 StPO allerdings nur in Fällen der Qualifikation des § 4 Abs. 4 Nr. 2 b AntiDopG möglich, nicht etwa bei Eigendoping. Damit bleibt es im Ergebnis bei der bisherigen Regelung, die sich auf eine Überwachung bei gewerbs- oder bandenmäßiger Begehung beschränkt. Eine Erweiterung der bisher schon wenig genutzten Befugnisse zu Telekommunikationsüberwachung ist nicht erfolgt. Zwar könnten die durch die neue Regelung

---

1188 So sind beispielsweise ein Nachweis von Amphetamin und seinen Derivaten 1 bis maximal 3 Tage möglich, während die Nachweisbarkeitsdauer im Blut nur ca. 6 Stunden beträgt (*Geschwinde*, Rauschdrogen, Rn. 3016).

1189 *Dury* SpuRt 2005, 137 (139); *Kudlich* JA 2007, 90 (95); *Vieweg* SpuRt 2004, 194 (196); *Momsen*, Sport und Doping, S. 183.

1190 Bundesministerium des Inneren / Bundesministerium für Gesundheit, Bericht der Bundesregierung zur Evaluation des Gesetzes zur Verbesserung der Bekämpfung des Dopings im Sport (DBVG), Stand September 2012, S. 33 f., http://www.bmi.bund.de/SharedDocs/Downloads/DE/Themen/Sport/bekaempfung_doping_sport.html (zuletzt abgerufen am 02.10.2017).

geschaffenen Möglichkeiten bei einer intensiveren Nutzung zu einer besseren Verfolgbarkeit der Trainer, Hintermänner und sogar Funktionäre selbst führen, die in Dopingfälle verwickelt sind. Dies würde sich mittelbar auch positiv auf den Wettbewerb auswirken. Durch eine Strafnorm wie die in dieser Arbeit in den Blick genommene, die auf einen direkten Schutz des Wettbewerbes abzielt, sind aber keine besseren Erfolge zu erwarten.

Auch ob die weitere exklusive Möglichkeit staatlichen Erkenntnisgewinns in Form der Durchsuchung geeignet ist, wesentlich zur Beweisführung gegen den dopenden Sportler beizutragen, ist kritisch zu beurteilen. Zwar besteht hierüber die Chance, bei Ärzten an Listen mit den Namen der dort als Dopingkunden geführten Sportler zu gelangen.[1191] Aber ob sich dadurch der Nachweis führen lässt, dass ein Sportler an einem konkreten Wettkampf unter Einfluss von verbotenen Dopingmitteln teilgenommen hat, wie für die vorliegend in Blick genommene Norm erforderlich wäre, ist ebenfalls fraglich. Damit steht zu befürchten, dass die weitergehenden strafrechtlichen Ermittlungsmethoden für die Erbringung des Nachweises, auf den es für einen neuen Tatbestand ankommen würde, nämlich dass ein Sportler an einem bestimmten Wettkampf gedopt, also unter Einfluss verbotener Substanzen, teilgenommen hat, keine bedeutsame Besserstellung gegenüber dem verbandsrechtlichen Verfahren mit sich bringen würden. Zusammen mit den Schwierigkeiten bei der Beweiserbringung würden dann die im Hauptverfahren zu beachtenden Grundsätze wie „in dubio pro reo“ und die möglicherweise bestehenden Beweisverbote dazu führen, dass eine strafrechtliche Verurteilung nur sehr selten zu erwarten ist.[1192] Hiergegenüber treten die klaren Vorteile der Verbandsgerichtsbarkeit, die den entscheidenden Beweis für den Dopingverstoß mit der positiven Probe schon im Voraus erheben kann. Die den Sportler am Ende überführende Probe ist schon fester Verfahrensbestandteil und macht den Anti-Doping-Kampf gegenüber den strafrechtlichen Möglichkeiten effektiver. Da die Sanktion nur durch den Sportler selbst, im Form eines Nachweises fehlenden Verschuldens, abgewendet bzw. vermindert werden kann, ist die Prognose einer Sanktionierung mittels verbandsrechtlichem Verfahren wesentlich höher, als die mittels strafprozessualen Vorgehens. Das Strafverfahren wäre wohl nur dann effizienter, wenn die Verfahrensrechte

---

1191 So bot der spanische Arzt Fuentes im Rahmen des Prozesses gegen ihn an, seine Kundenliste zur Verfügung zu stellen (*dg/dpa* Doktor kündigt Kooperation an: Doping-Arzt Fuentes will Rad-Sünder nennen, in: Focus.online, 20.03.2013, http://www.focus.de/sport/doping/doktor-kuendigt-kooperation-an-doping-arzt-fuentes-will-rad-suender-nennen_aid_944660.html (zuletzt abgerufen am 01.10.2017)).

1192 Ausführlich dazu *Dury* FS Röhricht, 1097 (1108 ff.).

des Beschuldigten herabgesetzt werden, was allerdings aus rechtsstaatlicher Perspektive nicht zu wollen ist.

Im Hinblick auf eine neue strafrechtliche Regelung stellt sich ein weiteres Problem, das sich auch bei dem neuen Anti-Doping-Gesetz zeigt: Die mögliche Überschneidung der Verfahren. Eine Strafnorm zum Schutz des sportlichen Wettbewerbs mit Vermögensrelevanz würde, wie die neuen Normen des Anti-Doping-Gesetzes, neben das bestehende verbandsrechtliche System treten. Im Gesetzesentwurf wird dazu ausgeführt, dass sich beide Sanktionsregime nicht ausschließen, sondern nebeneinander stehen und einander ergänzen sollen.[1193] Auf verbandsrechtlicher Ebene sei auch weiterhin die Möglichkeit verdachtsunabhängiger Kontrollen gegeben, da der im Verbandsrecht geltende Grundsatz der „strict liability" auf das Strafrecht nicht übertragbar sei.[1194] Trotzdem soll die Strafbewehrung durch den neuen Tatbestand des Selbstdopings nicht dazu führen, dass die Sportlerin oder der Sportler im sportinternen Dopingkontrollsystem die Abgabe der Dopingprobe verweigern dürfe. Der Verwertung der Dopingprobe im Strafprozess stehe der nemo-tenetur-Grundsatz, nach dem niemand verpflichtet ist, sich im Strafverfahren selbst zu belasten, nicht entgegen.[1195] Damit können die verdachtsunabhängig gewonnenen Proben aus den verbandsrechtlichen Anti-Doping-Kontrollen im strafrechtlichen Verfahren als Beweise verwertet werden und die Verbände können aufgrund der mit den eingriffsintensiveren strafprozessualen Ermittlungsmethoden gewonnen Erkenntnisse ihre eigenen verschuldensunabhängigen Sanktionen verhängen. Die jeweiligen Korrektive, im verbandsrechtlichen Verfahren die geringeren Erkenntnismöglichkeiten außerhalb von Kontrollen und im strafrechtlichen Verfahren die Bindung an einen entsprechenden Tatverdacht und den nemo-tenetur-Grundsatz, wären durch die Überschneidung der Verfahren in gewisser Weise ausgehebelt. Es besteht damit die Gefahr, dass jedes Verfahren die „Vorteile" aus dem anderen Verfahren für seine Zwecke nutzt, zu Lasten der betroffenen Athleten. Dies stellt eine Belastung dar, die deutlich über der liegt, der andere Berufsgruppen mit eigenem Sanktionssystem neben dem strafrechtlichen ausgesetzt sind. Bei Rechtsanwälten oder Ärzten kommt es zwar bei einer strafrechtlichen Verurteilung oder bei Eröffnung eines Strafverfahrens zu berufsrechtlichen Konsequenzen.[1196] Eine für den Betroffenen nachteilige Wechselwirkung zwischen

1193 BT-Drs. 18/4898, S. 19.
1194 BT-Drs. 18/4898, S. 19.
1195 BT-Drs. 18/4898, S. 19; kritisch hierzu auch *Steiner* ZRP 2015, 51 (52 a. E.).
1196 Oben 4. Kapitel II. 2. c) bb) (3) (S. 251 a.E.).

den Verfahren selbst und den verschiedenen Erkenntnismöglichkeiten der ermittelnden Organe ist indes nicht zu befürchten. Die Belastung beschränkt sich auf das Zusammentreffen der strafrechtlichen und der berufsrechtlichen Sanktionen. Bei Athleten hingegen ist gerade die Überschneidung der Verfahren eine zusätzliche Belastung, die neben die doppelte Sanktionierung tritt und wohl auch die Wahrscheinlichkeit einer strafrechtlichen bzw. verbandsrechtlichen Verurteilung noch zusätzlich erhöht.

All diese Punkte sind in der Gesamtabwägung mit zu berücksichtigen und verleihen den Voraussetzungen, die zur Schaffung einer neuen strafrechtlichen Norm erfüllt sein müssen, ein neues Gewicht. In Anbetracht der Tatsache, dass eine neue strafrechtliche Norm wohl nicht allzu viel zum Schutz des Rechtsguts wird beitragen können, spricht die geringe Wertigkeit des zu schützenden Rechtsguts dafür, die Wahl dieser staatlichen Handlungsmöglichkeit abzulehnen. Zwar ist unverändert von einer durchaus beachtsamen Sozialschädlichkeit der Verhaltensweise auszugehen, allerdings ist auch diese, wie gezeigt, nicht so stark, dass sie eine strafrechtliche Reaktion zwingend erfordert. Sie würde eine solche nur zusätzlich legitimieren, nicht originär begründen. Im Zusammenhang mit der nur eingeschränkten Erfolgsprognose einer strafrechtlichen Vorschrift ist auch in die Abwägung einzubeziehen, ob es überhaupt von Vorteil sein kann, eine Strafrechtsnorm zu erlassen, die wenig Wirkung hat. Denn eine quasi wirkungslose Strafnorm verhindert nicht das sozialschädliche Verhalten, weist aber als nur „symbolisches" Strafrecht selbst eine negative soziale Wirkung auf.[1197] Obwohl also die Verhaltensweise das Kriterium der Sozialschädlichkeit erfüllt, fällt bei der Einbeziehung dieser Voraussetzung in die Gesamtabwägung eine Kosten-Nutzen-Rechnung hinsichtlich einer neuen Strafnorm am Ende negativ aus.

Entscheidender Punkt ist dabei auch, dass im Ergebnis, zumindest für eine das bestimmte Rechtsgut „sportlicher Wettbewerb mit Vermögensrelevanz" schützende spezifische neue Norm, auf die es hier ankommt, die Sanktionswirkungen eines strafrechtlichen Verfahrens nicht größer bzw. sogar geringer sind, als die des verbandsrechtlichen. Damit wäre eine neue Strafnorm kein besseres Mittel in einem auf den reinen Wettbewerbsschutz abzielenden Anti-Doping-Kampf als eine Verbesserung der bisher bestehenden verbandsrechtlichen Maßnahmen.

1197 Zum symbolischen Strafrecht *Hassemer* NStZ 1989, 553 (558 f.).

3. Gesamtergebnis für den sportlichen Wettbewerb mit Vermögensrelevanz

Folglich ist die Schaffung einer neuen strafrechtlichen Norm zum Schutz des Rechtsguts „sportlicher Wettbewerb mit Vermögensrelevanz" wegen der negativen Prognose hinsichtlich der zu erwartenden Effektivität abzulehnen. Darüber hinaus spricht auch die zu befürchtende erhebliche Doppelbelastung, die auf die Sportler durch die Wechselwirkung zwischen den Verfahren zukommt, gegen die Schaffung einer neuen Strafnorm. Wie oben schon angedeutet könnte die bessere bzw. erfolgversprechendere Handlungsmöglichkeit des Staates darin liegen, das verbandsrechtliche Verfahren weiter zu stärken.

Diese Erkenntnis, dass ein neues Strafgesetz, welches sich in Form des „Sportbetruges" auf Dopinghandlungen im Wettbewerb konzentriert, nicht die beste Lösung ist, schien vorübergehend auch im Zeitgeist angekommen zu sein. Nachdem das bayrische Gesetzesvorhaben aus dem Jahr 2009, welches eine solche Strafnorm noch vorgesehen hatte,[1198] nicht weiter verfolgt wurde, enthielt der aktuellste Gesetzesentwurf des Freistaats aus 2012 mit Schwerpunkt Doping keine derartige Regelung mehr.[1199] Der Schwerpunkt der Initiative lag auf einer Verschärfung der bestehenden Normen des AMG und der Einführung einer mengenunabhängigen Besitzstrafbarkeit. Die Überlegungen führten damit weg von einer an den sportlichen Wettbewerb anknüpfenden Strafnorm hin zu einer erweiterten Strafbarkeit des Besitzes. Ein solcher Besitztatbestand hatte allerdings ein anderes Rechtsgut als das hier betrachtete, da der Besitz allgemein

1198 Sportschutzgesetz Referentenentwurf (Stand 30.11.2009) – Gesetz zur Bekämpfung des Dopings und der Korruption im Sport S. 7, http://www.justiz.bayern.de/media/entwurf_sportschutzgesetz_30112009.pdf (zuletzt abgerufen am 01.10.2017).

1199 Entwurf eines 16. Gesetzes zur Änderung des Arzneimittelgesetzes, Stand 25. Juni 2012, http://www.justiz.bayern.de/imperia/md/content/stmj_internet/ministerium/ministerium/gesetzgebung/gesetzentwurf_arzneimittelgesetz.pdf (zuletzt abgerufen am 01.10.2017), und die dazugehörige Pressemitteilung vom 18.07.2012 der Bayerischen Staatsregierung: „Bayern präsentiert neuen Gesetzentwurf zur Bekämpfung des Dopings im Sport / Justizministerin Merk: „Anti-Doping-Staatsanwälten endlich die nötigen Instrumente an die Hand geben!", h http://www.bayern.de/bayern-praesentiert-neuen-gesetzentwurf-zur-bekaempfung-des-dopings-im-sport-justizministerin-merk-anti-doping-staatsanwaelten-endlich-die-noetigen-instrumente-an-die-hand-geben/?seite=1579 (zuletzt abgerufen am 01.10.2017).

unter Strafe gestellt würde, auch außerhalb eines sportlichen Wettbewerbs mit Vermögensrelevanz.[1200]

Auch der ebenfalls aus dem Jahr 2012 stammende Bericht der Bundesregierung zur Evaluation des Gesetzes zur Verbesserung der Bekämpfung des Dopings im Sport (DBVG) ging in seinen Schlussfolgerungen und Handlungsoptionen im Rahmen geprüfter Vorschläge, die aber als nicht zielführend angesehen wurden, nur auf die Einführung eines generellen Besitzverbots ohne Anknüpfung an eine nicht geringe Menge ein.[1201] Eine neue Norm mit Bezug zum Wettbewerb in Form eines „Sportbetrugs" war nicht einmal Bestandteil der darüber hinaus geprüften Vorschläge. Die als zielführend klassifizierten Maßnahmen propagierten eine teilweise Verschärfung bestehender Regeln,[1202] eine verbesserte Zusammenarbeit mit der NADA[1203] und die Vereinheitlichung der Sachbehandlung von Dopingstraftaten[1204] bzw. die Einrichtung weiterer Schwerpunktstaatsanwaltschaften.[1205]

1200 Zu den Argumenten für und gegen eine verschärfte Besitzstrafbarkeit *König* SpuRt 2010, 106 f. (Pro) und *Kudlich* SpuRt 2010, 108 f.(Contra).

1201 Bundesministerium des Inneren / Bundesministerium für Gesundheit, Bericht der Bundesregierung zur Evaluation des Gesetzes zur Verbesserung der Bekämpfung des Dopings im Sport (DBVG), Stand September 2012, S. 49, http://www.bmi.bund.de/SharedDocs/Downloads/DE/Themen/Sport/bekaempfung_doping_sport.html (zuletzt abgerufen am 01.10.2017).

1202 So soll u.a. ein weiterer Tatbestand des „Erwerbs" von Dopingmitteln eingeführt und der Vortatenkatalog des § 261 StGB erweitert werden, Bundesministerium des Inneren / Bundesministerium für Gesundheit, Bericht der Bundesregierung zur Evaluation des Gesetzes zur Verbesserung der Bekämpfung des Dopings im Sport (DBVG), Stand September 2012, S. 44 ff., http://www.bmi.bund.de/SharedDocs/Downloads/DE/Themen/Sport/bekaempfung_doping_sport.html (zuletzt abgerufen am 01.10.2017).

1203 Bundesministerium des Inneren / Bundesministerium für Gesundheit, Bericht der Bundesregierung zur Evaluation des Gesetzes zur Verbesserung der Bekämpfung des Dopings im Sport (DBVG), Stand September 2012, S. 44, http://www.bmi.bund.de/SharedDocs/Downloads/DE/Themen/Sport/bekaempfung_doping_sport.html (zuletzt abgerufen am 01.10.2017).

1204 Bundesministerium des Inneren / Bundesministerium für Gesundheit, Bericht der Bundesregierung zur Evaluation des Gesetzes zur Verbesserung der Bekämpfung des Dopings im Sport (DBVG), Stand September 2012, S. 43 f., http://www.bmi.bund.de/SharedDocs/Downloads/DE/Themen/Sport/bekaempfung_doping_sport.html (zuletzt abgerufen am 01.10.2017).

1205 Bundesministerium des Inneren / Bundesministerium für Gesundheit, Bericht der Bundesregierung zur Evaluation des Gesetzes zur Verbesserung der Bekämpfung des

Als Reaktion auf die Studie der Humboldt-Universität zum Doping in Deutschland,[1206] die Anfang 2013 veröffentliche wurde, wandte sich die Stimmungslage allerdings wieder hin zur Befürwortung der Schaffung eines Dopingtatbestandes mit Wettbewerbsbezug. Ein von der SPD-Fraktion vorgelegter Entwurf für ein Anti-Doping-Gesetz beinhaltete unter § 2 – Doping im Sport – eine sehr weite Verbotsnorm, nach Absatz 4 war es „Sportlern, die an organisierten Sportwettkämpfen teilnehmen, verboten, Dopingmittel nach § 1 Absatz 3 Nummer 1 zum Zweck des Eigendopings im Training oder Wettkampf anzuwenden, aufzunehmen, zu injizieren oder einzunehmen oder Dopingmethoden nach § 1 Absatz 4 zum Zweck des Eigendopings im Training oder Wettkampf anzuwenden."[1207] Äußerst problematisch gerade auch mit Hinblick auf ein schützenswertes Rechtsgut war hierbei die Formulierung „organisierte Sportwettkämpfe", die einen in bisherigen Entwürfen[1208] gegebenen Bezug zu einer gewissen Vermögensrelevanz nicht zwingend beinhaltete und damit sehr weit und unbestimmt war. Der Gesetzentwurf wurde im Sportausschuss des Bundestages von der schwarz-gelben Koalitionsfraktion abgelehnt.[1209] Aber in der Presse wurde mit Verweis auf die Studie wieder verstärkt ein neuer Tatbestand

---

Dopings im Sport (DBVG), Stand September 2012, S. 44 f., http://www.bmi.bund.de/SharedDocs/Downloads/DE/Themen/Sport/bekaempfung_doping_sport.html (zuletzt abgerufen am 01.10.2017).

1206 *Strang*, Inhaltlicher Schlussbericht gemäß Schnittstellenkonzept zum Vorhaben „Doping in Deutschland von 1950 bis heute aus historisch-soziologischer Sicht im Kontext ethischer Legitimation", 30.03.2013, http://www.bisp.de/SharedDocs/Downloads/Aktuelles/Inhaltlicher_Bericht_HU.pdf?__blob=publicationFile (zuletzt abgerufen am 01.10.2017).

1207 BT-Drs. 17/13468 S. 3: Entwurf eines Gesetzes zur Dopingbekämpfung im Sport, § 2 Abs. 4 Anti-Doping-Gesetz.

1208 § 5 Abs. 5 des Sportschutzgesetz Referentenentwurf (Stand 30.11.2009) – Gesetz zur Bekämpfung des Dopings und der Korruption im Sport S. 5, http://www.justiz.bayern.de/media/entwurf_sportschutzgesetz_30112009.pdf (zuletzt abgerufen am 01.10.2017), der wie folgt definiert: „Als sportlicher Wettkampf im Sinne dieses Gesetzes gilt nur ein sportlicher Wettkampf, an dem Sportler ihres Vermögensvorteils wegen teilnehmen"; *Fritzweiler* SpuRt 1998, 234 (235), der den sog. Breitensport vom kommerziellen Wettbewerb im Leistungssport mit dem Sportler als Unternehmer abgrenzen möchte; *Hauptmann* SpuRt 2005, 239 (242), der in seinem Vorschlag eines § 298a Abs. 1 explizit von der „Absicht, sich oder einem Dritten einen Vermögensvorteil zu verschaffen" schreibt; *Reissinger*, Staatliche Verantwortung zur Bekämpfung des Dopings, S. 293.

1209 Pressemeldung des Deutschen Bundestages vom 06.06.2013, http://www.bundestag.de/presse/hib/2013_06/2013_304/01.html (zuletzt abgerufen am 01.10.2017).

des Sportbetrugs gefordert.[1210] Der vermehrte Ruf nach einer strafrechtlichen Lösung des Dopingproblems war dabei wie auch in der Vergangenheit schon von bestimmten Ereignissen beeinflusst. So ließ sich ein Zusammenhang zwischen den erneuten Verbotsforderungen und der Studie zum Doping in Deutschland bzw. den nahezu zeitlich bekannt gewordenen positiven Proben in der Sprintszene[1211] kurz vor der Leichtathletik-WM feststellen. Auch die im Herbst 2013 bevorstehende Bundestagswahl hatte einen nicht unbedeutenden Einfluss darauf, dass das Thema Doping vor dem Hintergrund der gerade genannten Ereignisse von der Politik verstärkt behandelt wurde.[1212]

Die Verbotsnorm des im Jahr 2015 erlassenen neuen Anti-Doping-Gesetzes ist wie im früheren SPD-Fraktionsvorschlag sehr weit gefasst[1213] und bringt nur über die Beschränkung des Täterkreises in der entsprechenden Strafvorschrift[1214] eine Einengung, welche sich allerdings nur teilweise auf eine Vermögenskomponente bezieht.[1215]

Insgesamt zeigt sich damit über die letzten Jahre ein sehr schwankendes Bild, was die Stimmungslage zur Schaffung eines Dopingtatbestandes angeht. Die Argumente für und gegen eine solche Norm sind hinreichend ausgetauscht, die nun getroffene Entscheidung, ein Anti-Doping-Gesetz mit neuen spezifischen Strafnormen zu schaffen, ist im Ergebnis eine politische. Neue Argumente wurden in diesem Zusammenhang nicht genannt, so dass es bei dem bisherigen

---

1210 *Becker, Christopher* Doping-Kommentar – Plötzlich aufgewacht, in: FAZ.net, 06.08.2013, http://www.faz.net/aktuell/sport/sportpolitik/doping/doping-kommentar-ploetzlich-aufgewacht-12398268.html (zuletzt abgerufen am 01.10.2017); *Hecker, Anno* Diskussion um Doping Gesetz – Doping geht uns alle an!, in: FAZ.net, 14.08.2013, http://www.faz.net/aktuell/sport/sportpolitik/doping/diskussion-um-anti-doping-gesetz-doping-geht-uns-alle-an-12532318.html (zuletzt abgerufen am 01.10.2017); *Fritsch, Oliver* Doper müssen vor Gericht, in: Zeit.online, 22.08.2013, http://www.zeit.de/sport/2013-08/anti-doping-gesetz-pro (zuletzt abgerufen am 01.10.2017).

1211 *aha/mon/sid/dpa* Nach Sprintstar Gay: Auch Powell positiv auf Doping getestet, in: Spiegel.online, 14.07.2013, http://www.spiegel.de/sport/sonst/leichtathletik-beben-gay-und-powell-positiv-auf-doping-getestet-a-911099.html (zuletzt abgerufen am 01.10.2017).

1212 *Hecker, Anno* Anti-Doping-Gesetz – Die Welle rollt, in: FAZ.net, 23.08.2013, http://www.faz.net/aktuell/sport/sportpolitik/doping/anti-doping-gesetz-die-welle-rollt-12543073.html (zuletzt abgerufen am 01.10.2017).

1213 § 3 AntiDopG; BT-Drs. 18/4898, S. 26 ff.

1214 § 4 Abs. 7 AntiDopG.

1215 Ausführlich oben 3. Kapitel II. 3. (ab S. 183).

Ergebnis bleibt, wonach eine Stärkung eines unabhängigen verbandsrechtlichen Verfahrens vorzugswürdig ist.

4. Geeignete staatliche Maßnahmen

Neben diesen strafrechtlichen Maßnahmen zur Bekämpfung des Dopings soll jedoch noch eine weitere, schon angedeutete, betrachtet werden: Eine Stärkung des verbandsrechtlichen Verfahrens, die insbesondere über eine Stärkung der NADA erreicht werden sollte. Der Erfolg der Dopingermittlungen im Fall Armstrong durch die amerikanische USADA und insbesondere deren Chef Tygart hat gezeigt, was eine nationale Anti-Doping-Agentur leisten kann, auch nachdem die Staatsanwaltschaft den Fall längst zu den Akten gelegt hatte.[1216] Dass die dortige nationale Anti-Doping-Organisation so erfolgreich im Kampf gegen Doping war, liegt an ihrer stärkeren Stellung. Die USADA wurde mit der vollen Amtsgewalt ausgestattet, es wurde ein umfassendes nationales Anti-Doping-Programm entworfen, welches die Durchführung von Tests, das Fällen von Urteilen, die Ausbildung und Forschung beinhaltete, sowie die Möglichkeit Programme, Strategien und Vorgehensweisen für jeden dieser Bereiche zu entwickeln.[1217]

Daraus lassen sich mehrere Konsequenzen für die deutsche NADA ziehen, um diese ebenfalls für einen den aktuellen Anforderungen entsprechenden Anti-Doping-Kampf zu rüsten: Grundvoraussetzung ist dabei zunächst eine sichere Finanzierung, die der Staat übernehmen sollte. Die Situation, in der die NADA immer wieder mit verschiedenen Beteiligten um ihre finanzielle Ausstattung feilschen muss,[1218] macht eine dauerhafte Haushaltsplanung unmöglich, womit schon die Basis für einen wirksamen Anti-Doping-Kampf durch eine gute Personalplanung fehlt. Das Stiftungsmodell der NADA ist dabei auch grundsätzlich zu überdenken, da es den Partnern, nämlich Bund, Ländern, Sport und Wirtschaft selbst zehn Jahre nach der Gründung nicht annähernd gelungen ist, das Stiftungsvermögen auf die beabsichtigten 50 Millionen Euro

---

1216 *Fritsch, Oliver* Travis Tygart – Der Armstrong-Jäger gibt dem Bundestag Nachhilfe, in: Zeit.online, 31.01.2013, http://www.zeit.de/sport/2013-01/travis-tygart-armstrong-sportausschuss-usada/seite-1 (zuletzt abgerufen am 01.10.2017).

1217 Homepage der USADA, https://www.usada.org/about/programs/ (zuletzt abgerufen am 01.10.2017).

1218 *Spiller, Christian* Anti-Doping-Kampf? Wer soll das bezahlen?, in: Zeit.online, 28.02.2012, http://www.zeit.de/sport/2012-02/nada-finanzierung-friedrich-doping (zuletzt abgerufen am 01.10.2017); zuf finanziellen Ausstattung vgl. auch *WD*, Anti-Doping in Deutschland, WD 10 – 3000 – 114/12 S. 17 f.

zu erhöhen.[1219] In der Vergangenheit konnte die Finanzierung der NADA für 2013 gerade so gesichert werden;[1220] um den Haushalt für ihre Arbeit im Jahr 2014 zusammen zu bekommen, wollte die Organisation selbst mit einem „Fundraising-Konzept" Spenden sammeln.[1221] Um den Anforderungen der WADA im Zusammenhang mit dem am 1. Januar 2015 in Kraft getretenen neuen WADAC zu erfüllen, musste die NADA ihr Budget 2014 noch einmal erhöhen.[1222] Zwar hatte die letzte Bundesregierung im Koalitionsvertrag für die 18. Legislaturperiode festgeschrieben, dass sie die nachhaltige Finanzierung der Nationalen Anti Doping Agentur (NADA) sicher stellt.[1223] Da sich allerdings auch die Länder an der Finanzierung beteiligen sollten, erhielt die NADA nicht alle benötigten finanziellen Mittel.[1224] Der Bund ist hierbei als Hauptförderer des Sportes in der Pflicht, mit den hierfür aufgewendeten Steuergeldern auch dafür zu sorgen, dass eine starke NADA einen wirkungsvollen Anti-Doping-Kampf führen kann.[1225] Die finanzielle Sicherheit ist dabei auch Voraussetzung dafür, dass sich qualifizierte Ermittler für die NADA finden lassen.

1219 *SID* Bund gibt der NADA eine Million Euro zusätzlich, Zeit.online, 24.10.2012, http://www.zeit.de/news/2012-10/24/sport-allgemein-bund-gibt-der-nada-eine-million-euro-zusaetzlich-24165404 (zuletzt abgerufen am 01.10.2017); *WD*, Anti-Doping in Deutschland, WD 10 – 3000 – 114/12 S. 23.

1220 *Faz.net/DPA* Nada-Etat – Bund steuert eine Million Euro bei, in: FAZ.net, 24.10.2012, http://www.faz.net/aktuell/sport/sportpolitik/doping/nada-etat-bund-steuert-eine-million-euro-bei-11937049.html (zuletzt abgerufen am 01.10.2017); *Spitz, Ulrike* Doping in Deutschland – Warum die Nada nicht effektiv arbeiten kann, in: Berliner-Zeitung.de, 06.11.2012 http://www.berliner-zeitung.de/sport/doping-in-deutschland-warum-die-nada-nicht-effektiv-arbeiten-kann,10808794,20801676.html (zuletzt abgerufen am 01.10.2017).

1221 *Paul, Holger* Anti-Doping-Agentur – Nada sucht Geldgeber in: FAZ.net, 11.03.2013, http://www.faz.net/aktuell/sport/sportpolitik/doping/anti-doping-agentur-nada-sucht-geldgeber-12109672.html (zuletzt abgerufen am 01.10.2017).

1222 *psk/sid* Kampf gegen Doping: Nada-Budget steigt um 2,3 Millionen Euro, in: Spiegl.online, 30.10.2014, http://www.spiegel.de/sport/sonst/doping-nada-hebt-budget-um-2-3-millionen-euro-an-a-1000182.html (zuletzt abgerufen am 01.10.2017).

1223 Koalitionsvertrag zwischen CDU, CSU und SPD, 18. Legislaturperiode, S. 96, https://www.cdu.de/sites/default/files/media/dokumente/koalitionsvertrag.pdf (zuletzt abgerufen am 01.10.2017).

1224 *Reinsch, Michael* Die Nada wartet weiter auf das Geld, in: FAZ.net, 30.06.2015, http://www.faz.net/aktuell/sport/sportpolitik/anti-doping-agentur-die-nada-wartet-weiter-auf-das-geld-13675453.html (zuletzt angerufen am 01.10.2017).

1225 *Weinreich, Jens* Die Lebenslüge des Sports, in: taz.online 17.12.2012, http://www.taz.de/Debatte-Doping/!107571/ (zuletzt abgerufen am 01.10.2017).

Neben der finanziellen ist auch die personelle Unabhängigkeit der NADA essentiell für eine effektive Dopingbekämpfung. Die NADA muss dabei in personeller Hinsicht von den Verbänden und auch von der Politik getrennt werden, um nach dem Vorbild der USDA wirklich unabhängige Entscheidungen treffen zu können.[1226] Durch diese Maßnahme werden Interessenskonflikte verhindert, einmal der direkte, wenn den Verbänden zugehörige Personen über Ermittlungen gegen „eigene" Sportler entscheiden sollen, und der indirekte, wenn personelle Verflechtungen mit den politischen Entscheidungsträgern, die über Finanzierung und Ausrichtung bestimmen, bestehen. Neben dieser Stärkung der NADA als Institution an sich ist es ebenfalls notwendig, ihre Stellung im verbandsinternen Anti-Doping-Verfahren weiter zu festigen. Über die finanziellen Zuwendungsregeln könnte von staatlicher Seite erreicht werden, dass alle Sportfachverbände die NADA als vorrangige Anti-Doping-Organisation anerkennen und sie im Verfahren und schon bei bloßem Dopingverdacht als zuständige Anti-Doping-Organisation hinzuziehen. So hat sich sogar der Deutsche Schachbund der NADA unterworfen, um nicht die Sportfördermittel durch das Bundesinnenministerium zu verlieben.[1227] Im Rahmen der Stärkung der NADA wäre auch das organisatorische Gefüge zu überdenken. Die Organisationsstruktur mit dem Stiftungsmodell führt neben den schon aufgeführten Finanzierungsproblemen wegen der unzureichenden Kompetenzstruktur auch zu einer Einschränkung der Unabhängigkeit und Eigenständigkeit.[1228]

Ein weiterer Ansatz wäre es, das Deutsche Sportschiedsgericht (DIS) zu stärken, was ebenfalls über den finanziellen Hebel im Rahmen der Zuwendungsbestimmungen möglich wäre. Durch eine dadurch mögliche Verpflichtung der Verbände, Anti-Doping-Verfahren immer vor dem DIS als erste Instanz durchzuführen, wären die hohen Verfahrensstandards der Schiedsgerichtsbarkeit erfüllt und ein rechtsstaatliches Verfahren gewährleistet.

Für den Erfolg der NADA und der verbandsrechtlichen Anti-Doping-Maßnahmen spricht auch, dass sich sogar die E-Sport-Liga ESL (Electronic Sports

1226 *Fritsch, Oliver* Travis Tygart – Der Armstrong-Jäger gibt dem Bundestag Nachhilfe, in: Zeit.online, 31.01.2013, http://www.zeit.de/sport/2013-01/travis-tygart-armstrong-sportausschuss-usada/seite-1 (zuletzt abgerufen am 01.10.2017).

1227 *Aumüller, Johannes* Doping im Schach – Die gespritzte Figur, in: Süddeutsche.de, 17.05.2010 http://www.sueddeutsche.de/sport/doping-im-schach-die-gespritzte-figur-1.473816 (zuletzt abgerufen am 01.10.2017).

1228 Dazu ausführlich *WD*, Anti-Doping in Deutschland, WD 10 – 3000 – 114/12 S. 28 ff. Zur Übersicht zu den Organisationsstrukturen in anderen Ländern ebenfalls *WD*, Anti-Doping in Deutschland, WD 10 – 3000 – 114/12 S. 23 ff.

League) mit der NADA zusammengeschlossen hat, um bei Turnieren Dopingkontrollen durchzuführen.[1229] Gerade im Bereich des Elektronischen Sports ist der Einsatz von Neuroenhancement-Mitteln wie Ritalin, die beim langen Spielen die Konzentration fördern sollen, naheliegend. Die nun geplante Zusammenarbeit mit der NADA ist auch eine Folge der Professionalisierung des E-Sports, mit der auch eine konsequentere Beschäftigung mit der Dopingproblematik einhergeht.

Im Ergebnis würden die alternativen staatlichen Maßnahmen in Form der Stärkung privatrechtlicher Strukturen wie der NADA zu einer Verbesserung des Anti-Doping-Kampfes und damit auch zum Schutz des sportlichen Wettkampfs mit Vermögensrelevanz führen. Die Prognose hinsichtlich ihrer Effektivität und Wirksamkeit ist dabei besser als die einer strafrechtlichen Norm mit diesem Ziel.

III. (Hoch)schulischer Leistungswettbewerb

Was den (hoch)schulischen Leistungswettbewerb angeht, besteht wie gezeigt bisher noch kein strafrechtlicher Schutz. Bei diesem Rechtsgut stellt sich insbesondere die Frage, ob wirklich eine strafrechtliche Reaktion auf die Bedrohung durch Neuroenhancement notwendig ist.

Zunächst ist dabei noch einmal kurz auf die Vergleichbarkeit zwischen sportlichem und (hoch)schulischem Wettbewerb einzugehen. Beide laufen in einem institutionalisierten Rahmen ab, auf der einen Seite die Sportverbände, auf der anderen Seite der Staat, beide übernehmen als feste Institutionen die Organisation des Wettbewerbs. Dies führt zu einer formalisierten Wettbewerbssituation, gemeinsames Merkmal ist jeweils die Begrenzbarkeit des Wettbewerbs in einem geschlossenen System. Hinzu kommt, dass jeweils eine höchstpersönliche Leistung zu erbringen ist, deren Bewertung nach objektiven Kriterien anhand einer formalisierten Vergleichssituation vorgenommen wird.

In Bezug auf den (hoch)schulischen Leistungswettbewerb besteht ein allgemeines Vertrauen dahingehend, dass die jeweiligen Abschlüsse aufgrund der Institutionalisierung und Garantie der persönlichen Leistung unter den gleichen objektiven Voraussetzungen erbracht wurden.

Die Vergleichbarkeit der Leistung im Wettbewerb ist wie auch beim sportlichen Wettbewerb mit Vermögensrelevanz durch den Einsatz von

---

1229 *Kühl, Eike* Doping – Wenn Gamer zur Pille greifen, in: Zeit.online, 24.07.2015, http://www.zeit.de/digital/games/2015-07/esport-doping-kontrolle-esl-adderall (zuletzt abgerufen am 01.10.2017).

Neuroenhancement-Mitteln gefährdet. Während in Bezug auf den sportlichen Wettbewerb durch das neue Anti-Doping-Gesetz zwar eine strafrechtliche Norm geschaffen wird, die aber nicht auf das Rechtsgut selbst bezogen ist und damit nur einen Teilbereich abdeckt, existiert ein strafrechtlicher Schutz des (hoch) schulischen Leistungswettbewerbs bisher nicht. Es besteht also hinsichtlich beider Bereiche eine vergleichbare Wettbewerbs- und partiell auch eine vergleichbare Schutzsituation.

Zunächst sind nun die oben entwickelten Kriterien für ein strafrechtliches Handeln auf den (hoch)schulischen Leistungswettbewerb anzuwenden.

1. Vorliegen der Voraussetzungen für den (Hoch)schulischen Leistungswettbewerb

a) Wertigkeit des Rechtsguts

Ebenso wenig wie das Rechtsgut „sportlicher Wettbewerb mit Vermögensrelevanz" in dieser Form im Grundgesetz zu finden ist, wird dort der „(hoch)schulische Leistungswettbewerb" erwähnt. Es ist auch durch das Wesen dieser aus mehreren Komponenten zusammen gesetzten und auf Vertrauen basierenden Rechtsgüter schon in gewisser Weise indiziert, dass sie nicht wie einfache Individualrechtsgüter, etwa Leben, Gesundheit, Freiheit oder Eigentum, direkt im Grundgesetz genannt sind. Wie oben bei der Betrachtung des sportlichen Wettbewerbs mit Vermögensrelevanz schon festgestellt, ist auch der allgemeine freie Wettbewerb als solcher nicht im Grundgesetz verankert. Damit wird es wieder auf die im Zusammenhang mit dem Rechtsgut vorgenommene Einschränkung ankommen, also hier auf die Frage, ob sich zur Bedeutung von Schule und Hochschule etwas im Grundgesetz findet. Für den Bereich der Schule legt Art. 7 Abs. 1 GG fest, dass das gesamte Schulwesen unter der Aufsicht des Staates steht. Unter das „Schulwesen" fallen dabei allerdings nicht die Universitäten, sonstige Hochschulen und die Fachhochschulen.[1230] Für den hochschulischen Bereich ist Art. 5 Abs. 3 GG einschlägig, der die Freiheit von Wissenschaft, Forschung und Lehre schützt. Dieser enthält eine wertentscheidende Grundsatznorm mit der Maßgabe, dass der Staat durch geeignete organisatorische Maßnahmen die freie wissenschaftliche Betätigung zu ermöglichen hat.[1231] Ausdrücklich betrifft dies die akademische Vermittlung von Wissen und Kenntnissen auf dem Stand der

1230 v. Mangolt/Klein/Starck-*Robbers* Art. 7 Abs. 1 Rn. 54; Schmidt-Bleibtreu/Hofmann/Hopfauf-*Hofmann* GG Art. 7 Rn. 6.

1231 Schmidt-Bleibtreu/Hofmann/Hopfauf-*Hofmann* GG Art. 5 Rn. 30.

aktuellen Forschung. Das Grundgesetz schützt folglich den Rahmen, lässt den Hochschulen allerdings Freiheit bei der Ausgestaltung der Wissensvermittlung. Der hierunter fallende und hier in Rede stehende Wettbewerb zwischen den Studierenden ist dem Staat nicht in gleicher Weise unterstellt wie der schulische Wettbewerb. Die staatliche Verantwortung für das Schulwesen ist Korrelat der Schulpflicht bzw. der heute bestehenden faktischen Monopolstellung des Staates für die höhere Schulbildung, die für zahlreiche Berufe und das Studium vorausgesetzt wird.[1232] Allerdings ist das Studium ebenfalls Zugangsvoraussetzung für viele Berufsfelder. Hier fehlt es zwar an einem der Schulpflicht entsprechenden Zwang, eine entsprechende Monopolstellung, nur eben durch die Hochschulen, ist jedoch ebenfalls gegeben. Die ausdrückliche Nennung der wissenschaft lichen Lehre im Grundgesetz zeigt damit die wichtige Bedeutung auch des hochschulischen Bereichs. Der Staat hat primär die Aufgabe, die schulische Bildung sicherzustellen und mittelbar über den Schutz der akademischen Lehre einen geeigneten Rahmen für die hochschulische Bildung zu schaffen.

Aus dem unterschiedlich gelagerten Verantwortungs- und Einflussbereich des Staates hinsichtlich der schulischen bzw. hochschulischen Angelegenheiten lässt sich keine Abstufung in der Wertigkeit zwischen beiden Bereichen erkennen. Sowohl die schulische, als auch die hochschulische Bildung sind wichtige Bestandteile einer modernen und entwicklungsfähigen Gesellschaft. Die Schaffung und Erhaltung der erforderlichen Rahmenbedingungen durch den Staat ist ein grundrechtlicher Belang. Da sich das Schul- und Hochschulwesen in Grundrechten widerspiegeln, ist ihnen eine gewichtigere Bedeutung zuzumessen als dem zuvor betrachteten Bereich des Sports. Ein funktionierender (hoch)schulischer Leistungswettbewerb stellt für die Gesellschaft ein hohes Gut dar, was zu einer gesteigerten Wertigkeit des Rechtsguts im Vergleich zu dem des sportlichen Wettbewerbs mit Vermögensrelevanz führt.

Allerdings ist der (hoch)schulische Leistungswettbewerb nicht mit den im Grundgesetz direkt benannten Individualrechtsgütern zu vergleichen, deren überragende Bedeutung einem starken staatlichen und damit einhergehend auch strafrechtlichen Schutz entspricht. Ebenso wie beim sportlichen Wettbewerb mit Vermögensrelevanz ist auch beim (hoch)schulischen Leistungswettbewerb festzustellen, dass sich das Rechtsgut nicht selbst im Grundgesetz wiederfindet, sondern nur allgemein und umfassend das Schulwesen und die wissenschaftliche Lehre dort aufgeführt sind. Zwar ist der (hoch)schulische Leistungswettbewerb diesen Schutzgütern als Teilbereich zuzuordnen, so dass eine stärkere

1232 v. Mangolt/Klein/Starck-*Robbers* Art. 5 Abs. 3 Rn. 360 m.w.N.

Verbindung besteht, als hinsichtlich des sportlichen Wettbewerbs, bei dem nur bezüglich der Einschränkung auf die Vermögensrelevanz ein mittelbarer Verfassungsbezug gegeben ist. Jedoch ist auch bei diesem Rechtsgut der Rang im Vergleich mit anderen eher gering einzuschätzen. Zwar ist die Schwelle für ein Einschreiten des Staates mit strafrechtlichen Mitteln etwas niedriger anzusiedeln als bei dem Rechtsgut sportlicher Wettbewerb mit Vermögensrelevanz. Im Ergebnis bleibt es aber auch hier zunächst bei der Feststellung, dass der (hoch)schulische Leistungswettbewerb als Gut mit geringem Rang nur gegen einzelne Angriffe strafrechtlich geschützt werden darf. Ob durch Einnahme von Neuroenhancement-Mitteln ein Angriff gegeben ist, auf den eine strafrechtliche Reaktion erfolgen sollte, wird wieder erst die Gesamtbetrachtung zeigen.

b) Sozialschädlichkeit der Verhaltensweise

In Bezug auf die Betrachtung der Handlung an sich, also der Einnahme eines Neuroenhancement-Mittels, kann auf die oben gemachten Ausführungen verwiesen werden. Dort wurde die Sozialüblichkeit der unauffälligen Anwendungshandlung in Form des Schluckens einer Tablette festgestellt. Auch hinsichtlich der Wahrscheinlichkeit einer Rechtsgutsverletzung durch die Handlung ist ein Vergleich zum sportlichen Wettbewerb mit Vermögensrelevanz möglich. Dies gilt ebenso für die Beantwortung der Frage, ob der Handelnde selbst von einer Ungefährlichkeit seines Verhaltens ausgehen konnte.

Ob der (hoch)schulische Leistungswettbewerb schon durch die Handlung an sich – die Teilnahme an einer Prüfung unter Einfluss von Neuroenhancement-Mitteln – verletzt wird, hängt von der zugrunde liegenden Prüfungsordnung ab. Voraussetzung für eine Rechtsgutsverletzung ist damit, dass die Einnahme von Neuroenhancement-Mitteln zur Leistungssteigerung in einer Prüfung einem Verbot unterliegt. Die folgenden Ausführungen stehen damit unter der Prämisse, dass die Einnahme von Neuroenhancement-Mitteln zur Leistungssteigerung gegen die jeweilige Prüfungsordnung verstößt. Erst dann stellt die an sich neutral zu bewertende Handlung der Einnahme von Medikamenten in einer Prüfungssituation einen Regelbruch dar, durch den sich der so Handelnde einen regelwidrigen Vorteil verschaffen würde. In diesem Fall liegt schon in der Teilnahme an der Prüfung unter Einfluss eines verbotenen Hilfsmittels eine Beeinträchtigung des Rechtsguts. Es kommt dann auch nicht mehr darauf an, ob die Einnahme des Neuroenhancement-Mittels wirklich zu einem besseren Prüfungsergebnis geführt hat, was auch wohl nicht feststellbar wäre. Ebenso wie bei der Teilnahme unter Einfluss verbotener Substanzen am sportlichen Wettbewerb mit Vermögensrelevanz ist auch das Absolvieren einer Prüfung im (hoch)schulischen Leistungswettbewerb unter Zuhilfenahme eines verbotenen Hilfsmittels in Form des Neuroenhancers an sich schon die Verletzung des Vertrauensrechtsguts. Damit wäre auch in diesem Fall eine den schulischen Leistungswettbewerb schützende Strafnorm als Gefährdungsdelikt auszugestalten. Da die Handlung schon den Anknüpfungspunkt für die Rechtsgutsverletzung darstellt, wird es bei der Einnahme von Neuroenhancement-Mitteln in Prüfungssituationen immer zu einer Verletzung des Rechtsguts kommen. Was die Beurteilung der (Un)Gefährlichkeit des Verhaltens durch den Handelnden selbst angeht, ist ebenfalls festzustellen, dass es wieder gerade Ziel der Einnahme von Neuroenhancement-Mitteln in der Prüfung ist, sich einen unerlaubten Vorteil zu verschaffen.

In Bezug auf die Art und Weise der Ausführung als Indiz für die Sozialschädlichkeit einer Verhaltensweise zeigen sich ebenso starke Parallelen zu den beim sportlichen Wettbewerb mit Vermögensrelevanz getroffenen Feststellungen. Auch die Einnahme von Neuroenhancern in Prüfungssituationen muss heimlich geschehen, wenn sie als unzulässiges Mittel verboten ist. Fällt der Verstoß gegen die Prüfungsordnung auf, wird die Prüfung als nicht bestanden gewertet. Daher muss auch in diesem Fall der Teilnehmer an einer (hoch)schulischen Prüfung den Eindruck erwecken, regelkonform, also ohne den Einsatz verbotener Neuroenhancement-Mittel zu handeln, um sein Ziel, das erfolgreiche Abschließen der Prüfung, zu erreichen. So kann auch beim Absolvieren von Prüfungen unter Einfluss von Neuroenhancern ein täuschungsähnlicher Charakter der Verhaltensweise angenommen werden. Das von der Sozialgemeinschaft als negativ bewertete Täuschungselement führt auch hier zu einem gesteigerten Handlungsunwert.

Da bisher die Prämisse unterstellt wurde, dass die Einnahme von Neuroenhancement-Mittel in der Prüfungsordnung verboten ist, konnten viele Gemeinsamkeiten zu der Bewertung der Sozialschädlichkeit des Dopings im sportlichen Wettbewerb mit Vermögensrelevanz festgestellt werden. Interessant wird nun zu bewerten sein, wie die Anwendung von Neuroenhancern im schulischen Bereich von der Sozialgemeinschaft aktuell beurteilt wird, ohne dass es bisher ein ausdrückliches Verbot für diese Verhaltensweise gibt.[1233] Hier liegt ein deutlicher Unterschied zur Teilnahme an sportlichen Wettbewerben, bei denen durch die Anti-Doping-Normen wie den NADA-Code die Einnahme von Neuroenhancement-Mitteln schon lange als unzulässig bzw. regelwidrig gekennzeichnet wird. Wie oben gesehen, entspricht dies auch der gesellschaftlichen Bewertung

1233 Oben 2. Kapitel II. 4. e) bb) (ab S. 133) und 3. Kapitel III. (S. 187).

der Handlung als negativ und abzulehnen.[1234] Um festzustellen, ob dies beim bisher als zulässig anzusehenden Neuroenhancement im Kontext des (hoch) schulischen Leistungswettbewerbs ebenfalls der Fall ist, soll die aktuelle gesellschaftliche Debatte zu diesem Thema ausgewertet werden.

Allerdings stellt dies nur eine sehr grobe Möglichkeit dar, Tendenzen hinsichtlich der Stimmungslage zu einem Thema aufzuzeigen und eine erste Einschätzung vorzunehmen. Grundsätzlich müssten hierzu geeignetere Methoden entwickelt werden, etwa über eine ausführliche empirische Forschung und eine qualifizierte Auswertung des wissenschaftlichen Diskurses. Im Rahmen dieser Arbeit kann nur eine erste Einschätzung erfolgen.

Nähert man sich der Betrachtung von der Wortwahl her, dann schwingt in der oft verwendeten deutschen Bezeichnung „Hirndoping" die zumindest im sportlichen Kontext eindeutig negativ aufgeladene Bedeutung von „Doping" mit. Allerdings wird das Wort „Doping" außerhalb des Bereichs des Sports nicht generell in einem negativen Sinne gebraucht. Beispielsweise bewarb ein Shampoo-Hersteller sein Produkt mit „Doping für die Haare", was in diesem Fall die energiereiche Wirkung, also etwas Positives hervorheben sollte. Die ist zwar nicht ohne Kritik gerade seitens einiger Sportfunktionäre geblieben,[1235] zeigt aber, dass unter „Doping" eben auch allgemein eine Leistungssteigerung bzw. ein Mittel zum schnelleren Erreichen eines gewünschten Zieles verstanden werden kann, ohne dass dies zwingend mit einer verbotenen oder abzulehnenden Methode in Verbindung gebracht werden muss.

Was Zeitungsartikel zum Thema Neuroenhancement angeht, lässt sich in vielen Fällen zumindest ein kritischer Unterton feststellen. Nach dem Erscheinen einer Studie von Mainzer Wissenschaftlern[1236] zum Thema sprach ein Autor von einer „erschreckend hohe(n) Zahl" an Studenten, die Neuroenhancement-Mittel nutzt.[1237] Auch in einem anderen Artikel hierzu ließ sich ein Unbehagen über die wachsendende Anzahl an Studenten, die zu Hirndoping greift, feststellen,

---

1234 Oben 4. Kapitel II. 2. b) (ab S. 221).

1235 *Telgheder, Maike* Alpecin wirbt weiter mit „Doping für die Haare", in: Handelsblatt.com, im 18.08.2006, http://www.handelsblatt.com/unternehmen/industrie/werberat-weist-kritik-ab-alpecin-wirbt-weiter-mit-doping-fuer-die-haare/2694448.html (zuletzt abgerufen am 01.10.2017).

1236 *Dietz/Striegel/Franke/Lieb/Ulrich* Pharmacotherapy 2013, 33 (1), 44 ff.

1237 *Trenkamp, Oliver* Neue Studie zu Hirndoping: Jeder fünfte Student putscht sich auf, in: Spiegel.online, 31.01.2013, http://www.spiegel.de/unispiegel/studium/hirndoping-jeder-fuenfte-student-nimmt-mittel-zu-leistungssteigerung-a-880810.html (zuletzt abgerufen am 01.10.2017).

wenn es in einer Zwischenüberschrift heißt „nicht so schlimm wie in Amerika, dachten viele".[1238] Weiterhin war auch von „Pillenmissbrauch" und „Lernrausch" die Rede, womit Neuroenhancement und die Wirkungen der Mittel durch negativ besetzte Worte beschrieben werden.[1239] Dabei aber fällt auf, dass in einigen Artikeln nicht primär das durch Neuroenhancement verfolgte Ziel einer Leistungssteigerung und eine eventuell daraus resultierende Ungleichheit in Prüfungssituationen abgelehnt werden, sondern die mit der Einnahme der hierfür verwendeten Mitteln verbundenen Gesundheitsgefahren.[1240] Damit kann im Vergleich zum zuvor betrachteten Doping im Sport festgestellt werden, dass es im Gegensatz zu der dortigen klaren Ablehnung der Verhaltensweise an einer solchen eindeutig negativen Bewertung des Neuroenhancements im außersportlichen Bereich bislang fehlt.

Es gibt sogar einige, die Gehirndoping als Chance sehen und überwiegend positiv beurteilen, wie die Autoren des Memorandums in Geist und Gehirn,[1241] seit deren Beitrag über Neuroenhancement dieses Thema auch in Deutschland anhaltend diskutiert wird. In dem Memorandum wird auch die hier im Fokus stehende Problematik einer Leistungssteigerung durch Neuroenhancement in Wettbewerbssituationen gestreift und der dadurch möglicherweise entstehende soziale Druck zur Einnahme solcher Mittel angesprochen.[1242] Im Zusammenhang mit dem damit dann auch verbundenen Zwang zur Inkaufnahme unerwünschter Nebenwirkungen wird auf den schon bestehenden Anpassungsdruck und damit

---

1238 *Müller-Jung, Joachim* Hirndoping boomt an Universitäten, in: FAZ.net, 31.01.2013, http://www.faz.net/aktuell/wissen/medizin/jeder-fuenfte-student-nimmt-pillen-hirndoping-boomt-an-universitaeten-12045969.html (zuletzt abgerufen am 01.10.2017).

1239 *Sagener, Nicole* Gehirndoping – Pillen schlucken für den Lernrausch, in: Zeit.online, 18.07.2013, http://www.zeit.de/studium/uni-leben/2013-07/studie-gehirndoping-studenten (zuletzt abgerufen am 01.10.2017).

1240 *Lijnden, Constantin Baron van / Leffers, Jochen* Hirndoping für Kopfarbeiter – Immer her mit den bunten Psychopillen, in: Spiegel.online, 05.11.2012, http://www.spiegel.de/karriere/berufsleben/hirndoping-kopfarbeiter-greifen-verstaerkt-zu-modafinil-und-ritalin-a-864956.html (zuletzt abgerufen am 01.10.2017), in dem hauptsächlich die Langzeitrisiken und Nebenwirkungen als Kritikpunkte genannt werden; vgl. auch *Brüser, Elke* Hirndoping Riskanter Muntermacher, in: Süddeutsche.de, 18.02.2011, http://www.sueddeutsche.de/wissen/hirndoping-riskanter-muntermacher-1.1061605 (zuletzt abgerufen am 01.10.2017), die sich mit den Risiken und Nebenwirkungen von Modafinil beschäftigt.

1241 *Galert/Bublitz/Heuser/Merkel/Repantis/Schöne-Seifert/Talbot*, Memorandum, S. 1 ff.

1242 *Galert/Bublitz/Heuser/Merkel/Repantis/Schöne-Seifert/Talbot*, Memorandum, S. 7 f.

verbundene Risiken hingewiesen.[1243] Entscheidend ist dabei für die Autoren, „ob die Höhe des Risikos für den Einzelnen noch als »sozialadäquat« beurteilt werden kann.“[1244] Dies führt wieder zu der gerade zu beantworteten Frage nach der Sozialschädlichkeit der Verhaltensweise Neuroenhancement. In dem Memorandum wird dazu festgestellt, dass sich nicht allgemein formulieren lässt, welches Risiko und welche unerwünschten Folgen als sozialadäquat und also zumutbar gelten sollen.[1245] In die notwendige komplexe Einzelfallbewertung sollen dabei empirische Befunde genauso eingehen wie die Ergebnisse einer gesellschaftsweiten rechtlichen wie ethischen Reflexion.[1246]

Diese eben gerade auch für die rechtliche Beurteilung der Sozialschädlichkeit der Verhaltensweise Neuroenhancement notwendige gesellschaftliche Reflexion ist jedenfalls noch nicht abgeschlossen. Bisher lässt sich noch keine eindeutige gesellschaftliche Position zu dem Thema feststellen. Eine mehrheitliche Bewertung der Einnahme von Neuroenhancement-Mitteln in Prüfungen etwa als „Betrug“ bzw. unrechtmäßige Vorteilsverschaffung, wie dies beim Doping im Sport der Fall ist, kann der bisherigen Debatte jedenfalls nicht entnommen werden. Kritische Beiträge beziehen sich hauptsächlich auf den gesundheitlichen Aspekt der durch die zum Neuroenhancement verwendeten Medikamente hervorgerufenen Neben- und Langzeitwirkungen. Es lässt sich allgemein feststellen, dass die Einnahme von Medikamenten durch Gesunde zur Leistungssteigerung Unbehagen auslöst und schwierige ethische und gesellschaftliche Fragen aufwirft. Neuroenhancement wird bisher von vielen eher kritisch und eher ablehnend betrachtet. Aber dies reicht nicht aus, um eine abschließende Bewertung der Sozialschädlichkeit vorzunehmen, insbesondere im Hinblick auf die bislang wenig beachtete Frage der Einnahme solcher Mittel in Prüfungen selbst, also im (hoch)schulischen Leistungswettbewerb.

Damit bleibt für das Kriterium der Sozialschädlichkeit festzustellen, dass eine solche erst angenommen werden kann, wenn die Einnahme von Neuroenhancement-Mitteln in Prüfungsordnungen untersagt wird. Erst dann greifen die zuvor gefundenen Indizien für eine sozial nicht anerkannte Verhaltensweise wie die heimliche Ausführung und das Täuschungselement, nur durch einen Verstoß gegen eine bestehende Regel verschafft sich der die Medikamente Einnehmende einen unerlaubten Vorteil. Solange allerdings noch kein Verbot besteht und vor

---

1243 *Galert/Bublitz/Heuser/Merkel/Repantis/Schöne-Seifert/Talbot*, Memorandum, S. 8.
1244 *Galert/Bublitz/Heuser/Merkel/Repantis/Schöne-Seifert/Talbot*, Memorandum, S. 8.
1245 *Galert/Bublitz/Heuser/Merkel/Repantis/Schöne-Seifert/Talbot*, Memorandum, S. 8.
1246 *Galert/Bublitz/Heuser/Merkel/Repantis/Schöne-Seifert/Talbot*, Memorandum, S. 8.

allem auch so lange in der gesellschaftlichen Diskussion noch keine mehrheitliche Positionierung zur Problematik des Neuroenhancements erfolgt ist, fehlt es an der sozialschädlichen Wirkung des Neuroenhancements.

Zu beachten ist dabei, dass es sich bei der Qualifikation einer Verhaltensweise als „sozialschädlich“ gerade in diesem Fall auch um eine gesellschaftliche Wertung handelt, die für das Thema Neuroenhancement noch nicht vorgenommen wurde. Durch ein Verbot der Einnahme von Medikamenten durch Gesunde zur Leistungssteigerung im (hoch)schulischen Wettbewerb in Prüfungsordnungen könnte der Staat eine solche Bewertung vorwegnehmen bzw. in eine bestimmte Richtung lenken. Allerdings spielen in die Frage nach der Sozialschädlichkeit auch außerhalb des Strafrechts zu beantwortende Punkte wie Fairness, Chancengleichheit und ethische Fragen nach der grundsätzlichen Behandlung der Verbesserung der geistigen Leistung mit chemischen Substanzen eine Rolle, auf die unten noch eingegangen wird.[1247]

c) *Maßnahmen alternativer Verhaltenssteuerung*

Auch wenn die bisher fehlende Sozialschädlichkeit des Neuroenhancements schon dazu führt, dass aktuell keine strafrechtliche Reaktion möglich bzw. rechtmäßig ist, soll trotzdem noch über Alternativmaßnahmen nachgedacht werden. Eine Möglichkeit, Neuroenhancement im (hoch)schulischen Leistungswettbewerb zu verhindern, wäre eine strengere Regulierung der hierfür missbrauchten Medikamente. Führt man sich vor Augen, dass es sich beim Neuroenhancement um die Einnahme solcher Mittel durch Gesunde handelt, also einen gerade nicht indizierten und gewollten Gebrauch der Medikamente, so sollte dieser „off label use“ verhindert bzw. zumindest erschwert werden. Strengere Kontrollen hinsichtlich der Abgabe solcher Mittel, etwa durch eine gesteigerte Dokumentationspflicht im Zusammenspiel mit einer Reglementierung der Ausgabemenge, könnten eine allzu großzügige Verschreibungs- bzw. Ausgabepraxis erschweren. Eine bessere Nachverfolgbarkeit des Weges der Medikamente erhöht die Wahrscheinlichkeit, dass eine Abgabe der Mittel außerhalb ihrer Bestimmung, also zu Enhancement-Zwecken bei Gesunden, auffällt und damit die Gefahr einer Verfolgung solcher bisher ja auch schon nach dem AMG bzw. BtMG strafbaren Handlungen wächst.[1248] Dies könnte zumindest inländische Quellen für den Bezug der Medikamente – wie die Mittel ohne gesundheitliche Indikation

1247 Unten 4. Kapitel III. 2. (ab S. 284).

1248 Zur Strafbarkeit der Abgabe von Medikamenten zum Neuroenhancement bei Gesunden 3. Kapitel I. 2. b) (ab S. 150) und c) (ab S. 151).

verschreibende bzw. ausgebende Ärzte und Apotheker – schwerer zugänglich machen. Ärzte und Apotheker sind, soweit man die Bezugsquellen den bisherigen Studien zu dem Thema entnehmen kann, auch der Hauptbezugspunkt für leistungssteigernde Substanzen.[1249] Wird dabei auch die im Rahmen einer berechtigten Medikation zur Behandlung ausgegebene Medikamentenmenge stärker eingeschränkt und der Patient auch zusätzlich über die Unzulässigkeit bzw. gegebenenfalls Strafbarkeit einer Weitergabe der ihm verschriebenen Medikamente an einen Dritten aufgeklärt, könnte dadurch auch die nächstwichtigste Bezugsquelle eingeschränkt werden, nämlich Kranke, die einen Teil der ihnen verschriebenen Medikamente an Freunde, Bekannte oder sonstige Interessenten abgeben.[1250] Werden diese Möglichkeiten, an die gewünschten Mittel zu gelangen, durch die genannten Maßnahmen zumindest erheblich erschwert, bleibt zwar immer noch der Weg über das Internet, um sich die gewünschten Medikamente dort zu bestellen. Allerdings spielt dies bisher bei der Beschaffung eine eher geringere Rolle, es wird hauptsächlich als Informationsquelle genutzt.[1251]

Damit gibt es durchaus Alternativen, die jetzt schon ergriffen werden können, um zumindest auf das Neuroenhancement mittels Medikamenten außerhalb ihrer Indikation zu reagieren.

d) Gesamtabwägung

Bei Betrachtung der Voraussetzungen, die neben dem schützenswerten Rechtsgut zur Rechtfertigung einer neuen Strafrechtsnorm herangezogen werden sollen, zeigt sich, dass hinsichtlich des (hoch)schulischen Leistungswettbewerbs aktuell schon wegen des Fehlens der Sozialschädlichkeit der Verhaltensweise eine strafrechtliche Reaktion nicht gerechtfertigt wäre. Allerdings könnte diese „Hürde" durch eine Anpassung der (hoch)schulischen Prüfungsordnungen und ein Verbot der Einnahme leistungssteigernder Mittel genommen werden.

In diesem Zusammenhang stellt sich jedoch die Frage, warum die dann verbotene Einnahme von Neuroenhancement-Mitteln eine höhere Sozialschädlichkeit

---

1249 *Middendorff/Poskowsky/Isserstedt* HIS 01/2012, S. 38 f.; DAK-Gesundheitsreport 2015, S. 82 f., https://www.dak.de/dak/download/vollstaendiger-bundesweiter-gesundheitsreport-2015-1585948.pdf (zuletzt abgerufen am 01.10.2017).

1250 *Middendorff/Poskowsky/Isserstedt* HIS 01/2012, S. 38 f.; DAK-Gesundheitsreport 2015, S. 83, https://www.dak.de/dak/download/vollstaendiger-bundesweiter-gesundheitsreport-2015-1585948.pdf (zuletzt abgerufen am 01.10.2017).

1251 *Middendorff/Poskowsky/Isserstedt* HIS 01/2012, S. 39; DAK-Gesundheitsreport 2015, S. 83, https://www.dak.de/dak/download/vollstaendiger-bundesweiter-gesundheitsreport-2015-1585948.pdf (zuletzt abgerufen am 01.10.2017).

aufweisen sollte, als andere Verstöße gegen die Prüfungsordnung, wie die Verwendung unerlaubter Hilfsmittel, also etwa der klassische „Spickzettel". Niemand würde ernsthaft verlangen, dass dies unter Strafe gestellt werden sollte, hierbei reichen die prüfungsrechtlichen Maßnahmen wie Nichtbestehen und evtl. Ausschluss von weiteren Prüfungen offensichtlich aus. Dass man eine solche Reaktion bei Neuroenhancement nicht als ausreichend ansehen könnte, liegt an der Art und Weise des Verstoßes. Die Benutzung unerlaubter Hilfsmittel kann bzw. muss gleichzeitig auch während des Prüfungsvorgangs selbst aufgedeckt werden. Hierauf ist dann eine sofortige Reaktion möglich, die Arbeit des betreffenden Prüflings kann unmittelbar ausgesondert und unter Vorbehalt gestellt werden. Beim Bestreiten der Prüfung unter Einfluss verbotener Neuroenhancement-Mittel ist ein solcher sofortiger Nachweis nicht möglich. Neben dem grundsätzlichen Problem der Durchführbarkeit eines Tests auf die Einnahme nicht erlaubter Mittel wird jedenfalls die Überprüfung der Probe einige Zeit in Anspruch nehmen. Damit stellt sich das Problem, dass ähnlich wie beim Doping im Sport[1252] dann oft nur eine nachträgliche Aberkennung der (Prüfungs) Leistung möglich ist. In der dazwischen liegenden Zeit kann der Prüfungsteilnehmer schon von den Vorteilen seiner unrechtmäßigen Prüfungsergebnisse profitieren, indem er etwa auf ihrer Grundlage einen Studienplatz oder eine Arbeitsstelle erhält. Eine Reaktion ist oft nur für die Zukunft möglich, die in der Vergangenheit liegende Benachteiligung anderer durch die verbortswidrige Erlangung der Prüfungsleistung kann nicht mehr ausgeglichen werden. Hierin ist eine gegenüber dem leichter nachweisbaren Gebrauch „äußerer" Hilfsmittel gesteigerte Sozialschädlichkeit der Verhaltensweise zu sehen, die eine mögliche strafrechtliche Reaktion nur auf den Prüfungsordnungsverstoß „Einnahme von verbotenen (Neuroenhancement-)Substanzen" rechtfertigt. In dem Zuführen einer unerlaubten Substanz in den eigenen Körper liegt neben dem Problem der erschwerten Feststellbarkeit auch eine größere Gefahr durch den hinzutretenden Gesundheitsaspekt. Dieser reichert die Übertretung der Prüfungsordnung um eine zusätzliche Komponente an und führt insgesamt zu einer anderen Qualität

1252 Auch hier fordert niemand ernsthaft, dass der Gebrauch unzulässiger Hilfsmittel, wie etwa im Hochsprung durch nicht der Norm entsprechenden Stäbe, in allen Sportarten bei denen ein eigenes Wettkampfgerät verwendet wird genauso wie Doping unter Strafe gestellt werden sollte. Vergleichbar mit den unerlaubten Hilfsmitteln in Prüfungen ist dieser Verstoß wieder dadurch, dass eine solche Manipulation mittels einer Überprüfung der Hilfsmittel in unmittelbarem zeitlichen Zusammenhang mit den Wettkämpfen aufgedeckt und noch im Wettbewerb selbst bzw. vor der Siegerehrung geahndet werden könnte.

des Regelverstoßes. Dieser weitere Aspekt macht auch schärfere Maßnahmen im Vergleich zur bisherigen Sanktion der Verwendung anderer unerlaubter Hilfsmittel in Prüfungen möglich.

Darum ist vor der Prämisse, dass Neuroenhancement in Prüfungen verboten wird und so die Sozialschädlichkeit der Verhaltensweise begründet würde, nun eine Gesamtabwägung vorzunehmen.

Der (hoch)schulische Leistungswettbewerb ist zwar als ein schützenswertes Rechtsgut anzusehen, allerdings nicht von so bedeutendem Rang wie etwa Individualrechtsgüter. Damit ist eine strafrechtliche Reaktion auf seine Gefährdung durch Neuroenhancement grundsätzlich möglich, allerdings gewinnen neben einer gravierenden Verletzung des Rechtsguts die weiteren Voraussetzungen, wie eine hohe Sozialschädlichkeit der Verhaltensweise und mangelnde Maßnahmen alternativer Verhaltenssteuerung, an Bedeutung. Die Einnahme von – verbotenen – Neuroenhancement-Mitteln im (hoch)schulischen Leistungswettbewerb stellt eine sozialschädliche Verhaltensweise dar. Was die Alternativmaßnahmen angeht, ist zunächst festzuhalten, dass die Verschärfung von arzneimittelrechtlichen Vorgaben sich nicht speziell gegen die Einnahme von Neuroenhancement-Mitteln im (hoch)schulischen Leistungswettbewerb richten würde, sondern gegen die unberechtigte Verwendung der hierzu genutzten Medikamente im Allgemeinen. Es handelt sich folglich um keine spezifische Maßnahme zum Schutz des Rechtsguts, allerdings sind durch eine strengere Reglementierung dennoch positive Auswirkungen zu erwarten. Durch eine generelle Beschränkung der aktuell eher leichten Verfügbarkeit, insbesondere der Medikamente, wird die Verwendung auch im Bereich des (hoch)schulischen Leistungswettbewerbs stark erschwert. Eine solche Vorgehensweise scheint um einiges erfolgversprechender zu sein, als die Schaffung einer neuen strafrechtlichen Norm. Die Verfügbarkeitsbeschränkung würde zum einen eine deutlich mildere Maßnahme für die Betroffenen darstellen, da sie diese nicht unmittelbar selbst treffen, sondern auf früherer Stufe die Verteilerebene angreifen würde. Diese unterliegt selbst schon arznei- und betäubungsmittelrechtlichen Überwachungsmaßnahmen, eine Verschärfung dieser wäre auch nicht unverhältnismäßig. Zum anderen wäre zwar auch hierbei ein höherer Kontrollaufwand bei Medikamentenherstellern, Apotheken und Ärzten nötig, um die Beschränkung durchzusetzen. Allerdings ist das Kontrollsystem für Medikamente schon angelegt, es bedarf demnach nur einer Ausweitung bzw. Intensivierung. Dem hingegen müssten Kontrollen zur Überprüfung des strafrechtlichen Verbots der Einnahme von Neuroenhancement-Mitteln im (hoch)schulischen Wettbewerb erst geschaffen werden. Hierbei könnte auch, im Gegensatz zum Doping im Sport, nicht auf ein bestehendes (Vebands)System mit regelmäßigen Wettkampfkontrollen zurückgegriffen werden. Es müsste ein völlig neues Verfahren zur Überprüfung der Neuroenhancement-Freiheit bei der Teilnahme an (hoch)schulischen Leistungsprüfungen implementiert werden. Hierbei stellt sich das Problem der tatsächlichen praktischen Umsetzbarkeit einer hierfür notwendigen Probeentnahme vor Prüfungen, wobei Schwierigkeiten bei der Strafverfolgung allein noch kein Argument gegen eine neue strafrechtliche Regelung sein können. Im Zusammenhang mit der geringen Wertigkeit des Rechtsguts und der Möglichkeit milderer und gleichzeitig effektiverer Maßnahmen alternativer Verhaltenssteuerung fallen die praktischen Probleme bei der Verfolgbarkeit einer möglichen neuen Norm allerdings doch ins Gewicht.

Darüber hinaus stellt sich auch das Grundproblem, dass – wahrscheinlich noch stärker als beim Doping im Sport – die Einnahme von Neuroenhancement-Mitteln gerade schon in der Vorbereitungsphase zu den (hoch)schulischen Leistungsprüfungen erfolgt. Während im sportlichen Bereich auch Trainingskontrollen durchgeführt und diese zumindest mit verbandsrechtlichen Sanktionen geahndet werden können, besteht beim Neuroenhancement im (hoch)schulischen Bereich keine praktikable Möglichkeit, ein solches Verhalten zu überwachen, schon gar nicht mit strafrechtlichen Mitteln zum Schutz des Rechtsguts. Die Einnahme von leistungssteigernden Substanzen zur Verbesserung der Lernleistung in der Vorbereitungsphase zur Prüfung ist nicht strafrechtlich sanktionierbar und kann nur durch eine bessere Beschränkung des Zugangs zu verbotenen Mitteln eingeschränkt werden.

Insgesamt ist damit nach Abwägung der Kriterien in der Gesamtbetrachtung eine neue strafrechtliche Norm zum Schutz des (hoch)schulischen Leistungswettbewerbs abzulehnen. Vor dem Hintergrund der geringen Bedeutung des Rechtsguts und der Möglichkeit, effektivere Alternativmaßnahmen zu ergreifen, wiegt die Sozialschädlichkeit der Verhaltensweise nicht schwer genug, um eine strafrechtliche Reaktion zu rechtfertigen.

2. Gesamtergebnis für den (hoch)schulischen Leistungswettbewerb

Eine neue strafrechtliche Norm zum Schutz des Rechtsguts „(hoch)schulischer Leistungswettbewerb“ scheitert aktuell schon an einem fehlenden Verbot des Neuroenhancements in Prüfungen. Allerdings wäre auch nach Erlass eines solchen Verbotes das Schaffen einer Strafnorm aufgrund anderer, milderer und erfolgversprechenderer Handlungsmöglichkeiten des Staates abzulehnen.

Daneben gibt es auch andere Gründe, die gegen eine strafrechtliche Reaktion auf Neuroenhancement in Prüfungen sprechen. Zunächst ist festzustellen, dass es sich dabei um eine kompliziertere Problematik handelt, als beim Doping im sportlichen Wettbewerb mit Vermögensrelevanz. Die ethischen Fragen, die sich im Zusammenhang mit Neuroenhancement im (hoch)schulischen Bereich stellen, sind um einiges schwieriger zu beantworten, als die im Zusammenhang mit Doping im Sport. Der Grundtenor, der in der geschilderten Diskussion über eine Freigabe von Dopingmitteln mitschwingt, ist folgender: Wenn man Doping schon nicht effektiv verbieten kann, dann sollte man es, zur besseren Kontrolle der Gesundheitsrisiken, doch in vertretbarem Maße freigeben. Hierbei bestimmen Resignation vor den tatsächlichen Gegebenheiten und der gewollte bessere Schutz der Gesundheit die Diskussion für das Erlauben von an sich immer noch als negativ bewerteten Methoden. Zumindest wenn man davon ausgeht, dass es dem Sport immanent ist, dass eben die Begabtesten gewinnen. Dann ist eine Verbesserung der eigenen Leistung zwar über körperliches Training möglich und gewünscht, die Grenze wird allerdings bei der Einnahme von Substanzen gezogen, die die Effekte zu stark beschleunigen bzw. die genetischen Dispositionen, etwa die Aufnahmefähigkeit von Sauerstoff im Blut, aushebeln. Ziel des Wettkampfs bleibt es meiner Ansicht nach herauszufinden, wer eine Sportart unter Einsatz von Technik und durch Formen seines Körpers durch wiederholte Übungen am besten beherrscht. Nicht, wer das Mittel am besten verträgt, das die größte Steigerung der körperlichen Fähigkeiten hervorruft. Beim Neuroenhancement ist dagegen die grundsätzliche Frage, welche Möglichkeiten zur Verbesserung der geistigen Leistungsfähigkeit eingesetzt werden dürfen, viel schwieriger zu beantworten. Im Gegensatz zum sportlichen Wettbewerb muss sich zumindest dem schulischen Wettbewerb jeder stellen und wird hierüber entscheidend beurteilt. Die Prämisse zur Betrachtung der strafrechtlichen Relevanz des Neuroenhancements war dabei, dass dies insgesamt gesellschaftlich nicht erwünscht ist, weder im Sport, wo es unter Doping fällt, noch in einem sonstigen Bereich. Aber stimmt das für die Verbesserung der geistigen Leistungsfähigkeit überhaupt? Warum sollten in dieser Beziehung allein die genetischen Vorgaben eine Rolle spielen? Wäre es nicht gut für die Gesellschaft insgesamt, wenn jeder Einzelne die Grenzen seiner körperlichen Dispositionen zumindest im kognitiven Bereich überschreiten könnte? Dürfte man im Gegenteil überhaupt jemandem, der es möchte, die Möglichkeit verwehren, seine geistigen Fähigkeiten mittels der Einnahme von Medikamenten zu verbessern? Wäre es nicht vielleicht sogar gerechter, wenn die günstigeren Voraussetzungen, die einige Kinder durch die äußeren Umstände wie sich kümmernde Eltern und die Möglichkeit, Nachhilfe zu nehmen, haben, bei anderen durch leistungsfördernde Medikamente „ausgeglichen" werden? Und wo ist die Grenze des Ganzen, insbesondere im Hinblick auf neue Mittel, die vielleicht nicht die Nebenwirkungen der aktuell verwendeten Medikamente haben? Bzw. wie viel mögliche „Nebenwirkung" ist zur

Erreichung des Ziels noch in Kauf zu nehmen? Und ganz unabhängig von der Frage nach Nebenwirkungen – was ist mit denen, die ihre geistigen Fähigkeiten nicht durch Pillen beeinflussen möchten? Die dem gesellschaftlichen Druck von einer immer weiteren Steigerung der Leistung entgegentreten möchten? Wären sie nicht – vergleichbar mit der Situation bei einer Freigabe der Dopingmittel im Sport[1253] – irgendwann gezwungen, entgegen ihrer eigentlichen Überzeugung, doch solche Mittel einnehmen zu müssen, um überhaupt noch mithalten zu können? Und müsste man nicht gerade sie umfassend vor einem am Ende faktisch „erzwungenen" Eingriff in die natürliche biologische Arbeitsweise des Gehirns schützen – nach dem Motto „wehret den Anfängen"? Diese provozierenden Fragen will und kann die vorliegende Arbeit nicht beantworten, da sie den rein strafrechtlichen Aspekt des Neuroenhancements weit überschreiten und grundsätzliche gesellschaftliche und ethische Themen betreffen. Sie sollen allerdings noch einmal zeigen, welche Probleme vor einem strafrechtlichen Verbot von Neuroenhancement im (hoch)schulischen Bereich zu diskutieren sind und weshalb ein solches in der aktuellen Situation nicht in Betracht kommt. Zunächst ist eine gesellschaftliche bzw. politische Debatte über die angerissenen Fragestellungen erforderlich, um die Prämisse, dass Neuroenhancement auch im außersportlichen und insbesondere im (hoch)schulischen Bereich eine unerwünschte Verhaltensweise darstellt, zu verifizieren.

3. Geeignete staatliche Maßnahmen

Obwohl aktuell ein strafrechtliches Verbot noch nicht in Betracht kommt, können trotzdem andere staatliche Maßnahmen ergriffen werden, um den „Medikamentenmissbrauch", als den sich Neuroenhancement in der aktuellen Situation hauptsächlich darstellt, zu verringern. Die schon angesprochenen stärkeren Kontrollen bzw. eine Verschärfung des AMG bzw. BtMG können die Weitergabe der Mittel außerhalb einer krankheitsbasierten Medikation zumindest erschweren, wenn auch nicht ganz unterbinden.[1254]

Eine weitere Möglichkeit wäre es, die Teilnahme an Prüfungen unter dem Einfluss bestimmter Neuroenhancement-Mittel in den Prüfungsordnungen zu verbieten, um grundsätzlich ein Bewusstsein für das Problem zu schaffen und diese Methode, ebenso wie die Benutzung anderer unerlaubter Hilfsmittel, als abzulehnend zu klassifizieren. Diese Maßnahme, die auch Voraussetzung für ein strafrechtliches Verbot wäre, ist von diesem aber selbst unabhängig und kann

1253 Oben 4. Kapitel II. 2. c) cc) (S. 256).
1254 Oben 4. Kapitel III. 1. c) (ab S. 280).

auch ohne das Ziel der Schaffung einer Strafnorm umgesetzt werden. Allerdings muss klar sein, dass es sich bei dem Verbot in Prüfungsordnungen nur um einen symbolischen Schritt handeln würde, wenn die Gefahr einer Ahndung der Zuwiderhandlung nur sehr gering ist. Und auch eine flächendeckende Kontrolle auf die Einnahme dann verbotener Mittel hin ist bei (hoch)schulischen Leistungsprüfungen nicht nur faktisch sehr schwierig, sondern auch rechtlich kaum umsetzbar. Zunächst wäre es äußerst fraglich, ob und unter welchen Voraussetzungen man die Schüler bzw. Studenten zu Urintests vor der Prüfung zwingen könnte. Zum anderen ist es auch rein organisatorisch fast unmöglich, bei der großen Anzahl an Teilnehmern solche Tests durchzuführen, ohne den Prüfungsablauf zu beeinträchtigen. Selbst wenn man sie erst unmittelbar im Anschluss an eine Prüfung durchführen würde, wäre der hierzu nötige Aufwand immens. Und auch bei zufallsbasierten Stichproben, die eher mit den Dopingkontrollen im Sport vergleichbar sind, übersteigt die Ausgangszahl der Schüler etwa nur eines Abiturdurchgangs die der in Deutschland gelisteten etwa 7.000 Kaderathleten[1255] um ein Vielfaches. So wäre selbst bei der Überprüfung nur eines kleinen Teils der Teilnehmer einer (hoch)schulischen Prüfung der zu betreibende praktische Aufwand immens hoch. Zumal im (hoch)schulischen Bereich nicht auf die Strukturen einer hierfür ausgerüsteten schon vorhandenen Organisation zurückgegriffen werden kann, wie das im Sport mit der NADA der Fall ist. Weiterhin würden solche „Neuroenhancement-Tests" die schon vor der Prüfung vorhandene Grundnervosität bei manchen Teilnehmern ins Unermessliche steigern und dadurch ungewollte negative Effekte erzielen, die das eigentliche Ziel einer chancengleichen Prüfung wieder unterlaufen würden. Zudem ist auch fraglich, ob bei (hoch)schulischen Leistungsprüfungen solche nur stichprobenartig durchgeführten Tests überhaupt ausreichend wären. Im Sport ist dies einfacher, da in vielen Wettbewerben, etwa in der Leichtathletik, im Rad- oder im Wintersport die Gewinner bzw. die Platzierung unmittelbar nach dem Wettkampf feststehen und so die Bestplatzierten in jedem Fall ausreichend zeitnah getestet werden können. Dies ist im (hoch)schulischen Wettbewerb, bei dem die Korrektur der Arbeiten bzw. Klausuren meist einige Wochen in Anspruch nimmt, nicht der Fall. Darüber hinaus ist hierbei die Binnendifferenzierung viel komplexer als in sportlichen Wettkämpfen, so dass auch aus diesem Grund eine flächendeckendere Kontrolle zur Wahrung der Chancengleichheit notwendig wäre. Die Möglichkeit von Blutproben würde aufgrund des Eingriffs in die körperliche Unversehrtheit und der damit grds. zu bejahenden Unverhältnismäßigkeit

1255 BT-Drs. 18/4898, S. 32.

zwischen dem Ziel, einer enhancement-freien Prüfungsteilnahme, und dem Mittel, der Beeinträchtigung eines sehr hohen Verfassungsgutes, schon aus rechtlichen Gründen scheitern.

Auch bei einer strafrechtlichen Norm würden diese praktischen Probleme bei der Überprüfung des prüfungsrechtlichen Verbotes eine große Rolle spielen. Ohne den Labornachweis des Vorliegens von Neuroenhancement-Mitteln im Urin bzw. Blut bei der Teilnahme an einer Prüfung ist ein Nachweis des Verstoßes nur sehr schwer möglich. Dies hätte zur Folge, dass es sich aus den tatsächlichen Beweisproblemen wieder nur um rein symbolisches Strafrecht handeln könnte. Die tatsächliche Verfolgung einer solchen Strafnorm wäre noch viel schwieriger als beim Doping im sportlichen Wettbewerb, wo für das Strafverfahren auf die verbandsrechtlichen Proben zurückgegriffen werden kann.

Schließlich wird wie oben schon angesprochen das Grundproblem beim Neuroenhancement im (hoch)schulischen Leistungswettbewerb, wahrscheinlich noch stärker als beim Doping im Sport, die Einnahme solcher Mittel in der Vorbereitungsphase sein. Zur Verhinderung dieses Phänomens, dass sich schon im Training die entsprechenden unerlaubten Vorteile verschafft werden, die dann im „sauber" absolvierten Wettkampf nachwirken, gibt es beim sportlichen Wettbewerb Kontrollmöglichkeiten, die im (hoch)schulischen Leistungswettbewerb nicht vorstellbar sind. Kaderathleten müssen unangekündigte Trainingskontrollen über sich ergehen lassen und dazu ihren geplanten Tagesablauf z.T. weit im Voraus detailliert offen legen.[1256] Dies stellt einen enormen Eingriff in die persönliche Freiheit dar, die im (Hoch)Schulsystem nicht zu rechtfertigen wäre. Ein grundsätzliches Verbot von Neuroenhancement auch in der Vorbereitung für Prüfungen wäre aufgrund der völligen Unbestimmtheit einer solchen Regelung und mangels schutzwürdigen Rechtsguts nicht möglich. Insbesondere kann das Rechtsgut des (hoch)schulischen Leistungswettbewerbs nicht auf den Bereich des „allgemeinen Lernens vor Prüfungen" ausgedehnt werden.

Trotz der erheblichen Zweifel hinsichtlich der tatsächlichen Verfolgbarkeit sollte dennoch über ein Verbot der Teilnahme an Prüfungen unter dem Einfluss bestimmter Neuroenhancement-Mittel wie Ritalin und Modafinil in den Prüfungsordnungen nachgedacht werden, um ein Bewusstsein für das Problem und die hiermit verbundenen gesellschaftlichen und ethischen Fragestellungen zu schaffen. Hierbei müsste natürlich gerade hinsichtlich Ritalin eine Ausnahmeregelung für die Einnahme aufgrund einer bestehenden Krankheit geschaffen werden, was allerdings wiederum zu Gefälligkeitsdiagnosen führen könnte. Um

---

1256 Oben 3. Kapitel II. 3. (S. 183 Fn. 855) und 4. Kapitel II. 2. c) bb) (3) (S. 250 Fn. 1163).

die notwendige gesellschaftliche Debatte zu erreichen, müsste ein solches Verbot in Prüfungsordnungen allerdings zwingend mit einer besseren Aufklärung über die Risiken der Einnahme von Neuroenhancern und weiteren Forschungen, insbesondere über die Langzeitwirkungen, einhergehen. Weiterhin müsste nach zu Stande kommen einer solchen Debatte die gesellschaftliche Haltung zu Kontext und Wirkung der Einnahme von Neuroenhancement-Mitteln im (hoch)schulischen Leistungswettbewerb neu bewertet werden.

IV. Ergebnis

Als Ergebnis zum zukünftigen Regelungsbedarf bleibt festzuhalten, dass die Schaffung einer neuen Strafnorm zum Schutz vor Neuroenhancement sowohl für das Rechtsgut „sportlicher Wettbewerb mit Vermögensrelevanz", als auch für den „(hoch)schulischen Leistungswettbewerb" abzulehnen ist. Auf beiden Gebieten sind die genannten anderen (staatlichen) Maßnahmen vorzuziehen.

Abseits des Wettbewerbsbereichs verbleiben zwei Gesichtspunkte, die zwar von den bestehenden Strafnormen schon umfasst sind, auf die aber ein größeres Augenmerk gelegt werden könnte: Hinsichtlich des Gesundheitsschutzes, der im StGB, AMG und BtMG umfassend gewährleistet ist, sollte die Verabreichung von Neuroenhancement-Mitteln sowohl durch Eltern als auch durch Ärzte an Kinder, bei denen keine behandlungsbedürftige Krankheit vorliegt, konsequenter geahndet werden. In diesem Zusammenhang ist auch eine stärkere Aufklärung über die Risiken von unbedachter Medikamentengabe erforderlich. Weiterhin könnte man darüber nachdenken, die beteiligten Ärzte und Apotheker, die Medikamente ohne Indikation bzw. bei einer Gefälligkeitsdiagnose verschreiben oder abgeben, stärker in den Fokus zu nehmen und härtere straf- und berufsrechtliche Maßnahmen hiergegen zu ergreifen. Ergänzend hierzu müsste auch das Vertriebssystem dieser Medikamente stärker überwacht werden, hier könnten die bestehenden Regelungen im AMG und BtMG besser genutzt und bei Bedarf verschärft werden.

Was die selbstbestimmte Einnahme von Neuroenhancern angeht, ist eine Strafnorm jedenfalls im außerwettbewerbsrechtlichen Bereich nicht denkbar, eine über die Grenzen des Gesundheitsschutzes hinausgehende Regelung ist nicht möglich. Selbst hinsichtlich des Dopings im Sport ist durch das neue Gesetz keine flächendeckende Bestrafung des Eigendopings vorgesehen, sondern nur für den engen Kreis der Kaderathleten und Berufssportler.

Und auch wenn man das neue Anti-Doping-Gesetz oder eine noch weitergehende Neuregelung für den Bereich des sportlichen Wettbewerbs mit

Vermögensrelevanz befürwortet, lassen sich die hierfür vorgebrachten Argumente nicht zwangsweise auch auf eine Strafbarkeit des Neuroenhancements im (hoch)schulischen Leistungswettbewerb übertragen. Während es beim Doping im Sport auch insgesamt gesehen um nur eine sehr kleine Gruppe der Bevölkerung geht, würde man beim Verbot von Neuroenhancement im (hoch)schulischen Leistungswettbewerb und den entsprechend notwendigen Kontrollen eine sehr große Anzahl von (gerade jungen) Menschen unter strafrechtlichen Verdacht stellen. Wenn man allerdings grundsätzlich der Meinung ist, dass ein Verbot erfolgen und mittels organisatorisch aufwändiger und eingriffsintensiver Untersuchungen überwacht werden sollte, sind bei einem Verstoß auch prüfungsrechtliche Maßnahmen ausreichend. Eine zusätzliche Kriminalisierung ist nicht erforderlich.

Schluss

1. Es gibt noch kein Mittel für ein umfassendes Neuroenhancement, das die geistige Leistungsfähigkeit dauerhaft erhöht oder direkt das Gedächtnis verbessert und klüger macht, sondern nur solche, die zeitweise und punktuell eine verbessernde Wirkung haben.
2. Für die umstrittene Frage, was Grundlage von Strafe sein soll, wird auf die Konzeption *Hefendehls* abgestellt, wonach für die Klassifizierung als abstraktes Rechtsgut die Kriterien eines mittelbaren Ableitungsverhältnisses zu personalen Interessen des Individuums, der Nicht-Abnutzbarkeit, einer potentielle Nutzungsmöglichkeit durch jedes Gesellschaftsmitglied und der Nicht-Distributivität des Gutes erfüllt sein müssen.
3. Als von Neuroenhancement betroffene Rechtsgüter kommen die Gesundheit, der sportliche Wettbewerb mit Vermögensrelevanz und unter bestimmten Voraussetzungen der hoch(schulische) Leistungswettbewerb in Betracht.
4. Durch die bestehenden Strafnormen wird ein ausreichender Schutz der Gesundheit im Falle der Anwendung von Neuroenhancement-Mitteln gewährleistet. Ein weitergehender strafrechtlicher Gesundheitsschutz ist nicht notwendig.
5. Der sportliche Wettbewerb mit Vermögensrelevanz wird von den bisherigen Straftatbeständen nicht umfassend geschützt. Auch die neue Norm des AntiDopG hinsichtlich des strafbaren Selbstdopings deckt diesen Bereich mangels Fokussierung auf den Vermögensaspekt nur teilweise ab.
6. Ein strafrechtlicher Schutz des (hoch)schulischen Leistungswettbewerbs existiert bisher nicht.
7. Eine weitere strafrechtliche Norm, die das Rechtsgut Gesundheit schützt, ist im Zusammenhang mit Neuroenhancement nicht erforderlich. Vermeintliche Lücken, bezogen auf bestimmte Wirkstoffe bzw. Präparate, würden sich durch eine Erweiterung der Anlage des BtMG ergänzen lassen.
8. Eine neue strafrechtliche Norm zum Schutz des sportlichen Wettbewerbs mit Vermögensrelevanz ist wegen der negativen Prognose hinsichtlich der zu erwartenden Effektivität und der zu befürchtenden erheblichen Doppelbelastung durch die Wechselwirkungen zwischen dem strafrechtlichen und dem verbandsrechtlichen Verfahren abzulehnen.
9. Eine geeignete staatliche Maßnahme zum Schutz des sportlichen Wettbewerbs mit Vermögensrelevanz wäre die Stärkung des verbandsrechtlichen Verfahrens über eine Stärkung der NADA durch eine bessere finanzielle Ausstattung und die Gewährung der personellen Unabhängigkeit.

10. Eine neue strafrechtliche Norm zum Schutz des (hoch)schulischen Leistungswettbewerbs ist aufgrund der bisher nicht zu bejahenden Sozialschädlichkeit des Neuroenhancements abzulehnen. Auch nach Erlass eines Verbotes der Einnahme von Neuroenhancement-Mitteln in Prüfungen bleibt eine Strafnorm abzulehnen, da es mildere Handlungsmöglichkeiten des Staates gibt, die einen größeren Erfolg versprechen.
11. Eine geeignete staatliche Maßnahme zum Schutz des (hoch)schulischen Leistungswettbewerbs wäre eine Verschärfung des AMG bzw. BtMG und stärkere Kontrollen, um schon die Weitergabe der Mittel außerhalb einer krankheitsbasierten Medikation zu erschweren. Weiterhin könnte ein Verbot der Teilnahme an Prüfungen unter dem Einfluss bestimmter Neuroenhancement-Mittel in den Prüfungsordnungen, verbunden mit einer Aufklärung über die Wirkungen und Gefahren, ein Bewusstsein für das Problem schaffen. Dies könnte auch die vor einer strafrechtlichen Reaktion notwendige Diskussion in Gang setzen, da schwierige gesellschaftliche und ethische Fragen im Zusammenhang mit Neuroenhancement noch ungeklärt sind.

Literaturverzeichnis

Achenbach, Matthias: Strafrechtlicher Schutz des Wettbewerbs; Frankfurt am Main 2009

Adolphsen, Jens: Internationale Dopingstrafen; Tübingen 2003

Agay, Nirit / Yechiam, Eldad / Carmel, Ziv / Levkovitz, Yechiel: Non-specific effects of methylphenidate (Ritalin) on cognitive ability and decision-making of ADHD and healthy adults, Psychopharmacology 2010, Volume 210, Issue 4, Pages 511–519

Alternativkommentar: Kommentar zum Strafgesetzbuch; Band 1, §§ 1–21; Reihe Alternativkommentare, Gesamthrsg.: Roland Wassermann; Neuwied 1990 (zitiert als AK-*Bearbeiter*)

Altpeter, Frank: Strafwürdigkeit und Strafsystem; Frankfurt/M 1990

Amelung, Kurt: Rechtsgüterschutz und Schutz der Gesellschaft; Untersuchungen zum Inhalt und Anwendungsbereich eines Strafrechtsprinzips auf dogmatischer Grundlage. Zugleich ein Beitrag zur Lehre von der „Sozialschädlichkeit" des Verbrechens; Frankfurt am Main 1972 (zitiert als *Amelung*, Rechtsgüterschutz und Schutz der Gesellschaft)

Amelung, Kurt: Der Begriff des Rechtsguts in der Lehre vom strafrechtlichen Rechtsgüterschutz; S. 155–182 in: Die Rechtsgutstheorie; hrsg. v. Roland Hefendehl / Andrew von Hirsch / Wolfgang Wohlers; Baden-Baden 2003 (zitiert als *Amelung*, Die Rechtsgutstheorie)

Anastasopoulou, Ioannna: Deliktstypen zum Schutz kollektiver Rechtsgüter; München 2005

Anwaltkommentar Arbeitsrecht; Hrsg. Klaus Hümmerich / Winfried Boecken / Franz Josef Düwell; Band 1; 1. Auflage 2008 (zitiert als AnwK-ArbR-*Bearbeiter*)

Ashihara, Hisoshi / Kato, Misako / Crozier, Alan: Distribution, Biosynthesis and Catabolism of Methylxanthines in Plants; S. 11–32 in: Methylxanthines, Handbook, of Experimental Pharmacology 200, Hrsg. Fredholm, Bertil B, Berlin / Heidelberg 2011

Baltes, Werner: Lebensmittelchemie, 6. Auflage, Berlin / Heidelberg 2007

Bannenberg, Britta: Das neue „Anti-Doping-Gesetz" hilft dem Sport nicht; SpuRt 2007 S. 155–156

Baumann, Jürgen / Weber, Ulrich / Mitsch, Wolfgang: Strafrecht Allgemeiner Teil; 11. Auflage; Bielefeld 2003

Baumann, Jürgen: Strafrecht und Wirtschaftskriminalität; JZ 1983, S. 935–939

Beck'scher Online Kommentar StGB; Hrsg. Bernd von Heintschel-Heinegg; 36. Edition, Stand 01.11.2017 (zitiert als BeckOK-StGB-*Bearbeiter*)

Beck'scher Online Kommentar GG, Hrsg. Volker Epping / Christian Hillgruber; 28. Edition, Stand 01.03.2016 (zitiert als BeckOK-GG-*Bearbeiter*)

Beckett, Stephen T.: The Science of Chocolate, 2nd edition 2008

Beulke, Werner: Strafprozessrecht; 13. Auflage; Heidelberg 2016

Beulke, Werner / Schröder, S.: Anmerkung zu BGH, Beschl. v. 29.9.1990 – 4 StR 359/90 (NStZ 1991, 392); NStZ 1991, 393–395

Binding, Karl: Die Normen und ihre Übertretung, Band I; 4. Auflage; Leipzig 1922

Birnbaum, Johann Michael Franz: Über das Erforderniß einer Rechtsverletzung zum Begriffe das Verbrechens, mit besonderer Rücksicht auf den Begriff der Ehrenkränkung; Archiv des Criminalrechts, Neue Folge, Band 1 (1834), S. 149–194

Blasius, Helga: Sport- und arzneimittelrechtliche Doping-Verbote; DRiZ 2010, S. 20–244

Bonner Kommentar zum Grundgesetz; Band 1: hrsg. v. Rudolf Dolzer / Karin Graßhof / Wolfgang Kahl / Christian Waldhoff; lose Blattsammlung; Artikel 2 Abs. 2 Satz 2: 157. Aktualisierung Juni 2012; Artikel 14: 65. Lieferung August 1992 (zitiert als BK-*Bearbeiter*)

Bublitz, Jan Christoph: Doping-Kontrollen im Staatsexamen? ZJS 2010, S. 306–317

Bunte, Hermann-Josef / Stancke, Fabian: Kartellrecht; 3. Auflage; München 2016

Büttner, Thomas: Eine verfassungsrechtliche Bewertung des Betäubungsmittelstrafrechts: zum Canabis-Beschluß des Bundesverfassungsgerichts; Frankfurt am Main 1997

Cramer, Peter: Grundbegriffe des Rechts der Ordnungswidrigkeiten: Eine Einführung an Hand von Fällen; Stuttgart / Berlin / Köln / Mainz 1971

Cherkeh, Rainer: Betrug (§ 263 StGB), verübt durch Doping im Sport; Frankfurt am Main 2000

Cherkeh, Rainer / Momsen, Carsten: Doping als Wettbewerbsverzerrung? NJW 2001, 1745–1752

DAK-Gesundheitsreport 2015. Schwerpunktthema: „Update Doping am Arbeitsplatz“: pharmakolo-gisches Neuroenhancement durch Erwerbstätige; März 2015

Deventer, K. / Roels, K / Delbeke, F.T. / Van Eenoo, P.: Prevalence of legal and illegal stimulating agents in sports; Analytical and Bioanalytical Chemistry 2011, Volume 401, Issue 2, Pages 421–432

Dietz, Pavel / Striegel, Heiko / Franke, Andreas G. / Lieb, Klaus / Simon, Perikles / Ulrich, Rolf: Randomized Response Estimates for the 12-Month Prevalence of Cognitive-Enhancing Drug Use in University Students; Pharmacotherapy 2013, Volume 33, Issue 1, Pages 44–50

Dreier, Horst: Grundgesetz Kommentar; Band I, Präambel, Artikel 1–19; 2. Auflage; Tübingen 2004 (zitiert als Dreier-*Bearbeiter*)

Dury, Walter: Lösung des Doping-Problems durch den Staatsanwalt?, S. 1097–1114 in: Festschrift für Volker Röhricht zum 65. Geburtstag; hrsg. v. Georg Crezelius / Heribert Hirte / Klaus Vieweg; Köln 2005

Dury, Walter: Kann das Strafrecht die Doping-Seuche ausrotten?; SpuRt 2005, S. 137–141

Einöther, Suzanne J. L. / Giesbrecht, Timo: Caffeine as an attention enhancer: reviewing existing assumptions; Psychopharmacology 2013, Volume 225, Issue 2, Pages 251–274

Eisenberg, Ulrich: Beweisrecht der StPO – Spezialkommentar; 9. Auflage; München 2015

Ekey, Friedrich L.: Grundriss des Wettbewerbs- und Kartellrechts; 3. Auflage; Heidelberg u.a 2009

Emmerich, Volker: Kartellrecht; 13. Auflage; München 2014

Enserink, Martin: Can the Placebo Be the Cure? Science 1999, Volume 284, Issue 5412, Pages 238–240

Erbs, Georg / Kohlhaas, Max: Strafrechtliche Nebengesetze Kommentar; hrgs. v. Friedrich Ambs; Band 1; 189. Ergänzungslieferung; Stand April 2012 (zitiert als Erbs/Kohlhaas-*Bearbeiter*)

Erfurter Kommentar zum Arbeitsrecht; hrsg. v. Rudi Müller-Glöge / Ulrich Preis / Ingrid Schmidt; 17. Auflage; München 2017 (zitiert als ErfK/*Bearbeiter*)

Eser, Albin: Medizin und Strafrecht: Eine schutzgutorientierte Problemübersicht; ZStW 97 (1985), S. 1–46

Fezer, Karl-Heinz: Lauterkeitsrecht – Kommentar zum Gesetz gegen den unlauteren Wettbewerb; Band 1: §§ 1–4 UWG; 2.Auflage; München 2010 (zitiert als Fezer-UWG-*Bearbeiter*)

Fischer, Thomas: Strafgesetzbuch mit Nebengesetzen; 66. Auflage; München 2019

Fisone, G./ Borgkvist,A. / Usiello, A.: Caffeine as a psychomotor stimulant: mechanism of action, Cellular and Molecular Life Sciences 2004, Volume 61, Issue 7–8, Pages 857–872

Flodell, Charlotta: Miteinander oder Gegeneinander: eine sozialpsychologische Untersuchung über Solidarität und Konkurrenz in der Arbeitswelt; Wiesbaden 1989

Förstl, H.: Neuro-Enhancement – Gehirndoping; Der Nervenarzt 2009, S. 840–846

Franke, A.G. / Lieb, K.: Pharmakologisches Neuroenhancement und „Hirndoping", Bundesgesundheitsblatt 2010, S. 853–860

Fredholm, Bertil B.: Notes of the History of Caffeine Use; S. 1–10 in: Methylxanthines, Handbook, of Experimental Pharmacology 200, Hrsg. Fredholm, Bertil B, Berlin / Heidelberg 2011

Fredholm, Bertil B / Bättig, Karl / Holmen, Janet / Nehlig, Astrid / Zvartau, Edwin E.: Actions of Caffeine in the Brain with Special Reference to Factors That Contribute to Its Widespread Use; Pharmacological Reviews 1999, Volume 51, Issue 1, Pages 83–133

Frisch, Wolfgang: An den Grenzen des Strafrechts, S. 69–106 in: Festschrift für Walter Stree und Johannes Wessels zum 70. Geburtstag; hrsg. v. Wilfried Küper und Jürgen Welp in Verbindung mit Friedrich Dencker u.a.; Heidelberg 1993

Fritzweiler, Jochen: Ein § 299a StGB als neuer Straftatbestand für den sich dopenden Sportler? SpuRt 1998, S. 234–235

Fritzweiler, Jochen / Pfister, Bernhard / Summerer, Thomas: Praxishandbuch Sportrecht; 2. Auflage; München 2007 (zitiert als Fritzweiler/Pfister/Summerer-*Bearbeiter*)

Gabler Wirtschaftslexikon; Springer Gabler Verlag (Hrsg.); online im Internet: http://wirtschaftslexikon.gabler.de

Galert, Thorsten / Bublitz, Christoph / Heuser, Isabella / Merkel, Reinhard / Repantis, Dimitris / Schöne-Seifert, Bettina / Talbot, Davinia: Das optimierte Gehirn – Memorandum; http://www.spektrum.de/fm/976/Gehirn_und_Geist_Memorandum.pdf (zuletzt abgerufen am 01.10.2017)

Gallas, Wilhelm: Zur Struktur des strafrechtlichen Unrechtsbegriffs; S. 155–179 in: Festschrift für Pail Bockelmann zum 70. Geburtstag; hrsg. v. Arthur Kaufmann / Günter Bemmann / Detlef Krauss / Klaus Volk; München 1979

Geschwinde, Thomas: Rauschdrogen – Marktformen und Wirkungsweisen, 7. Auflage, Berlin / Heidelberg 2013

Glaeske, Gerd / Merchlewicz, Manuela / Schepker, Renate / Soellner, Renate / Böning, Jobst / Gaßmann, Raphael: Hirndoping – Die Position der Deutschen Hauptstelle für Suchtfragen e.V. (DHS); Hamm 2011

Glocker, Moritz: Die strafrechtliche Bedeutung von Doping de lege lata und de lege ferenda; Frankfurt am Main 2009

Glöckner, Jochen: Wettbewerbsbezogenes Verständnis der Unlauterkeit und Vorsprungserlangung durch Rechtsbruch; GRUR 2008, S. 960–967

Göhler, Ehrich: Das neue Gesetz über Ordnungswidrigkeiten; JZ 1969, S. 583–591

Grady, Scott / Aeschbach, Daniel / Wright, Kenneth P. Jr. / Czeisler, Charles A.: Effect of Modafinil on Impairments in Neurobehavioral Performance and Learning Associated with Extended Wakefulness and Circadian Misalignment; Neuropsychopharmacology 2010, Volume 35, Issue 9, Pages 1910–1920

Graf-Baumann, Toni: Doping – medizinische, rechtliche und ethische Aspekte, S. 1115–136 in: Festschrift für Volker Röhricht zum 65. Geburtstag; hrsg. v. Georg Crezelius / Heribert Hirte / Klaus Vieweg; Köln 2005 (zitiert als *Graf-Baumann* FS Röhricht)

Grieswelle, Detlef: Sportsoziologie; 1. Auflage; Stuttgart u.a. 1978

Günther, Hans-Ludwig: Die Genese eines Straftatbestandes; JuS 1978, S. 8–14

Haas, Stephanie: Der Schutz der öffentlichen Gesundheit durch das Betäubungsmittelrecht - Eine Analyse des Rechtsguts Volksgesundheit; veröffentlicht 2001

Haas, Ulrich / Prokop, Clemens: Aktuelle Entwicklungen in der Dopingbekämpfung; SpuRt 2000, S. 5–8

Haffke, Bernhard: Drogenstrafrecht; ZStW 107 (1999), S. 761–792

Hassemer, Winfried: Theorie und Soziologie des Verbrechens, Ansätze zu einer praxisorientierten Rechtsgutslehre; Frankfurt/M. 1973 (zitiert als *Hassemer*, Theorie und Soziologie des Verbrechens)

Hassemer, Winfried: Sozialtechnologie und Moral; Symbole und Rechtsgüter, S. 329–333 in: Recht und Moral; hrsg. v. Heike Jung / Heinz Müller-Dietz / Ulfrid Neumann; 1. Auflage; Baden-Baden 1991 (zitiert als *Hassemer*, Recht und Moral)

Hassemer, Winfried: Produktverantwortung im modernen Strafrecht; Heidelberg 1994 (zitiert als *Hassemer*, Produktverantwortung im modernen Strafrecht)

Hassemer, Winfried: Grundlinien einer personalen Rechtsgutslehre, S. 160–269 in: Strafen im Rechtsstaat; hrsg. v. Winfried Hassemer; Baden-Baden 2000 (zitiert als *Hassemer*, Strafen im Rechtsstaat)

Hassemer, Winfried: Diskussionsberichte, S. 291–308 in: Die Rechtsgutstheorie; hrsg. v. Roland Hefendehl / Andrew von Hirsch / Wolfgang Wohlers; Baden-Baden 2003 (zitiert als *Hassemer* (Diskussionsberichte), Die Rechtsgutstheorie)

Hassemer, Winfried: Strafrechtlicher Rechtsgüterschutz unter der Verfassung, S. 81–92 in: Strafrecht. Sein Selbstverständnis, seine Welt; hrsg. v. Winfried Hassemer; Berlin 2008 (zitiert als *Hassemer*, Strafrecht)

Hassemer, Winfried: Symbolisches Strafrecht und Rechtsgüterschutz; NStZ 1989, S. 553–559

Hauptmann, Markus: Abschlussbericht der Rechtskommission des Sports gegen Doping (ReSpoDo) – Zusammenfassung –; SpuRt 2005, S. 239–243

Hefendehl, Roland: Kollektive Rechtsgüter im Strafrecht; Köln u.a. 2002 (zitiert als *Hefendehl,* Kollektive Rechtsgüter im Strafrecht)

Hefendehl, Roland: Das Rechtsgut als materieller Angelpunkt einer Strafnorm, S. 119–132 in: Die Rechtsgutstheorie; hrsg. v. Roland Hefendehl / Andrew von Hirsch / Wolfgang Wohlers; Baden-Baden 2003 (zitiert als *Hefendehl,* Die Rechtsgutstheorie)

Hefendehl, Roland: Äpfel und Birnen oder Steine statt Steine: Die technische Prävention und das Strafrecht, S. 48–53 in: Mediating Principles; hrsg. v. Andrew von Hirsch / Kurt Seelmann / Wolfgang Wohlers; Baden – Baden 2006 (zitiert als *Hefendehl,* Mediating Principles)

Hefendehl, Roland: Die Materialisierung von Rechtsgut und Deliktsstruktur; GA 2002, S. 21–28

Hefendehl, Roland: Europäisches Strafrecht: bis wohin und nicht weiter? ZIS 2006, S. 229–236

Hefendehl, Roland: Mit langem Atem: Der Begriff des Rechtsguts. Oder: Was seit dem Erscheinen des Sammelbandes über die Rechtsgutstheorie geschah; GA 2007, S. 1–14

Heger, Martin: Die Strafbarkeit von Doping nach dem Arzneimittelgesetz; SpuRt 2001, S. 92–95

Heger, Martin: Zur Strafbarkeit von Doping im Sport; JA 2003, S. 76–83

Hegler, A.: Die Merkmale des Verbrechens, ZStW 36 (1919), S. 19–44

Heinrich, Bernd: Strafrecht – Allgemeiner Teil I; 5. Auflage; Stuttgart 2016 (zitiert als *Heinrich* Strafrecht AT I)

Hesel, Gerd Johannes: Untersuchungen zur Dogmatik und den Erscheinungsformen „modernen" Strafrechts; Marburg 2003

Hirsch, Hans Joachim: Die aktuelle Diskussion über den Rechtsgutsbegriff, S. 121–138 in: Strafrechtliche Probleme Band II; hrsg. v. Hans Lilie; Berlin 2009

Hirsch, Andrew v.: Fairness, Verbrechen und Strafe: Strafrechtstheoretische Abhandlungen; Berlin 2005

Hirsch, Andrew v.: Der Rechtsgutsbegriff und das „Harm Principle"; GA 2002, S. 2–14

Hohmann, Ralf: Betäubungsmittel-Strafrecht – Rationalität statt Mythenbildung; Neue Kriminalpolitik (NK) 1992/3, S. 10–11

Hohmann, Ralf / Matt, Holger: Ist die Strafbarkeit der Selbstschädigung verfassungswidrig? – BGH, NJW 1992, 2975; JuS 1993, 370–374

Honig, Richard: Die Einwilligung des Verletzten, Teil 1; Mannheim /Berlin /Leipzig 1919

Hörnle, Tatjana: Der Schutz von Gefühlen im StGB, S. 268–280 in: Die Rechtsgutstheorie; hrsg. v. Roland Hefendehl / Andrew von Hirsch / Wolfgang Wohlers; Baden-Baden 2003 (zitiert als *Hörnle,* Die Rechtsgutstheorie)

Hörnle, Tatjana: Subsidiarität als Begrenzungsprinzip – Selbstschutz, S. 36–47 in: Mediating Principles hrsg. v. Andrew von Hirsch / Kurt Seelmann / Wolfgang Wohlers; Baden-Baden 2006 (zitiert als *Hörnle,* Mediating Principles)

Jahn, Matthias: Ein neuer Straftatbestand gegen eigenverantwortliches Doping? Anmerkungen aus strafprozessualer Sicht; SpuRt 2005, 141–146

Jahn, Matthias: Strafrecht BT: Doping als Sportbetrug; JuS 2012, S. 181–184

Jakobs, Günter: Strafrecht Allgemeiner Teil, Die Grundlagen und die Zurechnungslehre; 2. Auflage; Berlin/New York 1991 (zitiert als *Jakobs* Strafrecht AT)

Jescheck, Hans-Heinrich / Weigend, Thomas: Lehrbuch des Strafrechts, Allgemeiner Teil; 5. Auflage; Berlin 1996 (zitiert als *Jescheck/Weigend,* Strafrecht AT)

Jescheck, Hans-Heinrich: Das deutsche Wirtschafsstrafrecht; JZ 1959, S. 457–462

Kaiser, Eberhard: Zur Bekämpfung der Rauschmittelkriminalität; NJW 1970, 1534–1535

Kantzenbach, Erhard: Die Funktionsfähigkeit des Wettbewerbs; 2. Auflage; Göttingen 1967

Kargl, Walter: Begründungsprobleme des Dopingstrafrechts; NStZ 2007, 489–496

Kargl, Walter: Probleme der Strafbegründung bei Einwilligung des Geschädigten am Beispiel des Dopings; JZ 2002, 389–399

Karlsruher Kommentar zur Strafprozessordung; hrgs. v. Rolf Hannich; 7. Auflage; München 2013 (zitiert als KK-StPO-*Bearbeiter*)

Kater, Michael H.: Volksgesundheit – Ein biopolitischer Begriff und seine Anwendung; S. 101–114 in: Nationalsozialismus in den Kulturwissenschaften; Band 2; Hrsg. Lehmann, Hartmut / Oexle, Otto Gerhard; Göttingen 2004

Kern, Bastian: Internationale Dopingbekämpfung – Der World Anti-Doping Code der World Anti-Doping Agency; Hamburg 2007

Kim, Dongsoo: Practical Use and Risk of Modafinil, a Novel Waking Drug; Environmental Health and Toxicology 2012, Volume 27, Article ID: e2012007; im Internet abrufbar unter http://dx.doi.org/10.5620/eht.2012.27.e2012007 (zuletzt abgerufen am 01.10.2017)

Kindhäuser, Urs: Strafrecht Allgemeiner Teil; 8. Auflage; Baden-Baden 2017 (zitiert als *Kindhäuser,* Strafrecht AT)

Klug, Uwe: Doping als strafbare Verletzung der Rechtsgüter Leben und Gesundheit; Würzburg 1996

Köhler, Helmut / Bornkamm, Joachim: Gesetz gegen den unlauteren Wettbewerb; 35. Auflage; München 2017 (zitiert als Köhler/Bornkamm-*Bearbeiter*)

Köhler, Michael: Betäubungsmittelstrafrecht – Rechtsgut, Tatbestandsstruktur und Rechtswidrigkeitszusammenhang; MDR 1992, 739–741

Köhler, Thomas: Rauschdrogen – Geschichte, Substanzen, Wirkung, München 2008

König, Peter: Sportschutzgesetz – Pro und Contra; Pro: Argumente für ein Sportschutzgesetz; SpuRt 2010, S. 106–107

Koriath, Heinz: Zum Streit um den Begriff des Rechtsguts; GA 1999, S. 561–583

Körner, Harald Hans / Patzak, Jörn / Volkmer, Mathias: Betäubungsmittelgesetz – Arzneimittelgesetz – Grundstoffüberwachungsgesetz; 8. Auflage; München 2016

Kotzenberg, Jochen: Die Bindung des Sportlers an private Dopingregeln und private Schiedsgerichte; Baden-Baden 2007

Kreuzer, Arthur: Aktuelle Fragen des Drogenwesens in der Jugendkriminalrechtspflege; ZRP 1971, 111–115

Krey, Volker /Esser, Robert: Deutsches Strafrecht Allgemeiner Teil; 6. Auflage; Stuttgart 2016 (zitiert als *Krey/Esser* Strafrecht AT)

Kudlich, Hans: An den Grenzen des Strafrechts; JA 2007, S. 90–95

Kudlich, Hans: Sportschutzgesetz – Pro und Contra; Contra: Argumente für ein Sportschutzgesetz; SpuRt 2010, S. 108–109

Kudlich, Hans: Der dopende Sportler als Betrüger? SpuRt 2012, S. 54–55

Kügel, Wilfried / Müller, Rolf-Georg / Hofmann, Hans-Peter: Arzneimittelgesetz; 2. Auflage; München 2016 (zitiert als Kügel/Müller/Hofmann-*Bearbeiter*)

Kühl, Kristian: Anthropozentrische oder nichtanthropozentrische Rechtsgüter im Umweltstrafrecht?, S. 245–263 in: Ökologische Ethik und Rechtstheorie; hrsg. v. Julian Nida-Rümelin / Dietmar v. d. Pfordten; (1. Auflage); Baden-Baden 1995 (zitiert als *Kühl,* Ökologische Ethik und Rechtstheorie)

Kühl, Kristian: Fragmentarisches und subsidiäres Strafrecht, S. 29–46 in: Festschrift für Klaus Tiedemann; hrsg. v. Ulrich Siebert / Gerhard Dannecker / Urs Kindhäuser / Joachim Vogel / Tonio Walter; Köln / München 2008 (zitiert als *Kühl,* FS Tiedemann)

Lackner, Karl / Kühl, Kristian: Strafgesetzbuch Kommentar; 28. Auflage; München 2014 (zitiert als Lackner/Kühl-*Bearbeiter*)

Lagodny, Otto: Strafrecht vor den Schranken der Grundrechte; Tübingen 1996

Langer, Winrich: Die tatbestandsmäßige Strafwürdigkeit, S- 107–121 in: Festschrift für Harro Otto zum 70. Geburtstag; hrsg. v. Gerhard Dannecker / Winrich Langer / Otfried Ranft / Roland Schmitz / Joerg Brammsen; Köln / Berlin / München 2007

Leipziger Kommentar zum Strafgesetzbuch; Hrsg. Heinrich Wilhelm Laufhütte / Ruth Rissing-van Saan / Klaus Tiedemann; Band 9 / Teil 1 (§§ 263–266b); 12. Auflage; Berlin / Boston 2012 (zitiert als LK-StGB-*Bearbeiter)*

Leipziger Kommentar zum Strafgesetzbuch; Hrsg. Heinrich Wilhelm Laufhütte / Ruth Rissing-van Saan / Klaus Tiedemann; Band 10 (§§ 284–305a); 12. Auflage; Berlin 2008 (zitiert als LK-StGB-*Bearbeiter)*

Leipziger Kommentar zum Strafgesetzbuch; Hrsg. Burkhard Jähnke / Heinrich Wilhelm Laufhütte / Walter Odersky; 11. Auflage (37. Lieferung: §§ 223–233); Berlin / New York 2011 (zitiert als LK-StGB-*Bearbeiter)*

Lexikon Sportwissenschaft; Hrsg. Günter Schnabel / Günter Thieß; Band 2 L bis Z; Berlin 1993

Lieb, Klaus: Hirndoping – Warum wir nicht alles schlucken sollten; Mannheim 2010

Liszt, Franz v.: Lehrbuch des Deutschen Strafrechts; 25. Auflage; Berlin und Leipzig 1927

Liszt, Franz v.: Der Zweckgedanke im Strafrecht; ZStW 3 (1883), S. 17–47

Liszt, Franz v.: Rechtsgut und Handlungsbegriff im Bindingschen Handbuche; ZStW 6 (1886), S. 663–698

Liszt, Franz v.: Der Begriff des Rechtsgutes im Strafrecht und in der Enzyklopädie der Rechtswissenschaft; ZStW 8 (1888), S. 133–156

Livio, F. / Rauber-Lüthy, C. /Biollaz, J. / Holzer, L. / Winterfeld, U. / Buclin, T.: Methylphenidat Missbrauch; Paediatrica 2009, S. 45–48

Lüer, Christoph: Dopingstrafen im Sport und der Grundsatz „Ne bis in idem"; Baden-Baden 2006

Lüschen, Günther / Weis, Kurt: Die Soziologie des Sports; Darmstadt / Neuwied 1976

Lynch, Gary / Palmer, Linda C. / Gall, Christine M.: The likelihood of cognitive enhancement, Pharmacology Biochemistry and Behavior 2011, Volume 99, Issue 2, Pages 116–129

Mache, Stefanie / Eickenhorst, Patrick / Vitzthum, Karin / Klapp, Burghard F. / Groneberg, David A.: Cognitive-enhancing substance use at German universities: frequency, reasons and gender differences; Wiener Medizinische Wochenschrift 2012, Volume 162, Issue 11–12, Pages 262–271

Magkos, Faidon / Kavouras, Stavros A.: Caffein Use in Sports, Pharmacokinetics in Man, and Cellular Mechanism of Action; Critical Reviews in Food Science and Nutrition 2005, Volume 45, Issue 7–8, Pages 535–562

Maiwald, Manfred: Zum fragmentarischen Charakter des Strafrechts; S. 9–24 in: Festschrift für Reinhart Maurach zum 70. Geburtstag; Karlsruhe 1972

Malek, Klaus: Betäubungsmittelstrafrecht; 4. Auflage; München 2014

Mangoldt, Hermann von / Klein, Friedrich / Starck, Christian: Kommentar zum Grundgesetz; Band 1: Präambel, Artikel 1 bis 19; Band 2: Artikel 20 bis 82; 6. Auflage; München 2010 (zitiert als Mangoldt/Klein/Starck-*Bearbeiter*)

Marx, Michael: Zur Definition des Begriffs "Rechtsgut"; Köln / Berlin / Bonn / München 1972

Maunz/Dürig Grundgesetz Kommentar; Hrsg. Herzog, Roman / Scholz, Rupert / Herdegen, Matthias / Klein, Hans H.; Artikel 2 Absatz 2 Satz 1: Lieferung 43, Februar 2004; Artikel 2 Absatz 2 Satz 2: Lieferung 55, Mai 2009; Artikel 14: Lieferung 59, Juli 2010 (zitiert als Maunz/Dürig-*Bearbeiter*)

Maurach, Reinhart / Zipf, Heinz: Strafrecht Allgemeiner Teil, Teilband 1 Grundlagen des Strafrechts und Aufbau der Straftat; 8. Auflage; Heidelberg 1992 (zitiert als *Maurach/Zipf*, Strafrecht AT I)

Maurach, Reinhart / Schroeder, Friedrich-Christian /Maiwald, Manfred: Strafrecht Besonderer Teil, Teilband 2 Straftaten gegen Gemeinschaftswerte; 10. Auflage; Heidelberg 2012 (zitiert als *Maurach/Schroeder/Maiwald*, Strafrecht BT 2)

McBeth, Brian D. / McNamara, Robert M. / Ankel, Felix K. / Mason, Emily J. / Ling, Louis J. / Flottemesch, Thomas J. / Asplin, Brent R.: Modafinil and Zolpidem Use by Emergency Medicine Residents; Academic Emergency Medicine 2009, Volume 16, Issue 9, Pages 1311–1317

Meier, Bernd-Dieter: Strafrechtliche Sanktionen; 3. Auflage; Berlin / Heidelberg 2009 (zitiert als *Meier*, Strafrechtliche Sanktionen)

Meyer, Jürgen: Verbotsirrtum im Ordnungswidrigkeitenrecht - OLG Düsseldorf, NStZ 1981, 444; JuS 1983, S. 513–516

Menzel, Tobias: Dopingsperren durch Sportverbände als Missbrauch einer marktbeherrschenden Stellung; WRP 2002, 810–816

Merkel, Reinhard: Neuartige Eingriffe ins Gehirn, ZStW 2009, S. 919–953

Mestmäcker, Ernst-Joachim / Schweitzer, Heike: Europäisches Wettbewerbsrecht; 3. Auflage; München 2014 (zitiert als *Mestmäcker/Schweitzer*, Europäisches Wettbewerbsrecht)

Middendorff, Elke / Poskowsky, Jonas / Isserstedt, Wolfgang: Formen der Stresskompensation und Leistungssteigerung bei Studierenden; HIS: Forum

Hochschule 01/2012; im Internet abrufbar unter http://www.dzhw.eu/pdf/pub_fh/fh-201201.pdf (zuletzt abgerufen am 01.10.2017)

Mitsch, Wolfgang: Recht der Ordnungswidrigkeiten; 2. Auflage; Berlin / Heidelberg 2005

Momsen, Carsten: Strafrechtliche Dopingbekämpfung, S. 181–203 in: Sport und Doping; Hrsg. Eike Emrich / Werner Pitsch; Frankfurt am Main 2009 (zitiert als *Momsen*, Sport und Doping)

Momsen, Carsten: Neutrale Verhaltensweisen und Unterlassungen im Insiderstrafrecht; S. 561–584 in: Festschrift für Manfred Maiwald zum 75. Geburtstag; hrsg. v. René Bloy / Martin Böse / Thomas Hillenkamp / Carsten Momsen / Peter Rackow; Berlin 2010 (zitiert als *Momsen,* FS Maiwald)

Momsen- Pflanz, Gundula: Die sportethische und strafrechtliche Bedeutung des Dopings; Frankfurt am Main 2005

Morgenroth, Carsten: Interesse als Einflussfaktor auf die Gesetzesbildung, Gesetzesanwendung und Vertragsgestaltung im Rahmen der Sportvermarktung; Frankfurt am Main 2010

Müller, U. / Rowe, J.B. / Rittman, T. / Lewis, C. / Robbins, T.W. / Sahakian, B.J.: Effects of modafinil on non-verbal cognition, task enjoyment and creative thinking in healthy volunteers; Neuropharmacology 2013, Volume 64, Issue 5, Pages 490–495

Müller-Gugenberger, Christian: Wirtschaftsstrafrecht; 6. Auflage; Köln 2015

Münch, Ingo von / Kunig, Philip: Grundgesetz Kommentar; Band 1; Präambel bis Art. 69; 6. Auflage; München 2012 (zitiert als Münch/Kunig-*Bearbeiter*)

Münchner Kommentar zum Strafgesetzbuch; Hrsg. Joecks, Wolfgang / Miebach, Klaus; *Band 1* (§§ 1–37 StGB): Bandredakteur Bernd von Heintschel-Heinegg; 3. Auflage; München 2017; *Band 2* (§§ 38–79b): Bandredakteur Bernd von Heintschel-Heinegg; 3. Auflage; München 2016; *Band 4* (§§185–262 StGB): Bandredakteur Günther M. Sander; 2. Auflage; München 2012; *Band 5* (§§ 263–358 StGB): Bandredakteure Roland Hefendehl / Olaf Hohmann; 2. Auflage; München 2014; *Band 6* (JGG (Auszug), Nebenstrafrecht I): Bandredakteure Otto Lagodny; Klaus Miebach; 2. Auflage; München 2013; *Band 7* (Nebenstrafrecht II): Bandredakteure Wolfgang Joecks / Roland Schmitz; 2. Auflage München 2015 (zitiert als MK-StGB-*Bearbeiter*)

Münchner Kommentar zum Bürgerlichen Gesetzbuch; Hrsg. Jürgen Säcker / Roland Rixecker / Hartmut Oetker / Bettina Limperg; *Band 5/2* (§§ 651a–704): Bandredakteur Martin Henssler; 7. Auflage; München 2017 (zitiert als MK-BGB-*Bearbeiter*)

Nagel, Sven: Rechtliche Fallstricke bei der Umsetzung des NADA-Codes; causa sport 2009, S. 29–37

NADC 2015: Nationaler Anti Doping Code 2015; hrsg. v. Nationale Anti Doping Agentur Deutschland; Aachen 2015

NADC 2009: Nationaler Anti Doping Code 2009; hrsg. v. Nationale Anti Doping Agentur Deutschland; Aachen 2010

Navarrete, Miguel Polaino: Rechtsgüterschutz versus Bestätigung der Normgeltung, S. 169–182 in: Festschrift für Claus Roxin zum 80. Geburtstag; hrsg. v. Manfred Heinrich / Christian Jäger / Hans Achenbach / Kurt Amelung / Wilfried Bottke / Bernhard Haffke / Bernd Schünemann / Jürgen Wolter; Berlin / New Bernhard Haffke / Bernd Schünemann / Jürgen Wolter; Berlin / New York 2011

Nestler-Tremes, Cornelius: Anmerkung zu BGH, Beschl. v. 25.9.1990 – 4StR 359/90 (StV 1992, 272); StV 1992, 273–278

Niewalda, Johannes: Die Bereithaltungspflicht der Athleten zur Dopingbekämpfung, S. 9–29 in: Akzente des Sportrechts; hrsg. v. Klaus Vieweg; Berlin 2012

Nolte, Martin / Polzin, Carsten: Grundrechtskollisionen im Sport – Zur Grundrechtskonformität sportverbandlicher Satzungsbestimmungen; NZG 2001, S. 838–841

Nomos Kommentar zum Strafgesetzbuch, Band 1 (§§ 1–79 b), Band 2 (§§ 80–231), Band 3 (§§ 232–358); Hrsg. Kindhäuser, Urs / Neumann, Ulfrid / Pfaeffgen, Hans-Ulrich; 5. Auflage, Baden-Baden 2017 (zitiert als NK-StGB-*Bearbeiter*)

Oetker, Friedrich: Rechtsgüterschutz und Strafe; ZStW 17 (1897), S. 493–589

Oldigs, Dirk: Die Strafbarkeit von Submissionsabsprachen nach dem neuen § 298 StGB; wistra 1998 S. 291–296

Otto, Harro: Rechtsgutsbegriff und Deliktstatbestand, S. 1–20 in: Strafrechtsdogmatik und Kriminalpolitik; hrsg. v. Heinz Müller-Dietz; Köln / Berlin / Bonn / München 1971 (zitiert als *Otto,* Strafrechtsdogmatik und Kriminalpolitik)

Otto, Harro: Strafwürdigkeit und Strafbedürftigkeit als eigenständige Deliktskategorien?, S. 53–72 in: Gedächtnisschrift für Horst Schröder; hrsg. v. Walter Stree / Theodor Lenckner / Peter Cramer / Albin Eser; München 1978 (zitiert als *Otto*, GS Schröder)

Otto, Harro: Grundkurs Strafrecht Allgemeine Strafrechtslehre; 7. Auflage; Berlin 2004 (zitiert als *Otto*, Grundkurs Strafrecht AT)

Otto, Harro: Konzeption und Grundsätze des Wirtschaftsstrafrechts (einschließlich Verbraucherschutz); ZStW 96 (1984), S. 339–374

Park, Tido: Kapitalmarktstrafrecht; 3. Auflage; Baden-Baden 2013

Paton, Carl D. / Lowe, Timothy / Irvine, Athena: Caffeinated chewing gum increases repeated sprint performance and augments increases in testosterone in competitive cyclists; European Journal of Applied Physiology 2010, Volume 110, Issue 6, Pages 1243–1250

Peters, Anne: Wettbewerb von Rechtsordnungen, S. 11–11 in: Veröffentlichungen der Vereinigung der Deutschen Staatsrechtslehrer Band 69: Gemeinwohl durch Wettbewerb?; Berlin / New York 2010

Peters, Karl: Beschränkung der Tatbestände im Besonderen Teil; ZStW 77 (1965), S. 470–505

Pfeiffer, Gerd: Das strafrechtliche Schmiergeldverbot nach § 12 UWG, S. 129–146 in: Festschrift für Otto-Friedrich Freiherr von Gamm; hrsg. v. Willi Erdmann / Wolfgang Hefermehl / Hans K. Mees / Henning Piper / Otto Teplitzky / Peter Ulmer; Köln / Berlin / Bonn / München 1990 (zitiert als *Pfeiffer*, FS Gamm)

Pfeiffer, Gerd: Strafprozessordung Kommentar; 5. Auflage; München 2005 (zitiert als *Pfeiffer* StPO)

Pfister, Bernhard: Das „Krabbe-Urteil" * – Urteilsanmerkung 2. Teil: Kollisions- und materiellrechtliche Probleme; SpuRt 1995, S. 250–253

Pitzer, Frank: Interessen im Wettbewerb – Grundlagen und frühe Entwicklung der europäischen Wettbewerbspolitik 1955–1966; Stuttgart 2009

Prokop, Clemens: Änderung der Doping-Regeln der IAAF; SpuRt 1998, S. 24–25

Radbruch, Gustav: Rechtsphilosophie; 4. Auflage; hrsg. v. Erik Wolf; Stuttgart 1950

Rackow, Peter: Neutrale Handlungen als Problem des Strafrechts; Frankfurt am Main (u.a.) 2007

Ransiek, Andreas: Strafrecht und Korruption; StV 1996, S. 446–453

Rain, Joachim: Die Einwilligung des Sportlers beim Doping; Frankfurt am Main 1998

Rehmann, Wolfgang A.: Arzneimittelgesetz Kommentar; 4. Auflage; München 2014

Reissinger, Fabian: Staatliche Verantwortung zur Bekämpfung des Dopings; Baden-Baden 2010

Repantis, Dimitris / Schlattmann, Peter / Laisney, Oona / Heuser, Isabella: Modafinil and methylphenidate for neuroenhancement in healthy individuals: A systematic review; Pharmacological Research 2010, Volume 62, Issue 3, Pages 187–206

Rieble, Volker: Arbeitsmarkt und Wettbewerb; Berlin / Heidelberg 1996

Rittner, Fritz: Wettbewerbs- und Kartellrecht: eine systematische Darstellung des deutschen und europäischen Rechts für Studium und Praxis; 6. Auflage; Heidelberg 1999

Rössner, Dieter: Die Verbandsstrafe im Sport. Strafverfahrensrechtliche Prinzipien im Zivilrecht?, S. 741–753 in: Festschrift für Lutz Meyer-Gossner zum 65. Geburtstag; hrgs. v. Albin Eser / Jürgen Goydke / Kurt Rüdiger Maatz / Dieter Meurer; München 2001

Roxin, Claus: Strafrecht Allgemeiner Teil, Band 2, Besondere Erscheinungsformen der Straftat; München 2003 (zitiert als *Roxin,* Strafrecht AT II)

Roxin, Claus: Strafrecht Allgemeiner Teil, Band 1, Grundlagen – Der Aufbau der Verbrechenslehre; 4. Auflage; München 2006 (zitiert als *Roxin,* Strafrecht AT I)

Roxin, Claus: Täterschaft und Tatherrschaft; 8. Auflage; Berlin 2006 (zitiert als *Roxin,* Täterschaft und Tatherrschaft)

Roxin, Claus: Zur neueren Entwicklung der Rechtsgutsdebatte, S. 573–597 in: Festschrift für Winfried Hassemer; hrsg. v. Felix Herzog und Ulfrid Neumann; Heidelberg 2010 (zitiert als *Roxin,* FS Hassemer)

Roxin, Claus: Strafrecht und Doping, S. 445–454 in: Festschrift für Erich Samson zum 70. Geburtstag; hrgs. V. Wolfgang Joecks, Heribert Ostendorf, Thomas Rönnau, Thomas Rotsch, Roland Schmitz; Heidelberg u.a. 2010 (zitiert als *Roxin,* FS Samson)

Roxin, Claus: Das strafrechtliche Unrecht im Spannungsfeld von Rechtsgüterschutz und individueller Freiheit; ZStW 116 (2004), S. 929–944

Satzger, Helmut / Schmitt, Bertram / Widmaier, Gunter: Strafgesetzbuch Kommentar; 3. Auflage; Köln 2016 (zitiert als SSW-StGB-*Bearbeiter*)

Sauer, Oliver / Weilemann, Sacha: Drogen: Eigenschaften, Wirkungen, Intoxikationen; Hannover 2001

Sax, Walter: Kriminalpolitik und Strafrechtsreform; JZ 1957, S. 1–7

Schäfer, Gerhard / Sander, Günther M. / Gemmeren, Gerhard van: Praxis der Strafzumessung; 5. Auflage; München 2012

Scheinfeld, Jörg: Normschutz als Strafrechtsgut? – Normtheoretische Überlegungen zum legitimen Strafen, S 183–198 in: Festschrift für Claus Roxin zum 80. Geburtstag; hrsg. v. Manfred Heinrich / Christian Jäger / Hans Achenbach / Kurt Amelung / Wilfried Bottke / Bernhard Haffke / Bernd Schünemann / Jürgen Wolter; Berlin / New Bernhard Haffke / Bernd Schünemann / Jürgen Wolter; Berlin / New York 2011

Schmidhäuser, Eberhard: Strafrecht, Allgemeiner Teil; 2. Auflage; Tübingen 1975 (zitiert als *Schmidhäuser,* Strafrecht AT)

Schmidt-Bleibtreu, Bruno / Hofmann, Hans / Hopfauf, Axel: Kommentar zum Grundgesetz; 12. Auflage; Köln 2011 (zitiert als Schmidt-Bleibtreu/Hofmann/Hopfauf-*Bearbeiter*)

Schmitt, Rudolf: Ordnungswidrigkeitenrecht: dargestellt für den Bereich der Wirtschaft; Köln / Berlin / Bonn / München 1970 (zitiert als *Schmitt*, Ordnungswidrigkeitenrecht)

Schmitt, Rudolf: Strafrechtlicher Schutz des Opfers vor sich selbst? S. 113–126 in: Festschrift für Reinhart Maurach zum 70. Geburtstag; hrsg. v. Friedrich-Christian Schroeder und Heinz Zipf; Karlsruhe 1972 (zitiert als *Schmitt*, FS Maurach)

Schöne-Seifert, Bettina / Talbot, Davinia: Einleitung; S. 9–16 in: Neuro-Enhancement, Ethik vor neuen Herausforderungen, Schöne-Seifert, Bettina / Talbot, Davinia / Opolka, Uwe / Ach, Johann S. (Hrsg.), Paderborn 2009

Schönke, Adolf / Schröder, Horst: Strafgesetzbuch Kommentar; 30. Auflage; München 2019 (zitiert als Schönke/Schröder-*Bearbeiter*)

Schroeder, Friedrich-Christian: Begriff und Rechtsgut der „Körperverletzung", S. 725–737 in: Festschrift für Hans Joachim Hirsch zum 70. Geburtstag; hrsg. v. Thomas Weigend und Georg Küpper; Berlin / New York 1999

Schütz-Scheifele, Kornelie: Drogenkriminalität und ihre Bekämpfung – Das deutsche Betäubungsmittelstrafrecht; Rheinfelden – Freiburg – Berlin 1989

Seher, Gerhard: Kann Strafrecht „subsidiär" sein? Aporien eines „unbestrittenen" Rechtsgrundsatzes, Sl. 70–82 in: Mediating Principles hrsg. v. Andrew von Hirsch / Kurt Seelmann / Wolfgang Wohlers; Baden – Baden 2006

Senkel, Katja: Play True – Die Dopingproblematik zwischen sportethischen Anforderungen und allgemeinem Rechtsanspruch; Kassel 2005

Singer, Otto: Anti-Doping-Strategien im internationalen Vergleich; Infobrief des Wissenschaftlichen Dienstes des Deutschen Bundestags; AZ WD 10 – 3000 – 004/10; 15. Februar 2010; https://www.bundestag.de/blob/491678/7bcde7003b55de33724c50218a376dcc/anti-doping-strategien-im-internationalen-vergleich-data.pdf (zuletzt abgerufen am 09.12.2017)

Smith, Andrew P.: Caffeine, extraversion and working memory; Journal of Psychopharmacology 2013, Volume 27, Issue 1, Pages 71–76

Spendel, Günter: Zum Begriff der Täterschaft, S. 605–611 in: Festschrift für Klaus Lüderssen zum 70. Geburtstag; hrsg. v. Cornelius Prittwitz / Michael Baurmann / Klaus Günter / Reinhard Merkel / Cornelius Nestler / Lorenz Schulz; Baden-Baden 2002

Spickhoff, Andreas: Medizinrecht; 2. Auflage; München 2014

Sportwissenschaftliches Lexikon; Hrsg. Peter Röthig / Robert Prohl u.a.; 7. Auflage; Schorndorf 2003

Staudinger, Julius von: J. von Staudingers Kommentar zum Bürgerlichen Gesetzbuch mit Einführungsgesetz und Nebengesetzen; Buch 2 Recht der

Schuldverhältnisse; §§ 652–661a (Maklervertrag; Auslobung); Neubearbeitung 2016; Berlin 2016 (zitiert als Staudinger/*Bearbeiter*)

Steiner, Udo: Verfassungsfragen des Sports; NJW 1991, S. 2729–2736

Steiner, Udo: Das Verhältnis von Schiedsgerichtsbarkeit und staatlicher Gerichtsbarkeit, in: Zeitschrift für Schiedsverfahren (SchiedsVZ) 2013, S. 15–19

Stern, Klaus: Das Staatsrecht der Bundesrepublik Deutschland, Band IV/1; München 2006

Strang, Hanno: Inhaltlicher Schlussbericht gemäß Schnittstellenkonzept zum Vorhaben „Doping in Deutschland von 1950 bis heute aus historisch-soziologischer Sicht im Kontext ethischer Legitimation"; im Internet abrufbar unter http://www.bisp.de/SharedDocs/Downloads/Aktuelles/Inhaltlicher_Bericht_HU.pdf?__blob=publicationFile (zuletzt abgerufen am 01.10.2017)

Stratenwerth, Günter: Zum Begriff des „Rechtsguts", S. 377–391 in: Festschrift für Theodor Lenckner zum 70. Geburtstag; hrsg. v. Albin Eser, Ulrike Schittenhelm, Heribert Schumann; München 1998 (zitiert als *Stratenwerth*, FS Lenckner)

Stratenwerth, Günter / Kuhlen, Lothar: Strafrecht, Allgemeiner Teil; 6. Auflage; München 2011 (zitiert als *Stratenwerth/Kuhlen,* Strafrecht AT)

Süß, Winfried: Der „Volkskörper" im Krieg – Gesundheitspolitik, Gesundheitsverhältnisse und Krankenmord im nationalsozialistischen Deutschland 1939–1945; München 2003

Swoboda, Sabine: Die Lehre vom Rechtsgut und ihre Alternativen; ZStW 122 (2010), S. 24–50

Systematischer Kommentar zum Strafgesetzbuch; bearbeitet von Hans-Joachim Rudolphi / Eckhard Horn / Erich Samson / Hans-Ludwig Günther / Andreas Hoyer / Christian Jäger / Klaus Rogall / Hero Schall / Arndt Sinn / Ulrich Stein / Jürgen Wolter / Gereon Wolters / Mark A. Zöller; hrsg. v. Jürgen Wolter; 8. Auflage; § 223 StGB: 141. Lieferung, April 2014 (zitiert als SK-StGB-*Bearbeiter*)

Tamamoto, Lauren C. / Schmidt, Shelly J. / Lee, Soo-Yeun: Sensory Profile of a Model Energy Drink with Varying Levels of Functional Ingredients — Caffeine, Ginseng, and Taurine; Journal of Food Sience 2010, Volume 75, Issue 6, Pages S271–S278

Tettinger, Peter J.: Verfassungsrecht und Wirtschaftsordnung; DVBl 1999, 679–679

Tiedemann, Klaus: Tatbestandsfunktionen im Nebenstrafrecht; Tübingen 1969 (zitiert als *Tiedemann*, Tatbestandsfunktionen im Nebenstrafrecht)

Tiedemann, Klaus: Wirtschaftsstrafrecht und Wirtschaftskriminalität 1 – Allgemeiner Teil; Reinbek bei. Hamburg 1976 (zitiert als *Tiedemann*, Wirtschaftsstrafrecht und Wirtschaftskriminalität 1 – AT)

Tiedemann, Klaus: Wirtschaftsstrafrecht – Einführung und Allgemeiner Teil; 3. Auflage; Köln 2010 (zitiert als *Tiedemann*, Wirtschaftsstrafrecht)

Tiedemann, Klaus: Die Gesetzgebungskompetenz für Ordnungswidrigkeiten; AöR 89 (1964), S. 56–87

Vieweg, Klaus: Doping und Verbandsrecht – Zum Beschluss des DLV-Rechtsausschuss im Fall Breuer, Krabbe, Möller; NJW 1992, S. 2539–2540

Vieweg, Klaus: Staatliches Anti-Doping-Gesetz oder Selbstregulierung des Sports?; SpuRt 2004, S. 194–197

WD (Wissenschaftliche Dienste): Anti-Doping in Deutschland: Institutionelle Grundlagen und Reformoptionen; Ausarbeitung des Wissenschaftlichen Dienstes des Deutschen Bundestags; AZ WD 10 – 3000 – 114/12; 15. Januar 2013; https://www.bundestag.de/blob/411738/73d03ad10094a5a6ac416644164ed4d6/wd-10-114-12-pdf-data.pdf (zuletzt abgerufen am 01.10.2017)

Weber, Ulrich: Die Überspannung der staatlichen Bußgeldgewalt; ZStW 92 (1980), S: 313–345

Weigend, Thomas: Über die Begründung der Straflosigkeit bei Einwilligung des Betroffenen; ZStW 98 (1986), S. 44–72

Weisemann, Ulrich / Spieker, Ulrich: Sport, Spiel und Recht; 2. Auflage; München 1997

Wessels, Johannes / Beulke, Werner / Satzger, Helmut: Strafrecht Allgemeiner Teil; 47. Auflage; Heidelberg 2017 (zitiert als *Wessels/Beulke/Satzger*, Strafrecht AT)

Welzel, Hans: Das Deutsche Strafrecht; 11. Auflage; Berlin 1969

Wimmer, August: Schutzbedürfnis – Schutzwürdigkeit – Strafwürdigkeit – Beitrag zur Beurteilung von Schwarzmarktdelikten; DRZ (Deutsche Rechts-Zeitschrift) 1948, S. 116–119

Wohlers, Wolfgang: Deliktstypen des Präventionsstrafrechts – Zur Dogmatik „moderner" Gefährdungsdelikte; Berlin 2000 (zitiert als *Wohlers*, Deliktstypen des Präventionsstrafrechts)

Wohlers, Wolfgang: Strafrecht als ultima ratio – tragender Grundsatz eines rechtsstaatlichen Strafrechts oder Prinzip ohne eigenen Aussagegehalt? S. 54–69 in: Mediating Principles hrsg. v. Andrew von Hirsch / Kurt Seelmann / Wolfgang Wohlers; Baden – Baden 2006 (zitiert als *Wohlers*, Mediating Principles)

Wohlers, Wolfgang: Rechtsgutstheorie und Deliktsstruktur; GA 2002, S. 15–20

Zöller, Mark A.: Abschied vom Wettbewerbsmodell bei der Verfolgung der Wirtschaftskorruption? Überlegungen zur Reform des § 299 StGB; GA 2009, S. 137–149

Zschaler, Frank E. W.: Wirtschaftlicher Wettbewerb und sportlicher Wettbewerb, S. 229–236 in: Wirtschaftlicher und sportlicher Wettbewerb – Festschrift für Rainer Gömmel zum 65. Geburtstag; hrsg. v. Markus A. Denzel / Margarete Wagner-Braun; Stuttgart 2009

Zuck, Rüdiger: Doping; NJW 199, S. 831–833

Online-Artikel

aha/mon/sid/dpa: Nach Sprintstar Gay: Auch Powell positiv auf Doping getestet, in: Spiegel.online, 14.07.2013, http://www.spiegel.de/sport/sonst/leichtathletik-beben-gay-und-powell-positiv-auf-doping-getestet-a-911099.html (zuletzt abgerufen am 01.10.2017)

Baron van Lijnden, Constantin / Leffers, Jochen: Immer her mit den bunten Psychopillen, in: Spiegel.online, 05.11.2012, http://www.spiegel.de/karriere/berufsleben/hirndoping-kopfarbeiter-greifen-verstaerkt-zu-modafinil-und-ritalin-a-864956.html (zuletzt abgerufen am 01.10.2017)

Becker, Christopher: Doping-Kommentar – Plötzlich aufgewacht, in: FAZ.net, 06.08.2013, http://www.faz.net/aktuell/sport/sportpolitik/doping/doping-kommentar-ploetzlich-aufgewacht-12398268.html (zuletzt abgerufen am 01.10.2017)

Becker, Markus: Spitzensport: Bioethiker fordert offenen Markt für Doping, in: Spiegel.online, 16.07.2012, http://www.spiegel.de/wissenschaft/mensch/bioethiker-savulescu-haelt-offenes-doping-fuer-fairer-und-gesuender-a-844578.html (zuletzt abgerufen am 01.10.2017)

Brüser, Elke: Hirndoping Riskanter Muntermacher, in: Süddeutsche.de, 18.02.2011, http://www.sueddeutsche.de/wissen/hirndoping-riskanter-muntermacher-1.1061605 (zuletzt abgerufen am 01.10.2017)

Burkert, Andreas: 20 Minuten, um den Schwindel zu vertuschen, in: Süddeutsche.de, 27.08.2012 http://www.sueddeutsche.de/sport/dopingvorwuerfe-gegen-lance-armstrong-minuten-um-den-schwindel-zu-vertuschen-1.1450756 (zuletzt abgerufen am 01.10.2017)

boj/dpa: Uno-Drogenbericht – Verschreibung von ADHS-Medikamenten steigt rasant, in: Spiegel.online, 03.03.2015, http://www.spiegel.de/wissenschaft/medizin/drogenbericht-der-un-medikamente-gegen-adhs-gefragt-a-1021527.html (zuletzt abgerufen am 01.10.2017)

Campbell, Philip / Metzinger, Thomas: Ist Hirndoping gut für uns?, in: Zeit.online, 8.4.2009, http://www.zeit.de/zeit-wissen/2009/03/Forum-Pro-Contra/komplettansicht (zuletzt abgerufen am 01.10.2017)

Catuogno, Claudio: Nüchterner Blick auf eine mafiöse Parallelwelt, in: Süddeutsche.de, 13.10.2012, http://www.sueddeutsche.de/sport/doping-im-spitzensport-nuechterner-blick-auf-eine-mafioese-parallelwelt-1.1494913 (zuletzt abgerufen am 01.10.2017)

dg/dpa Doktor kündigt Kooperation an: Doping-Arzt Fuentes will Rad-Sünder nennen, in: Focus.online, 20.03.2013, http://www.focus.de/sport/doping/doktor-kuendigt-kooperation-an-doping-arzt-fuentes-will-rad-suender-nennen_aid_944660.html (zuletzt abgerufen am 01.10.2017)

Ebitsch, Sabrina Schulabschlüsse in Deutschland – Was den Quali vom Hauptschulabschluss unterscheidet, in: Süddeutsche.de, 19.02.2015, http://www.sueddeutsche.de/bildung/schulabschluesse-in-deutschland-was-den-quali-vom-hauptschulabschluss-unterscheidet-1.1482297 (zuletzt abgerufen am 01.10.2017)

Faz.net/DPA Nada-Etat – Bund steuert eine Million Euro bei, in: FAZ.net, 24.10.2012, http://www.faz.net/aktuell/sport/sportpolitik/doping/nada-etat-bund-steuert-eine-million-euro-bei-11937049.html (zuletzt abgerufen am 01.10.2017)

Fritsch, Oliver Doper müssen vor Gericht, in: Zeit.online, 22.08.2013, http://www.zeit.de/sport/2013-08/anti-doping-gesetz-pro (zuletzt abgerufen am 01.10.2017)

Fritsch, Oliver DFB-Arzt – „Mich hat noch kein Sportler nach Dopingmitteln gefragt", in: Zeit.online, 27.08.2012, http://www.zeit.de/sport/2012-08/meyer-dfb-schmerzmittel-actovegin (zuletzt abgerufen am 01.10.2017)

Fritsch, Oliver: Travis Tygart – Der Armstrong-Jäger gibt dem Bundestag Nachhilfe, in: Zeit.online, 31.01.2013, http://www.zeit.de/sport/2013-01/travis-tygart-armstrong-sportausschuss-usada/seite-1 (zuletzt abgerufen am 01.10.2017)

Fritsch, Oliver: Olympische Spiele: Doping tötet, doch das ist Nebensache, in: Zeit.online, 05.08.2016, http://www.zeit.de/sport/2016-08/doping-sport-olympia-olympische-spiele-rio (zuletzt abgerufen am 01.10.2017)

Gebauer, Gunter: Doping jetzt freigeben? Nein, nie!, in: Zeit.online, 25.02.2013, http://www.zeit.de/sport/2013-02/doping-sport-freigabe-contra-missbrauch-gebauer-philosophisches-armdruecken/seite-1 (zuletzt abgerufen am 01.10.2017)

Gertsch, Christof: Lance Armstrongs Geständnis – «Ja. Ja. Ja. Ja. Ja.», in: NZZ. online, 18.01.2013, http://www.nzz.ch/aktuell/sport/uebersicht/lance-armstrongs-gestaendnis-1.17947591# (zuletzt abgerufen am 01.10.2017)

Hamann, Birger: Doping-Geständnis: Diese Männer müssen Armstrong fürchten, in: Spiegel.online, 15.01.2013, http://www.spiegel.de/sport/sonst/doping-gestaendnis-diese-maenner-muessen-vor-lance-arsmtrong-zitern-a-877596.html (zuletzt abgerufen am 01.10.2017)

Haman, Birger: Fall Armstrong: Der größte Dopingskandal der Sportgeschichte, in: Spiegel.online, 11.01.2012, http://www.spiegel.de/sport/sonst/fall-lance-armstrong-das-steht-in-dem-anti-doping-bericht-der-usada-a-860690.html (zuletzt abgerufen am 01.10.2017)

Hecker, Anno: Betrug und Selbstbetrug – Gesamtdeutsches Dopen, in: FAZ.net, 30.09.2011, http://www.faz.net/aktuell/sport/sportpolitik/doping/betrug-und-selbstbetrug-gesamtdeutsches-dopen-11410845.html (zuletzt abgerufen am 01.10.2017)

Hecker, Anno: Kriminologe Dieter Rössner – „Der Staat muss Doper bestrafen“, in: FAZ.net, 05.12.2012, http://www.faz.net/aktuell/sport/sportpolitik/doping/kriminologe-dieter-roessner-der-staat-muss-doper-bestrafen-11982120.html (zuletzt abgerufen am 01.10.2017)

Hecker, Anno: Diskussion um Doping Gesetz – Doping geht uns alle an!, in: FAZ.net, 14.08.2013, http://www.faz.net/aktuell/sport/sportpolitik/doping/diskussion-um-anti-doping-gesetz-doping-geht-uns-alle-an-12532318.html (zuletzt abgerufen am 01.10.2017)

Hecker, Anno: Anti-Doping-Gesetz – Die Welle rollt, in: FAZ.net, 23.08.2013, http://www.faz.net/aktuell/sport/sportpolitik/doping/anti-doping-gesetz-die-welle-rollt-12543073.html (zuletzt abgerufen am 01.10.2017)

Hecker, Anno: Doping im Fußball – Die große Verblendung, in: FAZ.net, 10.03.2015, http://www.faz.net/aktuell/sport/fussball/doping-im-fussball-die-grosse-verblendung-13470105.html (zuletzt abgerufen am 01.10.2017)

Hein, Franziska: Die höflichen Kämpfer, in: rp-oniline.de vom 21.0.2015, http://www.rp-online.de/sport/die-hoeflichen-kaempfer-aid-1.4893597 (zuletzt abgerufen am 01.10.2017)

Hess, Jutta: Dopingfahnder – Das Gebot des Schweigens, in: Zeit.online, 15.07.2004, http://www.zeit.de/2004/30/Sport_2fDoping_30/seite-1 (zuletzt abgerufen am 01.10.2017)

Paul, Holger: Anti-Doping-Agentur – Nada sucht Geldgeber in: FAZ.net, 11.03.2013, http://www.faz.net/aktuell/sport/sportpolitik/doping/anti-doping-agentur-nada-sucht-geldgeber-12109672.html (zuletzt abgerufen am 01.10.2017)

Kistner, Thomas: Verlorener Kampf gegen das Doping, in: Süddeutsche.de, 17.05.2010, http://www.sueddeutsche.de/sport/doping-im-sport-verlorener-kampf-gegen-das-doping-1.412808 (zuletzt abgerufen am 01.10.2017)

Kistner Thomas: Die letzte Freakshow, in: Süddeutsche.de, 09.06.2010, http://www.sueddeutsche.de/sport/radsport-tour-de-france-die-letzte-freak-show-1.972330 (zuletzt abgerufen am 01.10.2017)

Kistner, Thomas: Vorwarn-System bei Dopingkontrollen -Armstrong genoss wertvolle Tipps von oben, in: Süddeutsche.de Zeitung, 24.01.2013, http://www.sueddeutsche.de/sport/vorwarn-system-bei-dopingkontrollen-armstrong-genoss-wertvolle-tipps-von-oben-1.1581674 (zuletzt abgerufen am 01.10.2017)

Kistner, Thomas: Doping im Fußball: Dutzende Hinweise, eisernes Schweigen, in sueddeutsche.de, 02.06.2016, http://www.sueddeutsche.de/sport/fussball-doping-im-fussball-dutzende-hinweise-eisernes-schweigen-1.3059831 (zuletzt abgerufen am 01.10.2017)

Knuth, Johannes: Doping in der Leichtathletik – Schatten über dem Sport, in: sueddeutsche.de, 2.08.2015, http://www.sueddeutsche.de/sport/doping-in-der-leichtathletik-schatten-ueber-dem-sport-1.2592288 (zuletzt abgerufen am 01.10.2017)

Lehmkuhl, Frank / Spilcker, Axel: Dopingsünder Bernhard Kohl „Es tut mir außerordentlich leid“, in: Focus.online, 25.10.2008, http://www.focus.de/sport/mehrsport/dopingsuender-bernhard-kohl-es-tut-mir-ausserordentlich-leid_aid_343253.html (zuletzt abgerufen am 01.10.2017)

Lijnden, Constantin Baron van / Leffers, Jochen: Hirndoping für Kopfarbeiter – Immer her mit den bunten Psychopillen, in: Spiegel.online, 05.11.2012, http://www.spiegel.de/karriere/berufsleben/hirndoping-kopfarbeiter-greifen-verstaerkt-zu-modafinil-und-ritalin-a-864956.html (zuletzt abgerufen am 01.10.2017)

Loll, Anna / Balzter, Sebastian: Mit Ritalin durch die Prüfung, in: FAZ.net, 01.11.2008; http://www.faz.net/aktuell/beruf-chance/campus/leistungsdruck-mit-ritalin-durch-die-pruefung-1713775.html (zuletzt abgerufen am 01.10.2017)

Meinhardt, Gunnar/ Witt, Christian: Olympia wäre das perfekte Sanierungskonzept, in: welt.de vom 11.01.2015, http://www.welt.de/sport/article136252386/Olympia-waere-das-perfekte-Sanierungskonzept.html (zuletzt abgerufen am 01.10.2017)

Meyer, Katharina: Gibt es Tierbordelle in Deutschland, in: Badische Zeitung online, 28.09.2012, http://www.badische-zeitung.de/deutschland-1/gibt-es-tierbordelle-in-deutschland--64112664.html (zuletzt abgerufen am 01.10.2017)

Müller-Jung, Joachim: Die Pille fürs Glück, in: FAZ.net, 13.10.2009, http://www.faz.net/aktuell/feuilleton/forschung-und-lehre/hirndoping-die-pille-fuers-glueck-1870236.html (zuletzt abgerufen am 01.10.2017)

Müller-Jung, Joachim: Hirndoping boomt an Universitäten, in: FAZ.net, 31.01.2013, http://www.faz.net/aktuell/wissen/medizin/jeder-fuenfte-student-nimmt-pillen-hirndoping-boomt-an-universitaeten-12045969.html (zuletzt abgerufen am 01.10.2017)

psk/sid: Kampf gegen Doping: Nada-Budget steigt um 2,3 Millionen Euro, in: Spiegl.online, 30.10.2014, http://www.spiegel.de/sport/sonst/doping-nada-hebt-budget-um-2-3-millionen-euro-an-a-1000182.html (zuletzt abgerufen am 01.10.2017)

Patrick Seeger/dpa: Jan Ullrich gibt Doping mit Eigenblut zu, in: Zeit.online, 22.06.2013, http://www.zeit.de/sport/2013-06/ullrich-blutdoping-gestaendnis (zuletzt abgerufen am 01.10.2017)

Reinsch, Michael: Die Nada wartet weiter auf das Geld, in: FAZ.net, 30.06.2015, http://www.faz.net/aktuell/sport/sportpolitik/anti-doping-agentur-die-nada-wartet-weiter-auf-das-geld-13675453.html (zuletzt angerufen am 01.10.2017)

Reynolds, Gretchen: Phys Ed: Will Olympic Athletes Dope if They Know It Might Kill Them?, in: NYtimes.com, 20.01.2010, http://well.blogs.nytimes.com/2010/01/20/phys-ed-will-olympic-athletes-dope-if-they-know-it-might-kill-them/?_r=0 (zuletzt abgerufen am 01.10.2017)

Rilke, Lukas: Dopingbeichte bei Oprah Winfrey: Armstrongs eiskaltes Geständnis, in: Spiegel.online, 18.01.2013, http://www.spiegel.de/sport/sonst/armstrong-im-interview-dopinggestaendnis-bei-oprah-winfrey-a-878273.html (zuletzt abgerufen am 01.10.2017)

Sachse, Jonatan: Armstrong-Dossier – Eine Milieustudie des kranken Radsportes, in: Zeit.online, 11.10.2012, http://www.zeit.de/sport/2012-10/armstrong-doping-usada-bruyneel (zuletzt abgerufen am 01.10.2017)

Sachse, Jonathan: Doping-Interview – Armstrongs Geständnis ohne Reue, in: Zeit.online, 18.01.2013, http://www.zeit.de/sport/2013-01/lance-armstrong-winfrey-oprah (zuletzt abgerufen am 01.10.2017)

Sagner, Nicole: Pillen schlucken für den Lernrausch, in: Zeit.online, 18.06.2013, http://www.zeit.de/studium/uni-leben/2013-07/studie-gehirndoping-studenten (zuletzt abgerufen am 01.10.2017)

Sagener, Nicole: Gehirndoping – Pillen schlucken für den Lernrausch, in: Zeit.online, 18.07.2013, http://www.zeit.de/studium/uni-leben/2013-07/studie-gehirndoping-studenten (zuletzt abgerufen am 01.10.2017)

Schallenberg, Jörg: Dopingsünder Zabel: Amnestie durch die Hintertür, in: Spiegel.online, 29.05.2007, http://www.spiegel.de/sport/sonst/

dopingsuender-zabel-amnestie-durch-die-hintertuer-a-485426.html (zuletzt abgerufen am 01.10.2017)

Schenk, Sylvia: Anti-Doping-Kampf nach der Ära Armstrong – Runter vom Sattel, in: Süddeutsche.de, 24.10.2012, http://www.sueddeutsche.de/sport/anti-doping-kampf-nach-der-aera-armstrong-runter-vom-sattel-1.1505491 (zuletzt abgerufen am 01.10.2017)

Schmieder, Jürgen: Doping-Geständnis von Lance Armstrong – So viel wie nötig, so sentimental wie möglich, in: Süddeutsche.de, 15.01.2013, http://www.sueddeutsche.de/sport/doping-gestaendnis-von-lance-armstrong-so-viel-wie-noetig-so-sentimental-wie-moeglich-1.1573242 (zuletzt abgerufen am 01.10.2017)

Schmieder, Jürgen: Strafe für Armstrong – Doping kostet ein Vermögen, in: sueddeutsche.de, 17.02.2015, http://www.sueddeutsche.de/sport/strafe-fuer-armstrong-doping-kostet-ein-vermoegen-1.2355687 (zuletzt abgerufen am 01.10.2017)

Schmitt, Peter: Die Olympia-Normen für Rio 2016 stehen fest, in: leichtathletik.de, 03.09.2015, https://www.leichtathletik.de/news/news/detail/die-olympia-normen-fuer-rio-2016-stehen-fest/ (zuletzt abgerufen am 01.10.2017)

Schmitt, Stefan: Sport-Betrug: Mediziner entwickeln Test für Gendoping, in: Spiegel.online, 26.07.2010, http://www.spiegel.de/wissenschaft/mensch/sport-betrug-mediziner-entwickeln-test-fuer-gendoping-a-496456.html (zuletzt abgerufen am 01.10.2017)

Schnabel, Ulrich: Im Rausch der Petersilie, in: Zeit.online, 14.10.2009, http://www.zeit.de/2009/43/M-Neuro-Enhancement (zuletzt abgerufen am 01.10.2017)

SID: Bund gibt der NADA eine Million Euro zusätzlich, Zeit.online, 24.10.2012, http://www.zeit.de/news/2012-10/24/sport-allgemein-bund-gibt-der-nada-eine-million-euro-zusaetzlich-24165404 (zuletzt abgerufen am 01.10.2017).

Siemes, Christof: Jan Ullrich – reden Sie!, in: Zeit.online, 25.10.2012, http://www.zeit.de/2012/44/Jan-Ullrich-Doping-Gestaendniss (zuletzt abgerufen am 01.10.2017)

Spiller, Christian: Anti-Doping-Kampf? Wer soll das bezahlen?, in: Zeit.online, 28.02.2012 http://www.zeit.de/sport/2012-02/nada-finanzierung-friedrich-doping (zuletzt abgerufen am 01.10.2017)

Spitz, Ulrike: Doping in Deutschland – Warum die Nada nicht effektiv arbeiten kann, in: Berliner-Zeitung.de, 06.11.2012 http://www.berliner-zeitung.de/sport/doping-in-deutschland-warum-die-nada-nicht-effektiv-arbeiten-kann,10808794,20801676.html (zuletzt abgerufen am 01.10.2017)

Telgheder, Maike: Alpecin wirbt weiter mit „Doping für die Haare", in: Handelsblatt.com, im 18.08.2006, http://www.handelsblatt.com/unternehmen/

industrie/werberat-weist-kritik-ab-alpecin-wirbt-weiter-mit-doping-fuer-die-haare/2694448.html (zuletzt abgerufen am 01.10.2017)

Theile, Charlotte: Ehemaliger Verfassungsrichter Hassemer zum Zoophilie-Verbot – „Nicht alles Widerliche verdient staatliche Strafe", Süddeutsche.de, 13.12.2012, http://www.sueddeutsche.de/politik/ehemaliger-verfassungsrichter-hassemer-zum-zoophilie-verbot-nicht-alles-widerliche-verdient-staatliche-strafe-1.1548925 (zuletzt abgerufen am 01.10.2017)

Trenkamp, Oliver: Neue Studie zu Hirndoping: Jeder fünfte Student putscht sich auf, in: Spiegel.online, 31.01.2013, http://www.spiegel.de/unispiegel/studium/hirndoping-jeder-fuenfte-student-nimmt-mittel-zu-leistungssteigerung-a-880810.html (zuletzt abgerufen am 01.10.2017)

Völker, Markus: Probleme im Anti-Doping-Kampf – Die deutsche Dopinglüge, in: taz.de, http://www.taz.de/!62608/ (zuletzt abgerufen am 01.10.2017)

Vonhoff, Anna: Tödliche Schmerzmittel verbieten? Aspirin und Paracetamol gefährden Leben, in: Focus.online, 19.01.2012, http://www.focus.de/gesundheit/ratgeber/medikamente/risiko/tid-24809/toedliche-schmerzmittel-verbieten-aspirin-und-paracetamol-gefaehrden-leben_aid_703225.html (zuletzt abgerufen am 01.10.2017)

Wagner, Gert G. / Castronova, Edward: Doping freigeben? Ja, jetzt und kontrolliert!, in: Zeit.online, 26.02.2013, http://www.zeit.de/sport/2013-02/doping-duell-freigabe-pro-missbrauch-wagner-philosophisches-armdruecken/seite-1 (zuletzt abgerufen am 01.10.2017)

Weinreich, Jens: Die Lebenslüge des Sports, in: taz.online 17.12.2012, http://www.taz.de/Debatte-Doping/!107571/ (zuletzt abgerufen am 01.10.2017)

Zeit.online: Vier von fünf Deutschen fordern Anti-Doping-Gesetz, in Zeit.online, 04.03.2013, http://www.zeit.de/sport/2013-03/anti-doping-gesetz-umfrage-doping-rente-freigabe (zuletzt abgerufen am 01.10.2017)

www.ingramcontent.com/pod-product-compliance
Ingram Content Group UK Ltd.
Pitfield, Milton Keynes, MK11 3LW, UK
UKHW021837290926
8980IPUK00004B/505

9 783631 818428